卓越计划·工程力学丛书

军队“双重”建设教材/海军重点教材

舰艇振动学

张振华　陈志坚　编著

科学出版社

北京

内 容 简 介

本书共 8 章。第 1 章介绍舰艇振动的一般概念、危害和振动发生的一般原因及振动学分类。第 2～4 章介绍单自由度系统、多自由度系统、分布参数系统的线性微幅振动理论，它们是振动学的基础理论。第 5 章对舰艇总振动的基本概念、计算理论和方法进行介绍。第 6 章阐述舰艇局部振动的基本概念、典型结构的局部振动以及分析计算理论和方法。第 7 章对引起舰艇振动的主要激励进行叙述。第 8 章介绍舰艇振动的评价衡准、舰艇振动测量的基本概念和方法，以及舰艇防振和减振的原理、方法和研究前沿领域。

本书可作为高等院校船舶与海洋工程专业的教材和参考书，可供从事舰艇设计、建造和使用的工程技术人员参考，还可供从事舰艇监造和维修的军代表使用。

图书在版编目（CIP）数据

舰艇振动学/张振华，陈志坚编著. —北京：科学出版社，2021.6

（卓越计划・工程力学丛书）

军队“双重”建设教材　海军重点教材

ISBN 978-7-03-068985-6

Ⅰ. ①舰…　Ⅱ. ①张…　②陈…　Ⅲ. ①军用船-振动理论-教材　Ⅳ. ①U674.7

中国版本图书馆 CIP 数据核字（2021）第 109967 号

责任编辑：邵　娜　赵朋媛 / 责任校对：郑金红

责任印制：彭　超 / 封面设计：无极书装

科 学 出 版 社 出版

北京东黄城根北街 16 号

邮政编码：100717

http://www.sciencep.com

武汉市首壹印务有限公司印刷

科学出版社发行　各地新华书店经销

*

2021 年 6 月第　一　版　开本：787×1092　1/16

2021 年 6 月第一次印刷　印张：18

字数：426 000

定价：68.00 元

（如有印装质量问题，我社负责调换）

前　言

本书为军队“双重”建设教材，是以船舶与海洋工程专业“舰艇振动学”课程的教学大纲为依据编写的，适合30～40学时的教学。

本书针对海军舰船结构特点，系统地介绍舰船振动理论，以及如何运用振动理论将复杂的舰船结构简化成力学模型进行振动分析的方法。本书在注重强调基本概念和基本方法的同时，着力吸收舰船振动领域的最新研究成果，内容新颖，在内容编排上力求做到以下几点。

（1）力求振动理论介绍的系统性和循序渐进性，便于读者学习。

（2）力求突出海军舰船的特点和处理方法，适用于海军工程技术院校教学。

（3）力求内容的完整性，覆盖水面舰艇、潜艇振动领域。

本书共分8章。第1章介绍舰艇振动的一般概念、危害和振动发生的一般原因及振动学分类，该章内容力图使读者在开始学习本课程时对舰艇振动有一个较清晰的概念，认识到学习舰艇振动学理论的重要性。第2～4章简要介绍单自由度系统、多自由度系统、分布参数系统的线性微幅振动理论，它们是振动学的基础理论，该部分内容可以为研究舰艇振动问题打下必需的理论基础。第5章介绍舰艇总振动，包括舰艇总振动的基本概念、振动特点、舰艇总振动计算理论和计算方法，除介绍经典的舰艇总振动分析理论外，还介绍当前舰艇振动分析理论和方法的最新进展及工程应用，有适合于工程应用的经验公式、可供工程应用借鉴的水面舰艇和潜艇总振动分析实船算例。第6章介绍舰艇的局部振动，阐述舰艇局部振动的基本概念及典型的基本结构单元振动、专门结构的局部振动分析计算理论和方法，第5章和第6章是本门课程的重点。第7章叙述引起舰艇振动的主要激励。第8章介绍对舰艇振动进行评价的标准、舰艇振动测量方法，以及舰艇防振和减振的原理、方法、研究前沿领域。本书除对第1版进行了勘误以外，还增加了多体船总振动、波激振动、振动测试的基本概念，以及目前减振和防振领域的最新研究前沿内容，同时补充了第2～4章的习题答案，以方便读者学习。鉴于单自由度系统的振动理论对于舰艇振动学具有十分重要的意义，本书针对第2章中的相关内容，基于MATLAB2019b开发了教学演示软件，读者可通过输入振动系统的相关参数，观察振动系统的响应变化规律，以加深对单自由度系统振动理论的学习和理解。读者可通过扫描书后的二维码，下载该教学演示软件。

作者在本书编写过程中，参考了现有的多种版本的船体振动学教材，主要有金咸定和赵德有教授编著的《船体振动学》（2000年出版）、翁长俭和张保玉编著的《船体振动学》（1992年出版）。刘聪博士和仝博博士对本书第2～4章的习题答案进行了归纳整理，在此表示衷心的感谢。作者所在团队长期从事船体振动的教学，参加了我国海军多型舰艇的振动分析与研究工作，对舰艇振动学的发展和应用有深刻的了解，书中许多内容是作者多年从事振动学教学经验的总结和多年科研成果的结晶。

限于作者的水平和经验，本书难免有不足之处，恳请读者不吝指正。

编　者

2021 年 1 月

目　　录

前言

第 1 章　绪论……1

1.1　舰艇振动的一般概念……1

1.2　舰艇振动的危害……1

1.3　振动发生的一般原因及振动学分类……3

习题 1……3

第 2 章　单自由度系统的振动……5

2.1　系统简化及单自由度系统……5

2.1.1　系统的简化……5

2.1.2　系统的自由度……6

2.1.3　单自由度系统……7

2.2　无阻尼自由振动……7

2.2.1　无阻尼自由振动系统……7

2.2.2　运动方程……8

2.2.3　无阻尼自由振动解……9

2.2.4　无阻尼自由振动特性……9

2.3　固有频率的计算方法……11

2.3.1　静伸长法……11

2.3.2　能量法……12

2.3.3　微分方程法……15

2.4　有阻尼自由振动……16

2.4.1　有阻尼自由振动系统……16

2.4.2　运动微分方程……17

2.4.3　有阻尼自由振动解……18

2.4.4　有阻尼自由振动特性……20

2.5　简谐激励力作用下的强迫振动……22

2.5.1　无阻尼系统强迫振动……22

2.5.2　有阻尼系统强迫振动……25

2.6　简谐位移激励作用下的强迫振动……29

2.6.1　运动微分方程及解……29

2.6.2　强迫振动的响应特性……31

2.7　测振仪及隔振原理……33

2.7.1 惯性式测振仪及测振原理 …… 33
2.7.2 隔振装置及隔振原理 …… 34
2.8 周期激励作用下的强迫振动 …… 36
2.8.1 周期激励 …… 36
2.8.2 叠加原理及强迫振动响应 …… 37
2.9 任意力激励载荷作用下的强迫振动响应 …… 39
2.9.1 任意力激励载荷 …… 39
2.9.2 单位冲量响应 …… 39
2.9.3 杜阿梅尔积分 …… 40
2.9.4 冲击振动 …… 42
习题 2 …… 47
第 3 章 多自由度系统的振动 …… 52
3.1 系统简化（离散）及多自由度系统 …… 52
3.2 运动微分方程的建立 …… 53
3.2.1 达朗贝尔原理法 …… 54
3.2.2 拉格朗日方程法 …… 56
3.2.3 柔度影响系数法 …… 60
3.3 多自由度系统的自由振动 …… 62
3.3.1 频率方程及固有频率 …… 62
3.3.2 固有振型及正则化 …… 63
3.3.3 固有振型的特性及应用 …… 69
3.3.4 主坐标、振型叠加法及自由振动解 …… 71
3.4 固有频率近似计算方法 …… 76
3.4.1 瑞利法 …… 76
3.4.2 瑞利-里茨法 …… 78
3.4.3 矩阵迭代法 …… 80
3.5 多自由度系统的强迫振动 …… 83
3.5.1 多自由度系统阻尼矩阵的获得与处理 …… 83
3.5.2 采用振型叠加法求强迫振动响应 …… 84
3.5.3 多自由度系统强迫振动响应特性 …… 92
3.6 主从系统的耦合振动 …… 92
3.6.1 主从系统 …… 92
3.6.2 主从系统的耦合振动特性 …… 93
3.6.3 主从系统的强迫振动响应 …… 95
习题 3 …… 97
第 4 章 分布参数系统的振动 …… 103
4.1 分布参数系统与舰艇结构特点 …… 103
4.1.1 分布参数系统 …… 103

4.1.2 舰艇结构特点与简单连续体构件 …… 103
4.2 梁的纵向振动和扭转振动 …… 104
4.2.1 运动方程 …… 104
4.2.2 振动微分方程的解 …… 107
4.3 直梁的横向自由振动 …… 109
4.3.1 运动方程 …… 109
4.3.2 振动微分方程的解 …… 110
4.3.3 固有振型 …… 115
4.3.4 自由振动解及振动特性 …… 117
4.4 直梁的横向强迫振动 …… 118
4.4.1 无阻尼强迫振动 …… 118
4.4.2 有阻尼强迫振动 …… 121
4.5 薄板的横向振动 …… 124
4.5.1 运动微分方程和边界条件 …… 124
4.5.2 固有频率和固有振型 …… 126
4.6 固有频率近似计算方法 …… 127
4.6.1 瑞利法 …… 127
4.6.2 里茨法 …… 130
习题 4 …… 134
第 5 章 舰艇总振动 …… 137
5.1 舰艇总振动的基本概念 …… 137
5.1.1 舰艇总振动及分类 …… 137
5.1.2 舷外水对舰艇总振动的影响与潜艇附连水质量 …… 140
5.2 舰艇总振动固有频率及振型计算理论 …… 149
5.2.1 等效船体梁 …… 149
5.2.2 基于铁摩辛柯梁理论的迁移矩阵法 …… 151
5.2.3 位移有限元法 …… 159
5.3 舰艇总振动响应计算理论 …… 164
5.3.1 船体振动的阻尼 …… 164
5.3.2 模态叠加法 …… 169
5.4 船体总振动固有频率估算 …… 172
5.4.1 英国船舶研究协会推荐的相似法 …… 172
5.4.2 希列克公式 …… 173
5.4.3 陶德公式 …… 173
5.4.4 国内适合我国海船的估算公式 …… 175
5.5 水面舰艇船体总振动计算方法 …… 177
5.5.1 水面舰艇船体结构特点 …… 177
5.5.2 模型及参数 …… 179

5.5.3　振动性能计算方法 …… 181
5.5.4　实船算例 …… 182
5.6　潜艇船体总振动计算方法 …… 187
5.6.1　潜艇船体结构特点 …… 187
5.6.2　模型及参数 …… 189
5.6.3　振动性能计算方法 …… 191
5.6.4　实船算例 …… 191
习题 5 …… 192
第 6 章　舰艇局部振动 …… 194
6.1　舰艇局部振动的基本概念 …… 194
6.2　舰艇基本结构单元振动分析计算 …… 195
6.2.1　板格 …… 195
6.2.2　加筋板 …… 198
6.2.3　板架 …… 199
6.3　典型专门结构的局部振动分析计算 …… 202
6.3.1　上层建筑结构振动 …… 202
6.3.2　桅杆振动 …… 207
6.3.3　机舱振动 …… 208
6.3.4　尾部振动 …… 211
习题 6 …… 213
第 7 章　引起舰艇振动的主要激励 …… 214
7.1　螺旋桨激励 …… 214
7.1.1　螺旋桨机械不平衡引起的轴频激励 …… 214
7.1.2　螺旋桨在尾部不均匀伴流中运转时诱导的激励 …… 216
7.1.3　军用舰艇螺旋桨激励力的计算规定 …… 224
7.2　柴油机激励 …… 225
7.2.1　不平衡力和力矩 …… 226
7.2.2　柴油机倾覆力矩 …… 230
7.3　波浪激励力 …… 233
7.3.1　瞬态激励力 …… 234
7.3.2　持续激励力 …… 234
7.4　其他激励 …… 236
7.4.1　排气脉冲激励力 …… 236
7.4.2　舵激励力 …… 236
7.4.3　继发性激励力 …… 237
习题 7 …… 237
第 8 章　舰艇振动评价、防振与减振 …… 238
8.1　舰艇振动评价及控制标准 …… 238

8.1.1 民用船舶振动评价及控制标准 …… 238
8.1.2 军用舰艇振动评价及控制标准 …… 242
8.2 舰艇振动测量 …… 247
8.2.1 舰艇振动测量的基本概念 …… 247
8.2.2 舰艇总振动测量 …… 252
8.2.3 舰艇局部振动测量 …… 255
8.3 舰艇的防振与减振 …… 256
8.3.1 防振与减振的原理与方法 …… 256
8.3.2 常用的防振与减振措施 …… 257
8.3.3 关于结构防振与减振的几个研究前沿领域 …… 265
习题 8 …… 270
参考文献 …… 272
部分习题参考答案 …… 273
习题 2 …… 273
习题 3 …… 274
习题 4 …… 277

第1章　绪　论

1.1　舰艇振动的一般概念

振动是一种物体在平衡位置（或平均位置）附近做持续的往复运动的物理现象，做往复运动的物体称为振动体。振动体离开平衡位置的最大距离，称为**振幅**；振动体完成一个往复运动所需的时间，称为**周期**，周期的单位通常用秒（s）表示；单位时间完成的往复运动的次数，称为**频率**，频率的单位通常用赫兹（Hz）表示，此时单位时间用秒度量，1 Hz表示每秒振动一次。若振动体为舰艇，则称为舰艇振动。物体一般都具有受外界干扰作用而产生振动的固有力学特性，具有该特性的物体称为振动系统，反映系统振动的固有力学特性的主要参量是系统的固有频率。

系统振动现象是因外界激励（或干扰）作用而产生的，外界激励和系统的自身固有特性决定了振动响应的剧烈程度。当舰艇在水域航行、作战时，船体结构不可避免地会受到外界激励的作用而出现振动现象。舰艇航行时，主机给船体施加激励力，舰艇产生振动。火炮发射，也对船体施加激励力，引起舰艇振动。波浪冲击，也会引起舰艇振动。

作用于舰艇的激励，有瞬时激励，也有持续激励。例如，武器发射冲击引起的激励，为瞬时激励；波浪作用于船体引起的激励，为持续激励。激励是一种动载荷，大小、方向、作用位置这三个要素中至少有一个随时间变化。

遍及全船的振动，称为总振动；仅在某个范围内发生、不波及全部船体的部分结构的振动，称为局部振动。因外界激励的特性不同、激励力的大小差别，舰艇可能发生总振动，也可能发生局部振动。

早在19世纪后期，船体振动问题就引起了人们的注意。近年来，随着航运事业的发展和军用需求的增长，主机功率不断提高，舰艇吨位越来越大，新船型陆续出现，随之产生的变化有舰艇振动的激励力增大、抵抗振动的船体结构动刚度变小等，这些均易导致较大的船体振动，使船体振动问题更加突出。

海军使用的船舶，称为舰艇。许多提升舰艇使用性能和作战效能的工程技术与船体振动问题密切相关，如减振降噪技术、舰艇声隐身技术、武器系统装舰技术等。此外，在研发新型高性能船舶（如小水线面船、双体穿浪船等）的过程中，预报和控制船体振动性能也是必须首先解决的关键技术之一。与民用船舶相比，军用舰艇对船体振动问题更为关注，要求更高，有更多的问题需要研究解决。

1.2　舰艇振动的危害

舰艇的过度振动，或引起船体结构的过大变形、振动速度和加速度，或辐射出剧烈的噪声，带来很多不良后果。舰艇振动的危害主要体现在以下几个方面。

（1）影响舰艇的乘用舒适性。振动及由振动引起的噪声，会引发舰员和乘员不适，使他们产生疲劳甚至损害身体健康。

人体是一个十分复杂的系统，按生物力学理论，可将人体分解为许多个线性和非线性振动系统。由内脏组成的各系统，其固有频率为 0.01～20 Hz，如肝脏系统的固有频率约为 3 Hz，胸-腹系统的固有频率为 4～6 Hz，头-颈-肩系统的固有频率为 20～30 Hz，整个人体系统的固有频率为 6～9 Hz。上述频率中的许多值是船上常见的振动频率。船体振动会对人体形成激励，当激励频率与人体固有频率接近或相等，且振动幅值较大时，会引发舰员和乘员的严重不适。

1～2.5 Hz 的低频振动作用于人体时，一般会影响人体的平衡和肌肉张力；大于 10 Hz 的较高频振动作用于人体时，会使人感到压力作用和振动的感觉；大于 16～20 Hz 的振动，则会使人开始感到有噪声；大于 100 Hz 时，会使人感到听到的声音主要是噪声。研究表明，6～7 Hz 的垂直方向的振动会使人产生晕船症状，如心悸、恶心、呕吐等，其他一些频率上的谐振除了会引起上述反应外，还会造成多汗、肌肉张力降低、动脉血压升高、视力下降、记忆力衰退等现象。

如果加速度超过限值，会造成人体皮肉青肿、骨折、器官破裂、脑震荡等损伤，过大的加速度也是脑损伤疾病发生的重要原因。在以 4135 四缸四冲程柴油机为主的一些内河船上，人员在振动剧烈区常会感到全身发麻、喉咙和耳朵发痒，并且牙齿会打颤。

船体振动传递给舰员和乘员的途径有两个：振动结构与人员的直接接触；振动结构向空气辐射噪声，通过空气传递给人体。伴随振动而来的噪声通过空气经耳膜传递给舰员和乘员，极易使人疲劳困乏、血压上升、心律不齐、听觉损坏、工作效率和记忆力降低等。

（2）影响船体结构的强度。过度的振动会使船体结构出现高应力区，高应力区的船体结构或出现裂缝、或发生疲劳破坏，从而影响船体结构的安全性和舰艇的正常使用。

例如，某沿海客货轮营运半年多后，便发生尾尖舱舱壁振裂、支柱振脱等现象，其姊妹船营运 1 年后，舵叶两面振裂 15 处，最长裂纹达 600 mm。又如，北欧一些国家在 20 世纪 60 年代建造的 39 艘 6～10 万吨级的油船、矿砂船中，有 9 艘船的舱内出现大量振动裂缝，其中 1 艘在营运两年内产生的裂缝竟达 1 000 多条。

（3）影响设备及装备的性能。舱壁板、甲板等装有设备的基础结构在受到振动或冲击时会把振动传给设备，过度的振动会使机器和仪表设备失常或失灵，寿命缩短，还会使雷达和武器装备精度变差。

例如，受炮弹冲击时，距弹着点几米的范围之内，设备零部件所受到的冲击加速度可达 300～400 g。研究表明，加速度大于 100 g 时，即使是单次的冲击，无线电设备元件也无法承受。

（4）影响舰艇的航行安全性和使用性能。如果设计不当，会造成上层建筑剧烈振动，使电子计算机、自动控制的仪表设备等失灵或损坏，会极大地影响舰艇的航行安全性和使用性能。

（5）破坏军用舰艇的隐蔽性。剧烈的振动会辐射出强烈的噪声，此时舰艇易被敌方发现、遭到敌方声制导武器的锁定和攻击、触发声引信水雷等。

1.3　振动发生的一般原因及振动学分类

振动现象的产生是系统固有特性和外部影响因素相结合的结果。系统固有特性即弹性特性、惯性特性。外部影响因素，是指作用于系统的力、位移、速度、加速度等。振动学中，一般将引起物体振动的外部影响因素称为激励。机械振动仅在外界激励的作用下发生，没有外界激励，系统是不会发生机械振动的，舰艇振动属于机械振动的范畴。对于一个给定的振动系统，外界激励是输入，物体的振动是响应，两者可由振动系统固有特性联系在一起，如图 1.1 所示。

图 1.1　激励、振动系统和响应的关系

根据图 1.1，可将振动学研究的问题归结为三类：①振动分析，即已知激励和系统固有特性求系统响应；②系统识别，即已知激励和响应求系统的固有特性；③振动环境预测，即已知系统固有特性和响应求激励。舰艇振动问题错综复杂，舰艇振动学研究的问题涵盖上述三个方面。

按照振动系统的物理特性，可将物体振动现象分为两类：线性振动和非线性振动。做线性振动的系统称为线性振动系统，线性振动系统的质量特性是保持不变的，弹性力和系统阻尼力与物体振动响应呈线性关系，本书所叙述的舰艇振动学属于线性振动理论。不满足上述条件之一的系统为非线性系统。

按照作用于系统的激励是否具有确定性的特点，也可将物体振动现象分为确定性振动和随机振动。作用于系统的激励作用可用确定性的时间函数描述，系统的物理特性与时间变量无关，其响应是确定性的，称为确定性振动。不满足前述条件的振动即随机振动。

本书主要介绍舰艇的确定性振动，介绍舰艇结构固有振动特性的求法，分析产生舰艇振动的原因（引起舰艇振动的激励作用及求法），以及计算舰艇结构在给定激励作用下结构响应的方法。

习　题　1

1.1　举例工程和生活中的振动现象；悬在吊索上的吊灯的晃动是否属于振动？

1.2　军舰航行时，舰员在甲板上直接感觉到了振动，试分析此时的振动体是什么结构？振动体的平衡位置在哪里？

1.3　系统发生振动的必要条件是什么？举例说明。

1.4　结合航海实习和乘船感受，举例引起舰艇振动的激励作用。

1.5　用弹簧悬挂一重物，将重物向下拉伸一个距离 x_0，然后将重物释放，重物在铅垂线上振动。已知，在 20 s 的时间内，重物往复运动了 10 次，试求重物振动的周期和频率。此时，引起重物振动的激励是什么？是持续激励，还是瞬时激励？

1.6　舰艇航行时，舰艇尾部发生振动；舰艇锚泊时，舰艇尾部振动消失。试问引起该种尾部振动的激励是持续激励还是瞬时激励？

1.7　当结构在外加激励作用下产生振动时，可产生哪些物理量的响应？

1.8　对于钢铁之类的材料，如何对其变形进行假设，才能使其弹性恢复力成为线性的？

1.9　试叙述线性振动和非线性振动的概念并进行举例。

1.10　试叙述确定性振动和随机振动的概念并进行举例。

1.11　试叙述舰艇总振动概念并进行举例。

1.12　试叙述舰艇局部振动概念并进行举例。

第 2 章　单自由度系统的振动

2.1　系统简化及单自由度系统

2.1.1　系统的简化

舰艇结构振动问题分析的基本步骤是：将实际工程结构抽象成振动力学模型、针对振动力学模型建立相应的运动微分方程、求解运动微分方程、分析解的特性从而获得结构振动特性和规律、依据结构振动特性和规律复核或修改结构设计。实际工程结构是非常复杂的，影响振动的因素很多，研究工程结构的振动规律时，必须将实际结构简化、抽象成简单或标准化的振动力学模型。简化的基本方法是：将复杂的几何形体简化成简单的几何图形，如一维梁、二维板等，将分布在空间几何体中的质量集中在几个有限的节点处，形成没有体积的点质量 m，系统的弹性特性用弹簧刚度 k 表示，系统的阻尼特性用阻尼系数 c 表示。在简化过程中，要从振动分析理论出发，根据工程结构振动的主要特征和分析目的，抓住振动的主要因素并忽略次要因素，将实际结构简化成与所用振动分析理论相符的振动力学模型，然后求出简化模型的参数值（m、k、c）。

按振动系统的参数（m、k）特性，可将振动分析理论分成两类：离散系统振动理论和连续系统振动理论。具有集中质量特性、集中弹性特性的振动系统，称为离散振动系统，如质量-弹簧系统。具有分布质量特性、分布弹性特性的振动系统，称为连续振动系统，如梁、板等结构。

图 2.1（a）是安装在弹性梁上的电动机，其中梁的质量为 m'，可将其简化成图 2.1（b）所示的模型。这是将连续质量系统简化成离散质量系统的例子，梁和电动机的质量均集中在中点，认为梁的其余部位没有质量，仅有弹性特性。该模型可进一步简化成质量-弹簧系统，如图 2.1（c）所示。简化模型的参数值是：质量 m、弹簧刚度 k。

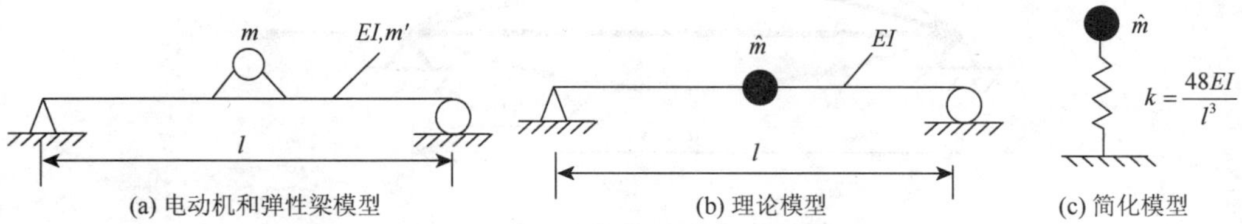

(a) 电动机和弹性梁模型　　(b) 理论模型　　(c) 简化模型

图 2.1　安装在弹性梁上的电动机简化模型

E 为弹性梁的杨氏模量；I 为弹性梁横剖面惯性矩；m' 为弹性梁单位长度质量；l 为弹性梁的长度；$\hat{m}$ 为电动机质量

图 2.2（a）是舰艇上常见的加筋板结构，将舷侧板架简化成图 2.2（b）所示的振动模

型，将强力甲板简化成舷侧板架的刚性铰支座，将两个甲板简化成板架的交叉梁，将肋骨和外板简化成板架的主向梁，将双层底简化成板架刚性固定支座。这是按连续系统理论简化的，舷侧外板结构的质量集中在板架梁上，在梁的所有部位均有质量和弹性特性。简化模型的参数值是：梁的分布质量 m' 、梁的分布刚度 EI 。

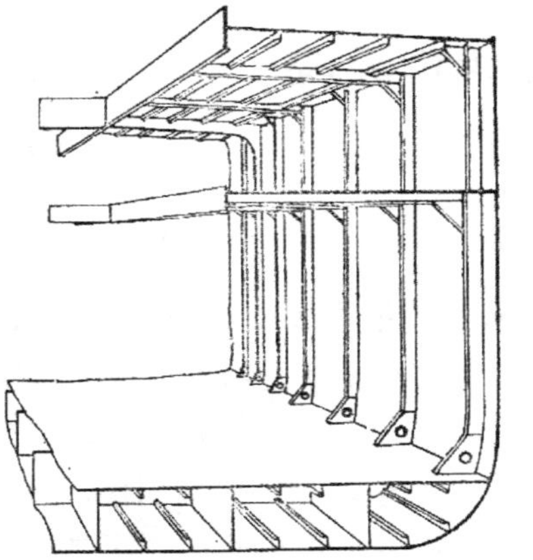

(a) 舱段结构

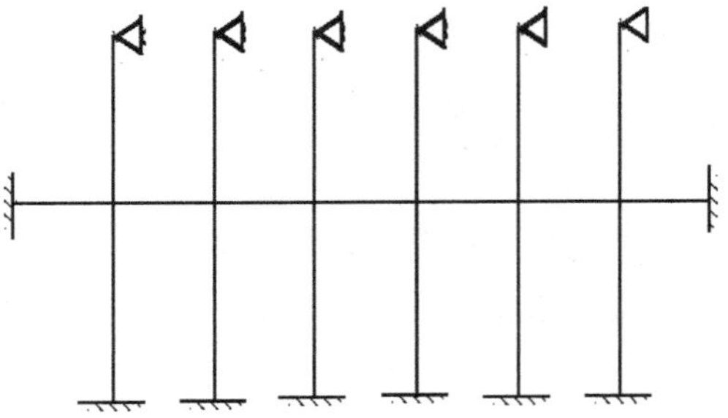

(b) 舷侧板架振动模型

图 2.2　加筋板结构简化示意图

2.1.2　系统的自由度

用参变量描述系统的瞬时空间位置状态，确定系统瞬时空间状态所需的独立参变量的数目，即系统的自由度数。该类参变量又称为广义坐标，或简称坐标。

如图 2.3 所示，按特定的简谐规律振动的梁（如半个正弦波），其挠度曲线为

$$w(x,t) = f(t)\sin\left(\frac{x}{l}\pi\right) \tag{2.1}$$

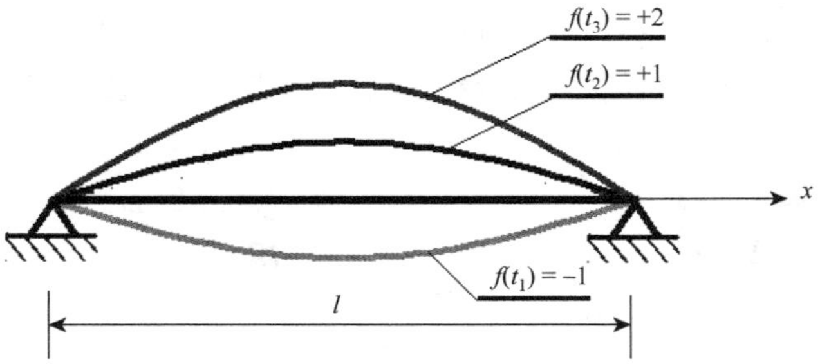

图 2.3　按特定简谐规律振动的梁

显然，只要给定 $f(t)$ 的值，梁的空间位置就可唯一地确定。 $f(t)$ 是描述系统瞬时空间状态的参变量， $f(t)$ 是以 $\sin\left(\frac{x}{l}\pi\right)$ 为坐标基的广义坐标值。 $\sin\left(\frac{x}{l}\pi\right)$ 是梁的振动型式，

简称为振型。当系统按一个给定的振型振动时，是 1 个自由度系统，又称为单自由度系统。

图 2.4 所示为两质量振动系统。若该系统做平面振动时，只要知道两个质量的水平位置，系统的空间位置就可唯一确定，即需要两个参变量才能唯一给定系统的瞬时位置。图中 x_1 和 x_2 是确定系统位置状态的两个参变量，是两个广义坐标。该系统是两自由度系统，在离散系统中，自由度数仅与质点数目有关。

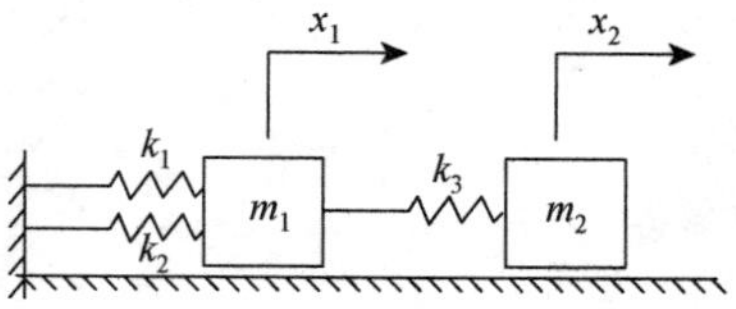

图 2.4　两质量振动系统

2.1.3　单自由度系统

系统在空间的任何瞬时位置，均可由一个广义坐标单值地予以确定，则此系统被称为单自由度系统。

单自由度系统的振动是最简单的一种振动，由 1 个弹簧和 1 个质量构成。任何单自由度系统均可简化成图 2.5 所示的质量-弹簧模型。图 2.5 中的 m、k、c 分别为单自由度系统振动质量（集中质量）、系统刚度（弹簧）、系统阻尼（阻尼器），$P(t)$ 为作用在系统上的激励力。一般不考虑弹簧的质量效应，振动质量仅限于在平面内发生垂向位移，确定系统的状态只需 1 个坐标参量。

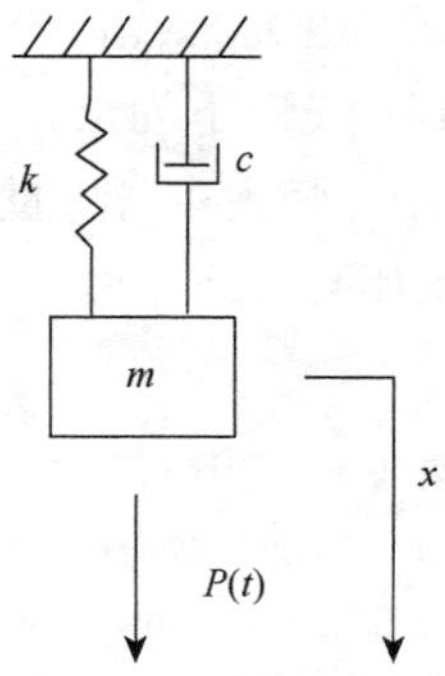

图 2.5　单自由度系统质量-弹簧模型

在工程中有不少单自由度系统的振动问题，许多相当复杂的系统也往往可简化为等效的单自由度系统，即质量-弹簧模型。另外，单自由度系统的振动，可揭示振动现象的若干重要性质，建立振动方面的基本概念，是研究更复杂的多自由度系统振动、弹性体振动及舰艇振动的基础。因此，掌握单自由度系统的振动理论和方法十分重要，研究单自由度系统的振动具有实际意义。

2.2　无阻尼自由振动

2.2.1　无阻尼自由振动系统

当图 2.5 中所示的系统中的阻尼系数 $c=0$ 且 $P(t)=0$ 时，则有如图 2.6 所示的单自由度系统，称为无阻尼单自由度振动系统。

当系统受某种干扰，如使质量 m 偏离其原来的静力平衡位置而有一初始位移或初始速度时，质量将在其平衡位置附近做垂向往复运动。此时，系统只受常值重力和弹簧恢复力作用，不受其他外力作用，这类运动称为单自由度系统无阻尼自由振动。

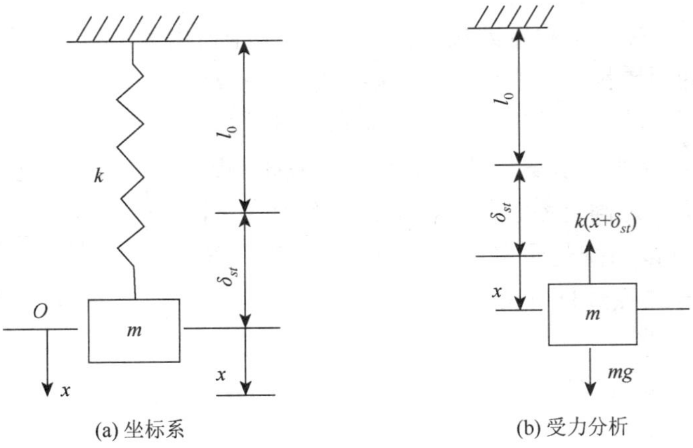

图 2.6　无阻尼单自由度振动系统

l_0 为弹簧原始长度

2.2.2　运动方程

取质量 m 垂向位移为广义坐标，记为 x，取质量静平衡位置为坐标原点，设广义坐标向下为正，建立如图 2.6 所示的坐标系。位移 x、速度 $\dot{x}$ 和加速度 $\ddot{x}$ 向下为正。

质量 m 悬挂于弹簧下端，弹簧上端固定。设弹簧刚度为 k，不计弹簧本身质量。m 处于静平衡位置时，弹簧的伸长变形量（静位移）为 δ_{st}，由弹性定律有

$$mg = k\delta_{\mathrm{st}} \tag{2.2}$$

质量 m 在运动过程中的振动质量分离体受力如图 2.6（b）所示。

根据牛顿第二定律得

$$m\ddot{x} = -k(x+\delta_{\mathrm{st}}) + mg \tag{2.3}$$

将式（2.2）代入式（2.3），有

$$m\ddot{x} + kx = 0 \tag{2.4}$$

$$\omega_n^2 = \frac{k}{m} \tag{2.5}$$

式中：ω_n 为单自由度系统的固有频率（圆频率）。

利用式（2.5）可将式（2.4）改写为

$$\ddot{x} + \omega_n^2 x = 0 \tag{2.6}$$

式（2.4）和式（2.6）即单自由度系统无阻尼自由振动的运动方程的两种表达形式。

由以上运动方程的推导过程可以发现：常值力（重力是常值力）的作用只影响线性系统的静平衡位置，而对围绕静平衡位置的振动微分方程没有实质性影响；对于线性系统，若将坐标原点取在系统的静平衡位置，在建立振动微分方程时，可不考虑常值力（重力）的作用，即不考虑由重力作用而产生的静伸长变形对弹性力的影响，在画质量分离体受力图时，不考虑重力；计算质量分离体受力图中的弹性力时，不考虑静伸长变形，弹性力等于刚度系数乘以质量的位移。

2.2.3　无阻尼自由振动解

根据微分方程理论，式（2.6）的解为

$$x(t)=c_0\mathrm{e}^{st} \tag{2.7}$$

式中：c_0、s 为待定常数；t 为时间坐标。

将式（2.7）代入式（2.6），得

$$s^2+\omega_n^2=0 \tag{2.8}$$

有

$$s=\pm\sqrt{-\omega_n^2}=\pm\mathrm{i}\omega_n \tag{2.9}$$

式（2.8）为运动方程（2.6）的特征方程，而式（2.9）给出了特征方程的根，按照微分方程理论，式（2.6）的通解为

$$x(t)=c_1\mathrm{e}^{\mathrm{i}\omega_n t}+c_2\mathrm{e}^{-\mathrm{i}\omega_n t} \tag{2.10}$$

由欧拉公式：

$$\mathrm{e}^{\pm\mathrm{i}\omega_n t}=\cos\omega_n t\pm\mathrm{i}\sin\omega_n t$$

可将式（2.10）改写为

$$x(t)=A_1\cos\omega_n t+A_2\sin\omega_n t \tag{2.11}$$

式中：A_1、A_2 为常数，由振动的初始条件确定。

时间为 0 时，质量所具有的速度、所处的位置，称为振动的初始条件。

设初始条件为 $t=0$ 时，质量 m 的初始位移和初始速度分别为

$$x(0)=x_0,\quad \dot{x}(0)=\dot{x}_0 \tag{2.12}$$

将初始条件代入式（2.11）可得 $A_1=x_0$，$A_2=\dfrac{\dot{x}_0}{\omega_n}$，由初始激励引起的自由振动为

$$x(t)=x_0\cos\omega_n t+\frac{\dot{x}_0}{\omega_n}\sin\omega_n t \tag{2.13}$$

式（2.13）可等价为下列形式的简谐函数：

$$x(t)=A\sin(\omega_n t+\alpha_0) \tag{2.14}$$

式中：ω_n 为系统的固有频率（圆频率，其单位为 rad/s），A 为振幅，α_0 为初相角，有

$$A=\sqrt{x_0^2+\left(\frac{\dot{x}_0}{\omega_n}\right)^2} \tag{2.15}$$

$$\alpha_0=\tan^{-1}\frac{x_0\omega_n}{\dot{x}_0} \tag{2.16}$$

式（2.13）～式（2.16）即单自由度系统无阻尼自由振动微分方程的解。

2.2.4　无阻尼自由振动特性

式（2.14）的解表明，单自由度系统无阻尼自由振动是一种简谐运动。

简谐振动有如下特点：质量 m 关于平衡位置的运动是对称的；通过平衡位置时，速度最大，加速度为 0；质量处于最大振动位移位置时，速度为 0，而加速度最大。

可以用旋转矢量表示简谐振动，方法如下：引入一个长度为振幅 A 的矢量；让该矢量以等角速度 ω_n 绕 O 点逆时针转动，矢量初始位置与水平轴的夹角为 α；旋转过程中，旋转矢量与水平轴的瞬时夹角为 $\omega_n t+\alpha$，是时间 t 的线性函数；以固有频率与时间的乘积 $\omega_n t$ 为横坐标，矢量端点在铅垂轴上的投影（即质量的瞬时位移）为纵坐标画曲线，矢端投影曲线如图 2.7（b）所示。

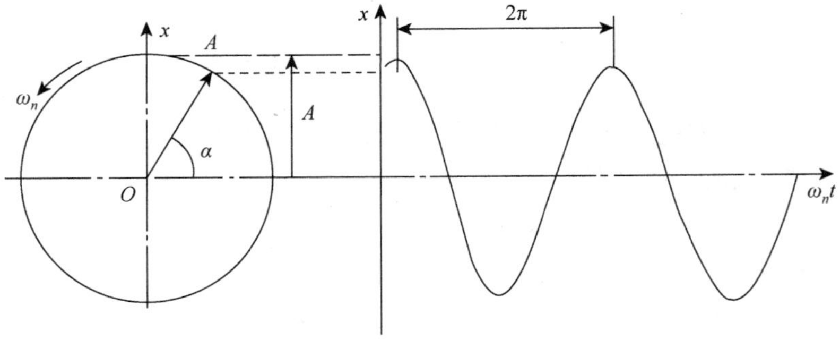

(a) 旋转矢量　　(b) 矢端投影曲线

图 2.7　简谐振动的旋转矢量及矢端投影曲线

借助旋转矢量及矢端投影曲线图（图 2.7），可以清晰地理解初相角 α_0、振幅 A、固有频率 ω_n 的物理意义。

（1）每当矢量 $\boldsymbol{A}$ 旋转 2π 角度后，其位置就重复一次，即振幅矢量以等角速度 ω_n 逆时针旋转一周，质量 m 往复振动一次。

（2）旋转矢量在铅垂轴上的投影与式（2.14）相等，所以，矢量 $\boldsymbol{A}$ 在 x 轴上的投影就是式（2.14）所示的简谐运动。

（3）从旋转矢量图可知，ω_n 为圆频率，单位为 rad/s，圆频率对应的单位时间是 2π s。工程中常用每秒振动的次数表示固有频率，即令

$$f=\frac{\omega_n}{2\pi}=\frac{1}{2\pi}\sqrt{\frac{k}{m}} \tag{2.17}$$

式中：f 的单位为 1/s（记为赫兹或 Hz），每振动一次的时间称为固有周期，即

$$T=\frac{1}{f}=\frac{2\pi}{\omega_n}=2\pi\sqrt{\frac{m}{k}} \tag{2.18}$$

固有频率是单自由度系统无阻尼自由振动中极其重要的参数。固有频率仅取决于系统的固有性质，即取决于弹簧的刚度和质量本身，而与初始条件无关。确定固有频率往往是解决工程振动的首要问题。

无阻尼自由振动的振幅，仅取决于系统的初始条件（初始位移和初始速度）。对于无阻尼线性振动系统，其自由振动的振幅 A 不随时间改变，始终保持为定值。

2.3　固有频率的计算方法

2.3.1　静伸长法

由式（2.5）可知，要求得系统的固有频率，需已知振动体质量和弹簧的刚度。当系统较为复杂时，振动体质量和弹簧的刚度不是直接给出的，需通过较多计算获得，易获得的是振动体静位移δ_{st}。此时，可利用静位移求得系统的固有频率，该方法称为静伸长法。

由式（2.2），可将弹簧刚度 k 表示为

$$k=\frac{mg}{\delta_{st}} \tag{2.19}$$

将其代入式（2.5），可得

$$\omega_n=\sqrt{\frac{g}{\delta_{st}}} \tag{2.20}$$

由式（2.20）可见，只要知道振动体在重力作用下的静位移δ_{st}，就可以直接计算系统的固有频率。用式（2.20）计算固有频率是比较方便的，因为重力作用下的静位移δ_{st}，既可通过计算、查弯曲要素表获得，也可通过实验测得。

例 2.1　设有一两端简支的等直梁（图 2.8），梁的长度为l，弯曲刚度为EI，在跨中有一集中质量 m，若梁的自身质量与 m 相比可略去不计，试求质量 m 的垂向振动固有频率。若在集中质量下装一个刚度为 k 的减振弹簧（弹簧自身质量也可略去），则质量 m 的固有频率有何变化？

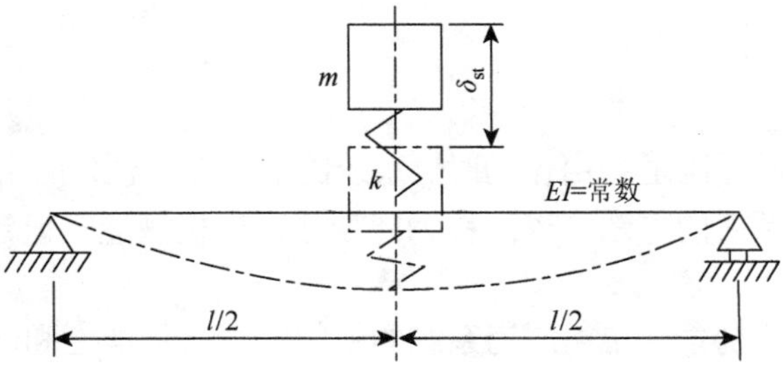

图 2.8　质量-弹簧-简支梁振动系统

解：用静伸长法求解。当梁中点处仅有质量而无减振弹簧时，按结构力学方法求得在质量 m 的重力作用下，梁中点的静挠度值为

$$x_{st}=\frac{mgl^3}{48EI}$$

梁中点的静挠度值即质量的静位移，由式（2.20），该系统的固有频率为

$$\omega_n=\sqrt{\frac{g}{x_{st}}}=\sqrt{\frac{48EI}{ml^3}}$$

当集中质量 m 与梁中点间有减振弹簧时，振动质量 m 在其自身重力作用下，所发生的静位移由两部分组成：

$$\delta_{st}=\delta_1+\delta_2$$

式中：$\delta_1=\dfrac{mg}{k}$，为质量相对于简支梁的静力位移；$\delta_2=\dfrac{mgl^3}{48EI}$，为简支梁中点的位移。

于是，装有减振弹簧 k 后，系统的固有频率为

$$\omega_n=\sqrt{\frac{48EI}{ml^3}}\sqrt{\frac{1}{1+\dfrac{48EI}{kl^3}}}$$

可以看出，安装了减振弹簧后，系统的固有频率将有所降低。

静伸长法还可以应用于重力方向与质量振动位移方向不一致的场合。此时，将重力加载在质量的振动方向上，求出质量在重力作用下的位移，应用式（2.20）即可求出系统的固有频率。

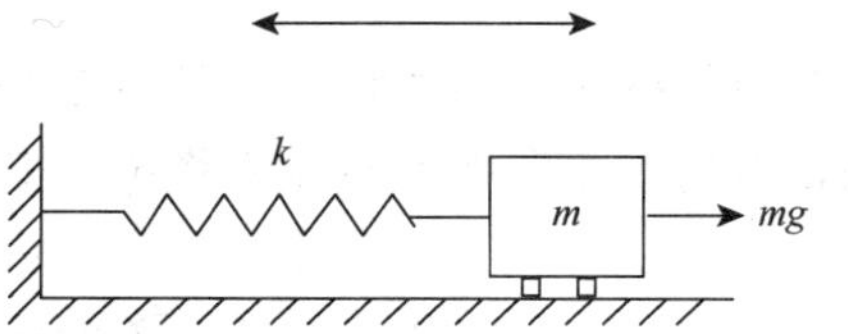

图 2.9　在水平方向振动的单自由度系统

例 2.2　用静伸长法求图 2.9 所示的单自由度系统的固有频率。

解：用静伸长法求解。在质量上沿振动方向作用重力 mg，按弹性定律求得的静位移为

$$\delta_{st}=\frac{mg}{k}$$

由式（2.20）有

$$\omega_n=\sqrt{\frac{g}{\delta_{st}}}=\sqrt{\frac{g}{mg/k}}=\sqrt{\frac{k}{m}}$$

2.3.2　能量法

当单自由度系统做无阻尼自由振动时，系统的机械能守恒。应用机械能守恒定律，可以获得又一种求固有频率的方法，该法称为能量法。由机械能守恒定律有

$$T_t+V_t=T_0+V_0 \tag{2.21}$$

式中：T_t 为动能；V_t 为势能；T_0+V_0 为系统的初始动能与势能之和，这是一个常数。

由此，有

$$\frac{\mathrm{d}}{\mathrm{d}t}(T_t+V_t)=0 \tag{2.22}$$

设在系统振动的任一瞬时，质量离开平衡位置的位移为 x、运动速度为 $\dot{x}$，可以求出系统的动能和势能的表达式。将其代入式（2.22）可求得系统微分方程，再由微分方程的对应项即可求得系统的固有频率。

质量 m 经过平衡位置时，运动速度最大，位移为 0，此时系统有最大动能 T_{max}；质量处于最大位移位置时，运动速度为 0，系统位移最大，此时系统有最大势能 V_{max}。由于能量守恒，且系统动能和势能相互转换，故有

$$V_{\max} = T_{\max} \tag{2.23}$$

若取平衡位置为零势点，即系统在平衡位置时，总势能为零，由式（2.21）同样可以得到式（2.23）。

由式（2.14）有

$$V_{\max} = \frac{1}{2}kx_{\max}^2 = \frac{1}{2}kA^2 \tag{2.24}$$

$$T_{\max} = \frac{1}{2}m\dot{x}_{\max}^2 = \frac{1}{2}mA^2\omega_n^2 \tag{2.25}$$

将式（2.24）和式（2.25）代入式（2.23）即可消除振幅项 A，求得固有频率 ω_n。该方法的特点是分别求出系统在静平衡位置的动能和振动位移最大处的势能，故称为能量法。在容易求得系统能量的场合，该方法具有很大的优越性。

例 2.3　如图 2.10 所示的系统，细梁 OA 为刚性梁，可绕支点 O 转动，梁 OA 位于水平时为静平衡位置。梁端集中质量为 m，梁与弹簧（刚度为 k）的质量忽略不计，试用能量法求解系统的固有频率。

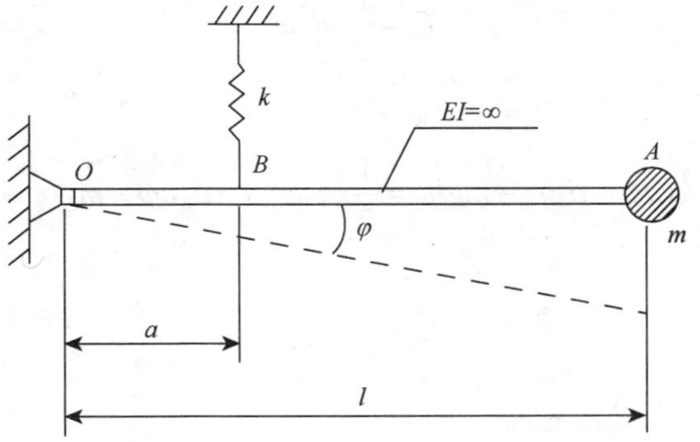

图 2.10　梁端有集中质量的刚性梁振动系统

解法 1：取梁偏离平衡位置的角度 φ 为广义坐标。取静平衡位置为系统零势点，弹簧的自由伸长时为弹簧弹性势能的零点，令 δ_{st} 为弹簧的静位移。

任一瞬时，系统的动能为

$$T_t = \frac{1}{2}ml^2\dot{\varphi}^2$$

以系统的静平衡位置为零势点时，系统任一瞬时的势能为

$$V_t = \frac{1}{2}k(a\varphi + \delta_{st})^2 - mgl\varphi - \frac{1}{2}k\delta_{st}^2 = \frac{1}{2}ka^2\varphi^2 + k\delta_{st}a\varphi - mgl\varphi$$

因静平衡时有

$$k\delta_{st}a = mgl$$

则

$$V_t = \frac{1}{2}ka^2\varphi^2$$

最大动能为

$$T_{\max} = \frac{1}{2}ml^2\varphi_{\max}^2\omega_n^2$$

最大势能为

$$V_{\max} = \frac{1}{2}ka^2\varphi_{\max}^2$$

将$T_{\max}$与$V_{\max}$代入式（2.23），得固有频率为

$$\omega_n = \sqrt{\frac{ka^2}{ml^2}}$$

解法 2：取梁偏离平衡位置的角度φ为广义坐标。不规定系统的零势点，认为系统在平衡位置时有势能，弹簧自由伸长时为弹簧弹性势能的零点。

任一瞬时，系统的动能为

$$T_t = \frac{1}{2}ml^2\dot{\varphi}^2$$

系统的势能为

$$V_t = \frac{1}{2}k(a\varphi + \delta_{\text{st}})^2 - mgl\varphi = \frac{1}{2}ka^2\varphi^2 + k\delta_{\text{st}}a\varphi - mgl\varphi + \frac{1}{2}k\delta_{\text{st}}^2$$

因静平衡时有

$$k\delta_{\text{st}}a = mgl$$

则

$$V_t = \frac{1}{2}ka^2\varphi^2 + \frac{1}{2}k\delta_{\text{st}}^2$$

将T_t与V_t的表达式代入式（2.22），得

$$\frac{\mathrm{d}}{\mathrm{d}t}(T_t + V_t) = ml^2\dot{\varphi}\ddot{\varphi} + ka^2\varphi\dot{\varphi} = 0$$

则运动微分方程为

$$ml^2\ddot{\varphi} + ka^2\varphi = 0$$

其固有频率为

$$\omega_n = \sqrt{\frac{ka^2}{ml^2}}$$

例 2.4　如图 2.11 所示的刚性梁，可绕O点转动，在其上分别有两个质量m_1和m_2，并由两个刚度系数为k_1和k_2的弹簧悬挂，不计刚梁的质量，试求该系统的微幅振动的固有频率。

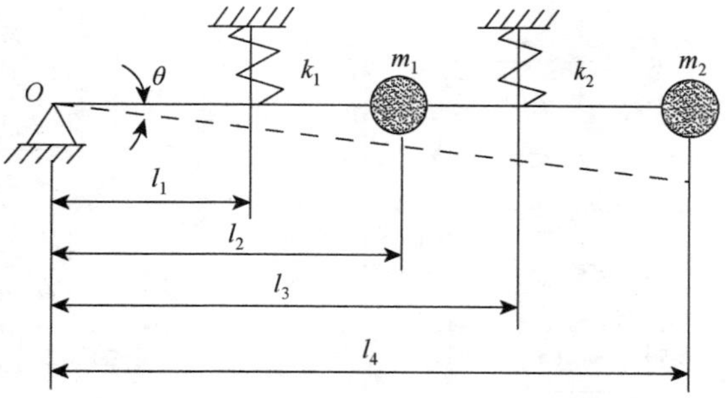

图 2.11　有两个集中质量的刚性梁振动系统

解：这是一个单自由度系统，取转角 θ 为广义坐标，并设其最大幅值为 $\theta_{\max}$。用能量法，取静平衡位置为系统零势点。

其最大动能为

$$T_{\max}=\frac{m_1 l_2^2\omega_n^2\theta_{\max}^2}{2}+\frac{m_2 l_4^2\omega_n^2\theta_{\max}^2}{2}$$

其最大势能为

$$V_{\max}=\frac{k_1 l_1^2\theta_{\max}^2}{2}+\frac{k_2 l_3^2\theta_{\max}^2}{2}$$

由式（2.23）得，$V_{\max}=T_{\max}$

求得

$$\omega_n^2=\frac{k_1 l_1^2+k_2 l_3^2}{m_1 l_2^2+m_2 l_4^2}$$

任何一个单自由度的系统，不管多么复杂，都可化为如图 2.5 所示的质量-弹簧模型，称为等效单自由度系统。等效系统的质量 m_e 和等效系统的刚度 k_e，可按能量等效原理求得，即使等效系统的动能和势能分别与原始系统的动能与势能相等。等效系统的刚度 k_e 和质量和 m_e 可因广义坐标的选取不同而变化，但系统的固有频率 ω_n 是固定值，不会因坐标的选取而发生改变。

将图 2.11 所示系统等效成标准的质量-弹簧模型后，等效质量为：$m_e=m_1 l_2^2+m_2 l_4^2$；等效刚度为：$k_e=k_1 l_1^2+k_2 l_3^2$。等效单自由度系统如图 2.5 所示。

2.3.3　微分方程法

采用牛顿第二定律、能量法或其他动力学理论，得到系统的振动微分方程，依固有频率定义式（2.5）求出系统的固有频率，称为微分方程法。

例 2.5　图 2.12 所示振动系统为倒置摆，质量 m 固结于不计质量的刚性梁 OA 的顶端。弹簧刚度为 k 的两个弹簧对称地连接于 OA 梁的 B 点，使梁保持铅垂的平衡位置。试求该摆微幅振动时的固有频率，并分析其运动特点。

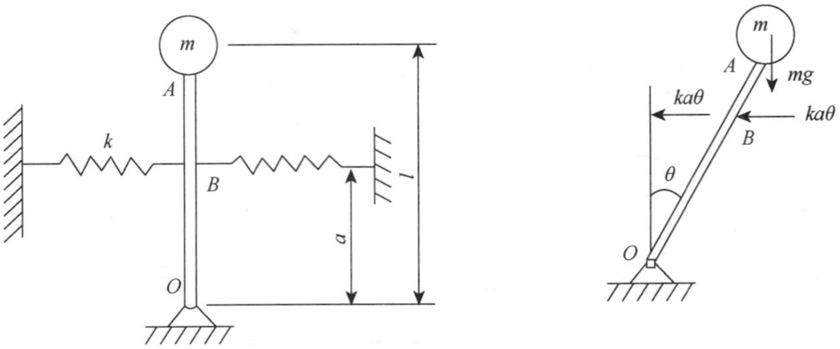

图 2.12　倒置摆振动系统

解：以梁相对于静平衡铅垂位置的角度 θ 为广义坐标描述质量 m 的运动。梁绕 O 点做定轴转动，由牛顿第二定律，其运动方程为

$$ml^2\ddot{\theta} = mgl\sin\theta - (2ka\sin\theta)a\cos\theta$$

梁做微幅振动时，θ 很小，上式可简化为

$$ml^2\ddot{\theta} + 2ka^2\theta - mgl\theta = 0$$

两边同除以 ml^2，有

$$\ddot{\theta} + \left(\frac{2ka^2 - mgl}{ml^2}\right)\theta = 0$$

（1）当 $(2ka^2 - mgl)/ml^2 > 0$ 时，有

$$\theta(t) = A\cos(\omega_n t - \varphi)$$

$$\omega_n = \sqrt{\frac{2ka^2 - mgl}{ml^2}}$$

系统为简谐振动，振幅 A 和初相角 φ 由初始条件确定。

（2）当 $(2ka^2 - mgl)/ml^2 \leqslant 0$ 时，有

$$\theta(t) = A_1 e^{-\sqrt{(2ka^2 - mgl)/ml^2}\,t} + A_2 e^{\sqrt{(2ka^2 - mgl)/ml^2}\,t}$$

此时系统不发生振动。系统受到初始干扰后，将会继续偏离平衡位置而倾倒，不能回到平衡位置。称该系统为不稳定系统。这是因为弹性力矩小于重力矩，故质量 m 不能在平衡位置附近往复运动。

2.4　有阻尼自由振动

2.4.1　有阻尼自由振动系统

在无阻尼自由振动中，略去了系统运动中所受到的阻力，认为系统仅受重力和弹性力的作用，系统机械能守恒，振动质量的振幅保持不变。这是一种假设的理想状况，而实际存在的振动系统，振动质量的振幅总是随时间增长而衰减的，最终趋于静止，系统的总机

械能趋于 0，这是阻尼作用的结果。实际的振动系统中不可避免地存在阻尼，本节研究阻尼对振动的影响。有阻尼单自由度系统质量-弹簧模型如图 2.5 所示。

从能量的角度看，阻尼是运动中的物体所具有的动能不断耗散的一种物理现象。为描述这种物理现象，人们定义阻尼力，认为阻尼力对运动中的物体做负功，从而使动能不断耗散。产生阻尼的原因很多，如两物体之间的干摩擦、气体或液体的介质阻尼，以及材料和结构的内部阻尼等，因此阻尼的机理也十分复杂，要精确地描述阻尼力往往是很困难的。

最常用的阻尼理论是黏性阻尼理论，该理论认为，阻尼力的大小与物体运动速度成正比、方向与运动速度方向相反，如式（2.26）所示：

$$F_d = -c\dot{x} \tag{2.26}$$

式中：c 为黏性阻尼系数，其负号表示黏性阻尼力与运动速度反向，始终阻碍系统的运动，因而消耗了系统的能量。

物体沿润滑表面滑动或在流体中做低速运动时所产生的阻尼，通常可以视为黏性阻尼。黏性阻尼在工程实践中最常见，又易于进行数学处理，为了方便起见，本节中讨论有阻尼系统的振动时仅考虑黏性阻尼。其他形式的阻尼，可根据每个周期消耗能量相等的原理，化为等效黏性阻尼。

基于黏性阻尼理论的单自由度黏性阻尼振动系统力学模型如图 2.13 所示，该系统由黏性阻尼器 c、弹簧 k 和振动质量 m 构成。阻尼力 F_d 按式（2.26）确定，系统上无外界激励力 $P(t)$ 作用。

2.4.2　运动微分方程

对于图 2.13 所示的单自由度黏性阻尼振动系统力学模型，取质量 m 的垂向位移为广义坐标，记为 x，质量静平衡位置为坐标原点，广义坐标向下为正，建立坐标系，有振动质量 m 的受力分析图，如图 2.13 所示。

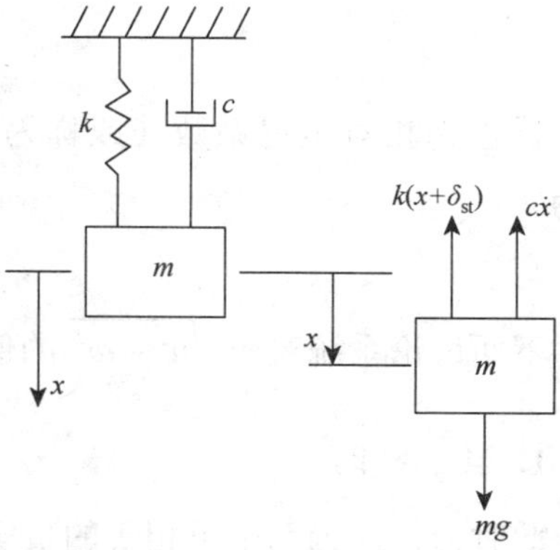

图 2.13　单自由度黏性阻尼振动系统力学模型

按牛顿第二定律，由振动质量分离体受力图可知，此系统的运动微分方程可写为

$$m\ddot{x} = mg - c\dot{x} - k(x + \delta_{\mathrm{st}}) \tag{2.27}$$

式中：δ_{st} 是平衡位置时弹簧的静位移。

由静平衡条件求得

$$mg = k\delta_{\mathrm{st}}$$

将其代入式（2.27）有

$$m\ddot{x} + c\dot{x} + kx = 0 \tag{2.28}$$

以质量 m 去除式（2.28）两边，有

$$\ddot{x} + \frac{c}{m}\dot{x} + \frac{k}{m}x = 0$$

令 $2n=\dfrac{c}{m}$、$\omega_n=\sqrt{\dfrac{k}{m}}$，有

$$\ddot{x}+2n\dot{x}+\omega_n^2 x=0 \tag{2.29}$$

式（2.28）和式（2.29）是单自由度黏性阻尼振动系统运动微分方程的标准形式。

2.4.3　有阻尼自由振动解

根据微分方程理论，设式（2.29）的解为

$$x(t)=A_0\mathrm{e}^{st} \tag{2.30}$$

式中：A_0 为积分常数；s 为待定常数；

将式（2.30）代入式（2.29），得到特征方程为

$$s^2+2ns+\omega_n^2=0 \tag{2.31}$$

其根为

$$s_{1,2}=-n\pm\sqrt{n^2-\omega_n^2} \tag{2.32}$$

于是，式（2.29）的一般解为

$$x(t)=A_1\mathrm{e}^{s_1t}+A_2\mathrm{e}^{s_2t} \tag{2.33}$$

式中：A_1 和 A_2 为由初始条件确定的积分常数。

为了分析的方便，引入一个无量纲的参数 ζ，令

$$\zeta=\frac{n}{\omega_n} \tag{2.34}$$

称 ζ 为相对阻尼系数（或称为阻尼比、无因次阻尼系数），此时，式（2.32）可改写为

$$s_{1,2}=-\zeta\omega_n\pm\omega_n\sqrt{\zeta^2-1} \tag{2.35}$$

下面讨论系统对应 $\sqrt{n^2-\omega_n^2}$ 的值是实数、虚数、0 这 3 种情形时的运动情况。

1. 当 $\zeta>1$ 时

此时 s_1、s_2 为两个不相等的负实根，即

$$s_1=-\omega_n\left(\zeta-\sqrt{\zeta^2-1}\right)<0 \tag{2.36}$$

$$s_2=-\omega_n\left(\zeta+\sqrt{\zeta^2-1}\right)<0 \tag{2.37}$$

质量的运动方程为

$$x(t)=A_1\mathrm{e}^{-\omega_n\left(\zeta-\sqrt{\zeta^2-1}\right)t}+A_2\mathrm{e}^{-\omega_n\left(\zeta+\sqrt{\zeta^2-1}\right)t} \tag{2.38}$$

质量运动的时间历程曲线为指数衰减曲线，$x(t)$ 将随着 t 的增加而趋近于 0，质量 m 最多经过平衡位置一次，不会发生连续的往复运动，即不发生振动，称此种状态为**过阻尼**状态。

2. 当 $\zeta=1$ 时

此时，特征方程的根为两个相等的实根：

$$s_1 = s_2 = -\zeta\omega_n = -\omega_n \tag{2.39}$$

按微分方程理论，运动方程的解为

$$x(t) = (A_1 + A_2 t)\mathrm{e}^{-\zeta\omega_n t} \tag{2.40}$$

设初始条件为：$t=0$，$x=x_0$，$\dot{x}=\dot{x}_0$，则

$$x(t) = [x_0 + (\dot{x}_0 + \omega_n x_0)t]\mathrm{e}^{-\zeta\omega_n t} \tag{2.41}$$

若振动初始条件使得 A_2 等于 0，式（2.41）为单调指数衰减曲线，$x(t)$ 将随着 t 的增加而趋近于 0，始终为正值或负值（取决于初始干扰），质量 m 不做持续的往复运动，即不发生振动。

若振动初始条件使得 A_2 不等于 0，式（2.41）也为衰减曲线，质量 m 最多经过平衡位置一次，不会做持续的往复运动，即不发生振动，称此种状态为**临界阻尼**状态。

系统处于**临界阻尼**状态时的阻尼系数，称为临界阻尼系数，记为 c_c，且有

$$c_c = 2m\sqrt{\frac{k}{m}} = 2\sqrt{mk} = 2m\omega_n \tag{2.42a}$$

由式（2.42a）可以看到，临界阻尼系数 c_c 仅依赖于系统本身的物理参数，可以用临界阻尼系数定义无因次阻尼系数 ζ：

$$\zeta = \frac{c}{c_c} \tag{2.42b}$$

3. 当 $\zeta<1$ 时

此时，特征方程具有两个复数根，构成一对共轭复数：

$$s_{1,2} = -\zeta\omega_n \pm \mathrm{i}\omega_n\sqrt{1-\zeta^2} \tag{2.43}$$

或

$$s_{1,2} = -\zeta\omega_n \pm \mathrm{i}\omega_d \tag{2.44}$$

式中：ω_d 为有阻尼自由振动频率。

$$\omega_d = \omega_n\sqrt{1-\zeta^2} \tag{2.45}$$

此时，有

$$x(t) = \mathrm{e}^{-\zeta\omega_n t}(A_1\mathrm{e}^{\mathrm{i}\omega_d t} + A_2\mathrm{e}^{-\mathrm{i}\omega_d t}) \tag{2.46}$$

$$x(t) = \mathrm{e}^{-\zeta\omega_n t}(A_1'\cos\omega_d t + A_2'\sin\omega_d t) \tag{2.47}$$

式中：积分常数 A_1' 和 A_2' 由初始条件决定。

设初始条件为 $t=0$，$x=x_0$，$\dot{x}=\dot{x}_0$，则由式（2.47）可得

$$A_1' = x_0,\quad A_2' = \frac{\dot{x}_0 + \xi\omega_n x_0}{\omega_d} \tag{2.48}$$

故式（2.47）可写为

$$x(t)=\mathrm{e}^{-\zeta\omega_n t}\left(x_0\cos\omega_d t+\frac{\dot{x}_0+\zeta\omega_n x_0}{\omega_d}\sin\omega_d t\right)\tag{2.49}$$

式（2.49）又可变换为

$$x(t)=A_0\mathrm{e}^{-\zeta\omega_n t}\cos(\omega_d t-\theta)\tag{2.50}$$

式中：

$$A_0=\sqrt{x_0^2+\left(\frac{\dot{x}_0+\zeta\omega_n x_0}{\omega_d}\right)^2}\tag{2.51a}$$

$$\theta=\arctan\left(\frac{\dot{x}_0+\zeta\omega_n x_0}{\omega_d x_0}\right)\tag{2.51b}$$

此时，质量将在平衡位置附近做持续的往复运动，即系统发生振动，称此种状态为**欠阻尼状态**。欠阻尼状态时，阻尼系数 c 小于 c_c。有阻尼的自由振动，通常指欠阻尼状态系统的运动。

2.4.4　有阻尼自由振动特性

式（2.50）表明，有阻尼自由振动已不是等幅的简谐振动，它有如下振动特点。

（1）振幅按指数规律衰减，随时间的延长而趋于 0。

以时间 t 为横坐标，以质量位移为纵坐标，其位移-时间历程曲线如图 2.14 所示。图中清楚地表明，振幅按 $\mathrm{e}^{-\zeta\omega_n t}$ 的指数规律衰减。

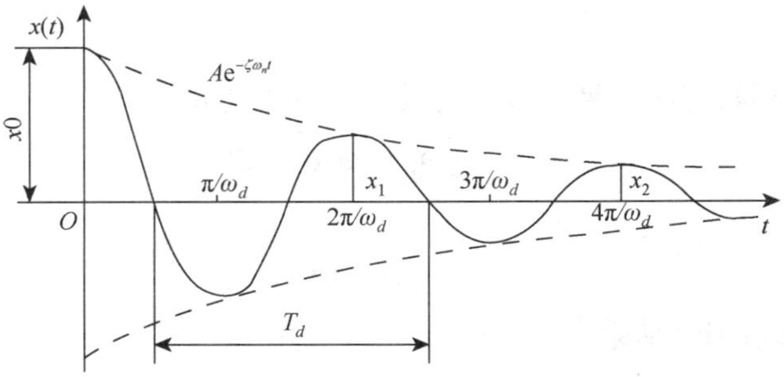

图 2.14　有阻尼自由振动位移-时间历程曲线

（2）振动周期变大、振动频率变小。

与无阻尼状态相比，有阻尼自由振动周期 T_d 变大、振动频率 ω_d 变小。ω_d 按式（2.45）计算，有阻尼自由振动的周期为

$$T_d=\frac{2\pi}{\omega_d}=\frac{2\pi}{\sqrt{1-\zeta^2}\,\omega_n}\tag{2.52}$$

如果 $\zeta\ll 1$，可以认为 $\omega_d\approx\omega_n$、$T_d\approx T$，此时阻尼对频率或周期的影响可以忽略。

（3）相邻的两个振幅之比是常数。

由式（2.50），相邻两个振幅之比ψ为

$$\psi=\frac{x_{mi}}{x_{m(i+1)}}=\frac{A_0\mathrm{e}^{-\zeta\omega_n t}}{A_0\mathrm{e}^{-\zeta\omega_n(t+T_d)}}=\mathrm{e}^{\zeta\omega_n T_d} \tag{2.53}$$

式中：ψ称为衰减系数，表征自由振动振幅递减的速率。

ψ的对数δ称为对数衰减率，表示为

$$\delta=\ln\frac{x_{mi}}{x_{m(i+1)}}=\zeta\omega_n T_d \tag{2.54}$$

将式（2.52）代入式（2.54）后可得

$$\delta=2\pi\frac{\zeta}{\sqrt{1-\zeta^2}} \tag{2.55}$$

在阻尼相当小时（即$\zeta\ll 1$），有

$$\delta=2\pi\zeta \tag{2.56}$$

一般情况下，若$\zeta<0.3$，则式（2.55）和式（2.56）的差别很小，可用式（2.56）计算对数衰减率。

为了通过阻尼自由振动的衰减曲线得出较精确的阻尼值，可以通过N个周期的振幅比值来求对数衰减率δ。设x_{mi}为t_i瞬时的振幅，$x_{m(i+N)}$为t_i+NT_d瞬时（即相隔N个整周期的瞬时）的振幅，则有

$$\delta=\frac{1}{N}\ln\frac{x_{mi}}{x_{m(i+N)}} \tag{2.57}$$

知道δ后，可以计算阻尼比ζ，在阻尼很小时，有

$$\zeta=\frac{1}{2\pi N}\ln\frac{x_{mi}}{x_{m(i+N)}} \tag{2.58}$$

这是采用自由振动衰减法计算系统阻尼系数的一个理论基础。

例 2.6　如图 2.13 所示的单自由度黏性阻尼振动系统，已知质量$m=10$ kg，弹簧的刚度系数$k=1\,000$ N/m，黏性阻尼器的阻尼系数$c=10$ N·s/m，求该系统自由振动的规律。

解：系统的固有频率为

$$\omega_n=\sqrt{\frac{k}{m}}=\sqrt{\frac{1\,000}{10}}=10\,(\mathrm{rad/s})$$

由式（2.42a）得，临界阻尼系数c_c为

$$c_c=2m\omega_n=200\,(\mathrm{N\cdot s/m})$$

由式（2.42b）得，阻尼比ζ为

$$\zeta=\frac{c}{c_c}=\frac{10}{200}=0.05$$

由式（2.45）得，有阻尼自由振动频率为

$$\omega_d=\omega_n\sqrt{1-\xi^2}=10\sqrt{1-(0.05)^2}=9.987\,5\,(\mathrm{rad/s})$$

将 ω_n 、ζ 和 ω_d 代入式（2.50），得到系统的有阻尼自由振动规律为

$$x(t) = A_0 \mathrm{e}^{-0.5t} \cos(9.9875t - \theta)$$

式中：A_0 、θ 由初始条件确定。

2.5　简谐激励力作用下的强迫振动

自由振动是在初始干扰（初始速度、初始位移）下产生的振动，振动时无外界激励的持续作用。初始干扰是外界激励瞬时干扰的结果，如爆炸、撞击、突加载荷等。实际工程中的结构振动，除瞬时干扰产生的自由振动外，还有许多振动是在外界激励的持续作用下产生的。本节讨论单自由度系统在外界激励力持续作用下的振动，即强迫振动。

2.5.1　无阻尼系统强迫振动

1. 运动微分方程及解

在图 2.6 所示的无阻尼单自由度振动力学模型上，加上外界激励力 $P(t)$，即无阻尼单自由度系统强迫振动力学模型。

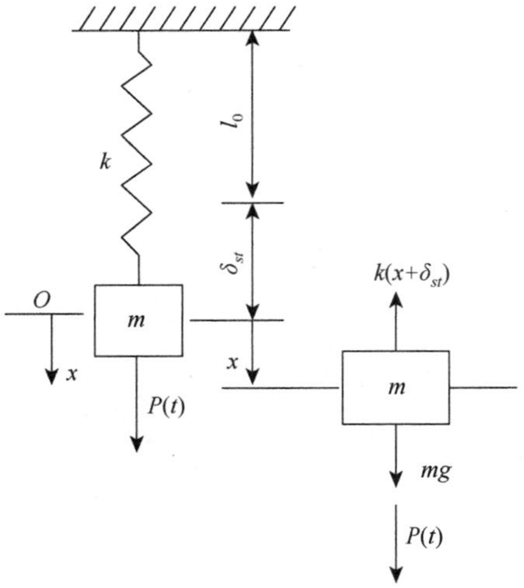

图 2.15　无阻尼单自由度系统强迫振动力学模型

建立如图 2.15 所示的坐标系，画出质量的受力分离体图，由牛顿第二定律得

$$m\ddot{x} + kx = P(t) \tag{2.59}$$

设 $P(t)$ 为简谐激励力，即

$$P(t) = P_0 \sin \omega t$$

式中：P_0 为激励力幅值；ω 为激励频率。

简谐激励力作用下的运动微分方程为

$$m\ddot{x} + kx = P_0 \sin \omega t \tag{2.60}$$

$$\ddot{x} + \omega_n^2 x = \frac{P_0}{m} \sin \omega t \tag{2.61}$$

式（2.60）和式（2.61）是一个非齐次常微分方程，按微分方程理论，它的全解由两部分构成，对应于齐次方程的通解 x_1 和满足非齐次方程的特解 x_p。对应于齐次方程的通解 x_1 即无阻尼自由振动解，由 2.2.3 小节可得

$$x_1 = A_1 \cos \omega_n t + A_2 \sin \omega_n t \tag{2.62}$$

设满足非齐次方程的特解 x_p 为

$$x_p = B \sin \omega t \tag{2.63}$$

将其代入式（2.61），得

$$B = \frac{P_0 / k}{1 - (\omega / \omega_n)^2} = \frac{x_{\rm st}}{1 - (\omega / \omega_n)^2} \tag{2.64a}$$

$$x_{\rm st} = P_0 / k \tag{2.64b}$$

式中：$x_{\rm st}$ 为静位移，是质量在激励力幅值 P_0 作用下的位移值。

在简谐激励力的作用下，单自由度系统振动的全解为

$$x = A_1 \cos \omega_n t + A_2 \sin \omega_n t + \frac{x_{\rm st}}{1 - (\omega / \omega_n)^2} \sin \omega t \tag{2.65}$$

式中：A_1、A_2 由振动系统的初始条件确定。

设在 $t=0$ 时刻，质量 m 的初始位移和初始速度分别为 $x(0) = x_0$、$\dot{x}(0) = \dot{x}_0$，求得

$$\begin{cases} A_1 = x_0 \\ A_2 = \dfrac{\dot{x}_0}{\omega_n} - \dfrac{x_{\rm st}}{1 - (\omega / \omega_n)^2} \dfrac{\omega}{\omega_n} \end{cases} \tag{2.66}$$

$$x = x_0 \cos \omega_n t + \frac{\dot{x}_0}{\omega_n} \sin \omega_n t - \frac{x_{st}}{1 - (\omega / \omega_n)^2} \frac{\omega}{\omega_n} \sin \omega_n t + \frac{x_{st}}{1 - (\omega / \omega_n)^2} \sin \omega t \tag{2.67}$$

式（2.67）中的前两项是按照固有频率振动的自由振动项，当初始条件 $x_0 = \dot{x}_0 = 0$ 时，这两项消失；第三项也是按照固有频率振动的，但与初始条件无关，是伴随强迫振动而发生的振动分量，称为伴随自由振动。第四项是按照激励力频率振动的，与初始条件无关。前三项称为暂态振动，当系统存在阻尼时，将随时间的延长而衰减为 0。第四项称为稳态振动或稳态强迫振动，如式（2.68）所示：

$$x = \frac{x_{\rm st}}{1 - (\omega / \omega_n)^2} \sin \omega t = B \sin \omega t \tag{2.68}$$

2. 动力放大系数与共振

对式（2.68）进行分析，可以发现，无阻尼系统稳态振动的振幅，仅与系统的静位移

x_{st}、频率比 ω/ω_n 有关，与系统的初始条件无关。定义无阻尼系统的动力放大系数 α_f 为

$$\alpha_f = \left| \frac{1}{1-(\omega/\omega_n)^2} \right| \tag{2.69}$$

无阻尼系统在简谐激励力作用下的响应振幅为

$$B = \alpha_f x_{st} \tag{2.70}$$

由图 2.16 可以看到，当 $\omega/\omega_n = 1$ 时，α_f 趋于无穷大，此时称系统发生共振，质量的振幅趋于无穷大。当振幅趋于无穷大时，意味着实际系统将会发生破坏，应该尽力避免共振现象。为避免共振现象，一般要求使 ω 与 ω_n 相差 10%～20%。

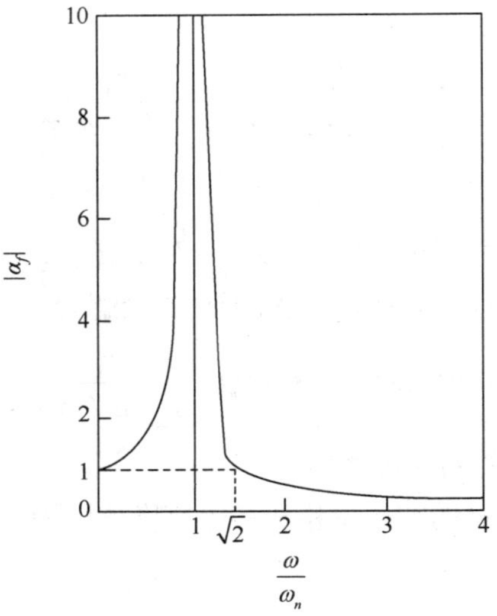

图 2.16　无阻尼单自由度系统的动力放大系数

3. 拍振现象

受简谐激励力作用而振动的系统，在零值初始条件，其响应是伴随自由振动和稳态强迫振动之和。由式（2.67）有

$$x = -\frac{x_{st}}{1-(\omega/\omega_n)^2}\frac{\omega}{\omega_n}\sin\omega_n t + \frac{x_{st}}{1-(\omega/\omega_n)^2}\sin\omega t \tag{2.71}$$

当激励频率 ω 与自由振动固有频率 ω_n 十分接近但并不相等时，会出现一种拍振现象。由式（2.71）有

$$x = \frac{x_{st}}{1-(\omega/\omega_n)^2}\left(\sin\omega t - \frac{\omega}{\omega_n}\sin\omega_n t\right) \tag{2.72}$$

设 $\omega_n - \omega = 2\Delta$，由于 ω 与 ω_n 十分接近，因此 Δ 与它们相比是一个微量。于是式（2.72）可进一步改写为

$$\begin{aligned}x&=\frac{x_{st}}{(1-\omega/\omega_n)(1+\omega/\omega_n)}\left(\sin\omega t-\frac{\omega}{\omega_n}\sin\omega_n t\right)\\&\approx\frac{2x_{st}}{4\dfrac{\Delta}{\omega_n}}\cos\left(\frac{\omega+\omega_n}{2}\right)t\sin\left(\frac{\omega-\omega_n}{2}\right)t\\&\approx-\frac{\omega_n x_{st}}{2\Delta}\sin\Delta t\cos\omega t\end{aligned}\tag{2.73}$$

由于 Δ 与 ω 相比是一个微量，$\sin\Delta t$ 的周期 $2\pi/\Delta$ 远大于 $\cos\omega t$ 的周期 $2\pi/\omega$。在这种情况下，可认为式（2.73）表示一个频率为 ω 的振动。但其振幅按 $\sin\Delta t$ 的规律随时间而变化，时而大、时而小，振幅变化的周期为 $2\pi/\Delta$，这种现象称为拍振（图 2.17）。

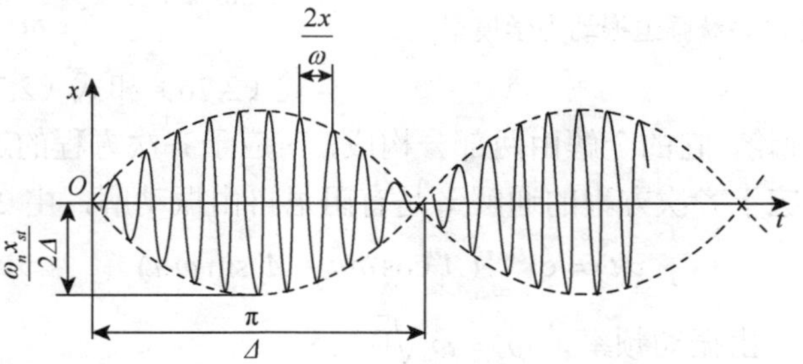

图 2.17　单自由度系统的拍振现象

由于 Δ 很小，$\dfrac{\omega_n x_{st}}{2\Delta}$ 可能是一个极大的值，拍振的振幅最大值可能会很大，从而造成系统的破坏，拍振也是一种应该避免的现象。

拍振的周期 π/Δ 随着 ω 趋近于 ω_n 的程度而增大。在 $\omega=\omega_n$ 的极端情况下，拍振的周期将趋于无穷大。此时式（2.73）中的 $\sin\Delta t$ 可用 Δt 代替，于是有

$$x=-\frac{x_{st}\omega_n t}{2}\cos\omega t\tag{2.74}$$

此时即发生共振情况，振幅随着时间的延长而不断地增大，如图 2.18 所示。

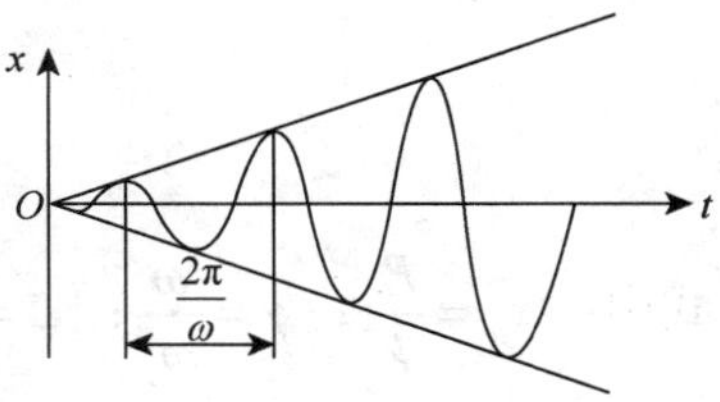

图 2.18　无阻尼单自由度系统振幅

2.5.2　有阻尼系统强迫振动

1. 运动微分方程及解

在图 2.13 所示的单自由度黏性有阻尼振动系统力学模型上，加上外界激励力 $P(t)$，即有阻尼单自由度系统强迫振动力学模型。

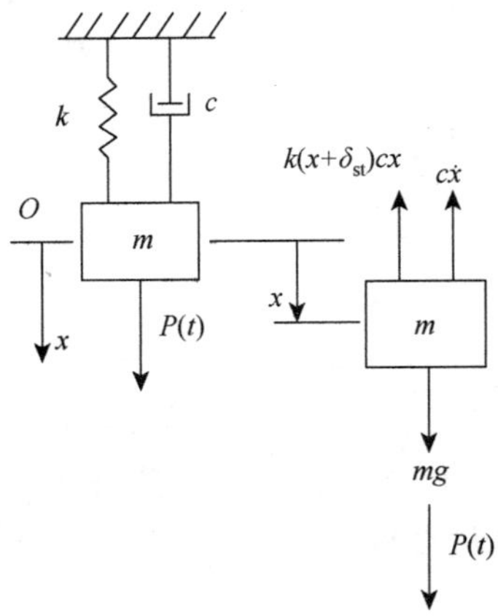

图 2.19　有阻尼单自由度系统强迫振动力学模型

建立如图 2.19 所示的坐标系，画出质量分离体的受力图，由牛顿第二定律可得

$$m\ddot{x}+c\dot{x}+kx=P(t) \tag{2.75a}$$

设 $P(t)$ 为简谐激励力，即

$$P(t)=P_0\sin(\omega t+\beta) \tag{2.75b}$$

式中：P_0 为激励力幅值；ω 为激励频率；β 为激励力的相位角。

简谐激励力作用下的运动微分方程为

$$m\ddot{x}+c\dot{x}+kx=P_0\sin(\omega t+\beta) \tag{2.76}$$

$$\ddot{x}+2\zeta\omega_n\dot{x}+\omega_n^2x=\frac{P_0}{m}\sin(\omega t+\beta) \tag{2.77}$$

式（2.76）和式（2.77）是非齐次常微分方程，按微分方程理论，它的全解由两部分构成，对应于齐次方程的通解 x_1 和满足非齐次方程的特解 x_p。对应于齐次方程的通解 x_1 是有阻尼自由振动解，由 2.4.3 小节可得

$$x(t)=\mathrm{e}^{-\zeta\omega_n t}(A_1'\cos\omega_d t+A_2'\sin\omega_d t) \tag{2.78}$$

式中：ω_d 为有阻尼自由振动频率，$\omega_d=\omega_n\sqrt{1-\zeta^2}$。

设满足非齐次方程的特解 x_p 为

$$x_p=A_1\sin(\omega t+\beta)+A_2\cos(\omega t+\beta) \tag{2.79}$$

将其代入式（2.77），并令等式左右两端 $\sin(\omega t+\beta)$ 和 $\cos(\omega t+\beta)$ 前的系数相等，可解得特解的系数 A_1 和 A_2：

$$\begin{cases} A_1=x_{\mathrm{st}}\dfrac{1-\gamma^2}{(1-\gamma^2)^2+(2\zeta\gamma)^2} \\ A_2=x_{\mathrm{st}}\dfrac{-2\zeta\gamma}{(1-\gamma^2)^2+(2\zeta\gamma)^2} \end{cases} \tag{2.80}$$

式中：$x_{\mathrm{st}}=\dfrac{P_0}{k}$；$\gamma=\dfrac{\omega}{\omega_n}$；$\zeta=\dfrac{n}{\omega_n}$；$n=\dfrac{c}{2m}$。

特解式（2.79）也可写成为

$$x_p=A_0\sin(\omega t+\beta-\theta) \tag{2.81}$$

由式（2.79）和式（2.80）得

$$A_0=x_{\mathrm{st}}\frac{1}{\sqrt{(1-\gamma^2)^2+(2\zeta\gamma)^2}} \tag{2.82}$$

$$\theta=\tan^{-1}\frac{2\zeta\gamma}{1-\gamma^2} \tag{2.83}$$

全解为通解与上述特解之和，对于黏性阻尼系统，即

$$x(t)=e^{-\zeta\omega_n t}(A_1'\cos\omega_d t+A_2'\sin\omega_d t)+A_0\sin(\omega t+\beta-\theta) \tag{2.84}$$

设 $t=0$ 时的初始条件为 $x(0)=x_0$ 和 $\dot{x}(0)=\dot{x}_0$，利用初始条件，可求出其全解为

$$\begin{aligned}x(t)=&e^{-\zeta\omega_n t}\left(x_0\cos\omega_d t+\frac{\dot{x}_0+nx_0}{\omega_d}\sin\omega_d t\right)\\&-e^{-\zeta\omega_n t}A_0\left[\sin(\beta-\theta)\cos\omega_d t+\frac{\omega\cos(\beta-\theta)+n\sin(\beta-\theta)}{\omega_d}\sin\omega_d t\right]\\&+A_0\sin(\omega t+\beta-\theta)\end{aligned} \tag{2.85}$$

此解由三项组成：第一项称为自由振动项，它完全由初始条件决定；第二项称为伴随自由振动项，它由激励力引起，但振动频率与有阻尼自由振动频率相同；第三项是激励力引起的纯强迫振动项。第一项和第二项均属自由振动部分，它们随着时间的增长而趋于 0，是一种衰减的、瞬态的振动；第三项是振动频率与激励频率相同的简谐振动，是一种稳态的强迫振动。

对于大阻尼或临界阻尼的情形（$\zeta\geqslant1$时），自由振动部分的形式有所改变，但稳态强迫振动仍由式（2.81）给出。

图 2.20 给出了当激励频率 ω 与有阻尼自由振动固有频率 ω_d 在几种不同比值时的有阻尼强迫振动响应。由图可以看出，有阻尼强迫振动在经过振动起始阶段的一段短暂的时间以后将只剩下稳态的强迫振动。因此，通常所称的强迫振动实际上就是指这一部分稳态的振动项。

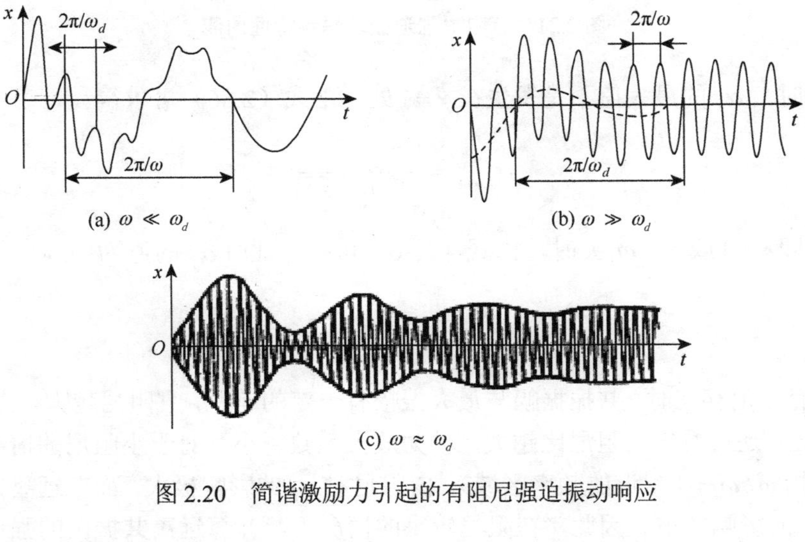

图 2.20　简谐激励力引起的有阻尼强迫振动响应

2. 动力放大系数与频响特性

对式（2.81）进行分析，可以发现，有阻尼系统稳态振动的振幅，是一个确定的稳定值，是系统的静位移 x_{st}、频率比 γ 和阻尼比 ζ 的函数，与系统的初始条件和时间无关。

定义有阻尼系统动力放大系数 α_f 为

$$\alpha_f = \frac{1}{\sqrt{(1-\gamma^2)^2 + (2\zeta\gamma)^2}} \tag{2.86}$$

以 α_f 为纵坐标，频率比 $\gamma = \omega / \omega_n$ 为横坐标，对于不同的阻尼比 $\zeta = n / \omega_n$，可做出图 2.21 所示的曲线，称其为位移幅值的频响曲线（简称幅频响应曲线或幅频特性曲线），有时也称为共振曲线。

（1）当 $\zeta = 0$ 时，若 $\gamma = 1$，即 $\omega = \omega_n$ 时，$\alpha_f \to \infty$，系统振幅无限增大，称为共振现象或共振。

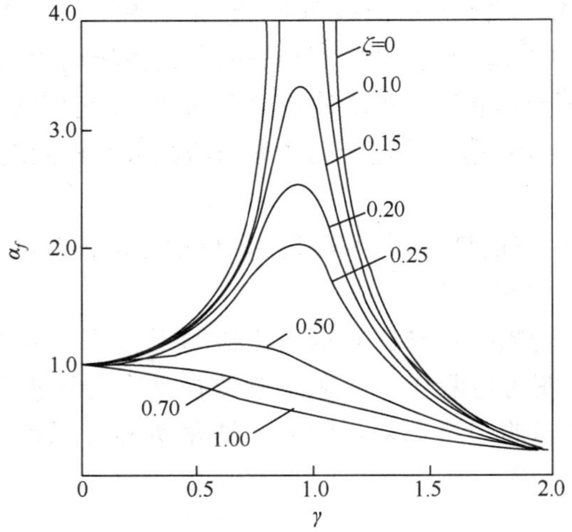

图 2.21　有阻尼强迫振动幅频特性曲线

有阻尼时，α_f 的最大值不是发生在 $\gamma = 1$ 处。由式（2.86）可求得

$$\alpha_{f\max} = \frac{1}{2\zeta\sqrt{1-\zeta^2}} \tag{2.87}$$

共振（即 $\gamma = 1$ 或 $\omega = \omega_n$）时，由式（2.86）可得，此时 α_f 的值为

$$\alpha_f = \frac{1}{2\zeta} \tag{2.88}$$

可见，有阻尼存在时，共振振幅与最大振幅有一定的差距，且阻尼越大，其差距越大。

由图 2.21 还可看出，阻尼比越大，动力放大系数越小。对于小阻尼的情况，在共振区域（通常指 $\omega / \omega_n = 1$ 附近的频率区域），内阻尼对 α_f 的影响极大，而在远离共振区的地方，其对 α_f 的影响较小。因此，在阻尼较小的情况下，计算远离共振区的强迫振动时通常都不考虑阻尼的影响，即假定是无阻尼的。

（2）当阻尼比 $\zeta > \frac{1}{\sqrt{2}}$ 时，$\alpha_f \leqslant 1.0$，即振幅 A 恒小于静位移 x_{st}。

由图 2.21 还可以看出，当 γ 很小时，即激励频率 ω 远小于固有频率 ω_n 时，$\alpha_f \approx 1.0$，

此时激励力的作用可视为静力的作用。当γ很大时，即$\omega \gg \omega_n$时，$\alpha_f \to 0$，即系统的位移振幅将趋近于 0。

有阻尼强迫振动时，响应与激励的相位不一致，前者滞后于后者一个相位角θ，见式（2.83）。以θ为纵轴、频率比γ为横轴、阻尼比ζ为参变量所表示的图形见图 2.22，称为相位的频率响应曲线或相频特性曲线。由图可见，阻尼不同时，相频特性也不同。可是在共振（$\gamma=1$）时，不论阻尼大小，相位差总是等于 90°。这一特性可以用来确定系统的固有频率，是计算固有频率的相位共振法的理论基础。

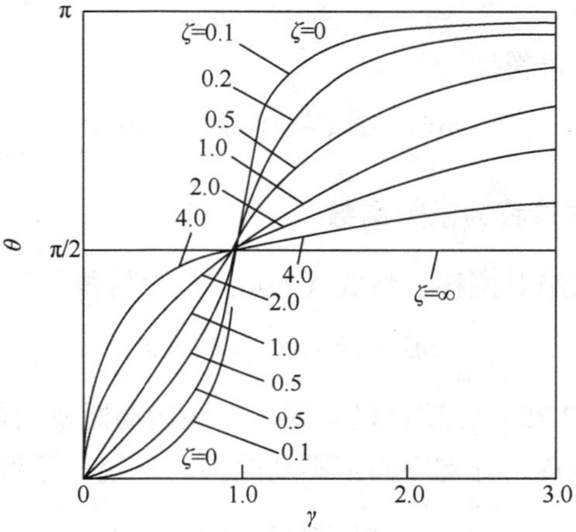

图 2.22　有阻尼强迫振动相频特性曲线

2.6　简谐位移激励作用下的强迫振动

作用于振动系统的激励，除激励力外，还有位移激励。例如，舰体振动对舰艇上的各种仪表设备产成位移激励，地震对地面上的工程建筑物产成位移激励等；位移激励通常作用在系统的支座上，从而引起物体振动，振动物体并不直接受激励力作用。在振动系统中，位移激励一般体现为支座的运动。激励产生的原因不同，因此支座运动规律多种多样，本节仅讨论支座的运动为简谐的情况。

2.6.1　运动微分方程及解

图 2.23 是受支座运动激励的单自由度系统振动力学模型。以垂向位移为广义坐标，建立如图 2.23 所示的坐标系。图中x为质量在支座位移激励下所产生的振动绝对位移，y为支座的运动激励，二者相对于同一固定的参考坐标系。按阻尼力（取黏性阻尼）、弹性力的特性，画出质量分离体的受力图，有

$$y = Y\sin\omega t \tag{2.89}$$

式中：Y为支座运动的幅值。

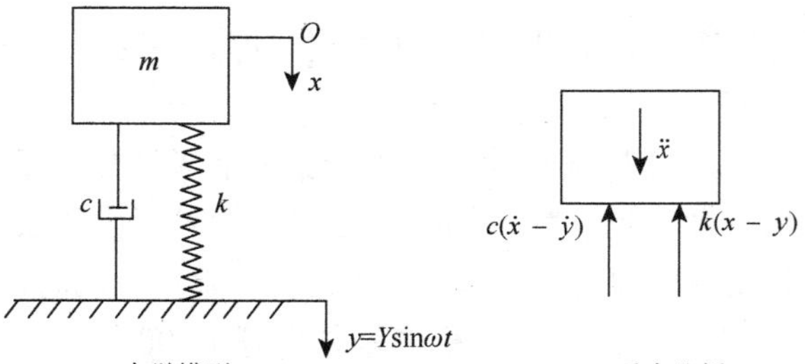

(a) 力学模型　　(b) 受力分析

图 2.23　受支座运动激励的单自由度系统振动力学模型

应用牛顿第二定律，可得

$$m\ddot{x} = -c(\dot{x} - \dot{y}) - k(x - y) \tag{2.90}$$

1. 以质量的振动绝对位移为求解函数

研究振动质量的振动绝对位移，将式（2.90）整理后得

$$m\ddot{x} + c\dot{x} + kx = c\dot{y} + ky \tag{2.91}$$

将式（2.91）与式（2.75）比较可以发现，支座运动激励引起的振动，可以等效为在振动质量上作用激励力 $P(t)$，且支座固定不动的振动系统。等效激励力为

$$P(t) = c\dot{y} + ky \tag{2.92}$$

当支座做如式（2.89）所表示的简谐运动时，有

$$\begin{aligned} P(t) &= cY\omega\cos\omega t + kY\sin\omega t \\ &= \sqrt{c^2Y^2\omega^2 + k^2Y^2}\sin(\omega t + \beta) \end{aligned} \tag{2.93}$$

$$\beta = \tan^{-1}\frac{c\omega}{k} \tag{2.94}$$

由 2.5.2 小节可知，振动质量的稳态强迫振动解为

$$x = X\sin(\omega t + \beta - \theta) \tag{2.95}$$

$$X = \alpha_f x_{\mathrm{st}} \tag{2.96}$$

$$x_{\mathrm{st}} = \frac{Y\sqrt{c^2\omega^2 + k^2}}{k} = Y\sqrt{4\zeta^2\gamma^2 + 1} \tag{2.97}$$

$$\alpha_f = \frac{1}{\sqrt{(1-\gamma^2)^2 + 4\zeta^2\gamma^2}} \tag{2.98}$$

$$\theta = \tan^{-1}\frac{2\zeta\gamma}{1-\gamma^2} \tag{2.99a}$$

$$\beta - \theta = -\tan^{-1}\frac{2\zeta\gamma^3}{1-\gamma^2+(2\zeta\gamma)^2} \tag{2.99b}$$

2. 以质量的振动相对位移为求解函数

研究质量与支座之间的相对运动，设两者之间的相对位移为

$$z = x - y \tag{2.100}$$

则式（2.90）可改写为由相对位移 z 表示的运动微分方程：

$$m\ddot{z} + c\dot{z} + kz = -m\ddot{y} \tag{2.101}$$

将式（2.101）与式（2.75）比较可以发现，支座运动激励引起的振动，依然可以等效为在振动质量上作用激励力 $P(t)$、支座固定不动的振动系统。等效激励力为

$$P(t) = -m\ddot{y} \tag{2.102}$$

当支座做如式（2.89）所表示的简谐运动时，有

$$P(t) = m\omega^2 Y \sin \omega t \tag{2.103}$$

由 2.5.2 小节可知，振动质量的稳态强迫振动解为

$$z = Z\sin(\omega t - \theta) \tag{2.104}$$

式中：Z 为稳态强迫振动振幅。

$$Z = \alpha_f z_{\text{st}} \tag{2.105}$$

$$z_{\text{st}} = \frac{m\omega^2 Y}{k} = \gamma^2 Y \tag{2.106}$$

$$\alpha_f = \frac{1}{\sqrt{(1-\gamma^2)^2 + 4\zeta^2\gamma^2}} \tag{2.107}$$

$$\theta = \tan^{-1}\frac{2\zeta\gamma}{1-\gamma^2} \tag{2.108}$$

2.6.2　强迫振动的响应特性

1. 振动质量的绝对位移的传递响应特性

定义振动质量的绝对位移幅值和基础位移幅值之比为绝对位移传递函数 $H_1(\omega)$，由式（2.96）～式（2.98）可得

$$H_1(\omega) = \frac{X}{Y} = \sqrt{\frac{1+(2\zeta\gamma)^2}{(1-\gamma^2)^2 + (2\zeta\gamma)^2}} \tag{2.109}$$

有

$$X = YH_1(\omega) \tag{2.110}$$

将式（2.109）和式（2.99b）用图形表示，得到绝对位移的传递函数幅频特性曲线和相频特性曲线，分别如图 2.24 和图 2.25 所示。

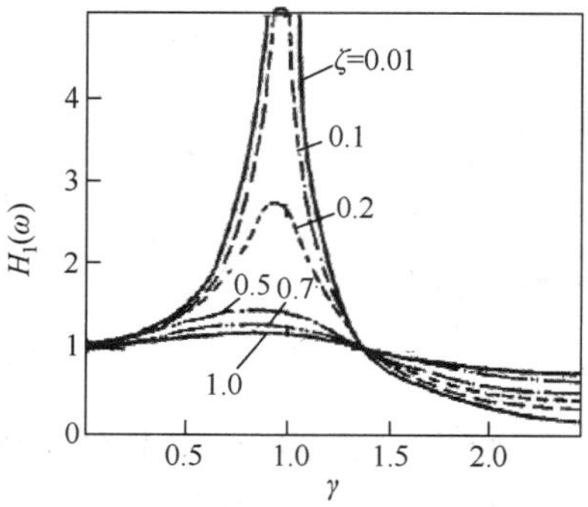

图 2.24　绝对位移的传递函数幅频特性曲线

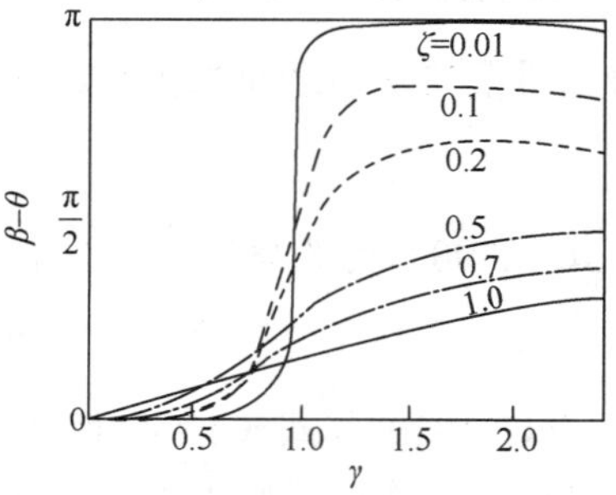

图 2.25　绝对位移的传递函数相频特性曲线

由图 2.24 和图 2.25 可以看出，绝对位移响应有如下特点。

（1）当$\gamma \ll 1$时，$H_1(\omega) \approx 1$，$\theta = 0$。这表明振动质量的绝对位移基本上与支座的位移相同，振动过程中，两者之间的相对距离无变化。

（2）当$\gamma = 1$时，$H_1(\omega)$迅速增大，即系统达到共振。实际上γ为式（2.111）所示的值时，$H_1(\omega)$值最大。

$$\gamma = \frac{\sqrt{\sqrt{1+8\xi^2}-1}}{2\xi} \tag{2.111}$$

（3）当$\gamma = \sqrt{2}$时，$H_1(\omega) = 1$，并且与阻尼无关。

（4）当$\gamma > \sqrt{2}$时，$H_1(\omega) < 1$，γ越大，$H_1(\omega)$越小。这表明，在此范围内，支座的简谐激励传递到质量块时，振动有衰减，该特点可用于指导隔振设计。

（5）当$\gamma \gg 1$时，$H_1(\omega) \to 0$，这表明质量m在空间处于静止状态，不会因支座运动而振动。

2. 振动质量的相对位移的传递响应特性

定义振动质量的相对位移幅值和基础位移幅值之比为相对位移传递函数$H_2(\omega)$，由式（2.105）～式（2.107）可得

$$H_2(\omega) = \frac{Z}{Y} = \frac{\gamma^2}{\sqrt{(1-\gamma^2)^2 + (2\xi\gamma)^2}} \tag{2.112}$$

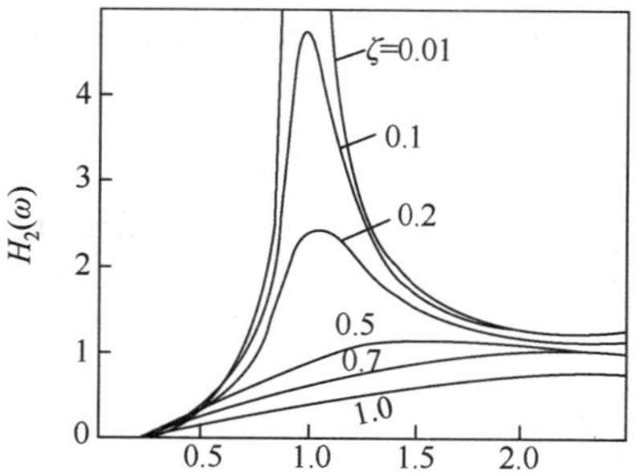

图 2.26　相对位移的传递函数曲线

相对位移的传递函数曲线见图 2.26，其中，相频特性由式（2.108）确定，与简谐激励力作用下稳态响应的相频特性完全相同，其曲线见图 2.22。

可以看出，相对位移响应有如下特点。

（1）当$\gamma \ll 1$时，$H_2(\omega) \approx 0$，即当支座的振动频率ω远小于系统的固有频率ω_n时，质量完全跟随支座振动，两者没有相对运动。

（2）当$\gamma \gg 1$时，即当支座的振动频率ω远大于系统的固有频率ω_n时，$H_2(\omega) \approx 1$。此时阻尼的影响甚小，

相位差$\theta\approx180°$［见式（2.108）］。一般在$\gamma\geqslant4$时，即可认为$H_2(\omega)\approx1$，这意味着质量m的绝对位移趋近于 0，在空间处于静止状态，不会因支座运动而振动，即悬在空中不动。

2.7　测振仪及隔振原理

2.7.1　惯性式测振仪及测振原理

测量物体的运动时一般需要有一个固定不动的测量参考点或基准点，对于大型物体，这个要求很难满足。例如，在测量地震及车辆、船舶和飞行器等的振动时，很难找到一个适合于测量振动用的基准点，进行这类振动测试时需要研制特殊的仪器。利用受支座运动激励作用下振动质量的相对位移传递响应特性，可以设计出无须固定不动的测量参考点或基准点的惯性式测振仪（又称为地震式测振仪），其原理图如图 2.27 所示。在仪器的框架上装着一个带有阻尼器的质量-弹簧系统。当仪器紧固在振动物体上时，仪器框架随振动物体运动形成对质量m的支座激励，质量m产生振动。通过一个记录器可把质量m与振动物体之间的相对位移记录下来。

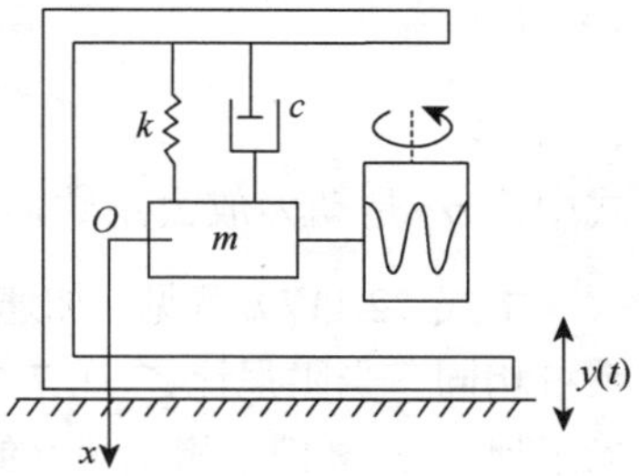

图 2.27　惯性式测振仪原理图

被测物体的振动$y(t)$也就是质量-弹簧系统的支座位移。若被测物体的振动是简谐振动，$y(t)=Y\sin\omega t$，则由上节支座运动引起的强迫振动分析可知，记录器上测得的稳定的相对位移为

$$z(t)=H_2(\omega)Y\sin(\omega t-\theta) \tag{2.113}$$

式中：$H_2(\omega)$和θ由式（2.112）和式（2.108）确定。

由图 2.26 可知，只要惯性式测振仪的固有频率ω_n远小于被测物体的振动频率ω，就有$H_2(\omega)\approx1$，则记录下来的振幅$H_2(\omega)\,Y$就是被测物体的振幅。

测振仪的阻尼比ζ一般设计为 0.5～0.7，由图 2.26 可知，只要频率比γ大于 1～2 即可相当准确地测得物体的位移振幅Y。

由于被测振动和测得的振动之间有一个相位差θ，且相位差θ与振动频率呈非线性关系（图 2.22），在测量由若干个简谐振动复合的振动时，会因相位差失真而导致波形畸变。

当被测物体的振动频率ω远小于仪器的固有频率ω_n时，上述仪器也可用来测量加速度。此时，测振仪就成了加速度测量仪。当$\omega\ll\omega_n$时，由式（2.112）和式（2.108）可知，$H_2(\omega)\approx\gamma^2$，$\theta\approx0$，此时测得的相对位移为

$$z(t)\approx\frac{\omega^2}{\omega_n^2}Y\sin\omega t \tag{2.114}$$

而被测物体的加速度为

$$\ddot{y}(t) = -\omega^2 Y \sin \omega t \tag{2.115}$$

用式（2.115）除以式（2.114），得

$$z(t) \approx -\frac{\ddot{y}(t)}{\omega_n^2} \tag{2.116}$$

因此，测振仪记录下来的数据是被测物体加速度的$1/\omega_n^2$倍。式（2.116）右边的负号表示由记录质量相对位移数据乘以ω_n^2所得到的加速度比实际的加速度$\ddot{y}(t)$在相位上落后 180°。

选择适当的加速度仪的阻尼比ζ可以扩大频率测量范围。实际上，式（2.101）的稳定特解也可写为

$$z(t) = \frac{\alpha_f}{\omega_n^2} Y \omega^2 \sin(\omega t - \theta) \tag{2.117}$$

式中：α_f是动力放大系数，由式（2.107）确定；θ是相位差，由式（2.108）确定。

由式（2.117）可见，加速度仪的幅频特性和相频特性与受简谐干扰力作用的质量-弹簧系统相同。当阻尼比$\zeta = 0.7$ 左右时，在相当大的频率范围（$0 < \gamma < 0.6$）内的幅值响应相当平坦（$\alpha_f \approx 1$），相位角θ的线性也较好，参见图 2.21 和图 2.22。因此，有些加速度测量仪，如电阻应变式加速度计，就将阻尼比ζ设计在 0.7 左右，这样就可在较宽的频域范围内获得较好的频响特性。

2.7.2　隔振装置及隔振原理

在船上有各种振源，如主机、辅机等，它们在运转时所产生的干扰力会引起船体结构的振动。为了减小这些干扰力对船体的作用，通常在这些振源机械和船体结构之间装上一种名为减振器的隔振装置，由弹性元件和阻尼元件组成。适当地选择减振器的弹簧刚度 k 和阻尼系数 c 可使传至船体结构的干扰力大大减小，这种隔振装置将振源的干扰力隔离开，称第一类隔振，或简称隔力，又称为主动隔振。图 2.28（a）所示为此种隔振装置的原理示意图，舰艇工作机械下面即采用此类隔振装置。

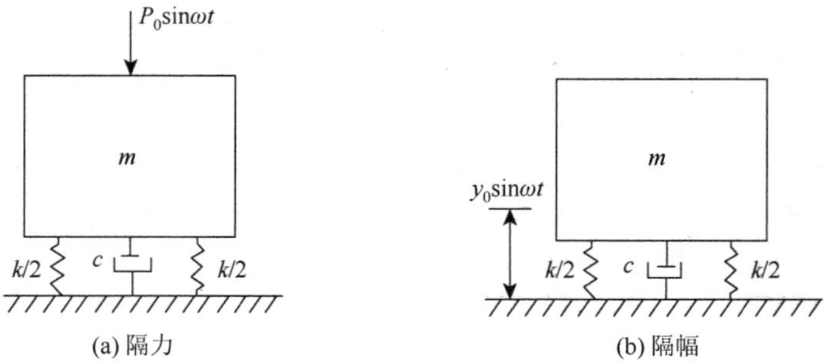

图 2.28　隔振装置原理示意图

为了把某些耐振性较差的精密仪器与振动的环境隔离开来，不使其受环境振动的影响，在这些仪器和固定它们的基础（如船体）之间也要安装隔振装置，这种隔振装置称为第二类隔振，或简称隔幅，即隔去基础振幅之意，又称为被动隔振。图 2.28（b）所示为此种隔振装置的原理示意图，舰载电子设备下面即采用此类隔振装置。

1）第一类隔振原理

对于第一类隔振，传递到基础的力是弹簧力和阻尼力之和，传递力为

$$F_t = kx + c\dot{x} \tag{2.118}$$

如果激励力是简谐的，$P_t = P_0 \sin \omega t$，由 2.5.2 小节可知，稳态振动的解为

$$x = X\sin(\omega t - \theta)$$

$$\theta = \tan^{-1}\frac{2\zeta\gamma}{1-\gamma^2} \tag{2.119}$$

$$X = \frac{P_0 / k}{\sqrt{(1-\gamma^2)^2 + 4\zeta^2\gamma^2}} \tag{2.120}$$

传递到基础上的力为

$$\begin{aligned} F_t &= \frac{P_0 / k}{\sqrt{(1-\gamma^2)^2 + 4\zeta^2\gamma^2}}(k\sin(\omega t - \theta) + c\omega\cos(\omega t - \theta)) \\ &= \frac{P_0\sqrt{1+4\zeta^2\gamma^2}}{\sqrt{(1-\gamma^2)^2 + 4\zeta^2\gamma^2}}\sin(\omega t - \theta + \varphi) \end{aligned} \tag{2.121}$$

$$\varphi = \tan^{-1} 2\zeta\gamma \tag{2.122}$$

定义传递到基础上的力的幅值与激励力的幅值之比为力传递系数 T_D，有

$$T_D = \frac{P_0\sqrt{1+4\zeta^2\gamma^2}}{\sqrt{(1-\gamma^2)^2 + 4\zeta^2\gamma^2}} / P_0 = \frac{\sqrt{1+4\zeta^2\gamma^2}}{\sqrt{(1-\gamma^2)^2 + 4\zeta^2\gamma^2}} \tag{2.123}$$

传递到基础上的力与激励力的相位差为

$$\varphi - \theta = \tan^{-1}\frac{2\zeta\gamma^3}{1-\gamma^2 + (2\zeta\gamma)^2} \tag{2.124}$$

显然，力传递系数 T_D 的表达式与 2.6.2 小节中位移传递函数 $H_1(\omega)$ 是相同的，见式(2.109)。由图 2.24 可知，当 $\gamma = \sqrt{2}$ 时，$T_D = 1$，并且与阻尼无关；当 $\gamma > \sqrt{2}$ 时，$T_D < 1$，可起到隔振的效果，γ 越大，T_D 越小，隔振效果越好，但 γ 过大意味着 ω_n 很小，这就会造成隔振静装置的位移很大。当有外界低频干扰时，往往会导致动力机械不能正常工作。从图 2.24 还可看出，当 $\gamma > \sqrt{2}$ 时，阻尼增大反而会使隔振的效果降低，因此隔振装置的阻尼比不能设计得太大。

2）第二类隔振原理

对于第二类隔振，要求将被隔物体（质量 m）与外界（基础或支座）振动隔离开来，使其在空间保持静止状态，因此关心的是被隔离物体的振动质量的绝对位移响应。定义振动质量的绝对位移幅值与支座运动幅值之比为位移传递系数，可以证明，位移传递系数、相位差与力的传递函数［分别为式（2.123）和式（2.124）］相同，因而隔振效果的结论也如第一类隔振所述。

隔振效果通常用隔振效率 η 表示：

$$\eta=(1-T_D)\times 100\% \tag{2.125}$$

由于实际的减振器阻尼比不大，可近似地取 $\zeta=0$，此时的传递系数为

$$T_D=\frac{1}{\gamma^2-1}=\frac{1}{4\pi^2 f^2\delta_{st}/g-1} \tag{2.126}$$

式中：$f=\omega/2\pi$，为隔振装置的输入频率；$\delta_{st}=mg/k$，为隔振装置的静位移。

2.8　周期激励作用下的强迫振动

2.8.1　周期激励

前面已经讨论了线性系统受简谐激励作用的强迫振动,在许多情况下，系统受到的是任意的周期激励，周期激励函数满足如下关系：

$$P(t+T)=P(t) \tag{2.127a}$$

式中：T 为激励载荷的周期。

图 2.29（a）、（b）所示载荷的函数表达式分别如式（2.127b）、式（2.127c）所示，显然满足式（2.127a），所以是周期函数。

$$P(t)=\begin{cases}\dfrac{2P_0}{T}(t-nT), & nT\leqslant t\leqslant (n+\dfrac{1}{2})T\\ \dfrac{2P_0}{T}((n+1)T-t), & \left(n+\dfrac{1}{2}\right)T\leqslant t\leqslant (n+1)T\end{cases}\quad (n=0,1,2,\cdots) \tag{2.127b}$$

$$P(t)=P_0\left|\sin\frac{\pi}{T}t\right| \tag{2.127c}$$

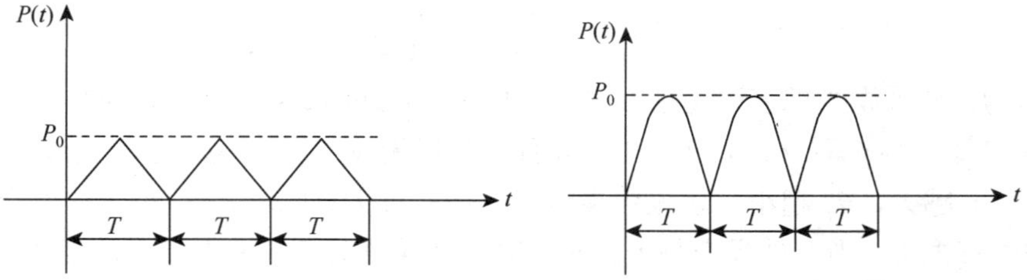

图 2.29　周期为 T 的激励力

周期激励函数 $P(t)$ 可展开为傅里叶级数：

$$P(t)=\frac{a_0}{2}+\sum_{n=1}^{\infty}(a_n\cos n\omega t+b_n\sin n\omega t) \tag{2.128}$$

式中：$\omega=\dfrac{2\pi}{T}$，为周期函数的基频；a_n、b_n 为系数；$\dfrac{a_0}{2}$ 为 $P(t)$ 的平均值。

a_n 和 b_n 分别由式（2.129）和式（2.130）确定：

$$a_n = \frac{2}{T}\int_0^T P(t)\cos(n\omega t)\mathrm{d}t \quad (n = 0,1,2,\cdots) \tag{2.129}$$

$$b_n = \frac{2}{T}\int_0^T P(t)\sin(n\omega t)\mathrm{d}t \quad (n = 1,2,\cdots) \tag{2.130}$$

2.8.2　叠加原理及强迫振动响应

系统做微幅振动时，可视为线性系统。对于线性系统，多个激励同时作用引起的响应，等于各个激励分别作用时引起的响应之和，这就是线性系统的叠加原理。将周期激励函数展开为傅里叶级数后，周期激励函数的作用引起的响应，可以视为傅里叶级数的每一项分别作用于系统所产生的响应之和，其运动方程为

$$m\ddot{x} + c\dot{x} + kx = \frac{a_0}{2} + \sum_{n=1}^{\infty}(a_n \cos n\omega t + b_n \sin n\omega t) \tag{2.131}$$

由叠加原理可得，周期激励的稳态响应为

$$x(t) = \frac{a_0}{2k} + \sum_{n=1}^{\infty}\frac{a_n}{k}\left|H_n(n\omega)\right|\cos(n\omega t - \theta_n) + \sum_{n=1}^{\infty}\frac{b_n}{k}\left|H_n(n\omega)\right|\sin(n\omega t - \theta_n) \tag{2.132}$$

式中，有

$$\left|H_n(n\omega)\right| = \frac{1}{\sqrt{(1-\gamma_n^2)^2 + (2\zeta\gamma_n)^2}} \tag{2.133}$$

$$\theta_n = \arctan\frac{2\zeta\gamma_n}{1-\gamma_n^2} \tag{2.134}$$

$$\gamma_n = \frac{n\omega}{\omega_n} \tag{2.135}$$

应该指出的是，虽然傅里叶级数的每一项均是简谐的，且对应的响应也是简谐的，但多项简谐激励引起的响应叠加后并不一定是简谐振动。

例 2.7　试求图 2.19 所示的单自由度有阻尼系统对图 2.30 所示的周期性方波激励的稳态响应。

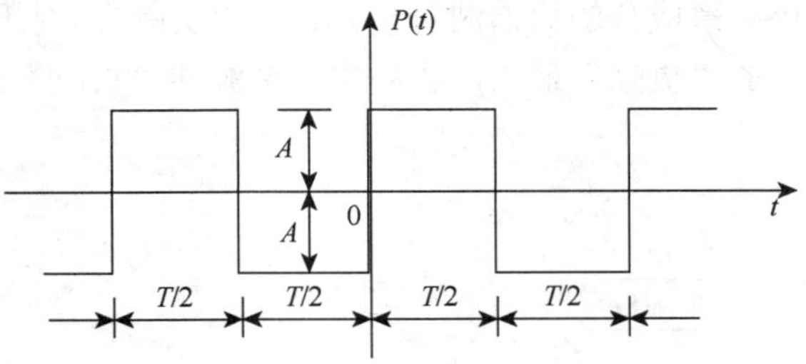

图 2.30　周期性方波激励

解：根据周期性方波的图形，其在一个周期中的方波激励力函数为

$$P(t)=\begin{cases}-A & (-T/2<t<0)\\ A & (0<t<T/2)\end{cases} \tag{2.136a}$$

$$\omega_0=\frac{2\pi}{T} \tag{2.136b}$$

按式（2.128）和式（2.129）将 $P(t)$ 展开为傅里叶级数，求得

$$a_n=\frac{2}{T}\int_{-T/2}^{T/2}P(t)\cos n\omega_0\, t\mathrm{d}t=0 \tag{2.136c}$$

$$\begin{aligned}b_n&=\frac{2}{T}\int_{-T/2}^{T/2}P(t)\sin n\omega_0\, t\mathrm{d}t\\&=\frac{2}{T}\int_{-T/2}^{0}(-A)\sin n\omega_0\, t\mathrm{d}t+\frac{2}{T}\int_{0}^{T/2}A\sin n\omega_0\, t\mathrm{d}t \quad (n=1,2,\cdots)\\&=\frac{4A}{(2n-1)\pi}\end{aligned} \tag{2.136d}$$

将 b_n 代入式（2.128），有

$$P(t)=\frac{4A}{\pi}\sum_{n=1}^{\infty}\frac{1}{(2n-1)}\sin n\omega_0 t \quad (\omega_0=2\pi/T) \tag{2.136e}$$

将式（2.136b）～式（2.136d）代入式（2.133）即得系统对周期性方波激励的响应为

$$x(t)=\sum_{n=1}^{\infty}\frac{b_n}{K}\left|H_n(n\omega_0)\right|\sin(n\omega_0 t-\theta_n) \tag{2.136f}$$

$$\left|H_n(n\omega_0)\right|=\frac{1}{\sqrt{(1-\gamma_n^2)^2+(2\zeta\gamma_n)^2}} \tag{2.136g}$$

$$\theta_n=\arctan\frac{2\zeta\gamma_n}{1-\gamma_n^2} \tag{2.136h}$$

$$\gamma_n=\frac{n\omega}{\omega_n} \tag{2.136i}$$

对于周期性激励 $P(t)$，可根据 $P(t)$ 展开的傅里叶级数［式（2.136e）］在频率域中画出各简谐波成分的幅值与频率的关系曲线，通常称为 $P(t)$ 的频谱，以反映各频率成分的简谐波在 $P(t)$ 中所占的比例。根据式（2.136e）绘制的周期性方波的激励频谱如图 2.31 所示。$P(t)$ 的频谱是一种离散谱，在频率为 $(2n-1)\omega_0$ 处，谱线长度对应于该频率成分的简谐波的幅值，从而反映了该频率成分的简谐波对于 $P(t)$ 的“贡献”。对于例 2.7 中的方波，基频简谐波（简称基波）的“贡献”最大，各高次简谐波的“贡献”递减。

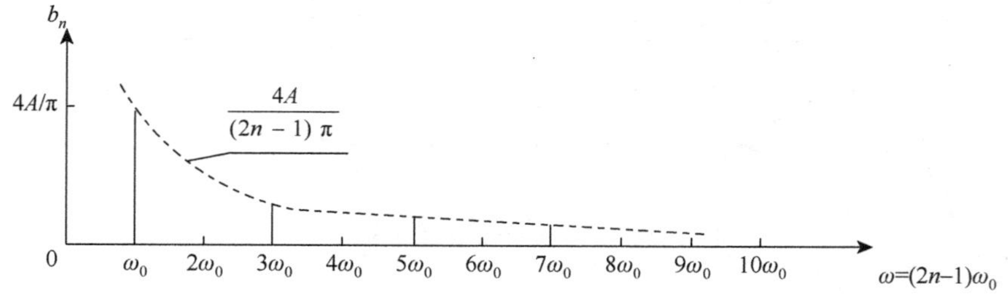

图 2.31　周期性方波激励频谱

2.9　任意力激励载荷作用下的强迫振动响应

2.9.1　任意力激励载荷

在许多实际问题中，系统受到的激励是任意的时间函数，不是简谐的，也不具有如式（2.127）所示的周期性。

如图 2.32 所示，任意力激励载荷可以分为两类：一类长时间持续发生，作用于振动系统；另一类仅持续短暂时间，短时作用于振动系统。舰艇在水中承受的实际波浪载荷、主机和螺旋桨运转时的激励力等是第一类载荷；舰艇所受的波浪拍击、突然的落锚制动、炮弹发射时作用于舰艇支承结构的反作用力、爆炸所引起的冲击波对船体的作用，以及舰艇碰撞等作用均属于第二类载荷。

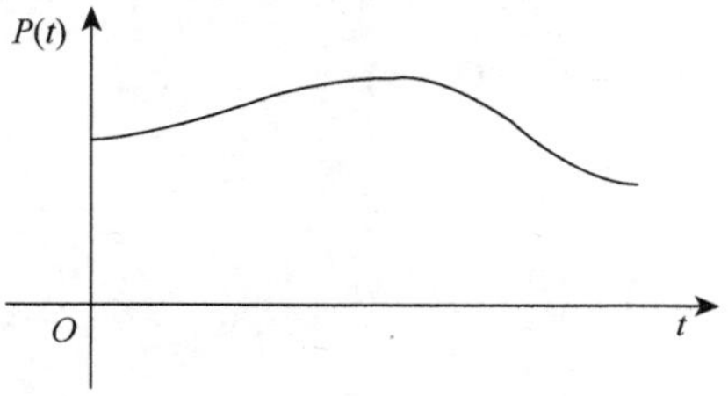

(a) 长时间持续作用的任意力激励载荷

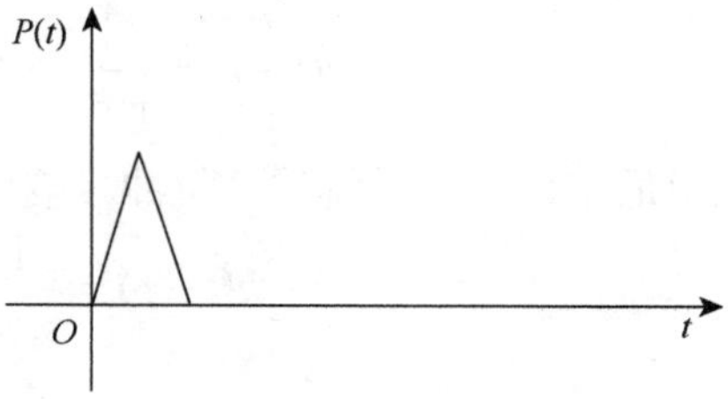

(b) 短暂时间作用的任意力激励载荷

图 2.32　任意力激励载荷分类

任意激励时间函数不满足式（2.127）所示的周期性，2.8 节所介绍的方法一般不适用于分析任意力激励载荷引起的振动。本节介绍任意力激励载荷作用下的强迫振动响应分析方法。

2.9.2　单位冲量响应

对于有阻尼单自由度系统（参见图 2.13），在其质量上作用一个极短时长的单位冲量 $I_0 = 1$。设冲量作用前的瞬时，系统的状态为 x_{0-}、$\dot{x}_{0-}$；冲量作用后的瞬时，系统的状态为 x_{0+}、$\dot{x}_{0+}$。冲量作用前系统处于静平衡状态，即 $x_{0-} = \dot{x}_{0-} = 0$。在冲量作用后，按动量定理，系统动量的变化等于所受到的冲量，有

$$I_0 = m(\dot{x}_{0+} - \dot{x}_{0-}) = m\dot{x}_{0+} \tag{2.137}$$

$$\dot{x}_{0+} = \frac{I_0}{m} = \frac{1}{m} \tag{2.138}$$

由于冲量是一种极短时间内的瞬时作用，冲量作用完成后，可以认为质量的位移保持不变，即 $x_{0+} = x_{0-} = 0$。在冲量作用完成后，系统有振动的初始条件，系统在初始条件作

用下产生自由振动，初始条件为

$$\begin{cases} x(0) = x_0 = x_{0+} = 0 \\ \dot{x}(0) = \dot{x}_0 = \dot{x}_{0+} = \dfrac{1}{m} \end{cases} \tag{2.139}$$

由 2.4 节可知，对于有阻尼单自由度系统，其单位冲量响应为

$$x(t) = \frac{1}{m\omega_d} \mathrm{e}^{-\zeta\omega_n t} \sin\omega_d t \quad (t>0) \tag{2.140a}$$

为避免混淆，后面记作单位冲量响应为 $h(t)$，即

$$h(t) = \frac{1}{m\omega_d} \mathrm{e}^{-\zeta\omega_n t} \sin\omega_d t \quad (t>0) \tag{2.140b}$$

无阻尼时，$\zeta = 0$，则

$$h(t) = \frac{1}{m\omega_n} \sin\omega_n t \quad (t>0) \tag{2.141}$$

若单位冲量是在时刻 $t = \tau$ 时作用于系统的，则有阻尼单自由度系统的单位冲量响应为

$$h(t-\tau) = \frac{1}{m\omega_d} \mathrm{e}^{-\zeta\omega_n (t-\tau)} \sin\omega_d (t-\tau) \quad (t>\tau) \tag{2.142}$$

无阻尼单自由度系统的单位冲量响应为

$$h(t-\tau) = \frac{1}{m\omega_n} \sin\omega_n (t-\tau) \quad (t>\tau) \tag{2.143}$$

2.9.3　杜阿梅尔积分

杜阿梅尔（Duhamel）积分法的基本思想是将任意力激励载荷分解为一系列微冲量的连续作用，分别求出系统对每个微冲量的响应，然后根据叠加原理求得总响应。

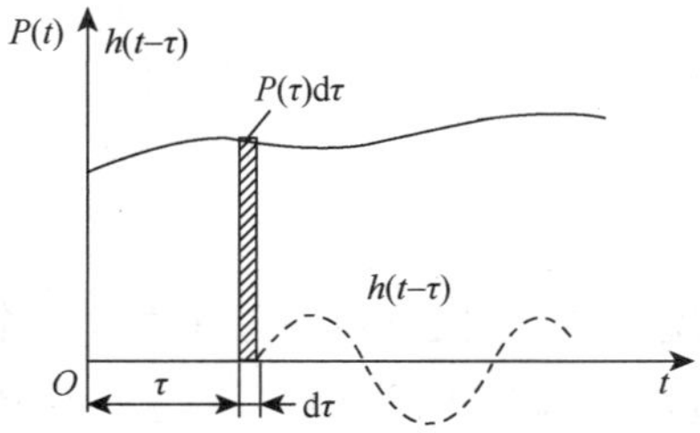

图 2.33　任意力激励载荷作用下的微冲量响应

设系统上受到任意激励力 $P(t)$ 作用，如图 2.32 所示。设想将 $P(t)$ 沿时间轴划分为无数个时间微段，在每个时间微段上，有微冲量：

$$\mathrm{d}I_0 = P(\tau)\mathrm{d}\tau \tag{2.144}$$

有阻尼系统对它的响应为

$$dx = P(\tau)h(t-\tau)d\tau = \frac{P(\tau)}{m\omega_d}e^{-\zeta\omega_n(t-\tau)}\sin\omega_d(t-\tau)d\tau \tag{2.145}$$

这是系统对一个微冲量 $P(\tau)d\tau$ 的响应。在激励力 $P(t)$ 由瞬时 $\tau=0$ 到 $\tau=t$ 的时段内，全部冲量作用后系统的响应等于所有微冲量 $P(\tau)d\tau$ 作用下各个响应的线性叠加，即

$$x(t) = \int_0^t \frac{P(\tau)}{m\omega_d}e^{-\zeta\omega_n(t-\tau)}\sin\omega_d(t-\tau)d\tau \tag{2.146}$$

这就是在零值初始条件（$x_0=\dot{x}_0=0$）下，激励力 $P(t)$ 所产生的振动，式（2.146）称为杜阿梅尔积分。

在一般初始条件下，任意激励力所产生的振动为

$$\begin{aligned} x(t) = {} & e^{-\zeta\omega_n t}\left(x_0\cos\omega_d t + \frac{\dot{x}_0+\zeta\omega_n x_0}{\omega_d}\sin\omega_d t\right) \\ & + \frac{1}{m\omega_d}\int_0^t P(\tau)e^{-\zeta\omega_n(t-\tau)}\sin\omega_d(t-\tau)d\tau \end{aligned} \tag{2.147}$$

例 2.8　试用杜阿梅尔积分计算无阻尼质量-弹簧系统在简谐激励力 $P(t)$ 作用下的强迫振动（设初始条件为 0）。

解：

$$P(t) = P_0\sin\omega t \quad (t>0) \tag{2.148a}$$

$$P(t) = 0 \quad (t\leqslant 0) \tag{2.148b}$$

由于 $\zeta=0$，$\omega_n=\omega_d$，由式（2.146）可得

$$\begin{aligned} x(t) &= \frac{1}{m\omega_n}\int_0^t P(\tau)\sin\omega_n(t-\tau)d\tau \\ &= \frac{P_0}{m\omega_n}\int_0^t \sin\omega\tau\sin\omega_n(t-\tau)d\tau \quad (t>0) \\ &= \frac{P_0}{k}\frac{1}{1-\gamma^2}(\sin\omega t - \gamma\sin\omega_n t) \end{aligned} \tag{2.148c}$$

由于 $t\leqslant 0$ 时，激励力 $P(t)=0$，故 $x(t)=0$，$t\leqslant 0$。

这是初始条件为 0 时的简谐激励力作用下的无阻尼强迫振动响应，包括稳态项和伴随自由振动项。

例 2.9　求图 2.34 所示的阶跃力 P 作用于有阻尼单自由度系统的响应（设初始条件为 0）。

解：这种阶跃力（又称突加力）可以用单位阶跃函数来表示，即 $P(t)=Pu(t)$

$$u(t) = \begin{cases} 1 & (t\geqslant 0) \\ 0 & (t<0) \end{cases} \tag{2.149a}$$

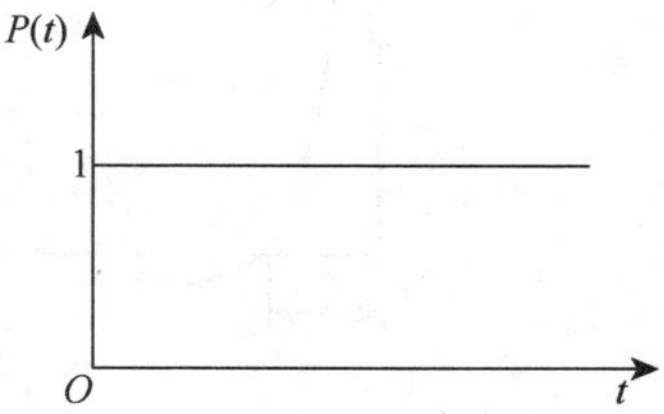

图 2.34　阶跃函数

因此，运动微分方程为

$$m\ddot{x} + c\dot{x} + kx = Pu(t) \tag{2.149b}$$

用杜阿梅尔积分式（2.147），可以方便地求得其响应为

$$x(t)=\frac{P}{k}\left[1-\frac{\mathrm{e}^{-\zeta\omega_n t}}{\sqrt{1-\zeta^2}}\cos\omega_d(t-\phi)\right] \tag{2.150}$$

这就是阶跃响应，其响应曲线如图 2.35 所示。当无阻尼时，即 $\zeta=0$，得

$$x(t)=\frac{P}{k}(1-\cos\omega_n t) \tag{2.151}$$

由此可知，当 $\zeta=0$ 时，阶跃响应的最大值约为缓慢地、逐步增大地施加外力 P 时的静位移（$x_{\mathrm{st}}=P/k$）的 2 倍。图 2.35 中还给出了不同阻尼比时的阶跃响应结果。

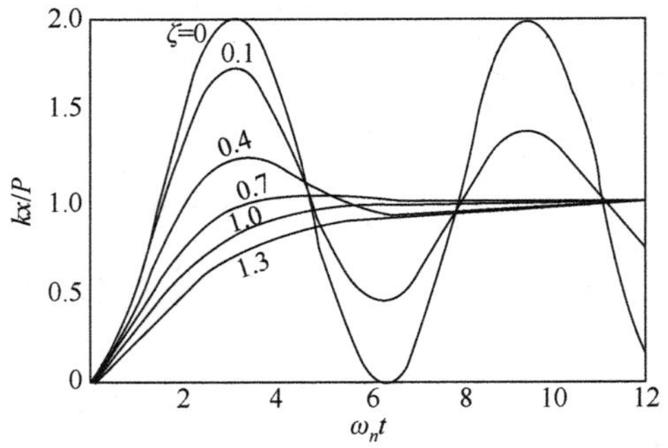

图 2.35　阶跃力作用于有阻尼单自由度系统的响应

2.9.4　冲击振动

当任意力激励函数的作用时间极短时，称此类激励为冲击（shock）型激励，如舰艇所受的拍击，火炮发射时作用于舰艇支承结构的反作用力，爆炸冲击波对船体的作用，舰艇碰撞、舰艇抛锚和冲击实验中的落锤冲击，跌落试验载荷等。冲击载荷一般都具有短时、强载的特点，由冲击型激励引起的振动称为冲击振动。

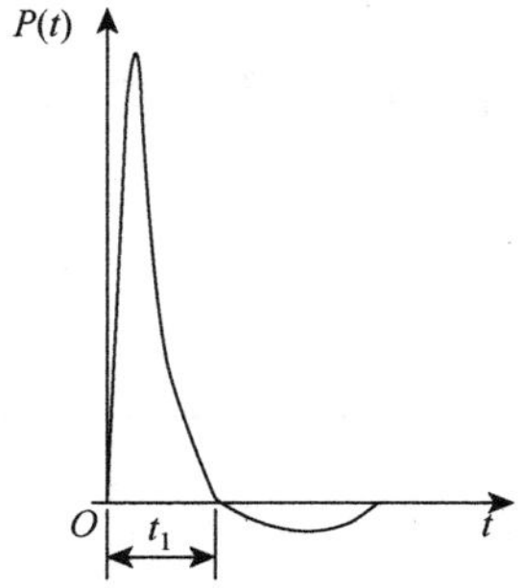

图 2.36　水下爆炸脉动压力与时间的关系

实际工程中的冲击载荷，往往含有多个脉冲，但其中总包含有一个主要脉冲，且持续时间极短，人们往往取主要脉冲进行冲击振动计算。图 2.36 所示的是水下爆炸脉动压力与时间的关系（或称压力-时间历程），主脉冲持续时间一般均在 10^{-1}s 的量级或以下。

在许多冲击振动问题中，人们感兴趣的仅是冲击振动位移的最大值，而不是整个的非稳态的或暂态的振动过程 $x(t)$。冲击激励的作用时间短，峰点的出现比较早，因此阻尼对峰值的影响比较小，在一般的计算中均不计阻尼的影响。下面介绍无阻尼系统受到的三种典型的、常见的冲击激励（即正弦脉冲、矩形脉冲和三角形脉冲）所产生的振动。

1. 正弦脉冲

正弦脉冲是一种常用的冲击试验测试脉冲，如图 2.37 所示。正弦脉冲中最重要的参数是脉冲幅值、脉冲时长和脉冲波形，数学表达式为

$$P(t)=\begin{cases} P_0\sin\dfrac{\pi t}{T_1}=P_0\sin\omega t & (0\leqslant t\leqslant T_1) \\ 0 & (t<0, t>T_1) \end{cases} \tag{2.152}$$

式中：$\omega=\dfrac{\pi}{T_1}$。

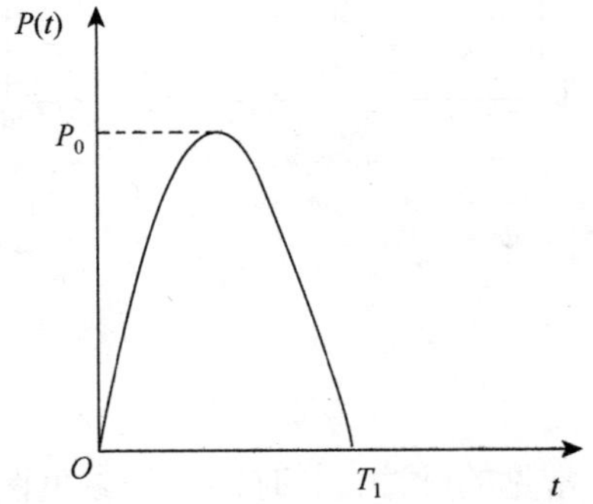

图 2.37　半周期正弦脉冲

为方便起见，不计系统阻尼，求单自由度系统对半正弦脉冲的响应。由无阻尼系统的单位冲量响应表达式（2.143），分区段进行杜阿梅尔积分运算。

（1）第 I 阶段：$0\leqslant t\leqslant T_1$，$P(\tau)=P_0\sin(\omega\tau)$。

$$\begin{aligned} x(t)&=\frac{P_0}{m\omega_n}\int_0^t\sin\omega\tau\sin\omega_n(t-\tau)\mathrm{d}\tau \\ &=\frac{P_0}{k}\frac{1}{1-\gamma^2}\left(\sin\omega t-\frac{\omega}{\omega_n}\sin\omega_n t\right) \end{aligned}\quad(\omega\neq\omega_n) \tag{2.153}$$

式中：$\gamma=\dfrac{\omega}{\omega_n}$。

（2）第 II 阶段：$t>T_1$，$P(\tau)=0$。

按式（2.143）有

$$\begin{aligned} x(t)&=\frac{P_0}{m\omega_n}\int_0^{T_1}\sin\omega\tau\sin\omega_n(t-\tau)\mathrm{d}\tau \\ &=\frac{\frac{P_0}{k}\gamma}{\gamma^2-1}\left[\sin\omega_n t+\sin\omega_n(t-T_1)\right]\quad(\omega\neq\omega_n) \\ &=\frac{P_0}{k}\frac{2\gamma}{\gamma^2-1}\cos\frac{\pi}{2\gamma}\sin\left(\omega_n t-\frac{\pi}{2\gamma}\right) \end{aligned} \tag{2.154}$$

$x(t)$ 的最大值取决于 ω_n 和 ω 的大小，即取决于振动系统的固有频率和脉冲的持续时间，有时最大值出现在脉冲的作用过程中，有时出现在脉冲作用结束后，当 $\omega_n/\omega>0.5$ 时，最大值产生在脉冲作用过程中。

按不同 ω_n/ω 值计算系统的最大位移响应，并将此关系用以动力放大系数 α_f 为纵轴、T_1/T（$=\omega_n/\omega$）为横轴的曲线表示，见图 2.38，这种曲线称为冲击谱或冲击响应谱。

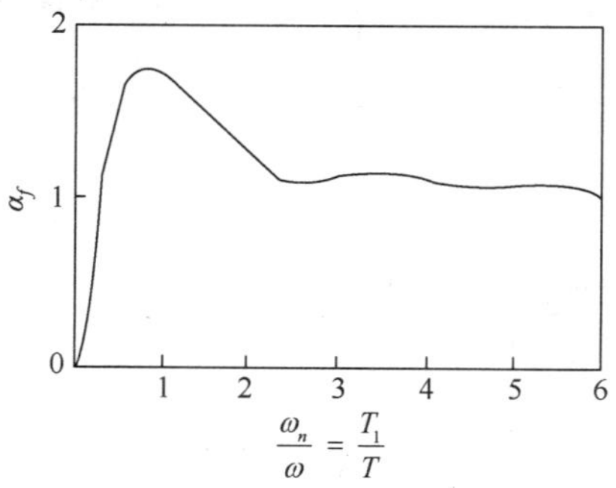

图 2.38　冲击谱

2. 矩形脉冲

矩形脉冲也是一种常用、常见的脉冲，其时间历程参见图 2.39。矩形脉冲中最重要的参数是脉冲幅值、脉冲时长，数学表达式为

$$\begin{cases}P(t)=P_0 & (0\leqslant t\leqslant t_1)\\ P(t)=0 & (t>t_1)\end{cases} \tag{2.155}$$

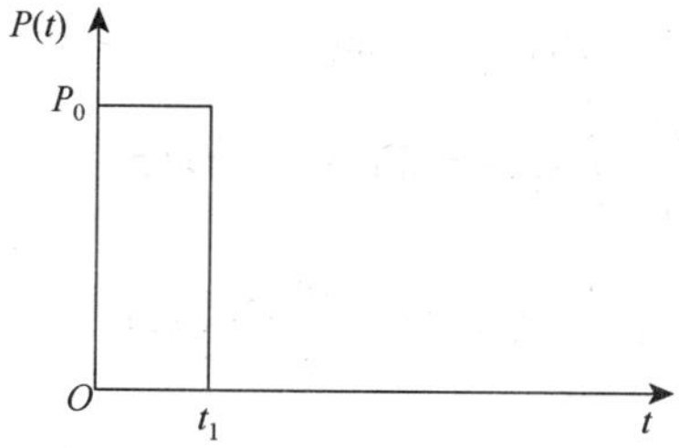

图 2.39　矩形脉冲

为方便起见，不计系统阻尼，求单自由度系统对矩形脉冲的响应。取无阻尼系统的单位冲量响应式（2.143），分区段进行杜阿梅尔积分运算求解位移响应。第 I 阶段是在脉冲作用时间区间 $[0,t_1]$ 内，第 II 阶段是在脉冲作用完毕之后，即 (t_1,∞)，见图 2.39。

（1）第 I 阶段：$0\leqslant t\leqslant t_1$，系统受突加力 P_0 作用（阶跃载荷），在零值初始条件下，由式（2.143）可得，其振动位移为

$$\begin{aligned}x(t)&=\frac{P_0}{m\omega_n}\int_0^t\sin\omega_n(t-\tau)\mathrm{d}\tau=\frac{P_0}{m\omega_n^2}\cos\omega_n(t-\tau)\Big|_0^t\\&=x_{\mathrm{st}}(1-\cos\omega_n t)\end{aligned} \tag{2.156}$$

式中：$x_{st}=\dfrac{P_0}{m\omega_n^2}=\dfrac{P_0}{k}$，是 P_0 所产生的静位移。

（2）第Ⅱ阶段：$t>t_1$，系统不受外力作用，由杜阿梅尔积分可得如下公式。

$$
\begin{aligned}
x(t)&=\frac{P_0}{m\omega_n}\int_0^{t_1}\sin\omega_n(t-\tau)\mathrm{d}\tau \\
&=\frac{P_0}{m\omega_n^2}\cos\omega_n(t-\tau)\Big|_0^{t_1} \qquad (t>t_1) \\
&=x_{\mathrm{st}}2\sin\frac{\omega_n t_1}{2}\sin\omega_n\left(t-\frac{t_1}{2}\right)
\end{aligned}
\tag{2.157}
$$

由式（2.157）可见，如果矩形脉冲作用持续时间 t_1 和系统固有周期 T 之比为 $t_1/T\geqslant 1/2$，即 $t_1\geqslant T/2$ 时，则最大动力响应必发生在第Ⅰ阶段，且其动力放大系数为

$$\alpha_f=\max(1-\cos\omega_n t)=2 \tag{2.158a}$$

如果脉冲作用时间较短，$t_1<T/2$，则最大响应将出现在第Ⅱ阶段，此时动力放大系数可由第Ⅱ阶段的响应式（2.157）求得，为

$$\alpha_f=2\sin\pi\frac{t_1}{T} \tag{2.158b}$$

该值取决于脉冲的持续时间比。

3. 三角形脉冲

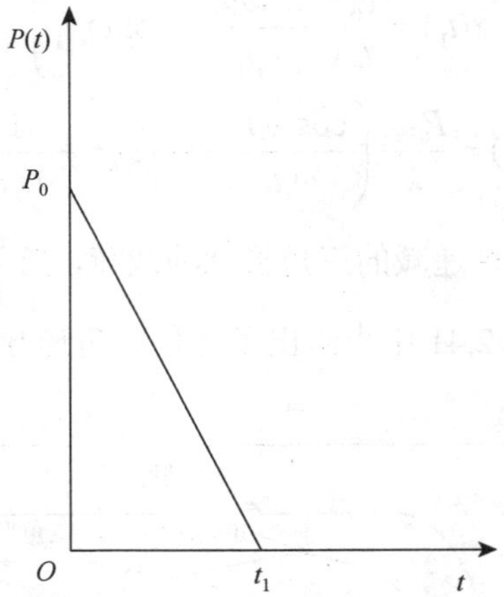

图 2.40　三角形脉冲

令三角形脉冲为

$$P(t)=P_0\left(1-\frac{t}{t_1}\right)\quad(0\leqslant t\leqslant t_1) \tag{2.159a}$$

$$P(t)=0\quad(t>t_1) \tag{2.159b}$$

如图 2.40 所示，其位移响应同样可分为两个阶段。

（1）第Ⅰ阶段：$0\leqslant t\leqslant t_1$，系统受三角形脉冲载荷作用。

系统的振动可用杜阿梅尔积分求得。但对于三角形载荷，无阻尼强迫振动的特解很简单，故直接从振动微分方程求解更为方便。

$$m\ddot{x}+kx=P_0\left(1-\frac{t}{t_1}\right) \tag{2.160}$$

其一般解为

$$x(t)=A_1\cos\omega_n t+A_2\sin\omega_n t+\frac{P_0}{k}\left(1-\frac{t}{t_1}\right) \tag{2.161}$$

式中：A_1 和 A_2 为积分常数，由初始条件确定。

当初始条件为 0 时，得

$$x(t)=\frac{P_0}{k}\left(\frac{\sin\omega_n t}{\omega_n t_1}-\cos\omega_n t-\frac{t}{t_1}+1\right) \tag{2.162}$$

最大响应值可从 $\frac{\mathrm{d}x}{\mathrm{d}t}=0$ 的条件求得。

（2）第 II 阶段：$t>t_1$，系统自由振动。

系统的振幅为

$$x_{\max}=\sqrt{\left[\frac{\dot{x}(t_1)}{\omega_n}\right]^2+[x(t_1)]^2} \tag{2.163}$$

式中：$x(t_1)$ 和 $\dot{x}(t_1)$ 由式（2.162）确定。

$$x(t_1)=\frac{P_0}{k}\left(\frac{\sin\omega_n t_1}{\omega_n t_1}-\cos\omega_n t_1\right) \tag{2.164}$$

$$\dot{x}(t_1)=\frac{P_0\omega_n}{k}\left(\frac{\cos\omega_n t_1}{\omega_n t_1}-\sin\omega_n t_1-\frac{1}{\omega_n t_1}\right) \tag{2.165}$$

通过分析计算可知，对这种递减的三角形脉冲载荷，当 $\frac{t_1}{T}<0.4$ 时，最大动响应值（振幅）$x_{\max}$ 出现在第 II 阶段。图 2.41 中也给出了此种三角形脉冲载荷的动力放大系数 α_f。

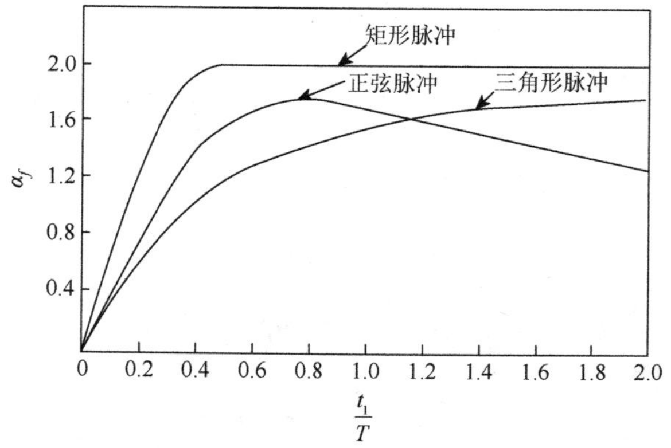

图 2.41　位移响应（冲击谱）

最后还应指出，当冲击力 $P(t)$ 的持续时间 t_1 远小于系统的固有周期 T 时（如 $\frac{t_1}{T}<10$），称 $P(t)$ 为短时力，并可近似地将它视为初始冲量 I 的作用。

$$I=\int_0^{t_1} P(\tau)\mathrm{d}\tau \tag{2.166}$$

因此，有

$$x(t)=\frac{\int_0^{t_1} P(\tau)\mathrm{d}\tau}{m\omega_n}\sin\omega_n(t-t_1) \tag{2.167}$$

由此可方便地求出短时冲击力的动力放大系数。

习　题　2

2.1　如图题 2.1 所示的单自由度系统，不计弹簧自身质量，并设质量 m 仅做垂向运动，求其固有频率。

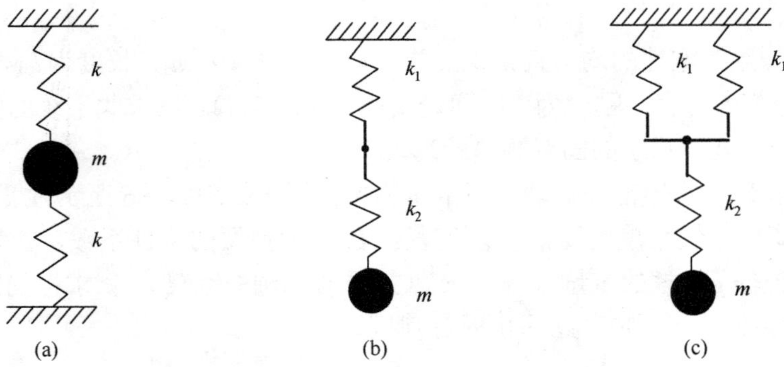

图题 2.1

2.2　如图题 2.2 所示系统，其中直梁为无重量梁（与质量 m 相比可略去），忽略弹簧质量的影响，并设质量 m 仅做垂向运动，求系统的固有频率。

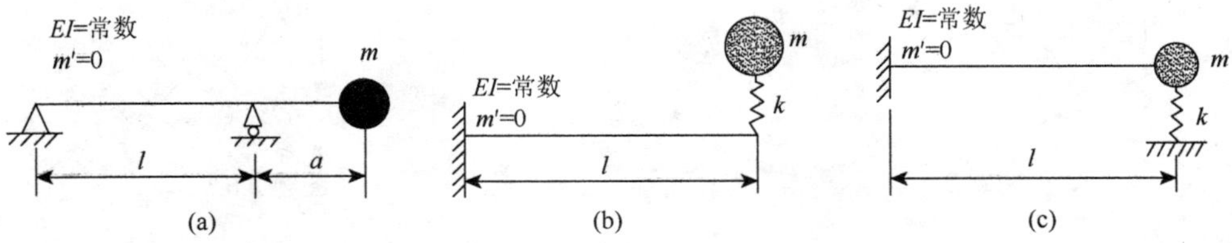

图题 2.2

2.3　求图题 2.3 所示振动系统的固有频率，不考虑质量的水平方向移动。

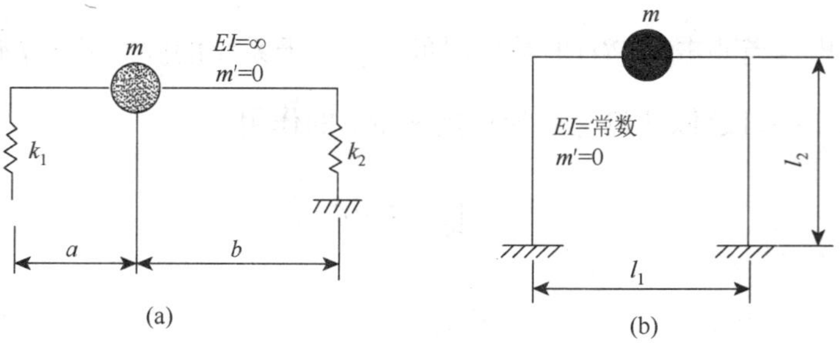

图题 2.3

2.4　试用能量法求图题 2.4 中系统的固有频率。图中 c 为平面板块的形心，m 为板块的质量，板块在纸平面内绕 c 点的转动惯量为 J_c。

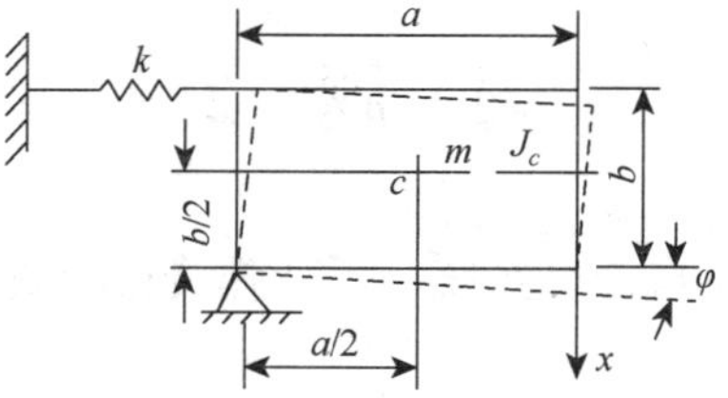

图题 2.4

2.5　设有一绝对刚性的均匀直梁，其单位长度的质量为 m，长度为 l，c 点为一铰链支座，离支座左端 l_1 处有一刚度为 k 的弹簧支座（图题 2.5）。试求此系统的固有频率，并求 c 点铰链位于何处时系统的固有频率最高？

2.6　记录基础与机器部件振动的海格尔测振仪简图如图题 2.6 所示，摆 OC 借一螺旋形弹簧维持于离铅垂线角度为 α 的平衡位置。令 k_φ 为弹簧的刚性系数，J 为摆对转动轴的转动惯量，$Q = mg$（摆的重量），$s = \overline{OC}$（摆重心到轴的距离），试求摆的固有频率（不计弹簧质量），并讨论 $\alpha = 90^\circ$ 与 $\alpha = 0^\circ$ 时有何区别。

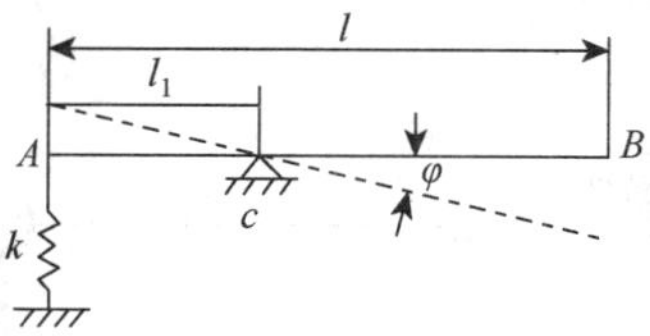

图题 2.5

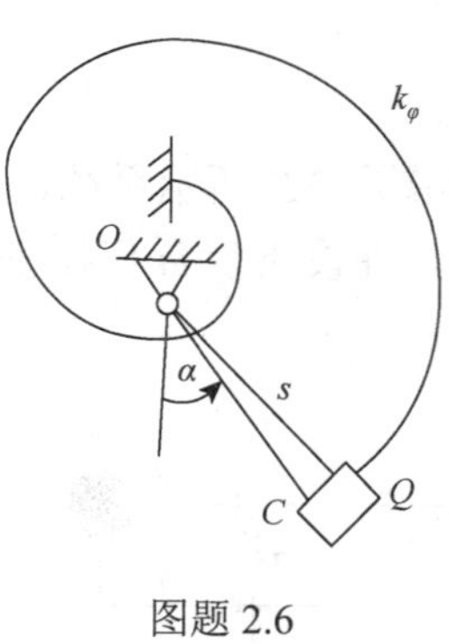

图题 2.6

2.7　某机械式测振仪如图题 2.7 所示，其中弹簧刚度系数为 k_1、k_2，指针 OA 与连梁 OB 的质量均可不计，并不计阻尼，试求其固有频率表达式；若计及曲臂 AOB 绕轴 O 点的转动惯量 J_0，固有频率表达式有何变化？

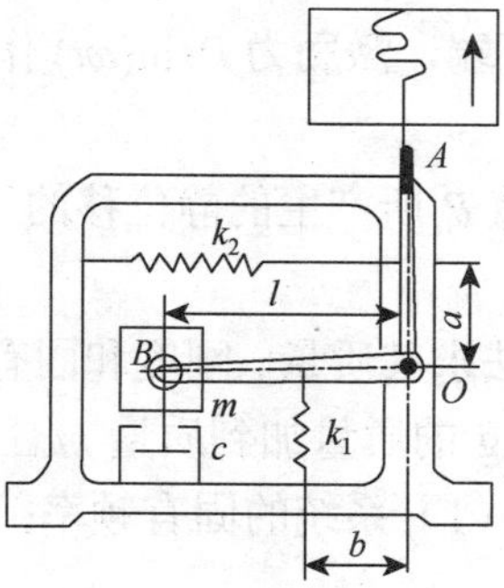

图题 2.7

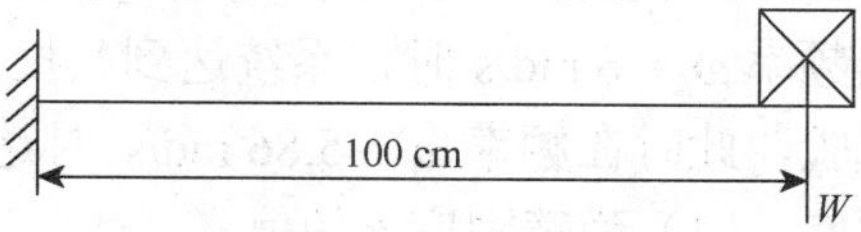

图题 2.8

2.8　已知钢质悬臂梁长度l = 100 cm，在端部装有重量W = 1 230 N 的电动机，如图题 2.8 所示。梁的弹性模量$E = 2.1\times10^5$ MPa，梁的横截面惯性矩$I = 78\ \text{cm}^4$，若梁的自重与电动机重量相比较可以略去不计，试求该梁的固有频率ω_n和自由振动周期T。

2.9　一个由 10 kg 质量块、k = 20 000 N/m 的弹簧与阻尼器所组成的单自由度系统，阻尼系数未知。实验结果是，在自由振动时，每经过一个周期，振幅就衰减一半。求该系统的对数衰减率、阻尼比和阻尼系数。

2.10　在海上进行 2.5 万吨货轮“郑州”号的总纵强度试验时，测得由波浪拍击引起的船体垂向总振动的衰减曲线，其幅值在经过 23 个周期后由 5 单位减小到 2 单位，试求该船垂向总振动的对数衰减率。

2.11　已知一简支钢梁，跨度l = 100 cm，弹性模量$E = 2.1\times10^5$ MPa，截面惯性矩$I = 80\ \text{cm}^4$，在跨中有一重物，W = 1 000 N。使重物偏离静平衡位置x_0且偏离值正好与中点的静位移相等，并给重物以初始速度v_0 = 2.8 cm/s，使其振动。若不计钢梁本身的质量，试求该梁的固有频率及振动的振幅A和初相位β。

2.12　图题 2.12 所示为一振动台装置，该装置总质量为$m+m'$，限制振动台仅在垂直方向上可移动，m'为旋转运动质量，旋转半径为e，旋转角速度为ω。受旋转质量的激励，振动台发生振动，用x表示振动台的离开平衡位置的位移。

（1）试列出该振动台的振动运动方程及其稳态解，并简述其振动的特点。

（2）本题中，若 m = 15 kg，引起的弹簧静伸长为 1.0 cm，其中振动台的旋转质量为m' = 1 kg，旋转半径e = 5 cm，试求当旋转质量的转速为 1 500 r/min 时，振动台空载时的最大振幅（不计阻尼）。若台面上装有 5 kg 质量的载荷，台面振幅变为多少？

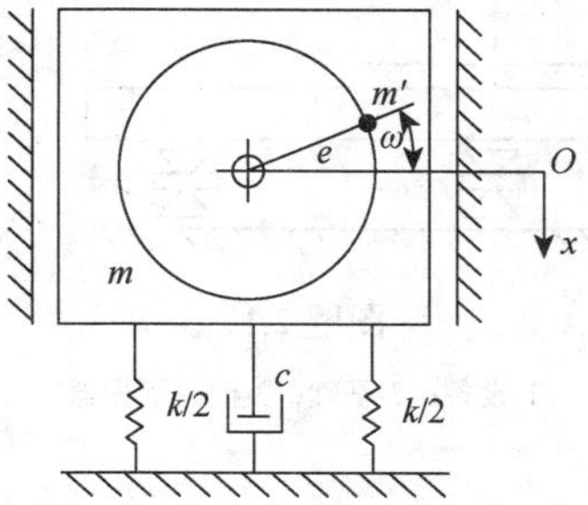

图题 2.12

2.13　设有一个质量 m 悬挂在串联弹簧 k_1 和 k_2 的下端，激励力 $P\sin(\omega t)$ 作用在两个弹簧的连接处（图题 2.13），试列出其运动方程。

2.14　要使无阻尼系统的稳态响应是简谐激励力幅值 P_0 所产生的静位移的 1/5，则该激励频率与系统固有频率之比 ω / ω_n 应控制在什么范围？

2.15　如图题 2.15 所示的无阻尼系统，用简谐激励法求其质量、刚度和固有频率。已知当频率 $\omega = 6$ rad/s 时，系统达到共振，若再将 $m' = 1$kg 的质量加到质量 m 上再重复振动试验，此时在频率 $\omega = 5.86$ rad/s 时达到共振，试求：（1）系统的固有频率；（2）质量 m 的值；（3）弹簧刚度 k 的值。

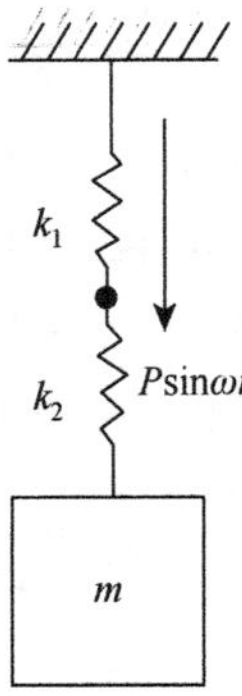

图题 2.13

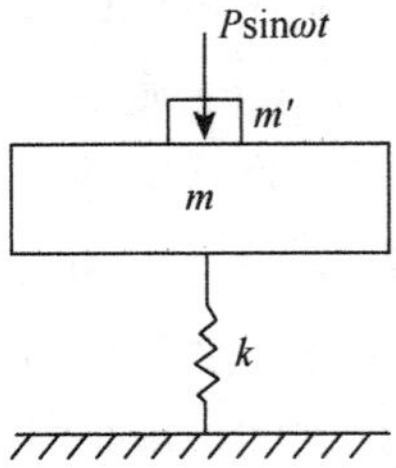

图题 2.15

2.16　有一电动机，其质量 $m = 3\,000$ kg，安装在钢梁中点。已知梁的跨长 $l = 4$ m，梁的弹性模量 $E = 2.1 \times 10^5$ MPa，梁的截面惯性矩 $I = 4\,200$ cm^4，剖面模数 $W_e = 400$ cm^3，电动机在正常运转时转速 $n = 860$ r/min，马达偏心块的质量为 $m_e = 450$ kg，偏心距 $e = 0.274$ cm。若略去梁的自重和阻尼的影响，并设钢梁两端简支，试校核该梁的强度和挠度（已知允许应力 $[\sigma] = 1.7 \times 10^2$ MPa、允许挠度 $[f] = l/500$）。

2.17　某设备用橡胶隔振器隔振，如图题 2.17 所示。已知系统的固有频率为 3.8 Hz，橡胶隔振器的阻尼比为 $\zeta = 0.125$。如果它安装在船上的某处，该处船体结构的垂向振动为正弦振动，垂向振动位移为 x_s，振幅为 2 μm（2×10^{-3} mm），最大振动速度为 0.126 mm/s，试求经过隔振后的设备振幅 A。

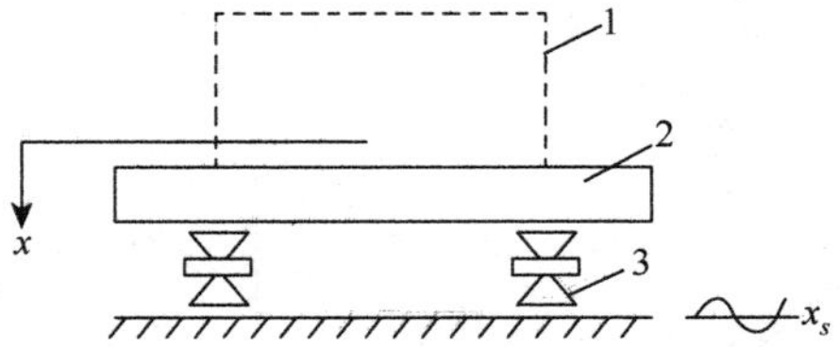

图题 2.17

1-设备；2-基础；3-橡胶隔振器

2.18　如图题 2.18 所示，已知系统初始时为静止，求质量-弹簧系统在激励作用下的响应：（1）正负两个方向的矩形载荷；（2）三角形载荷。

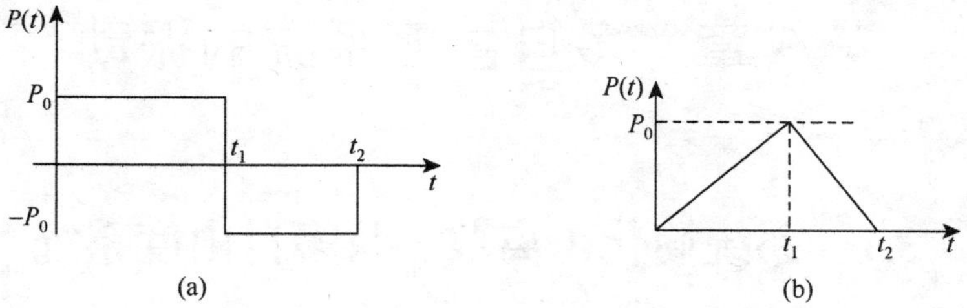

图题 2.18

2.19　某飞机着陆冲击的简化模型如图题 2.19 所示，弹簧表示着陆轮。当弹簧和地面接触时，质量 m 有一个垂直下降的速度 v，设轮接触地面时 $t=0$，有 $x(0)=0$。试求：（1）求当弹簧和地面接触时，质量垂向位移的表达式；（2）求弹簧和地面脱开的反弹时间。

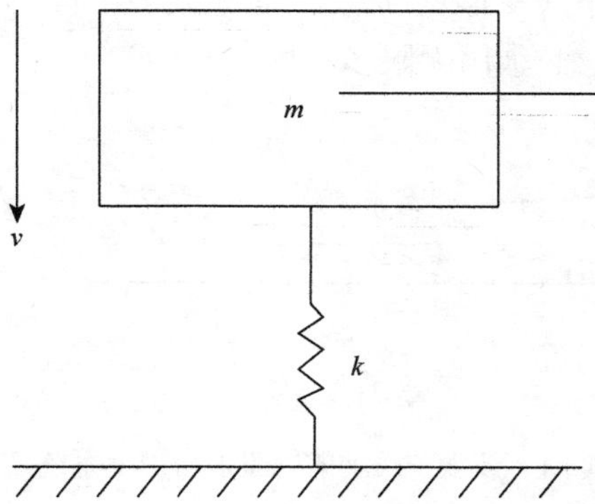

图题 2.19

2.20　某仪器由箱子装运，仪器质量为 40 kg，仪器与木箱之间用泡沫塑料填充，它的垂向刚度为 $k_c=980\ \text{N/cm}$，阻尼比为 $\zeta=0.05$。若箱子及其内部物以 $v=150\ \text{cm/s}$ 的速度碰击地面，求出用此包装时作用于仪器上的总力（提示：此系统用题 2.19 中所示模型来模拟，并需加阻尼器）。

第 3 章　多自由度系统的振动

3.1　系统简化（离散）及多自由度系统

任何瞬间，系统的位置都必须用两个或两个以上的广义坐标才能唯一确定状态的系统称为多自由度系统。多自由度系统属离散参数系统，一般是由工程实际中的连续参数系统简化而来。

在波浪中运动的舰艇（图 3.1），由于外载荷的作用，船体结构会发生变形；由于波浪的作用，舰艇整体在波浪上可有进退、横荡、升沉、横摇、纵摇和首尾摇 6 种运动。此时，舰艇系统有无限多个可能状态（变形及位置），有无限多个自由度，要确切地描述舰艇在任一瞬时的变形及位置状态，必须用无限多个广义坐标。

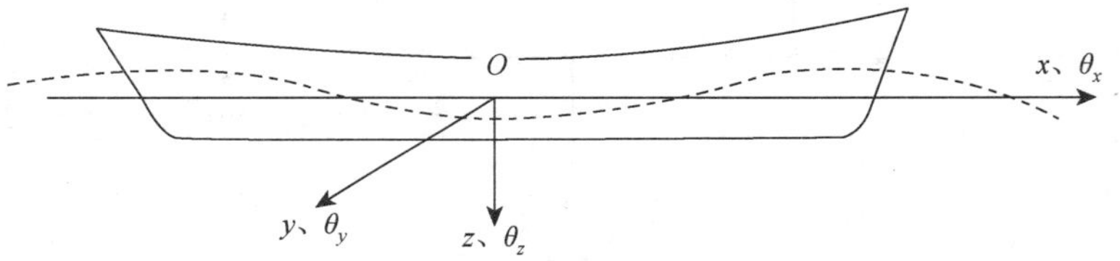

图 3.1　波浪中运动的舰艇多自由度系统

实际工程中的振动系统，当受到环境限制和人为限制（假定）时，自由度会减少。对振动系统所进行的限制，称为约束。除 2.1.1 小节中介绍的简化方法外，对振动系统施加人为约束，也是简化系统的一种常用方法。

若将舰艇视为刚体，舰艇就没有变形，舰艇在波浪上中仅有进退、横荡、升沉、横摇、纵摇和首尾摇 6 种可能情形，系统简化为仅有 6 个自由度。此时要确切地描述舰艇在任一瞬时的状态，只需要 6 个广义坐标（x、y、z、θ_x、θ_y和θ_z）就能完全确定它在空间中任意瞬时的位置。

当研究舰艇在波浪中的总纵强度时，人们往往在将船体视为刚体的情形下，仅关心舰艇的升沉和纵摇运动，认为其他运动并不同时发生（进一步假定），此时波浪中的舰艇简化为只有 2 个自由度，只需要 2 个广义坐标 z 和 θ_z 就可以确定舰艇在波浪中任意瞬时的状态。

具有多个圆盘的转轴系统如图 3.2（a）所示，与转轴相比，圆盘质量很大，对转轴系统进行振动分析时，常认为转轴和圆盘的质量集中在圆盘所在位置，是集中质量，转轴仅是有弹性刚度的横梁，简化成图 3.2（b）所示的多自由度系统。

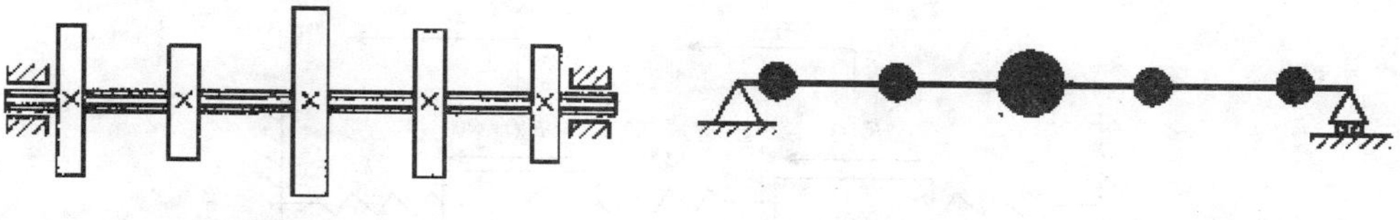

(a) 带圆盘的质量连续分布的转轴系统　　(b) 简化后的质量离散分布的多自由度系统

图 3.2　转轴系统及其简化

工程上各种机械和结构物，一般都是由杆、梁、板、壳等元件组成的弹性体，由于它们的质量与刚度都具有分布的性质，包含有无限个质点，其任何瞬时的空间的位置都需要无限多个广义坐标才能确定，理论上它们都是无限自由度系统。

在很多情况下，对弹性体进行振动分析时，只需要得到弹性体主要的（即频率较低的）若干振动特性与规律即可满足工程需求和精度。这时可通过离散弹性体，将弹性体质量集中到若干个典型节点处，将弹性体的振动问题从无限自由度简化为有限多个自由度系统进行分析。例如，研究一根简单的梁的横向弯曲振动问题时，可将梁的质量凝聚在 n 个有限的离散的质点上，用 n 个质点处的垂向位移 $w_1, w_2, \cdots, w_n$ 作为广义坐标代替连续的动挠度曲线来近似描述该梁的振动（图 3.3）。

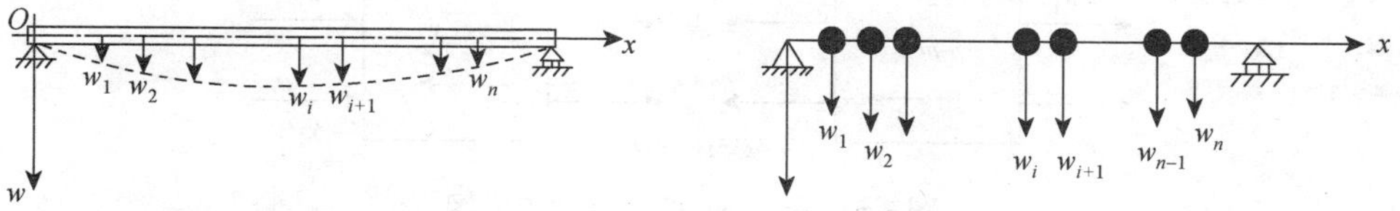

(a) 质量连续分布两端简支梁　　(b) 简化后的质量离散分布的多自由度模型

图 3.3　两端简支梁振动系统及其简化

根据工程实际所要求的精度来确定简化（离散）结构的自由度数目，简化的一般原则是，广义坐标应尽可能取在能反映结构特征的那些节点上，其质量和刚度特性应和原系统等效。讨论多自由度系统的振动对研究工程结构和机械的振动具有极重要的现实意义。

3.2　运动微分方程的建立

两自由度系统是最简单的多自由度系统，本节从两自由度系统入手，介绍建立多自由度系统运动微分方程的方法。

如图 3.4 所示的多自由度系统，仅用两个独立参变量即可完全确定系统在任一瞬时的状态，是两自由度系统。分别取振动质量 m_1、m_2 的绝对位移为广义坐标，如图 3.4 所示。图中 $F_1(t)$、$F_2(t)$ 分别为作用在 m_1、m_2 上的外加激励力，c_1、c_2 和 c_3 为黏性阻尼器的阻尼系数。

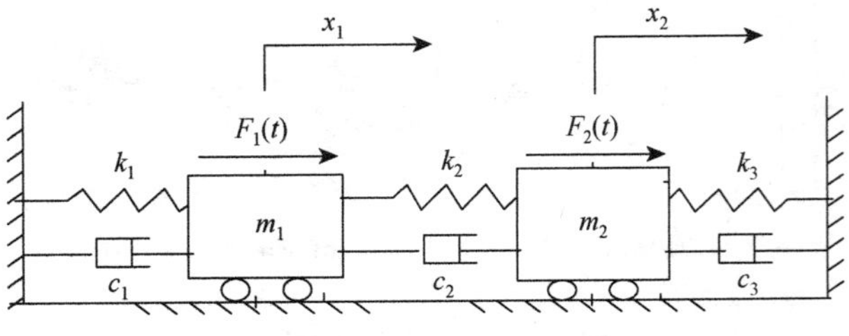

图 3.4　有黏性阻尼的两自由度受迫振动系统

3.2.1　达朗贝尔原理法

采用达朗贝尔（d' Alembert）原理法建立如图 3.4 所示系统的运动微分方程。达朗贝尔原理法是建立多自由度系统运动微分方程的基本方法之一，该方法的要点是，在系统上附加惯性力（或力矩）后，将动力问题转化成平衡问题，按静力学平衡原理获得运动微分方程。

（1）取广义坐标，建立坐标系，如图 3.5 所示。

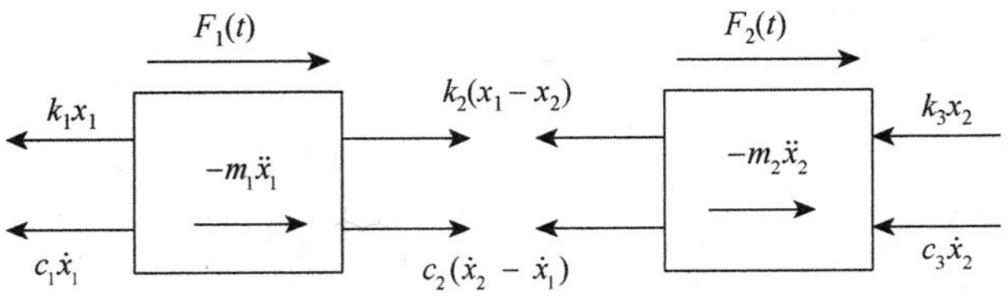

图 3.5　m_1、m_2 的分离体受力图

（2）绘制振动质量 m_1、m_2 的分离体受力图，按达朗贝尔原理加上惯性力。

（3）分别列出振动质量 m_1、m_2 的平衡方程。

$$\begin{cases} m_1\ddot{x}_1 + c_1\dot{x}_1 + k_1x_1 - c_2(\dot{x}_2 - \dot{x}_1) - k_2(x_2 - x_1) - F_1(t) = 0 \\ m_2\ddot{x}_2 + c_2(\dot{x}_2 - \dot{x}_1) + k_2(x_2 - x_1) + c_3\dot{x}_2 + k_3x_2 - F_2(t) = 0 \end{cases} \tag{3.1a}$$

（4）将式（3.1a）整理，得到如下公式。

$$\begin{cases} m_1\ddot{x}_1 + (c_1 + c_2)\dot{x}_1 - c_2\dot{x}_2 + (k_1 + k_2)x_1 - k_2x_2 = F_1(t) \\ m_2\ddot{x}_2 - c_2\dot{x}_1 + (c_2 + c_3)\dot{x}_2 - k_2x_1 + (k_2 + k_3)x_2 = F_2(t) \end{cases} \tag{3.1b}$$

$$\begin{bmatrix} m_1 & 0 \\ 0 & m_2 \end{bmatrix}\begin{Bmatrix} \ddot{x}_1 \\ \ddot{x}_2 \end{Bmatrix} + \begin{bmatrix} c_1 + c_2 & -c_2 \\ -c_2 & c_2 + c_3 \end{bmatrix}\begin{Bmatrix} \dot{x}_1 \\ \dot{x}_2 \end{Bmatrix} + \begin{bmatrix} k_1 + k_2 & -k_2 \\ -k_2 & k_2 + k_3 \end{bmatrix}\begin{Bmatrix} x_1 \\ x_2 \end{Bmatrix} = \begin{Bmatrix} F_1(t) \\ F_2(t) \end{Bmatrix} \tag{3.1c}$$

令

$$\boldsymbol{M} = \begin{bmatrix} m_1 & 0 \\ 0 & m_2 \end{bmatrix},\quad \boldsymbol{C} = \begin{bmatrix} c_1 + c_2 & -c_2 \\ -c_2 & c_2 + c_3 \end{bmatrix},\quad \boldsymbol{K} = \begin{bmatrix} k_1 + k_2 & -k_2 \\ -k_2 & k_2 + k_3 \end{bmatrix}$$

$$\boldsymbol{F} = \begin{Bmatrix} F_1(t) \\ F_2(t) \end{Bmatrix},\quad \boldsymbol{X} = \begin{Bmatrix} x_1 \\ x_2 \end{Bmatrix},\quad \dot{\boldsymbol{X}} = \begin{Bmatrix} \dot{x}_1 \\ \dot{x}_2 \end{Bmatrix},\quad \ddot{\boldsymbol{X}} = \begin{Bmatrix} \ddot{x}_1 \\ \ddot{x}_2 \end{Bmatrix}$$

分别称为质量矩阵、阻尼矩阵、刚度矩阵、激励力向量、位移向量、速度向量、加速

度向量，则式（3.1c）可简记为

$$M\ddot{X} + C\dot{X} + KX = F \tag{3.1d}$$

式（3.1c）和式（3.1d）是多自由度系统运动微分方程的矩阵表达形式，这种表达方式书写简捷、推导方便，是多自由度系统振动分析中常用的方法。可以看出，质量矩阵、阻尼矩阵、刚度矩阵均为对称矩阵，这是多自由度系统的一个特性。

例 3.1　图 3.6 所示为分析建筑结构振动的力学模型。建筑结构受地面的水平运动 $z(t)$ 激励而振动。基础为刚性的，质量为 m_2。地面以上建筑结构用刚性杆模拟，质量为 m_1，对质心 C 的转动惯量为 J_C。建筑物与基础质块之间的连接用铰链和具有刚性系数为 k_1 的扭转弹簧模拟。基础质块与大地之间用弹簧 k_2 与阻尼器 c_1 在水平方向连接，其他参数如图中所示，$k_2 = k/2$，$c_1 = c/2$。试用达朗贝尔原理法建立系统的微幅振动方程。

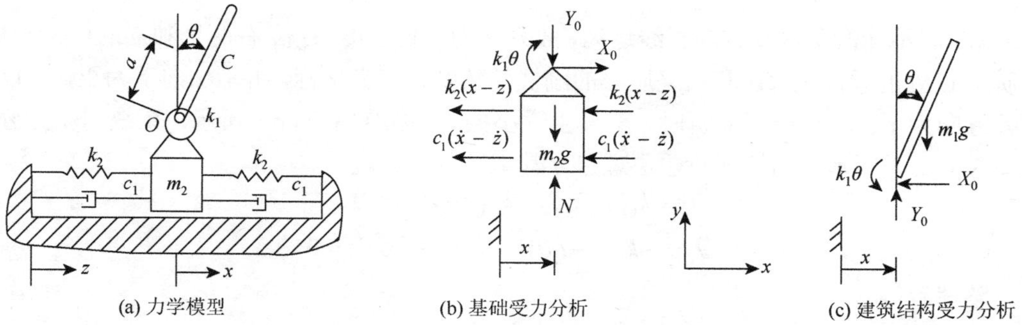

图 3.6　建筑结构的刚性振动力学模型

解：该问题是两自由度问题，选取基础的水平位移 x 和刚性建筑的摆动角 θ 为广义坐标，得到基础和刚性建筑的受力图。

图 3.6（b）是基础质块的受力图，当其沿水平面运动时，基础的运动微分方程为

$$m_2\ddot{x} = -k(x-z) - c(\dot{x}-\dot{z}) + X_0 \tag{3.2a}$$

图 3.6（c）是建筑结构的刚性模型受力图，刚性建筑在铅垂平面内的运动微分方程为

$$m_1\ddot{x}_C = -X_0 \tag{3.2b}$$

$$m_1\ddot{y}_C = Y_0 - m_1 g \tag{3.2c}$$

$$J_C\ddot{\theta} = -k_1\theta + Y_0 a\sin\theta + X_0 a\cos\theta \tag{3.2d}$$

式中：x_C、y_C 为刚性建筑质心坐标，与广义坐标有如下关系。

$$x_C = x + a\sin\theta \approx x + a\theta \tag{3.2e}$$

$$y_C = a\cos\theta \approx a \tag{3.2f}$$

由式（3.2a）、式（3.2b）消去未知力 x_0，并考虑式（3.2e），得

$$(m_1+m_2)\ddot{x} + m_1 a\ddot{\theta} + c\dot{x} + Kx = c\dot{z} + kz \tag{3.2g}$$

又由式（3.2b）～式（3.2d）消去未知力 X_0、Y_0，并考虑式（3.2e）和式（3.2f），得

$$m_1 a\ddot{x} + \left(J_C + m_1 a^2\right)\ddot{\theta} + \left(k_1 - m_1 g a\right)\theta = 0 \tag{3.2h}$$

例 3.2 汽车在铅垂平面内的运动可简化为两端受弹簧支承的刚性梁，如图 3.7 所示。忽略汽车的直线水平运动，只考虑车辆质心的铅垂运动及绕质心 C 的俯仰运动，建立其振动微分方程。

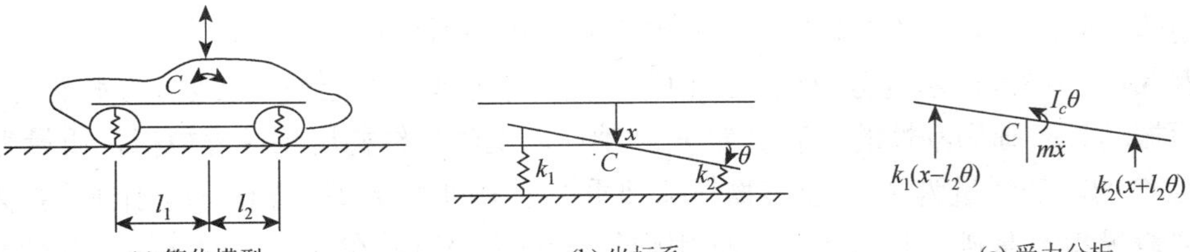

图 3.7 汽车行进时的平面振动模型

解：因不计汽车水平方向直线运动，故系统为两自由度系统，有两个独立的广义坐标。取质心 C 处的垂向位移 x 和梁绕质心的刚性转角 θ 为广义坐标，并取 x 向下为正，θ 以顺时针方向为正。在任一振动瞬时，梁发生微小振动，如图 3.6（b）所示，系统的受力分析如图 3.6（c）所示。由达朗贝尔原理建立其运动微分方程：

$$m\ddot{x} + k_1(x - l_1\theta) + k_2(x + l_2\theta) = 0$$

$$J_C\ddot{\theta} - k_1(x - l_1\theta)l_1 + k_2(x + l_2\theta)l_2 = 0$$

整理后得

$$m\ddot{x} + (k_1 + k_2)x + (-k_1l_1 + k_2l_2)\theta = 0$$

$$J_C\ddot{\theta} + \left(k_1l_1^2 + k_2l_2^2\right)\theta + \left(-k_1l_1 + k_2l_2\right)x = 0$$

3.2.2 拉格朗日方程法

采用达朗贝尔原理法建立运动微分方程时，需要绘制每个振动质量分离体的受力图。对于具有较多约束的多自由度系统，需分析、计算众多的约束力，若坐标系选择不当，则可能导致方法烦琐且易发生错误。采用拉格朗日（Lagrange）方程，可使建立运动微分方程的工作格式化，克服达朗贝尔原理法的缺点，不会因坐标系的选择不同而加大建立运动微分方程的难度，有时比达朗贝尔原理法更为简单。

拉格朗日第二类方程适用于完整约束的系统，完整约束是不随时间而变化的约束。对于具有阻尼力和外界干扰力作用的 n 个自由度的非保守系统，其拉格朗日方程为

$$\frac{\mathrm{d}}{\mathrm{d}t}\left(\frac{\partial T}{\partial \dot{q}_i}\right) - \frac{\partial T}{\partial q_i} + \frac{\partial V}{\partial q_i} = Q_i \quad (i = 1, 2, \cdots, n) \tag{3.3}$$

式中：T 为系统的动能；V 为系统的势能；q_i 和 $\dot{q}_i$ 分别系统的广义位移和广义速度；Q_i 为系统的非有势广义力，可以根据虚位移原理求得。

非有势广义力 Q_i 所做的虚功为

$$\delta W = \sum_{i=1}^{n} Q_i(t)\delta q_i \tag{3.4a}$$

式中：δq_i 为第 i 个广义坐标 q_i 的虚位移；n 为系统的自由度数目。

设作用于系统的非有势力有 m 个，记为 $\boldsymbol{F}_j(t)(j=1,2,\cdots,m)$；力 $\boldsymbol{F}_j(t)$ 作用点处的位置矢量记为 $\boldsymbol{r}_j(q_1,q_2,\cdots,q_n)$，是广义坐标的函数。

其虚位移为

$$\delta \boldsymbol{r}_j=\sum_i^n \frac{\partial \boldsymbol{r}_j}{\partial q_i}\delta q_i \tag{3.4b}$$

$\boldsymbol{F}_j(t)(j=1,2,\cdots,m)$ 所做的虚功为

$$\delta W=\sum_{j=1}^m \boldsymbol{F}_j(t)\delta \boldsymbol{r}_j=\sum_{j=1}^m \boldsymbol{F}_j(t)\sum_i^n \frac{\partial \boldsymbol{r}_j}{\partial q_i}\delta q_i=\sum_i^n\left[\sum_{j=1}^m \boldsymbol{F}_j(t)\frac{\partial \boldsymbol{r}_j}{\partial q_i}\right]\delta q_i \tag{3.4c}$$

式中：$\delta \boldsymbol{r}_j$ 为 $\boldsymbol{F}_j(t)$ 作用点处的虚位移。

令式（3.3a）等于式（3.3c）即可求得非有势广义力 Q_i：

$$Q_i=\sum_{j=1}^m \boldsymbol{F}_j(t)\frac{\partial \boldsymbol{r}_j}{\partial q_i} \tag{3.3d}$$

当 $Q_i(t)=0\ (i=1,2,\cdots,n)$ 时，式（3.2）为无阻尼系统的拉格朗日方程。

对于由 N 个质点组成的具有 n 个自由度的系统，广义坐标为 $\boldsymbol{q}=(q_1,q_2,\cdots,q_n)^{\mathrm{T}}$，在完整和稳定约束条件下，第 k 个质点的位置和速度可表示为

$$\boldsymbol{r}_k=\boldsymbol{r}_k(q_1,\cdots,q_n) \tag{3.5a}$$

$$\dot{\boldsymbol{r}}_k=\sum_{i=1}^n \frac{\partial \boldsymbol{r}_k}{\partial q_i}\dot{q}_i \tag{3.5b}$$

而

$$\dot{\boldsymbol{r}}_k^2=\sum_{j=1}^n\sum_{i=1}^n \frac{\partial \boldsymbol{r}_k}{\partial q_j}\frac{\partial \boldsymbol{r}_k}{\partial q_i}\dot{q}_i\dot{q}_j \quad (k=1,2,\cdots,N) \tag{3.6}$$

则系统的动能为

$$\begin{aligned}T&=\frac{1}{2}\sum_{k=1}^N m_k\dot{\boldsymbol{r}}_k^2=\frac{1}{2}\sum_{j=1}^n\sum_{i=1}^n\left(\sum_{k=1}^N m_k\frac{\partial \boldsymbol{r}_k}{\partial q_j}\frac{\partial \boldsymbol{r}_k}{\partial q_i}\right)\dot{q}_i\dot{q}_j\\&=\frac{1}{2}\sum_{j=1}^n\sum_{i=1}^n m_{ij}\dot{q}_i\dot{q}_j\end{aligned} \tag{3.7}$$

式中，有

$$m_{ij}=\sum_{k=1}^N m_k\frac{\partial \boldsymbol{r}_k}{\partial q_j}\frac{\partial \boldsymbol{r}_k}{\partial q_i} \tag{3.8}$$

它是 n 个广义坐标的函数。

系统的势能为

$$V=V(x_1,x_2,\cdots,x_N)=V\quad(q_1,q_2,\cdots,q_n) \tag{3.9}$$

对于系统在平衡位置附近的微幅振动，可将 V 在平衡位置附近进行泰勒展开。在势能

的表达式中，保留q的二阶小量，而略去其余高阶微量，并取$V(0)=0$，即平衡位置作为零势点，于是式（3.9）可写为

$$V=\frac{1}{2}\sum_{j=1}^{n}\sum_{i=1}^{n}k_{ij}q_iq_j \tag{3.10}$$

由式（3.8）和式（3.9）可知，系统的动能与势能是广义速度和广义坐标的二次型，它们的矩阵形式分别为

$$T=\frac{1}{2}\dot{\boldsymbol{q}}^{\mathrm{T}}\boldsymbol{M}\dot{\boldsymbol{q}} \tag{3.11}$$

$$V=\frac{1}{2}\boldsymbol{q}^{\mathrm{T}}\boldsymbol{K}\boldsymbol{q} \tag{3.12}$$

由以上推导可知，m_{ij}和k_{ij}是常量，而且$m_{ij}=m_{ji}$、$k_{ij}=k_{ji}$，即$\boldsymbol{M}$和$\boldsymbol{K}$均为实对称矩阵。

例 3.3　应用拉格朗日方程建立如图 3.4 所示的系统的运动微分方程。

（1）选取广义坐标，如图 3.4 所示。参照图 3.4（a），可以求得各质量的速度。

m_1的速度：$\dot{x}_1$，m_2的速度：$\dot{x}_2$。

各阻尼器的阻尼力及阻尼力移动位移：$-c_1\dot{x}_1$、x_1；$-c_3\dot{x}_2$、x_2；$-c_2(\dot{x}_2-\dot{x}_1)$、$(x_2-x_1)$。

外加激励力及激励力移动位移：F_1、x_1；F_2、x_2。

（2）计算系统的动能和势能及各项导数。

$$T=\frac{1}{2}m_1\dot{x}_1^2+\frac{1}{2}m_2\dot{x}_2^2 \tag{3.13a}$$

$$V=\frac{1}{2}k_1x_1^2+\frac{1}{2}k_2(x_2-x_1)^2+\frac{1}{2}k_3x_2^2 \tag{3.13b}$$

$$\frac{\mathrm{d}}{\mathrm{d}t}\left(\frac{\partial T}{\partial\dot{x}_1}\right)=m_1\ddot{x}_1 \tag{3.13c}$$

$$\frac{\mathrm{d}}{\mathrm{d}t}\left(\frac{\partial T}{\partial\dot{x}_2}\right)=m_2\ddot{x}_2 \tag{3.13d}$$

$$\frac{\partial T}{\partial x_1}=\frac{\partial T}{\partial x_2}=0 \tag{3.13e}$$

$$\frac{\partial V}{\partial x_1}=k_1x_1-k_2(x_2-x_1) \tag{3.13f}$$

$$\frac{\partial V}{\partial x_2}=k_2(x_2-x_1)+k_3x_2 \tag{3.13g}$$

（3）计算非有势力的广义力。

阻尼器c_1所做的虚功：$\delta W_{c_1}=-c_1\dot{x}_1\delta x_1$。

阻尼器c_2所做的虚功：$\delta W_{c_2}=-c_2(\dot{x}_2-\dot{x}_1)\delta(x_2-x_1)$。

阻尼器c_3所做的虚功：$\delta W_{c_3}=-c_3\dot{x}_2\delta x_2$。

激励力$F_1(t)$所做的虚功：$\delta W_{F_1}=F_1(t)\delta x_1$。

激励力$F_2(t)$所做的虚功：$\delta W_{F_2}=F_2(t)\delta x_2$。

利用式（3.4a）和式（3.4c）可得

$$Q_1\delta x_1 + Q_2\delta x_2 = \delta W_{c_1} + \delta W_{c_2} + \delta W_{c_3} + \delta W_{F_1} + \delta W_{F_2}$$
$$= -c_1\dot{x}_1\delta x_1 - c_2(\dot{x}_2 - \dot{x}_1)\delta(x_2 - x_1) - c_3\dot{x}_2\delta x_2 + F_1(t)\delta x_1 + F_2(t)\delta x_2$$
$$= [-c_1\dot{x}_1 + c_2(\dot{x}_2 - \dot{x}_1) + F_1(t)]\delta x_1 + [-c_2(\dot{x}_2 - \dot{x}_1) - c_3\dot{x}_2 + F_2(t)]\delta x_2$$

非有势广义力为

$$Q_1 = -c_1\dot{x}_1 + c_2(\dot{x}_2 - \dot{x}_1) + F_1(t) \tag{3.13h}$$
$$Q_2 = -c_2(\dot{x}_2 - \dot{x}_1) - c_3\dot{x}_2 + F_2(t) \tag{3.13i}$$

（4）将式（3.13c）～（3.13i）代入式（3.3）并整理，有

$$\begin{cases} m_1\ddot{x}_1 + (c_1 + c_2)\dot{x}_1 - c_2\dot{x}_2 + (k_1 + k_2)x_1 - k_2x_2 = F_1(t) \\ m_2\ddot{x}_2 - c_2\dot{x}_1 + (c_2 + c_3)\dot{x}_2 - k_2x_1 + (k_2 + k_3)x_2 = F_2(t) \end{cases}$$

$$\begin{bmatrix} m_1 & 0 \\ 0 & m_2 \end{bmatrix}\begin{Bmatrix} \ddot{x}_1 \\ \ddot{x}_2 \end{Bmatrix} + \begin{bmatrix} c_1 + c_2 & -c_2 \\ -c_2 & c_2 + c_3 \end{bmatrix}\begin{Bmatrix} \dot{x}_1 \\ \dot{x}_2 \end{Bmatrix} + \begin{bmatrix} k_1 + k_2 & -k_2 \\ -k_2 & k_2 + k_3 \end{bmatrix}\begin{Bmatrix} x_1 \\ x_2 \end{Bmatrix} = \begin{Bmatrix} F_1(t) \\ F_2(t) \end{Bmatrix}$$

令

$$\boldsymbol{M} = \begin{bmatrix} m_1 & 0 \\ 0 & m_2 \end{bmatrix}, \quad \boldsymbol{C} = \begin{bmatrix} c_1 + c_2 & -c_2 \\ -c_2 & c_2 + c_3 \end{bmatrix}$$
$$\boldsymbol{K} = \begin{bmatrix} k_1 + k_2 & -k_2 \\ -k_2 & k_2 + k_3 \end{bmatrix}, \quad \boldsymbol{F} = \begin{Bmatrix} F_1(t) \\ F_2(t) \end{Bmatrix}$$

可得

$$\boldsymbol{M}\ddot{\boldsymbol{x}} + \boldsymbol{C}\dot{\boldsymbol{x}} + \boldsymbol{K}\boldsymbol{x} = \boldsymbol{F}$$

结果与 3.2.1 小节中式（3.1d）完全相同。

例 3.4　应用拉格朗日方程推导如图 3.8 所示的双摆振动系统的运动微分方程。其中，复摆质量为 m_1、绕悬挂轴的转动惯量为 J_1，单摆质量为 m_2，悬挂轴的旋转黏性阻尼系数为 c_1、铰链轴的旋转黏性阻尼系数为 c_2，其余参数见图 3.8。

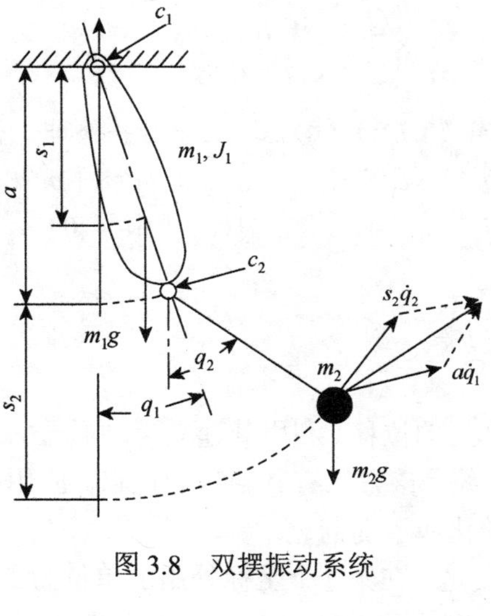

图 3.8　双摆振动系统

解：（1）选取广义坐标，如图 3.8 所示。

q_1为复摆相对于铅垂线的角位移，q_2为单摆相对于铅垂线的角位移。

（2）计算系统的动能和势能及各项导数。

系统的动能为

$$T=\frac{1}{2}J_1\dot{q}_1^2+\frac{1}{2}m_2[(a\dot{q}_1\cos q_1+s_2\dot{q}_2\cos q_2)^2+(a\dot{q}_1\sin q_1+s_2\dot{q}_2\sin q_2)^2] \tag{3.14a}$$

在微幅振动的条件下，可以忽略动能中的高阶小量，此时动能为

$$T\approx\frac{1}{2}J_1\dot{q}_1^2+\frac{1}{2}m_2(a\dot{q}_1+s_2\dot{q}_2)^2 \tag{3.14b}$$

取双摆在铅垂位置为势能的零点，系统的势能为

$$V=m_1gs_1(1-\cos q_1)+m_2g[a(1-\cos q_1)+s_2(1-\cos q_2)]+m_1gs_1+m_2g(a+s_2) \tag{3.14c}$$

$$\frac{\mathrm{d}}{\mathrm{d}t}\left(\frac{\partial T}{\partial\dot{q}_1}\right)=J_1\ddot{x}_1+m_2a(a\ddot{q}_1+s_2\ddot{q}_2) \tag{3.14d}$$

$$\frac{\mathrm{d}}{\mathrm{d}t}\left(\frac{\partial T}{\partial q_2}\right)=m_2s_2(a\ddot{q}_1+s_2\ddot{q}_2) \tag{3.14e}$$

$$\frac{\partial T}{\partial q_1}=\frac{\partial T}{\partial q_2}=0 \tag{3.14f}$$

$$\frac{\partial V}{\partial q_1}=m_1gs_1\sin q_1+m_2ga\sin q_1\approx m_1gs_1q_1+m_2gaq_1 \tag{3.14g}$$

$$\frac{\partial V}{\partial q_2}=m_2gs_2\sin q_2\approx m_2gs_2q_2 \tag{3.14h}$$

（3）计算非有势广义力。

$$\begin{aligned}\delta W&=-c_1\dot{q}_1\delta q_1-c_2(\dot{q}_2-\dot{q}_1)\delta(q_2-q_1)\\&=-(c_1\dot{q}_1+c_2\dot{q}_1-c_2\dot{q}_2)\delta q_1-c_2(\dot{q}_2-\dot{q}_1)\delta q_2\end{aligned} \tag{3.14i}$$

$$\begin{cases}Q_1=-(c_1\dot{q}_1+c_2\dot{q}_1-c_2\dot{q}_2)\\Q_2=c_2\dot{q}_1-c_2\dot{q}_2\end{cases} \tag{3.14j}$$

（4）将式（3.14d）～式（3.14j）代入式（3.3）并整理，得到如下公式。

$$\begin{bmatrix}J_1+m_2a^2 & m_2as_2\\ m_2as_2 & m_2as_2^2\end{bmatrix}\begin{Bmatrix}\ddot{q}_1\\ \ddot{q}_2\end{Bmatrix}+\begin{bmatrix}c_1+c_2 & -c_2\\ -c_2 & c_2\end{bmatrix}\begin{Bmatrix}\dot{q}_1\\ \dot{q}_2\end{Bmatrix}+\begin{bmatrix}m_1+m_2a & 0\\ 0 & m_2s_2g\end{bmatrix}\begin{Bmatrix}q_1\\ q_2\end{Bmatrix}=0 \tag{3.14k}$$

3.2.3 柔度影响系数法

求出系统受单位力后产生的位移，利用其建立运动微分方程的方法，称为柔度影响系数法。对于某些弹性振动系统，该方法有其独特的优点。应用柔度影响系数法时，要使用达朗贝尔原理将动力问题转化成平衡问题。

柔度影响系数γ_{ij}的定义是，在第j个坐标处施加单位力$F_i=1$所引起的第i个坐标的位移。假设系统是线性的，则位移与作用力成正比，若有一组力系F_1，F_2，…，F_n同时作用于结构上，根据叠加原理，第i个坐标的位移为

$$q_i = \sum_{j=1}^{n} \gamma_{ij} F_j \quad (i = 1, 2, \cdots, n) \tag{3.15}$$

对于一个 n 自由度系统，式（3.15）的矩阵形式为

$$\boldsymbol{q} = \boldsymbol{\Gamma F} \tag{3.16a}$$

式中：$\boldsymbol{\Gamma}$ 为柔度影响系数矩阵，又称为柔度矩阵；$\boldsymbol{F}$ 为作用在系统上的载荷向量。

$$\boldsymbol{\Gamma} = [\gamma_{ij}] \quad (i、j = 1, 2, \cdots, n) \tag{3.16b}$$

系统做振动时，载荷向量为外加作用力向量 $\tilde{\boldsymbol{F}}$ 和惯性力向量 $\boldsymbol{M}\ddot{\boldsymbol{q}}$ 的代数和，即

$$\boldsymbol{F} = \tilde{\boldsymbol{F}} - \boldsymbol{M}\ddot{\boldsymbol{q}} \tag{3.16c}$$

将式（3.16c）代入式（3.16a）有

$$\boldsymbol{q} = \boldsymbol{\Gamma}(\tilde{\boldsymbol{F}} - \boldsymbol{M}\ddot{\boldsymbol{q}}) \tag{3.17}$$

注意到柔度矩阵为刚度矩阵的逆矩阵，式（3.17）可以整理成如下形式：

$$\boldsymbol{M}\ddot{\boldsymbol{q}} + \boldsymbol{K}\boldsymbol{q} = \tilde{\boldsymbol{F}} \tag{3.18}$$

例 3.5　求图 3.9 所示的双质量无重量梁的柔度矩阵及用柔度矩阵表示的系统振动方程，图中梁上的集中质量为 m_1 和 m_2，设梁长度为 l，弯曲刚度为 EI。

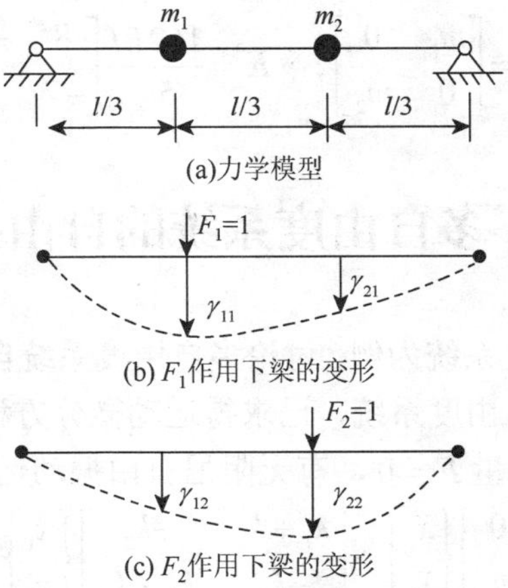

图 3.9　双质量无重量梁

解：分别取质量 m_1 和 m_2 的横向位移 x_1 和 x_2 为广义坐标。根据柔度影响系数的定义，令 $F_1 = 1$［见图 3.9（b）］，则 m_1 和 m_2 处的位移可由结构力学挠度公式（两端简支梁）求得。

梁上 x 坐标处的位移为

$$w(x) = \frac{Pl^3}{6EI}\left[\frac{b}{l}\frac{x}{l}\left(1 - \frac{b^2}{l^2} - \frac{x^3}{l^3}\right) + \Big\|_a \left(\frac{x-a}{l}\right)^3\right]$$

$$\gamma_{11} = \frac{l^3\left[\frac{2l/3}{l}\frac{l/3}{l}\left(1 - \frac{(2l/3)^2}{l^2} - \frac{(l/3)^2}{l^2}\right)^2\right]}{6EI} = \frac{4l^3}{243EI}$$

$$\gamma_{21}=\frac{l^3}{6EI}\left[\frac{2}{3}\cdot\frac{2}{3}\left(1-\left(\frac{2}{3}\right)^2-\left(\frac{2}{3}\right)^2\right)+\left(\frac{1}{3}\right)^3\right]=\frac{7l^3}{486EI}$$

同样，令 $F_2=1$［见图 3.9（c）]，则由 m_1 和 m_2 处的位移可导出如下量：

$$\gamma_{12}=\gamma_{21}=\frac{7l^3}{486EI},\quad \gamma_{22}=\frac{4l^3}{243EI}$$

则系统的柔度矩阵为

$$\boldsymbol{\Gamma}=\frac{l^3}{486EI}\begin{bmatrix}8 & 7\\ 7 & 8\end{bmatrix}$$

由达朗贝尔原理得

$$\boldsymbol{F}=(-m_1\ddot{x}_1\quad -m_2\ddot{x}_2)^{\mathrm{T}}$$

注意到

$$\boldsymbol{q}=(x_1\ x_2)^{\mathrm{T}}=\boldsymbol{x}$$

由式（3.15）可求得该系统的自由振动方程为

$$\boldsymbol{M}\ddot{\boldsymbol{x}}+\boldsymbol{K}\boldsymbol{x}=0$$

其中，

$$\boldsymbol{M}=\begin{bmatrix}m_1 & 0\\ 0 & m_2\end{bmatrix},\quad \boldsymbol{K}=\frac{162EI}{5l^3}\begin{bmatrix}8 & -7\\ -7 & 8\end{bmatrix}$$

3.3　多自由度系统的自由振动

不失一般性，以两自由度系统为例，讨论多自由度系统自由振动的求解方法及振动特性。对于如图 3.4 所示的两自由度系统，已求得运动微分方程［式（3.1a）～式（3.1d)]。令阻尼矩阵 $\boldsymbol{C}=0$、外载荷向量 $\boldsymbol{F}=0$，有无阻尼自由振动运动微分方程为

$$\begin{bmatrix}m_1 & 0\\ 0 & m_2\end{bmatrix}\begin{Bmatrix}\ddot{x}_1\\ \ddot{x}_2\end{Bmatrix}+\begin{bmatrix}k_1+k_2 & -k_2\\ -k_2 & k_2+k_3\end{bmatrix}\begin{Bmatrix}x_1\\ x_2\end{Bmatrix}=\begin{Bmatrix}0\\ 0\end{Bmatrix}\tag{3.19a}$$

简写为

$$\boldsymbol{M}\ddot{\boldsymbol{x}}+\boldsymbol{K}\boldsymbol{x}=\boldsymbol{0}\tag{3.19b}$$

这是二阶常系数线性齐次常微分方程组。对于两自由度系统，有更一般形式的自由振动微分方程，即

$$\begin{bmatrix}m_{11} & m_{12}\\ m_{21} & m_{22}\end{bmatrix}\begin{Bmatrix}\ddot{x}_1\\ \ddot{x}_2\end{Bmatrix}+\begin{bmatrix}k_{11} & k_{12}\\ k_{21} & k_{22}\end{bmatrix}\begin{Bmatrix}x_1\\ x_2\end{Bmatrix}=\begin{Bmatrix}0\\ 0\end{Bmatrix}\tag{3.19c}$$

3.3.1　频率方程及固有频率

设式（3.19）的解为

$$\begin{cases} x_1 = A_1\sin(\omega_n t+\theta) \\ x_2 = A_2\sin(\omega_n t+\theta) \end{cases} \tag{3.20a}$$

简写为

$$x = A\sin(\omega_n t+\theta) \tag{3.20b}$$

将式（3.20b）代入式（3.19b），得

$$\left(\boldsymbol{K}-\omega_n^2\boldsymbol{M}\right)\boldsymbol{A}=\boldsymbol{0} \tag{3.21}$$

式（3.21）为一个齐次的线性代数方程组，若要有非零解，系数行列式必须为 0，即

$$\left|\left(\boldsymbol{K}-\omega_n^2\boldsymbol{M}\right)\right|=0 \tag{3.22}$$

式（3.22）即图 3.4 所示的振动系统的频率方程，又称为特征方程。式（3.20b）～式（3.22）的推导并没有涉及系统的自由度数量，这意味着式（3.22）也是多自由度系统频率方程的一般形式。

使用两自由度系统运动微分方程的一般形式［式（3.19c）］，将其展开，得到特征方程的展开形式：

$$\begin{aligned} D\left(\omega_n^2\right) &= \begin{vmatrix} k_{11}-\omega_n^2 m_{11} & k_{12}-\omega_n^2 m_{12} \\ k_{12}-\omega_n^2 m_{21} & k_{22}-\omega_n^2 m_{22} \end{vmatrix} \\ &= \left(m_{11}m_{22}-m_{21}m_{12}\right)\omega_n^4-\left(k_{11}m_{22}+k_{22}m_{11}-k_{12}m_{21}-k_{21}m_{12}\right)\omega_n^2 \\ &\quad +\left(k_{11}k_{22}-k_{12}k_{21}\right)=0 \end{aligned} \tag{3.23}$$

这是关于 ω_n^2 的二次多项式，求解可得两个根，将其按大小排列为

$$\left.\begin{matrix}\omega_{n_1}^2 \\ \omega_{n_2}^2\end{matrix}\right\} = \frac{1}{2}\frac{k_{11}m_{22}+k_{22}m_{11}-k_{12}m_{21}-k_{21}m_{12}}{m_{11}m_{22}-m_{21}m_{12}} \pm\frac{1}{2}\left[\left(\frac{k_{11}m_{22}+k_{22}m_{11}-k_{12}m_{21}-k_{21}m_{12}}{m_{11}m_{22}-m_{21}m_{12}}\right)^2-4\left(\frac{k_{11}k_{22}-k_{12}k_{21}}{m_{11}m_{22}-m_{21}m_{12}}\right)\right]^{\frac{1}{2}} \tag{3.24}$$

式中：$\omega_{n1}\leqslant\omega_{n2}$，分别为第 1 阶和第 2 阶固有频率。

具有两个自由度的系统，有两个固有频率。具有 n 个自由度的系统，有 n 个固有频率，将其按从小到大排列，分别称其为第 1 阶，第 2 阶，…，第 n 阶固有频率，将其简记为 ω_1，ω_2，…，ω_n。

3.3.2　固有振型及正则化

1. 固有振型

将式（3.24）所表示的 $\omega_{ni}^2\,(i=1,2)$ 代入式（3.21），注意到使用的是两自由度系统刚度矩阵和质量矩阵的一般形式，有

$$\left(\begin{bmatrix} k_{11} & k_{12} \\ k_{21} & k_{22} \end{bmatrix}-\omega_{n1}^2\begin{bmatrix} m_{11} & m_{12} \\ m_{21} & m_{22} \end{bmatrix}\right)\begin{Bmatrix} A_1^{(1)} \\ A_2^{(1)} \end{Bmatrix}=\begin{Bmatrix} 0 \\ 0 \end{Bmatrix} \tag{3.25a}$$

$$\left(\begin{bmatrix} k_{11} & k_{12} \\ k_{21} & k_{22} \end{bmatrix} - \omega_{n2}^2 \begin{bmatrix} m_{11} & m_{12} \\ m_{21} & m_{22} \end{bmatrix}\right)\begin{Bmatrix} A_1^{(2)} \\ A_2^{(2)} \end{Bmatrix} = \begin{Bmatrix} 0 \\ 0 \end{Bmatrix} \tag{3.25b}$$

可以求得对应于 ω_{n1}^2 和 ω_{n2}^2 的质量振幅向量 $\boldsymbol{A}_1$ 和 $\boldsymbol{A}_2$，对应于同一固有频率的各质量振幅之间有确定的比值：

$$\beta^{(i)} = \frac{A_2^{(i)}}{A_1^{(i)}} = -\frac{k_{11} - \omega_{ni}^2 m_{11}}{k_{12} - \omega_{ni}^2 m_{12}} = -\frac{k_{21} - \omega_{ni}^2 m_{21}}{k_{22} - \omega_{ni}^2 m_{22}} \quad (i = 1, 2, \cdots, n) \tag{3.25c}$$

式（3.25c）表明：当系统按某一固有频率振动时［参见式（3.20a)]，各质量振幅比只取决于系统本身的物理性质，而与初始条件无关。在振动过程中，系统各广义坐标的瞬时位移相对比值均可由振幅比确定。该比值确定了整个振动系统的振动形态，称为主振型或固有振型。与 ω_{n1} 对应的振幅比为 $\begin{Bmatrix} A_1^{(1)} / A_1^{(1)} \\ A_2^{(1)} / A_1^{(1)} \end{Bmatrix} = \begin{Bmatrix} 1 \\ \beta^{(1)} \end{Bmatrix}$，称为第 1 阶主振型；与 ω_{n2} 对应的振幅比为 $\begin{Bmatrix} A_1^{(2)} / A_1^{(2)} \\ A_2^{(2)} / A_1^{(2)} \end{Bmatrix} = \begin{Bmatrix} 1 \\ \beta^{(2)} \end{Bmatrix}$，称为第 2 阶主振型。

系统以某一阶固有频率和相应的主振型做振动，称为系统的主振动。因此，两自由度系统的第 1 阶主振动和第 2 阶主振动分别为

$$\begin{cases} x_1^{(i)} = A_1^{(i)} \sin\left(\omega_{ni} t + \theta_i\right) \\ x_2^{(i)} = A_2^{(i)} \sin\left(\omega_{ni} t + \theta_i\right) = \beta^{(i)} A_1^{(i)} \sin(\omega_{ni} t + \theta_i) \quad (i = 1, 2) \end{cases} \tag{3.26}$$

系统做主振动时，各广义坐标的瞬时值具有确定的比值，是一种有确定的频率和振型的简谐振动。

系统并非在任何情况下都会做主振动形式的运动，一般情况下，式（3.19c）的通解是上述两种主振动的叠加，即

$$\begin{cases} x_1 = A_1^{(1)} \sin(\omega_{n1} t + \theta_1) + A_1^{(2)} \sin(\omega_{n2} t + \theta_2) \\ x_2 = A_2^{(1)} \sin(\omega_{n1} t + \theta_1) + A_2^{(2)} \sin(\omega_{n2} t + \theta_2) \\ \quad = \beta^{(1)} A_1^{(1)} \sin(\omega_{n1} t + \theta_1) + \beta^{(2)} A_1^{(2)} \sin(\omega_{n2} t + \theta_2) \end{cases} \tag{3.27}$$

当系统的振动是由两种或两种以上的不同频率的主振动的线性组合而成时，其结果不一定是简谐振动，这是区别于单自由度系统自由振动振动特性的地方。

对于 n 个自由度的系统，频率方程（3.21）必有 n 个正实根，即有 n 个固有频率。依大小顺序排列为 $\omega_{n1}^2 < \omega_{n2}^2 < \cdots < \omega_{n3}^2$，称为第 1 阶，第 2 阶，…，第 n 阶固有频率。对应每一固有频率均有其相应的固有振型，显然有 n 个固有振型。

对于每一固有频率 λ_r^2，由式（3.21）所示的频率方程可求得一个相应的振幅矢量 $\boldsymbol{A}^{(r)}$。由于 $\omega_n = \omega_{nr}$ 时，$D(\omega_{nr}^2) = 0$，故 $\boldsymbol{A}^{(r)}$ 的 n 个元素 $A_1^{(r)}, A_2^{(r)}, \cdots, A_n^{(r)}$ 中，只有 $n-1$ 个是线性独立的。因此，对每一个固有频率 ω_{nr}，只能解得一组 $A_1^{(r)}, A_2^{(r)}, \cdots, A_n^{(r)}$ 之间的比例，它是系统的振动形状。振幅矢量 $\boldsymbol{A}^{(r)}$ 的 n 个元素之间的比例关系如下：

$$\frac{A_1^{(r)}}{\rho_1^{(r)}} = \frac{A_2^{(r)}}{\rho_2^{(r)}} = \cdots = \frac{A_j^{(r)}}{\rho_j^{(r)}} = \cdots \frac{A_n^{(r)}}{\rho_n^{(r)}} = p^{(r)} \tag{3.28}$$

式中：$\rho_j^{(r)}$为行列式$\boldsymbol{D}(\lambda^2)=\left|k-\lambda_r^2 m\right|$中第1行、第$j$列元素$\left|k_{1j}-\lambda_r^2 m_{1j}\right|$的代数余子式。

$$\rho_j^{(r)}=(-1)^{j+1}\begin{vmatrix} k_{21}-\omega_{nr}^2 m_{21} & \cdots & k_{2,j-1}-\omega_{nr}^2 m_{2,j-1} & k_{2,j+1}-\omega_{nr}^2 m_{2,j+1} & \cdots & k_{2,n}-\omega_{nr}^2 m_{2,n} \\ \vdots & \cdots & \vdots & \vdots & \cdots & \vdots \\ k_{i1}-\omega_{nr}^2 m_{21} & \cdots & k_{i,j-1}-\omega_{nr}^2 m_{i,j-1} & k_{i,j+1}-\omega_{nr}^2 m_{i,j+1} & \cdots & k_{i,n}-\omega_{nr}^2 m_{i,n} \\ \vdots & \cdots & \vdots & \vdots & \cdots & \vdots \\ k_{n1}-\omega_{nr}^2 m_{21} & \cdots & k_{n,j-1}-\omega_{nr}^2 m_{n,j-1} & k_{n,j+1}-\omega_{nr}^2 m_{n,j+1} & \cdots & k_{n,n}-\omega_{nr}^2 m_{n,n} \end{vmatrix} \tag{3.29}$$

由式（3.28）可得

$$\boldsymbol{A}^{(r)}=\boldsymbol{\rho}^{(r)}p^{(r)} \tag{3.30}$$

式中：$p^{(r)}$是一任意的比例常数。

$$\boldsymbol{\rho}^{(r)}=(\rho_1^{(r)},\rho_2^{(r)}\cdots\rho_n^{(r)})^{\mathrm{T}} \tag{3.31}$$

$$\boldsymbol{A}^{(r)}=(A_1^{(r)},A_2^{(r)}\cdots A_n^{(r)})^{\mathrm{T}} \tag{3.32}$$

特征矢量$\boldsymbol{A}^{(r)}$或$\boldsymbol{\rho}^{(r)}$表示系统按第r阶固有频率ω_{nr}做主振动时的振动型式，称为第r阶固有振型。它与初始条件无关，仅取决于系统的固有属性m和k。

例 3.6　确定例3.2中汽车的固有频率和固有振型。设数据如下：质量$m=1\,500$ kg；绕质心的回转半径$\rho_c=1.1$ m；前轴与质心的距离$l_1=1.5$ m；后轴与质心的距离$l_2=1.6$ m；前弹簧刚度$k_1=36$ kN/m；后弹簧刚度$k_2=39$ kN/m。

解：其运动微分方程已在例3.2中列出，设

$$x(t)=A_1\sin(\omega_n t+\varphi)$$
$$\theta(t)=A_2\sin(\omega_n t+\varphi)$$

代入运动微分方程得

$$(-m\omega_n^2+k_1+k_2)A_1+(-k_1l_1+k_2l_2)A_2=0 \tag{3.33a}$$

$$(-k_1l_1+k_2l_2)A_1+(-I_c\omega_n^2+k_1l_1^2+k_2l_2^2)A_2=0 \tag{3.33b}$$

代入数据得

$$(-1\,500\omega_n^2+75\,000)A_1+8\,400A_2=0$$
$$8\,400A_1+(-1\,815\omega_n^2+180\,840)A_2=0$$

由上式的非零解条件得到固有频率方程为

$$2.722\,5\omega_n^4-407.385\omega_n^2+13\,492.44=0$$

由此，求得固有频率为

$$\omega_{n1}=7.034\,4(\mathrm{rad/s})$$
$$\omega_{n2}=10.007\,7(\mathrm{rad/s})$$

由式（3.33a）得

$$\beta = \frac{A_1}{A_2} = \frac{-k_1 l_1 + k_2 l_2}{m\omega_n^{\ 2} - k_1 - k_2}$$

则第 1 阶固有振型为

$$\beta_1 = \frac{A_1^{(1)}}{A_2^{(1)}} = -10.835\,9$$

第 2 阶固有振型为

$$\beta_2 = \frac{A_1^{(2)}}{A_2^{(2)}} = 0.111\,7$$

其振型图见图 3.10。

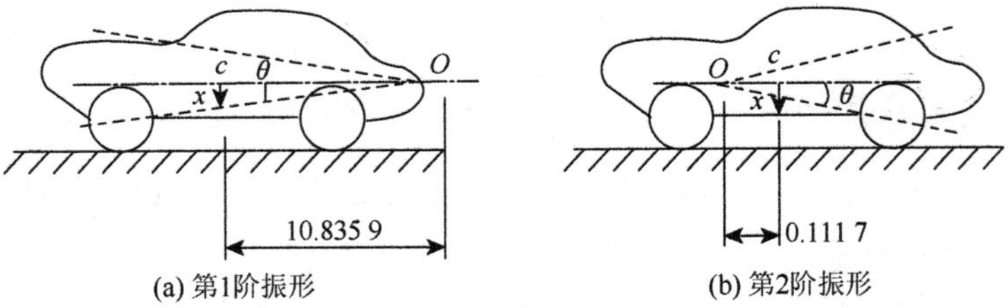

图 3.10　两自由度汽车振型

2. 固有振型的正则化

固有振型表示系统中各广义坐标的相对位移关系，即表示它们之间的比例关系，并非是唯一确定的量。为便于分析，常对固有振型的取值方法做出某种规定，按规定进行计算，使固有振型 $\boldsymbol{\rho}^{(r)}$ 的元素成为单值，这个计算过程称为正则化。

将 $\boldsymbol{\rho}^{(r)}$ 乘常数因子 $c^{(r)}$ 后，使

$$\boldsymbol{\varphi}^{(r)} = c^{(r)}\boldsymbol{\rho}^{(r)} \tag{3.34}$$

若

$$m_r = \boldsymbol{\varphi}^{(r)\mathrm{T}}\boldsymbol{M}\boldsymbol{\varphi}^{(r)} = 1 \tag{3.35}$$

则称 $\boldsymbol{\varphi}^{(r)}$ 为正则振型向量。正则振型是一种标准形式的固有振型，它使公式推演更加方便、表达简捷且易于计算。正则振型的常数因子 $c^{(r)}$ 可由式（3.36）确定，故

$$c^{(r)} = \frac{1}{\sqrt{\boldsymbol{\rho}^{(r)\mathrm{T}}\boldsymbol{M}\boldsymbol{\rho}^{(r)}}} \tag{3.36}$$

$$\boldsymbol{\varphi}^{(r)} = c^{(r)}\boldsymbol{\rho}^{(r)} = \frac{\boldsymbol{\rho}^{(r)}}{\sqrt{\boldsymbol{\rho}^{(r)\mathrm{T}}\boldsymbol{M}\boldsymbol{\rho}^{(r)}}} \tag{3.37}$$

例 3.7　确定图 3.11（a）所示系统的固有频率和固有振型，并求正则振型，其中 $m = 1$，$k = 1$。

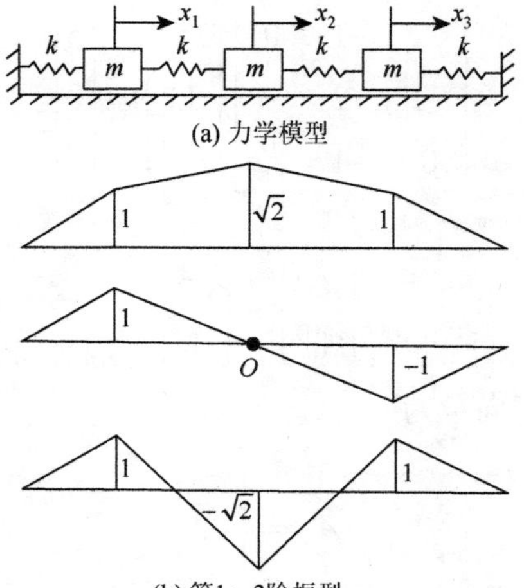

图 3.11　三质量弹簧系统

解：由达朗贝尔原理或拉格朗日方程求得质量矩阵和刚度矩阵分别为

$$\boldsymbol{M}=\begin{bmatrix}1&0&0\\0&1&0\\0&0&1\end{bmatrix},\quad \boldsymbol{K}=\begin{bmatrix}2&-1&0\\-1&2&-1\\0&-1&2\end{bmatrix} \tag{3.38a}$$

系统的运动微分方程有

$$\boldsymbol{M}\ddot{x}(t)+\boldsymbol{K}\boldsymbol{x}(t)=0 \tag{3.38b}$$

其特征值问题为

$$\boldsymbol{KA}=\omega_n^2\boldsymbol{MA} \tag{3.38c}$$

特征方程为

$$\Delta\left(\omega_n^2\right)=\begin{vmatrix}\left(2-\omega_n^2\right)&-1&0\\-1&\left(2-\omega_n^2\right)&-1\\0&-1&\left(2-\omega_n^2\right)\end{vmatrix}=\left(2-\omega_n^2\right)\left(\omega_n^4-4\omega_n^2+2\right)=0 \tag{3.38d}$$

求得特征值为

$$\omega_{n1}^2=2-\sqrt{2},\quad \omega_{n2}^2=2,\quad \omega_{n3}^2=2+\sqrt{2} \tag{3.38e}$$

将 $\omega_{n1}^2=2-\sqrt{2}$ 代入方程式（3.38c）中，有

$$\begin{bmatrix}\sqrt{2}&-1&0\\-1&\sqrt{2}&-1\\0&-1&\sqrt{2}\end{bmatrix}\begin{Bmatrix}A_1^{(1)}\\A_2^{(1)}\\A_3^{(1)}\end{Bmatrix}=\begin{Bmatrix}0\\0\\0\end{Bmatrix} \tag{3.38f}$$

式（3.38f）为齐次方程组，如果给定一个未知数，那么就可以唯一地求出其余两个未知数。令 $A_1^{(1)}=1$，则式（3.38f）变为

$$\begin{bmatrix} \sqrt{2} & -1 & 0 \\ -1 & \sqrt{2} & -1 \\ 0 & -1 & \sqrt{2} \end{bmatrix} \begin{Bmatrix} 1 \\ A_2^{(1)} \\ A_3^{(1)} \end{Bmatrix} = \begin{Bmatrix} 0 \\ 0 \\ 0 \end{Bmatrix} \tag{3.38g}$$

解出

$$\begin{Bmatrix} A_2^{(1)} \\ A_3^{(1)} \end{Bmatrix} = \begin{Bmatrix} \sqrt{2} \\ 1 \end{Bmatrix} \tag{3.38h}$$

对应 $\omega_{n1}^2 = 2 - \sqrt{2}$ 的振型向量为

$$\boldsymbol{A}^{(1)} = \begin{Bmatrix} 1 \\ \sqrt{2} \\ 1 \end{Bmatrix} \tag{3.38i}$$

再计算出对应 $\omega_{n2}^2 = 2$ 的振型向量。同样，将 $\omega_{n2}^2 = 2$ 代入式（3.38c）中，并令 $A_1^{(2)} = 1$，有

$$\begin{bmatrix} 0 & -1 & 0 \\ -1 & 0 & -1 \\ 0 & -1 & 0 \end{bmatrix} \begin{Bmatrix} 1 \\ A_2^{(2)} \\ A_3^{(2)} \end{Bmatrix} = \begin{Bmatrix} 0 \\ 0 \\ 0 \end{Bmatrix} \tag{3.38j}$$

求得

$$\begin{Bmatrix} A_2^{(2)} \\ A_3^{(2)} \end{Bmatrix} = \begin{Bmatrix} 0 \\ -1 \end{Bmatrix} \tag{3.38k}$$

则对应 $\omega_{n2}^2 = 2$ 的振型向量为

$$\boldsymbol{A}^{(2)} = \begin{Bmatrix} 1 \\ 0 \\ -1 \end{Bmatrix} \tag{3.38l}$$

同理，将 $\omega_{n3}^2 = 2 + \sqrt{2}$ 代入式（3.38c）中，并令 $A_1^{(3)} = 1$，有

$$\begin{bmatrix} -\sqrt{2} & -1 & 0 \\ -1 & -\sqrt{2} & -1 \\ 0 & -1 & -\sqrt{2} \end{bmatrix} \begin{Bmatrix} 1 \\ A_2^{(3)} \\ A_3^{(3)} \end{Bmatrix} = \begin{Bmatrix} 0 \\ 0 \\ 0 \end{Bmatrix} \tag{3.38m}$$

求得对应 $\omega_{n3}^2 = 2 + \sqrt{2}$ 的振型向量为

$$\boldsymbol{A}^{(3)} = \begin{Bmatrix} 1 \\ -\sqrt{2} \\ 1 \end{Bmatrix} \tag{3.38n}$$

各阶振型图如图 3.11（b）所示。将 $\boldsymbol{A}^{(1)}$、$\boldsymbol{A}^{(2)}$、$\boldsymbol{A}^{(3)}$ 代入式（3.37）即可求得正则振型。第 1 阶正则振型向量为

$$\boldsymbol{\varphi}^{(1)} = \frac{1}{2} \begin{Bmatrix} 1 \\ \sqrt{2} \\ 1 \end{Bmatrix} = \begin{Bmatrix} 0.500 \\ 0.707 \\ 0.500 \end{Bmatrix} \tag{3.38o}$$

第 2 阶正则振型向量为

$$\varphi^{(2)}=\frac{1}{\sqrt{2}}\begin{Bmatrix}1\\0\\-1\end{Bmatrix}=\begin{Bmatrix}0.707\\0.000\\-0.707\end{Bmatrix} \tag{3.38p}$$

第 3 阶正则振型向量为

$$\varphi^{(3)}=\frac{1}{2}\begin{Bmatrix}1\\-\sqrt{2}\\1\end{Bmatrix}=\begin{Bmatrix}0.500\\-0.707\\0.500\end{Bmatrix} \tag{3.38q}$$

3.3.3 固有振型的特性及应用

1. 固有振型的正交性

固有振型最重要的性质是正交性。设系统的第 r 阶固有振型为 $\boldsymbol{\rho}^{(r)}$，由式（3.21）知，它必满足如下方程：

$$\left(\boldsymbol{K}-\lambda_r^2\boldsymbol{M}\right)\boldsymbol{\rho}^{(r)}=\boldsymbol{0} \tag{3.39}$$

同样，系统的第 s 阶固有振型 $\boldsymbol{\rho}^{(s)}$ 满足以下方程：

$$\left(\boldsymbol{K}-\lambda_s^2\boldsymbol{M}\right)\boldsymbol{\rho}^{(s)}=\boldsymbol{0} \tag{3.40}$$

式（3.39）前乘 $\boldsymbol{\rho}^{(s)\mathrm{T}}$，式（3.40）前乘 $\boldsymbol{\rho}^{(r)\mathrm{T}}$，然后两式相减，得

$$\boldsymbol{\rho}^{(s)\mathrm{T}}\boldsymbol{K}\boldsymbol{\rho}^{(r)}-\boldsymbol{\rho}^{(r)\mathrm{T}}\boldsymbol{K}\boldsymbol{\rho}^{(s)}-\lambda_s^2\boldsymbol{\rho}^{(s)\mathrm{T}}\boldsymbol{M}\boldsymbol{\rho}^{(r)}+\lambda_r^2\boldsymbol{\rho}^{(r)\mathrm{T}}\boldsymbol{M}\boldsymbol{\rho}^{(s)}=0 \tag{3.41}$$

$\boldsymbol{M}$ 和 $\boldsymbol{K}$ 都是对称矩阵，故有

$$\boldsymbol{\rho}^{(s)\mathrm{T}}\boldsymbol{K}\boldsymbol{\rho}^{(r)}=\boldsymbol{\rho}^{(r)\mathrm{T}}\boldsymbol{K}\boldsymbol{\rho}^{(s)},\quad \boldsymbol{\rho}^{(s)\mathrm{T}}\boldsymbol{M}\boldsymbol{\rho}^{(r)}=\boldsymbol{\rho}^{(r)\mathrm{T}}\boldsymbol{M}\boldsymbol{\rho}^{(s)} \tag{3.41a}$$

因此，式（3.41）可化为

$$\left(\lambda_s^2-\lambda_r^2\right)\boldsymbol{\rho}^{(r)\mathrm{T}}\boldsymbol{M}\boldsymbol{\rho}^{(s)}=\boldsymbol{0} \tag{3.42}$$

所以得

$$\boldsymbol{\rho}^{(s)\mathrm{T}}\boldsymbol{M}\boldsymbol{\rho}^{(r)}=\begin{cases}0 & (r\neq s)\\ m_r & (r=s)\end{cases} \tag{3.43}$$

将式（3.40）前乘 $\boldsymbol{\rho}^{(r)\mathrm{T}}$，并考虑到式（3.43），便得

$$\boldsymbol{\rho}^{(r)\mathrm{T}}\boldsymbol{K}\boldsymbol{\rho}^{(s)}=\begin{cases}0 & (r\neq s)\\ k_r & (r=s)\end{cases} \tag{3.44}$$

式（3.42）和式（3.43）分别称为第 r 阶振型和第 s 阶振型关于质量矩阵和刚度矩阵的正交条件，在振动分析中经常使用这一性质。其中，m_r 和 k_r 分别称为广义质量和广义刚度。

正交条件的物理意义是：第 r 阶振型的惯性力（或弹性力）在第 s 阶振型上不做功，即在线性振动时，各不同阶的固有振型（主振型）之间不发生惯性（或弹性）的耦合，因

此各不同阶主振动之间不存在动能（或势能）的转换。正交条件表示各阶固有振动或主振动之间是互相独立的。在振动分析中，这一性质十分重要，并常应用该性质进行坐标变换，实现运动方程解耦。

2. 模态矩阵、模态质量和模态刚度

当$r = s$时，由式（3.43）和式（3.44）可以得出非零值的m_r和k_r，称m_r为第r阶模态质量（或广义质量）；k_r为第r阶模态刚度（或广义刚度）。将各模态按对应的固有频率进行排列，得到振型矩阵（或模态矩阵）为

$$\boldsymbol{\rho}=[\boldsymbol{\rho}^{(1)},\boldsymbol{\rho}^{(2)},\cdots,\boldsymbol{\rho}^{(n)}] \tag{3.45}$$

模态质量矩阵为

$$\tilde{\boldsymbol{M}}=\boldsymbol{\rho}^{\mathrm{T}}\boldsymbol{M}\boldsymbol{\rho}=\mathrm{diag}(m_r)=\begin{bmatrix} m_1 & & & \\ & m_2 & & \\ & & \ddots & \\ & & & m_n \end{bmatrix} \tag{3.46}$$

模态刚度矩阵为

$$\tilde{\boldsymbol{K}}=\boldsymbol{\rho}^{\mathrm{T}}\boldsymbol{K}\boldsymbol{\rho}=\mathrm{diag}(k_r)=\begin{bmatrix} k_1 & & & \\ & k_2 & & \\ & & \ddots & \\ & & & k_n \end{bmatrix} \tag{3.47}$$

模态质量矩阵和模态刚度矩阵均为对角矩阵，若$\boldsymbol{\rho}$是正则振型矩阵，则模态质量矩阵为单位矩阵，而模态刚度矩阵的元素为固有频率的平方，即

$$\tilde{\boldsymbol{M}}=I=\begin{bmatrix} 1 & & & \\ & 1 & & \\ & & \ddots & \\ & & & 1 \end{bmatrix},\quad \tilde{\boldsymbol{K}}=\boldsymbol{\Lambda}=\begin{bmatrix} \omega_{n1}^2 & & & \\ & \omega_{n2}^2 & & \\ & & \ddots & \\ & & & \omega_{nn}^2 \end{bmatrix} \tag{3.48}$$

模态质量和模态刚度的值依赖于振型的表达方法。只有采用正则化振型，才能使m_r和k_r具有确定的值。

例 3.8　验证例 3.7 中振型矢量的正交性，并计算模态质量和模态刚度。

解：由例 3.7 得，固有频率和固有振型为

$$\omega_{n1}^2=2-\sqrt{2},\quad \boldsymbol{\rho}^{(1)\mathrm{T}}=\begin{Bmatrix}1 & \sqrt{2} & 1\end{Bmatrix}$$

$$\omega_{n2}^2=2,\quad \boldsymbol{\rho}^{(2)\mathrm{T}}=\begin{Bmatrix}1 & 0 & -1\end{Bmatrix}$$

$$\omega_{n3}^2=2+\sqrt{2},\quad \boldsymbol{\rho}^{(3)\mathrm{T}}=\begin{Bmatrix}1 & -\sqrt{2} & 1\end{Bmatrix}$$

可得

$$\boldsymbol{\rho}^{(1)\mathrm{T}}\boldsymbol{M}\boldsymbol{\rho}^{(2)}=\begin{Bmatrix}1 & \sqrt{2} & 1\end{Bmatrix}\begin{bmatrix}1 & 0 & 0\\ 0 & 1 & 0\\ 0 & 0 & 1\end{bmatrix}\begin{Bmatrix}1\\ 0\\ -1\end{Bmatrix}=0$$

$$\boldsymbol{\rho}^{(1)\mathrm{T}}\boldsymbol{M}\boldsymbol{\rho}^{(3)}=\{1\quad\sqrt{2}\quad 1\}\begin{bmatrix}1&0&0\\0&1&0\\0&0&1\end{bmatrix}\begin{Bmatrix}1\\-\sqrt{2}\\1\end{Bmatrix}=0$$

$$\boldsymbol{\rho}^{(2)\mathrm{T}}\boldsymbol{M}\boldsymbol{\rho}^{(3)}=\{-1\quad 0\quad 1\}\begin{bmatrix}1&0&0\\0&1&0\\0&0&1\end{bmatrix}\begin{Bmatrix}1\\-\sqrt{2}\\1\end{Bmatrix}=0$$

显然，振型满足正交条件。

模态质量为

$$m^{(1)}=\boldsymbol{\rho}^{(1)\mathrm{T}}\boldsymbol{M}\boldsymbol{\rho}^{(1)}\{1\quad\sqrt{2}\quad 1\}\begin{Bmatrix}1\\\sqrt{2}\\1\end{Bmatrix}=4$$

$$m^{(2)}=2$$

$$m^{(3)}=4$$

模态刚度为

$$k^{(1)}=\boldsymbol{\rho}^{(1)\mathrm{T}}\boldsymbol{K}\boldsymbol{\rho}^{(1)}\{1\quad\sqrt{2}\quad 1\}\begin{Bmatrix}2&-1&0\\-1&2&-1\\0&-1&2\end{Bmatrix}\begin{Bmatrix}1\\\sqrt{2}\\1\end{Bmatrix}=4\left(2-\sqrt{2}\right)$$

$$k^{(2)}=\boldsymbol{\rho}^{(2)\mathrm{T}}\boldsymbol{K}\boldsymbol{\rho}^{(2)}=4$$

$$k^{(3)}=\boldsymbol{\rho}^{(3)\mathrm{T}}\boldsymbol{K}\boldsymbol{\rho}^{(3)}=4\left(2+\sqrt{2}\right)$$

3.3.4 主坐标、振型叠加法及自由振动解

1. 主坐标

由于固有振型的正交性，描述系统的任何一种变形的 N 维矢量 $\boldsymbol{q}(t)$ 都可以用 N 个固有振型的线性组合构成，即

$$\boldsymbol{q}(t)=\boldsymbol{\rho}^{(1)}p_1+\boldsymbol{\rho}^{(2)}p_2+\cdots+\boldsymbol{\rho}^{(N)}p_N=\sum_{r=1}^{N}\boldsymbol{\rho}^{(r)}p_r \tag{3.49}$$

式（3.49）也可写为以下矩阵形式：

$$\boldsymbol{q}(t)=\boldsymbol{\rho}\boldsymbol{p} \tag{3.50}$$

式中，有

$$\begin{cases}\boldsymbol{\rho}=\left[\boldsymbol{\rho}^{(1)},\boldsymbol{\rho}^{(2)},\cdots,\boldsymbol{\rho}^{(N)}\right]\\ \boldsymbol{p}=\left[p_1,p_2,\cdots,p_N\right]^{\mathrm{T}}\end{cases} \tag{3.51}$$

式中：$\boldsymbol{p}$ 为主坐标。

用 $\boldsymbol{\rho}^{(r)\mathrm{T}}\boldsymbol{M}$ 左乘式（3.49）的两端，由正交性可得

$$p_r = \frac{1}{m_r}\boldsymbol{\rho}^{(r)\mathrm{T}}\boldsymbol{Mq} \tag{3.52}$$

若 $\boldsymbol{\rho}^{(r)}$ 为正则振型矢量，则式（3.52）中 $m_r = 1$，即

$$p_r = \boldsymbol{\rho}^{(r)\mathrm{T}}\boldsymbol{Mq} \tag{3.53}$$

式（3.49）也称为展开定理，这是振动响应（包括自由振动响应和强迫响应）分析时常用的振型叠加法的理论基础。

2. 振型叠加法及无阻尼自由振动解

对应广义坐标 $\boldsymbol{q}(t)$，无阻尼系统自由振动的运动方程为

$$\boldsymbol{M}\ddot{\boldsymbol{q}}(t) + \boldsymbol{K}\boldsymbol{q}(t) = 0 \tag{3.54}$$

一般情况下，式（3.54）既有弹性耦合，又有惯性耦合，即质量矩阵 $\boldsymbol{M}$ 和刚度矩阵 $\boldsymbol{K}$ 不是对角矩阵。若每一个方程中只有一个待定的坐标，则方程没有耦合，每个微分方程可独立求解。使耦合的方程组变为一组无耦合的方程的过程，称为方程解耦。

根据展开定理，将式（3.49）代入式（3.54），并乘以 $\boldsymbol{\rho}^{(i)\mathrm{T}}$，由正交条件有

$$m_i \ddot{p}_i + k_i p_i = 0 \quad (i = 1, 2, \cdots, n) \tag{3.55}$$

式（3.55）是用模态坐标（主坐标）$p_i(t)$ 表示的自由振动运动微分方程。多自由度系统采用主坐标时，其运动微分方程在形式上与单自由度系统完全一样，其自由振动响应由式（3.56）确定：

$$p_i(t) = p_i(0)\cos\omega_{ni}t + \frac{\dot{p}_i(0)}{\omega_{ni}}\sin\omega_{ni}t \tag{3.56}$$

或

$$p_i(t) = p^{(i)}\sin(\omega_{ni}t + \theta_i) \quad (i = 1, 2, \cdots, n) \tag{3.57a}$$

式中：

$$\begin{cases} p^{(i)} = \sqrt{p_i^2(0) + \left(\dfrac{\dot{p}_i(0)}{\omega_{ni}}\right)^2} \\ \theta_i = \arctan\dfrac{p_i(0)}{\dot{p}_i(0)/\omega_{ni}} \end{cases} \tag{3.57b}$$

为了确定 $2n$ 个未知常数 $p_i(0)$ 和 $\dot{p}_i(0)$，需要用系统的初始条件。记 n 个自由度系统的初始条件（$t = 0$）为

$$\boldsymbol{q}(0) = [q_1(0), q_2(0), \cdots, q_n(0)]^{\mathrm{T}} \tag{3.58}$$

$$\dot{\boldsymbol{q}}(0) = [\dot{q}_1(0), \dot{q}_2(0), \cdots, \dot{q}_n(0)]^{\mathrm{T}} \tag{3.59}$$

利用展开定理，可将初始矢量 $\boldsymbol{q}(0)$ 和 $\dot{\boldsymbol{q}}(0)$ 展开成固有振型（主振型）和主坐标乘积的级数，便可得到

$$p_i(0) = \frac{1}{m_i}\boldsymbol{\rho}^{(i)\mathrm{T}}\boldsymbol{Mq}(0) \tag{3.60}$$

$$\dot{p}_i(0)=\frac{1}{m_i}\boldsymbol{\rho}^{(i)\mathrm{T}}\boldsymbol{M}\dot{\boldsymbol{q}}(0) \tag{3.61}$$

于是得

$$\boldsymbol{q}(t)=\sum_{i=1}^{n}\boldsymbol{\rho}^{(i)}p_i(t)=\boldsymbol{\rho}\boldsymbol{p} \tag{3.62}$$

式（3.62）即初始条件所致的系统自由振动。

例 3.9　试求图 3.12 所示系统的无阻尼自由振动的固有频率和固有振型，设 $m_1=m_2=m$ 且 $k_1=k_2=k_3=k$。若初始条件为 $x_1(0)=\dot{x}_1(0)=\dot{x}_2(0)=0$ 及 $x_2(0)=x_0$，试求其自由振动响应。

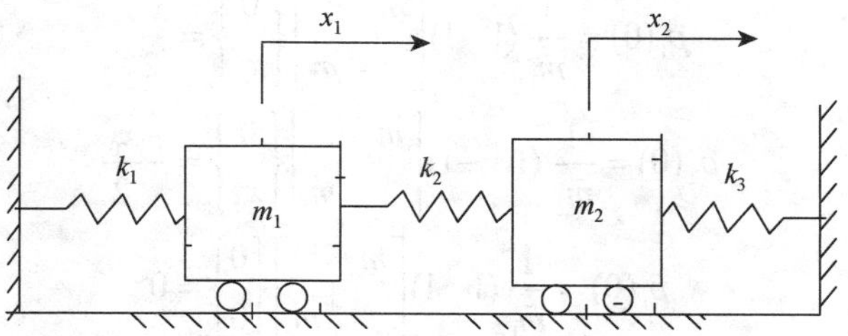

图 3.12　无阻尼两自由度系统

解：将质量与刚度值代入运动微分方程（3.19a）并与式（3.19c）对比，可知：$m_{11}=m_{22}=m$，$m_{12}=m_{21}=0$，$k_{11}=k_{22}=2k$，$k_{12}=k_{21}=-k$，便可求得固有频率为

$$\omega_{n1}=\left(\frac{k}{m}\right)^{\frac{1}{2}},\quad \omega_{n2}=\left(\frac{3k}{m}\right)^{\frac{1}{2}} \tag{3.63a}$$

相应地，有

$$\beta^{(1)}=1,\quad \beta^{(2)}=-1 \tag{3.63b}$$

若令 $A_1^{(i)}=1$，则 $A_2^{(i)}=\beta^{(i)}A_1^{(i)}=\beta^{(i)}$，便可绘制出固有振型图（图 3.13）。

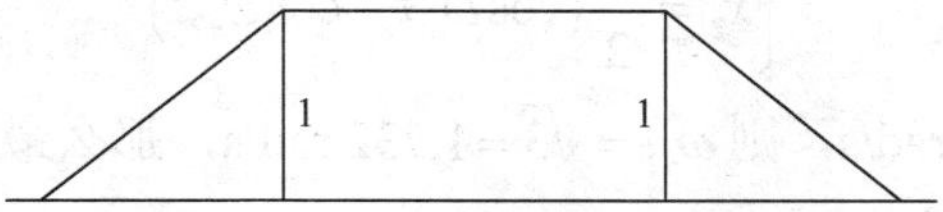

(a) 一阶固有振型

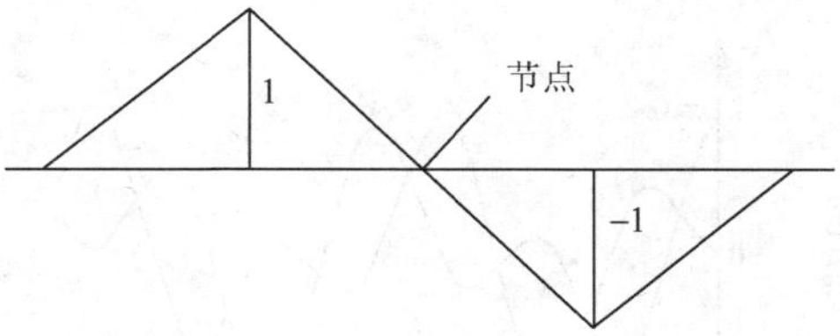

(b) 二阶固有振型

图 3.13　固有振型示意图

初始条件为

$$\begin{Bmatrix} x_1(0) \\ x_2(0) \end{Bmatrix} = \begin{Bmatrix} 0 \\ x_0 \end{Bmatrix}, \quad \begin{Bmatrix} \dot{x}_1(0) \\ \dot{x}_2(0) \end{Bmatrix} = \begin{Bmatrix} 0 \\ 0 \end{Bmatrix} \tag{3.63c}$$

求得对应振型向量的广义质量为

$$\tilde{m}_1 = (1 \quad 1)\begin{bmatrix} m & \\ & m \end{bmatrix}\begin{Bmatrix} 1 \\ 1 \end{Bmatrix} = 2\,m \tag{3.63d}$$

$$\tilde{m}_2 = (1 \quad -1)\begin{bmatrix} m & \\ & m \end{bmatrix}\begin{Bmatrix} 1 \\ -1 \end{Bmatrix} = 2\,m \tag{3.63e}$$

应用式（3.60）和式（3.61）得到主坐标下的初始条件为

$$p_1(0) = \frac{1}{\tilde{m}_1}(1 \quad 1)\begin{bmatrix} m & \\ & m \end{bmatrix}\begin{Bmatrix} 0 \\ x_0 \end{Bmatrix} = \frac{x_0}{2} \tag{3.63f}$$

$$p_2(0) = \frac{1}{\tilde{m}_2}(1 \quad -1)\begin{bmatrix} m & \\ & m \end{bmatrix}\begin{Bmatrix} 0 \\ x_0 \end{Bmatrix} = -\frac{x_0}{2} \tag{3.63g}$$

$$\dot{p}_1(0) = \frac{1}{\tilde{m}_1}(1 \quad 1)\begin{bmatrix} m & \\ & m \end{bmatrix}\begin{Bmatrix} 0 \\ 0 \end{Bmatrix} = 0 \tag{3.63h}$$

$$\dot{p}_2(0) = \frac{1}{\tilde{m}_2}(1 \quad -1)\begin{bmatrix} m & \\ & m \end{bmatrix}\begin{Bmatrix} 0 \\ 0 \end{Bmatrix} = 0 \tag{3.63i}$$

由式（3.56）可得

$$p_1(t) = p_1(0)\cos\omega_{ni}t = \frac{x_0}{2}\cos\omega_{n1}t \tag{3.63j}$$

$$p_2(t) = p_2(0)\cos\omega_{ni}t = -\frac{x_0}{2}\cos\omega_{n2}t \tag{3.63k}$$

由式（3.62）可得

$$\begin{cases} x_1 = \dfrac{x_0}{2}(\cos\omega_{n1}t - \cos\omega_{n2}t) \\ x_2 = \dfrac{x_0}{2}(\cos\omega_{n1}t + \cos\omega_{n2}t) \end{cases} \tag{3.63l}$$

若取 $x_0 = 2$， $\omega_{n1} = 1$ rad/s，则 $\omega_{n2} = \sqrt{3} = 1.732$ rad/s，那么最终的自由振动运动响应见图 3.14。

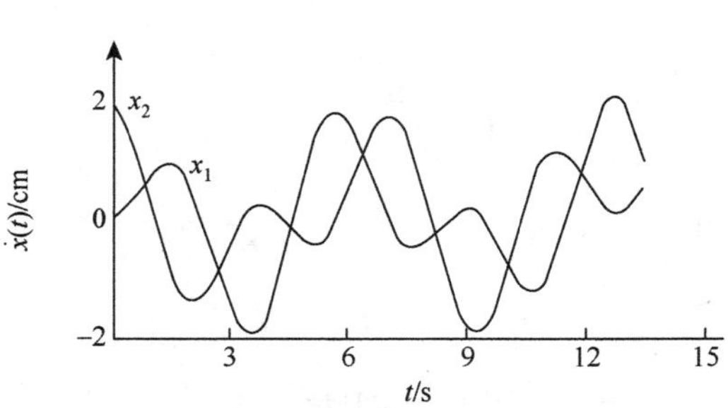

图 3.14　双质量系统的自由振动位移-时间历程

在上述的初始条件下，自由振动不是简谐振动。只有在某些特定的初始条件下，其自由振动可表现为单一振型的主振动，这时才是一种简谐振动，有兴趣的读者可思考此条件应取何种形式。

例 3.10　在例 3.7 中，若给定如下初始条件：

$$\boldsymbol{x}_0^{\mathrm{T}}=\{0 \quad 0 \quad x_0\}, \quad \dot{\boldsymbol{x}}_0=0$$

求图 3.11 所示系统的响应。

解：由例 3.7 已求出固有频率为

$$\omega_{n1}^2=2-\sqrt{2}, \quad \omega_{n2}^2=2, \quad \omega_{n3}^2=2+\sqrt{2} \tag{3.64a}$$

正则振型矩阵为

$$\boldsymbol{\varphi}=\begin{bmatrix} 0.500 & 0.707 & 0.500 \\ 0.707 & 0.000 & -0.707 \\ 0.500 & -0.707 & 0.500 \end{bmatrix} \tag{3.64b}$$

设

$$\boldsymbol{x}(t)=\boldsymbol{\varphi} p(t) \tag{3.64c}$$

由式（3.60）可得

$$\boldsymbol{p}_0=\boldsymbol{\varphi}^{\mathrm{T}} \boldsymbol{M} \boldsymbol{x}_0 \tag{3.64d}$$

将式（3.64b）及初始条件代入式（3.64d），得到主坐标下的初始条件为

$$\boldsymbol{p}_0=\begin{bmatrix} 0.500 & 0.707 & 0.500 \\ 0.707 & 0.000 & -0.707 \\ 0.500 & -0.707 & 0.500 \end{bmatrix}\begin{Bmatrix} 0 \\ 0 \\ x_0 \end{Bmatrix}=x_0\begin{Bmatrix} 0.500 \\ -0.707 \\ 0.500 \end{Bmatrix} \tag{3.64e}$$

由式（3.61）同样求得

$$\dot{\boldsymbol{p}}_0=\mathbf{0} \tag{3.64f}$$

由式（3.56）得到正则坐标响应为

$$\begin{cases} p_1(t)=0.5 x_0 \cos \omega_{n1} t \\ p_2(t)=-0.707 x_0 \cos \omega_{n2} t \\ p_3(t)=0.5 x_0 \cos \omega_{n3} t \end{cases} \tag{3.64g}$$

式中：ω_{n1}、ω_{n2}、ω_{n3} 由式（3.64a）给出。

将式（3.64g）代入式（3.49）或式（3.62），可得到在原广义坐标下的响应。

$$\begin{aligned} \begin{Bmatrix} x_1(t) \\ x_2(t) \\ x_3(t) \end{Bmatrix} &=\sum_{r=1}^{3} \boldsymbol{\varphi}^{(r)} p_r(t) \\ &=\begin{Bmatrix} 0.25 \\ 0.353\,6 \\ 0.25 \end{Bmatrix} x_0 \cos \omega_{n1} t+\begin{Bmatrix} -0.5 \\ 0.0 \\ 0.5 \end{Bmatrix} x_0 \cos \omega_{n2} t+\begin{Bmatrix} 0.25 \\ -0.353\,6 \\ 0.25 \end{Bmatrix} x_0 \cos \omega_{n3} t \end{aligned} \tag{3.64h}$$

由式（3.64a）求得

$$\omega_{n1}=0.765\,4 \text{ rad/s}, \quad \omega_{n2}=1.414\,2 \text{ rad/s}, \quad \omega_{n3}=1.847\,8 \text{ rad/s} \tag{3.64i}$$

由此可见，尽管初始条件很简单，但激励出的自由振动却为非周期运动。

3.4　固有频率近似计算方法

固有频率是振动系统极为重要的参数，求解固有频率是系统振动分析的一个基本问题。若要精确地求解多自由度系统的全部固有频率，则计算工作量大且无必要性。而方法简便、耗时较短的固有频率近似计算方法可帮助工程师迅速地获得系统的振动特性参数，为工程设计提供有效支撑。本节介绍几种固有频率的近似计算方法。

3.4.1　瑞利法

当系统做第 r 阶主振动时，系统各点（各广义坐标）按固有频率和固有振型做简谐运动，有

$$q^{(r)} = \boldsymbol{\rho}^{(r)} p_r \sin(\omega_{nr} t + \theta_r) \tag{3.65}$$

由式（3.11）和式（3.12）可求得第 r 阶主振动的最大动能和最大势能分别为

$$T_{\max} = \frac{1}{2}\omega_{nr}^2 p_r^2 \boldsymbol{\rho}^{(r)\mathrm{T}} \boldsymbol{M} \boldsymbol{\rho}^{(r)} \tag{3.66a}$$

$$V_{\max} = \frac{1}{2} p_r^2 \boldsymbol{\rho}^{(r)\mathrm{T}} \boldsymbol{K} \boldsymbol{\rho}^{(r)} \tag{3.66b}$$

对于保守系统，最大动能与最大势能相等，有

$$\omega_{nr}^2 = \frac{\boldsymbol{\rho}^{(r)\mathrm{T}} \boldsymbol{K} \boldsymbol{\rho}^{(r)}}{\boldsymbol{\rho}^{(r)\mathrm{T}} \boldsymbol{M} \boldsymbol{\rho}^{(r)}} = \frac{\boldsymbol{K}_r}{\boldsymbol{M}_r} \tag{3.67}$$

式（3.67）提示我们，若已知系统的固有振型，则可以利用固有振型直接求得固有频率，无须求解系统的振动微分方程。若能假设出 r 阶固有振型 $\boldsymbol{\rho}^{(r)}$ 的近似向量为 $\boldsymbol{\psi}$，则将 $\boldsymbol{\psi}$ 代入式（3.67），得到系统第 r 阶固有频率的近似值为

$$\omega_{nr}^2 \approx R(\boldsymbol{\psi}) = \frac{\boldsymbol{\psi}^{(r)\mathrm{T}} \boldsymbol{K} \boldsymbol{\psi}^{(r)}}{\boldsymbol{\psi}^{(r)\mathrm{T}} \boldsymbol{M} \boldsymbol{\psi}^{(r)}} \tag{3.68}$$

这种方法称为瑞利法，式（3.68）也称为瑞利商。

式（3.68）使用质量矩阵 $\boldsymbol{M}$ 和刚度矩阵 $\boldsymbol{K}$ 计算出瑞利商。对于弹性系统，有时用柔度矩阵 $\boldsymbol{\Gamma}$ 比用刚度矩阵 $\boldsymbol{K}$ 更方便。由式（3.17），做第 r 阶主振动时，弹性系统的势能用 $\boldsymbol{\Gamma}$ 表示为

$$V = \frac{1}{2}(\boldsymbol{\Gamma}\boldsymbol{M}\ddot{\boldsymbol{q}}^{(r)})^{\mathrm{T}} \boldsymbol{K} (\boldsymbol{\Gamma}\boldsymbol{M}\ddot{\boldsymbol{q}}^{(r)}) = \frac{1}{2}\omega_{nr}^4 \boldsymbol{q}^{(r)\mathrm{T}} \boldsymbol{M}\boldsymbol{\Gamma}\boldsymbol{M}\boldsymbol{q}^{(r)} \tag{3.69}$$

注意到式（3.65），得到最大势能为

$$V_{\max} = \frac{1}{2}\omega_{nr}^4 p_r^2 \boldsymbol{\rho}^{(r)\mathrm{T}} \boldsymbol{M}\boldsymbol{\Gamma}\boldsymbol{M}\boldsymbol{\rho}^{(r)} \tag{3.70}$$

将式（3.70）与式（3.66a）联立，可以得到用质量矩阵 $\boldsymbol{M}$ 和柔度矩阵 $\boldsymbol{\Gamma}$ 计算出的固有频率为

$$\omega_{nr}^2 = R(\psi) = \frac{\boldsymbol{\rho}^{(r)\mathrm{T}} \boldsymbol{M} \boldsymbol{\rho}^{(r)}}{\boldsymbol{\rho}^{(r)\mathrm{T}} \boldsymbol{M \Gamma M} \boldsymbol{\rho}^{(r)}} \tag{3.71}$$

若将第 r 阶固有振型 $\boldsymbol{\rho}^{(r)}$ 的近似向量 $\boldsymbol{\psi}$ 代入式(3.71)，则用质量矩阵 $\boldsymbol{M}$ 和柔度矩阵 $\boldsymbol{\Gamma}$ 计算出的瑞利商函数为

$$R(\boldsymbol{\psi}) = \frac{\boldsymbol{\psi}^{\mathrm{T}} \boldsymbol{M} \boldsymbol{\psi}}{\boldsymbol{\psi}^{\mathrm{T}} \boldsymbol{M \Gamma M} \boldsymbol{\psi}} \tag{3.72}$$

用瑞利商计算固有频率时需要假设振型矢量，计算所得到的频率值是近似的，其精确性取决于所选振型 $\boldsymbol{\psi}$ 是否接近系统的固有振型。高阶振型矢量的假设比低阶振型的假设困难得多，瑞利法通常用来求解最低阶固有频率（基频）。假设的近似振型相当于是对振动系统施加某些附加约束后获得的一种振型，故由瑞利商计算的频率值总比精确值高，瑞利商（固有频率的近似值）是假设振型 $\boldsymbol{\psi}$ 的函数。可以证明，瑞利商函数的极小值是系统第 1 阶固有频率值的平方，证明如下。

采用正则振型表示假设振型 $\boldsymbol{\psi}$，有

$$\boldsymbol{\psi} = \boldsymbol{\Phi p} \tag{3.73}$$

式中：$\boldsymbol{\Phi}$ 为正则振型矩阵；$\boldsymbol{p}$ 为正则坐标（主坐标）矢量。

将式（3.73）代入瑞利商［式（3.72）］，注意到固有振型的正交性，有

$$R(\boldsymbol{\psi}) = \frac{\boldsymbol{p}^{\mathrm{T}} \boldsymbol{\Phi}^{\mathrm{T}} \boldsymbol{K \Phi p}}{\boldsymbol{p}^{\mathrm{T}} \boldsymbol{\Phi}^{\mathrm{T}} \boldsymbol{M \Phi p}} = \frac{\boldsymbol{p}^{\mathrm{T}} \boldsymbol{\Lambda p}}{\boldsymbol{p}^{\mathrm{T}} \boldsymbol{I p}} = \frac{\sum_{i=1}^{n} p_i^2 \omega_{ni}^2}{\sum_{i=1}^{n} p_i^2} \tag{3.74}$$

由式（3.74）可以看出，$R(\boldsymbol{\psi})$ 是所有固有频率的加权平均值，加权系数是 p_i^2。若第 s 阶模态加权远高于其他阶模态，则可视 $R(\boldsymbol{\psi})$ 为第 s 阶固有频率的近似值。例如，加权系数 p_1 大于其他系数，则 $p_i / p_1 < 1$，且 $(p_i / p_1)^2 = \varepsilon_i^2 \ll 1$，将式（3.74）的分子与分母均除以 p_1^2，得

$$R(\boldsymbol{\psi}) = \frac{\omega_{n1}^2 + \sum_{i=2}^{n} \varepsilon_i^2 \omega_{ni}^2}{1 + \sum_{i=2}^{n} \varepsilon_i^2} = \omega_{n1}^2 [1 + O(\varepsilon^2)] \tag{3.75}$$

式中：$O(\varepsilon^2)$ 为 ε 的二阶小量。

容易证明：

$$\omega_{n1}^2 \leqslant R \leqslant \omega_{n2}^2 \tag{3.76}$$

因此，瑞利商 $R(\boldsymbol{\psi})$ 的极小值等于 ω_{n1}^2。

如果所取的近似振型与第 1 阶固有振型正交，则瑞利函数的极小值等于 ω_{n2}^2。依次类推，当所取振型 $\boldsymbol{\psi}$ 与最初 $s-1$ 个固有振型均正交时，瑞利商的极小值等于 ω_{ns}^2。

对一般的弹性系统，取质量的重力载荷所产生的挠曲线形状作为近似振型，用瑞利法计算的 ω_{n1}^2 的误差可控制在 5%左右。

例 3.11　用瑞利法计算图 3.15 所示的具有三个集中质量的无重量等截面悬臂梁的第 1 阶固有频率。

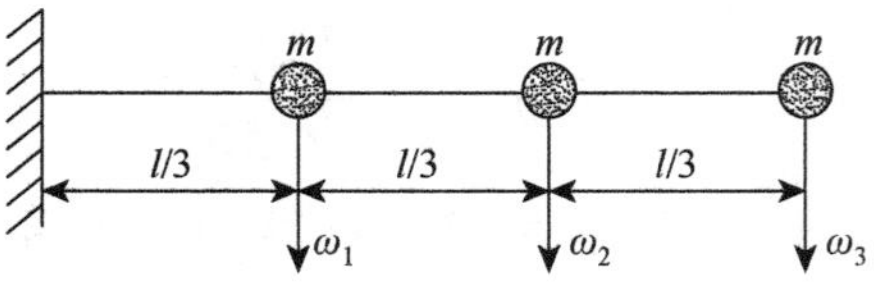

图 3.15　三质量等截面悬臂梁

解：设振动时梁的挠曲线瞬时形状（即振型）为 $f(x)=\dfrac{x^2}{(l/3)^2}$，该曲线满足此梁在 $x=0$ 处的几何边界条件，即 $f(0)=f'(0)=0$。根据假设挠度曲线，在三个集中质量处的位移矢量为 $\boldsymbol{\psi}=[1，4，9]^{\mathrm{T}}$。结构力学中，悬臂梁的挠曲线公式为

$$w=\frac{Pl^3}{3EI}\left[\frac{x^2}{l^2}\left(\frac{3}{2}-\frac{x}{2l}\right)\right] \tag{3.77a}$$

求出柔度矩阵为

$$\boldsymbol{\Gamma}=\frac{l^3}{162EI}\begin{bmatrix}2 & 5 & 8\\ 5 & 16 & 28\\ 8 & 28 & 54\end{bmatrix} \tag{3.77b}$$

质量矩阵为

$$\boldsymbol{M}=\begin{bmatrix}m & & \\ & m & \\ & & m\end{bmatrix} \tag{3.77c}$$

按式（3.68）求得 $\omega_{n1}=\sqrt{R}=1.524\sqrt{\dfrac{EI}{ml^3}}$，其精确解为 $1.520\sqrt{\dfrac{EI}{ml^3}}$，误差仅为 $+0.26\%$。

3.4.2　瑞利-里茨法

对一个 n 自由度系统，仅仅求出第 1 阶固有频率往往还不能满足实际要求，需要求出第 2 阶、第 3 阶或更多的固有频率，此时可以采用瑞利-里茨法（简称里茨法），其原理如下。

假设 s 个互相独立的 n 维矢量 $\Phi_1,\Phi_2,\cdots,\Phi_s$，以其线性组合构造包含 s 个待定常数 $a_i(i=1,2,\cdots,s)$ 的近似振型 $\boldsymbol{\psi}$，即

$$\boldsymbol{\psi}=\boldsymbol{\Phi a}=[\Phi_1,\Phi_2,\cdots,\Phi_s]\begin{Bmatrix}a_1\\ a_2\\ \vdots\\ a_s\end{Bmatrix}=\sum_{i=1}^{s}\Phi_i a_i \tag{3.78}$$

式中：$\boldsymbol{\Phi}$ 为由选定的 $\Phi_1,\Phi_2,\cdots,\Phi_s$ 所构成的 $n\times s$ 维矩阵；$\boldsymbol{a}$ 为由待定常数 $a_i(i=1,2,\cdots,s)$ 构成的 s 维矢量。

将式（3.78）代入式（3.68），有

$$R(\boldsymbol{a})=\frac{\boldsymbol{a}^{\mathrm{T}}\boldsymbol{\Phi}^{\mathrm{T}}\boldsymbol{K}\boldsymbol{\Phi}\boldsymbol{a}}{\boldsymbol{a}^{\mathrm{T}}\boldsymbol{\Phi}^{\mathrm{T}}\boldsymbol{M}\boldsymbol{\Phi}\boldsymbol{a}} \text{ 或 } \omega_n^2=\frac{\boldsymbol{a}^{\mathrm{T}}\bar{\boldsymbol{K}}\boldsymbol{a}}{\boldsymbol{a}^{\mathrm{T}}\bar{\boldsymbol{M}}\boldsymbol{a}} \tag{3.79}$$

$$\bar{\boldsymbol{K}}=\boldsymbol{\Phi}^{\mathrm{T}}\boldsymbol{K}\boldsymbol{\Phi},\quad \bar{\boldsymbol{M}}=\boldsymbol{\Phi}^{\mathrm{T}}\boldsymbol{M}\boldsymbol{\Phi} \tag{3.80}$$

式中：$\bar{\boldsymbol{K}}$ 和 $\bar{\boldsymbol{M}}$ 分别称为广义刚度矩阵和广义质量矩阵。

由瑞利商函数的极值性质可导出关于 $\boldsymbol{a}$ 的线性代数方程组：

$$\frac{\partial\omega_n^2}{\partial\boldsymbol{a}}=\left[\frac{\partial\omega_n^2}{\partial a_1},\frac{\partial\omega_n^2}{\partial a_2},\cdots,\frac{\partial\omega_n^2}{\partial a_s}\right]^{\mathrm{T}}=0 \tag{3.81}$$

将式（3.79）代入式（3.81），得

$$\frac{2\bar{\boldsymbol{K}}\boldsymbol{a}(\boldsymbol{a}^{\mathrm{T}}\bar{\boldsymbol{M}}\boldsymbol{a})-(\boldsymbol{a}^{\mathrm{T}}\bar{\boldsymbol{K}}\boldsymbol{a})2\bar{\boldsymbol{M}}\boldsymbol{a}}{(\boldsymbol{a}^{\mathrm{T}}\bar{\boldsymbol{M}}\boldsymbol{a})^2}=\boldsymbol{0} \tag{3.82}$$

由式（3.79）可知，$\boldsymbol{a}^{\mathrm{T}}\bar{\boldsymbol{K}}\boldsymbol{a}=\omega_n^2(\boldsymbol{a}^{\mathrm{T}}\bar{\boldsymbol{M}}\boldsymbol{a})$，故式（3.82）可化为

$$\left(\bar{\boldsymbol{K}}-\omega_n^2\bar{\boldsymbol{M}}\right)\boldsymbol{a}=\boldsymbol{0} \tag{3.83}$$

于是，n 个自由度的问题化简为 s（$s<n$）个自由度的特征值问题。式（3.83）的非零解条件的频率方程为

$$D\left(\omega_n^2\right)=\left|\bar{\boldsymbol{K}}-\omega_n^2\bar{\boldsymbol{M}}\right|=0 \tag{3.84}$$

从而求得 s 个固有频率 $\omega_{n1},\omega_{n2},\cdots,\omega_{ns}$，这就是原来 n 个自由度系统的前 s 个固有频率的近似值。一般情况下，较低阶的固有频率精度较高。如果需求最初 b 个固有频率，宜取假定振型的数量 $s=2b$。

用里茨法求得的固有频率近似值总是比相应阶固有频率的精确解高，即具有正误差，因为该方法相当于给系统施加了 $n-s$ 个约束。

例 3.12　用里茨法求图 3.16 所示系统的前两阶主模态。

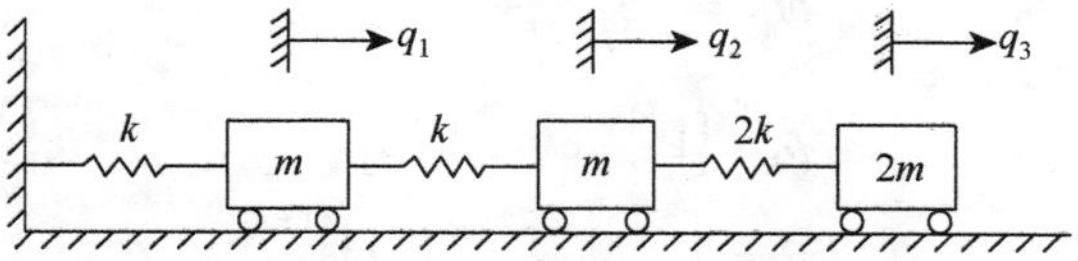

图 3.16　三质量弹簧系统

解：系统的质量矩阵和刚度矩阵分别为

$$\boldsymbol{M}=m\begin{bmatrix}1&0&0\\0&1&0\\0&0&2\end{bmatrix},\quad \boldsymbol{K}=k\begin{bmatrix}2&-1&0\\-1&3&-2\\0&-2&2\end{bmatrix} \tag{3.85a}$$

取近似振型集（即假设模态）为

$$\boldsymbol{\Phi}=\begin{bmatrix}1&1\\2&2\\2.5&1\end{bmatrix} \tag{3.85b}$$

于是减缩的刚度矩阵和质量矩阵分别为

$$\boldsymbol{M}^* = \boldsymbol{\Phi}^{\mathrm{T}} \boldsymbol{M} \boldsymbol{\Phi} = m \begin{bmatrix} 17.5 & 10 \\ 10 & 7 \end{bmatrix}, \quad \boldsymbol{K}^* = \boldsymbol{\Phi}^{\mathrm{T}} \boldsymbol{K} \boldsymbol{\Phi} = k \begin{bmatrix} 2.5 & 1 \\ 1 & 4 \end{bmatrix} \tag{3.85c}$$

特征行列式为

$$\left| \boldsymbol{K}^* - \omega_n^2 \boldsymbol{M}^* \right| = \begin{vmatrix} 2.5k - 17.5m\omega_n^2 & k - 10m\omega_n \\ k - 10m\omega_n & 4k - 7m\omega_n \end{vmatrix} = 0 \tag{3.85d}$$

因此，$\omega_{n1} = 0.373\,8\sqrt{\dfrac{k}{m}}, \omega_{n2} = 1.691\,2\sqrt{\dfrac{k}{m}}$。

特征向量为

$$\boldsymbol{a}^1 = \begin{bmatrix} 7.25 \\ 1 \end{bmatrix}, \quad \boldsymbol{a}^2 = \begin{bmatrix} -0.58 \\ 1 \end{bmatrix} \tag{3.85e}$$

于是主系统的主模态近似值为

$$\boldsymbol{\psi}_1 = \boldsymbol{\Phi} \boldsymbol{a}^{(1)} = \sum_{i=1}^{2} \boldsymbol{\Phi}_i a_i^{(1)} = 7.25 \begin{Bmatrix} 1 \\ 2 \\ 2.5 \end{Bmatrix} + \begin{Bmatrix} 1 \\ 2 \\ 1 \end{Bmatrix} = \begin{Bmatrix} 8.25 \\ 16.5 \\ 19.125 \end{Bmatrix} \xrightarrow{\text{规一化后}} \begin{Bmatrix} 1 \\ 2 \\ 2.32 \end{Bmatrix} \tag{3.85f}$$

同样可得

$$\boldsymbol{\psi}_2 = \boldsymbol{\Phi} \boldsymbol{a}^{(2)} = \sum_{i=1}^{2} \boldsymbol{\Phi}_i a_i^{(2)} = -0.58 \begin{Bmatrix} 1 \\ 2 \\ 2.5 \end{Bmatrix} + 1 \begin{Bmatrix} 1 \\ 2 \\ 1 \end{Bmatrix} = \begin{Bmatrix} 0.42 \\ 0.84 \\ -0.45 \end{Bmatrix} \xrightarrow{\text{规一化后}} \begin{Bmatrix} 1 \\ 2 \\ -1.071 \end{Bmatrix} \tag{3.85g}$$

本例题的精确解为

$$\omega_{n1} = 0.373\,1\sqrt{\frac{k}{m}}$$

$$\omega_{n2} = 1.322\sqrt{\frac{k}{m}}$$

$$\boldsymbol{\rho}_1 = \begin{bmatrix} 1 & 1.86 & 2.16 \end{bmatrix}^{\mathrm{T}}$$

$$\boldsymbol{\rho}_2 = \begin{bmatrix} 1 & 0.25 & -0.34 \end{bmatrix}^{\mathrm{T}}$$

由此结果可见，按里茨法求得的第 1 阶模态的固有频率及固有振型与精确解相比误差很小，而第 2 阶模态固有频率及固有振型的近似值不够理想，这是因为所取的第 2 个假设振型与精确振型偏离较大。但还是可以看出，采用里茨法计算求出的振型 $\boldsymbol{\psi}$ 比初始假设振型 $\boldsymbol{\Phi}$ 更趋近于精确振型 $\boldsymbol{\rho}$。

3.4.3 矩阵迭代法

固有振型方程的一般形式为

$$\left(\boldsymbol{K} - \omega_n^2 \boldsymbol{M} \right) \boldsymbol{A} = \boldsymbol{0}$$

可写成

$$\omega_n^2 \boldsymbol{A} = \boldsymbol{H} \boldsymbol{A} \tag{3.86}$$

$$\frac{1}{\omega_n^2}\boldsymbol{A}=\boldsymbol{G}\boldsymbol{A} \tag{3.87}$$

式中，有

$$\boldsymbol{G}=\boldsymbol{K}^{-1}\boldsymbol{M}=\boldsymbol{\varGamma}\boldsymbol{M}=\boldsymbol{H}^{-1} \tag{3.88}$$

1. 正型式迭代法

假设一个初始振型向量 $\boldsymbol{A}^{(0)}$，将其代入式（3.86），有

$$\boldsymbol{A}^{(1)}=\boldsymbol{H}\boldsymbol{A}^{(0)}=\omega_n^2\boldsymbol{A}^{(0)} \tag{3.89}$$

若所取初始振型向量 $\boldsymbol{A}^{(0)}$ 为最高阶振型的精确值，则由 $\boldsymbol{A}^{(0)}$、$\boldsymbol{A}^{(1)}$ 向量中任意元素的对应值，如第 l 个元素的对应值 $a_l^{(0)}$、$a_l^{(1)}$，可得固有频率为

$$\omega_{nn}^2=\frac{a_l^{(1)}}{a_l^{(0)}} \tag{3.90}$$

若所取初始振型向量 $\boldsymbol{A}^{(0)}$ 为任意值，则将 $\boldsymbol{A}^{(1)}$ 代入式（3.86）求得 $\boldsymbol{A}^{(2)}$，如此重复进行上述运算，在进行了 i 次迭代运算后，有

$$\boldsymbol{A}^{(i)}=\boldsymbol{H}\boldsymbol{A}^{(i-1)}=(\omega_n^2)^i\boldsymbol{A}^{(0)} \tag{3.91}$$

则由 $\boldsymbol{A}^{(i)}$、$\boldsymbol{A}^{(i-1)}$ 向量中的第 l 个对应元素 $a_l^{(i)}$、$a_l^{(i-1)}$，可求得最高阶（第 n 阶）固有频率的近似值为

$$\omega_{nn}^2=\frac{a_l^{(i)}}{a_l^{(i-1)}} \tag{3.92}$$

在整个迭代计算过程中，每迭代一次，按式（3.90）进行一次固有频率 ω_{nn}^2 的近似值计算，并将前后两次计算所求得的 ω_{nn}^2 值进行比较，当两者比较接近时，便可认为 ω_{nn}^2 达到收敛。这种方法称为正型式迭代法，求出的是最高阶的固有频率和振型。

2. 反型式迭代法

将假设初始振型向量 $\boldsymbol{A}^{(0)}$ 代入式（3.87），有

$$\boldsymbol{A}^{(1)}=\boldsymbol{G}\boldsymbol{A}^{(0)}=\frac{1}{\omega_n^2}\boldsymbol{A}^{(0)} \tag{3.93}$$

再将 $\boldsymbol{A}^{(1)}$ 代入式（3.87）求得 $\boldsymbol{A}^{(2)}$，如此重复进行上述计算，在进行了 i 次迭代计算后，有

$$\boldsymbol{A}^{(i)}=\boldsymbol{G}\boldsymbol{A}^{(i-1)}=\left(\frac{1}{\omega_n^2}\right)^i\boldsymbol{A}^{(0)} \tag{3.94}$$

则由 $\boldsymbol{A}^{(i)}$、$\boldsymbol{A}^{(i-1)}$ 向量中的第 l 个对应元素 $a_l^{(i)}$、$a_l^{(i-1)}$ 可求得首阶（第 1 阶）固有频率的近似值为

$$\frac{1}{\omega_{n1}^2}=\frac{a_l^{(i)}}{a_l^{(i-1)}} \tag{3.95}$$

在整个迭代计算过程中，每迭代一次，按式（3.87）进行一次固有频率 ω_{n1}^2 的近似值计算，并将前后两次计算所求得的 ω_{n1}^2 值进行比较，当两者比较接近时，便可认为 ω_{n1}^2 达到

收敛。这种方法称为反型式迭代法，求出的是首阶的固有频率和振型。

例 3.13　设在无质量的单跨悬臂等直梁（图 3.17）上有两个集中质量 m_1 和 m_2，$m_1 = 500\text{ kg}$，$m_2 = 100\text{ kg}$。试用迭代法求其横向振动的最低阶固有频率和振型。

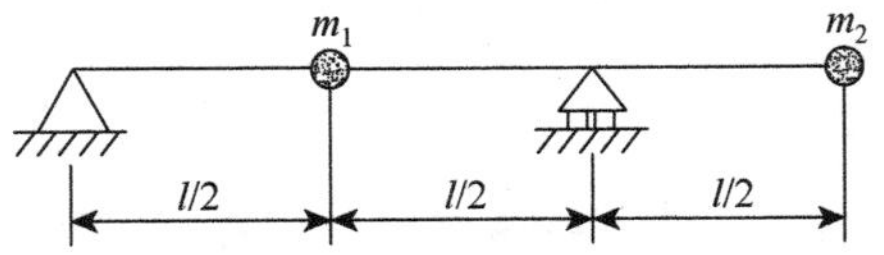

图 3.17　无质量单跨悬臂等直梁

解：（1）设质量 m_1 和 m_2 的垂向位移作为广义坐标 y_1、y_2。

（2）求系统的柔度矩阵和质量矩阵。

$$\boldsymbol{\Gamma} = \frac{l^3}{8EI}\begin{bmatrix} \dfrac{1}{6} & -\dfrac{1}{4} \\ -\dfrac{1}{4} & 1 \end{bmatrix}, \quad \boldsymbol{M} = \begin{bmatrix} 500 & 0 \\ 0 & 100 \end{bmatrix} \tag{3.96a}$$

（3）取振型的零次近似为

$$\boldsymbol{A}^{(0)} = (1.00 \quad -1.00)^{\mathrm{T}} \tag{3.96b}$$

（4）用式（3.93）～式（3.94）进行迭代，有

$$\boldsymbol{A}^{(1)} = \boldsymbol{\Gamma M A}^{(0)} = \frac{l^3}{8EI}\begin{bmatrix} \dfrac{500}{6} & \dfrac{-100}{4} \\ -\dfrac{500}{4} & 100 \end{bmatrix}\begin{Bmatrix} 1.00 \\ -1.00 \end{Bmatrix} = \frac{108.3l^3}{8EI}\begin{Bmatrix} 1.00 \\ -2.08 \end{Bmatrix} \tag{3.96c}$$

（5）舍去常系数乘子 $\dfrac{108.3l^3}{8EI}$，用 $\boldsymbol{A}^{(1)} = (1.00 \quad -2.08)^{\mathrm{T}}$ 继续迭代，得

$$\boldsymbol{A}^{(2)} = \boldsymbol{\Gamma M A}^{(1)} = \frac{l^3}{8EI}\begin{bmatrix} \dfrac{500}{6} & \dfrac{-100}{4} \\ -\dfrac{500}{4} & 100 \end{bmatrix}\begin{Bmatrix} 1.00 \\ -2.08 \end{Bmatrix} = \frac{135.3l^3}{8EI}\begin{Bmatrix} 1.00 \\ -2.46 \end{Bmatrix} \tag{3.96d}$$

（6）舍去常系数乘子 $\dfrac{135.3l^3}{8EI}$，用 $\boldsymbol{A}^{(2)} = (1.00 \quad -2.46)^{\mathrm{T}}$ 继续迭代，得

$$\boldsymbol{A}^{(3)} = \boldsymbol{\Gamma M A}^{(2)} = \frac{144.8l^3}{8EI}\begin{Bmatrix} 1.00 \\ -2.56 \end{Bmatrix} \tag{3.96e}$$

（7）舍去常系数乘子 $\dfrac{144.8l^3}{8EI}$，用 $\boldsymbol{A}^{(3)} = (1.00 \quad -2.56)^{\mathrm{T}}$ 继续迭代，得

$$\boldsymbol{A}^{(4)} = \boldsymbol{\Gamma M A}^{(3)} = \frac{147.3l^3}{8EI}\begin{Bmatrix} 1.00 \\ -2.58 \end{Bmatrix} \tag{3.96f}$$

（8）舍去常系数乘子 $\dfrac{147.3l^3}{8EI}$ 后，$\boldsymbol{A}^{(4)} = (1.00 \quad -2.58)^{\mathrm{T}}$。

可以发现，舍去常系数乘子 $\dfrac{144.8l^3}{8EI}$ 的 $\boldsymbol{A}^{(3)}$ 与舍去常系数乘子 $\dfrac{147.3l^3}{8EI}$ 后的 $\boldsymbol{A}^{(4)}$ 相当接近，且两次迭代所获得的常系数近似相等，所以 $\boldsymbol{A}^{(4)}$ 可作为第 1 阶近似振型。

由式（3.87）和式（3.95）可知常系数乘子与第 1 阶固有频率有如下关系：

$$\frac{147.3}{8EI}=\frac{1}{\omega_{n1}^2} \tag{3.96g}$$

因此，最低阶固有频率的近似值为

$$\omega_{n1}=\sqrt{\frac{8EI}{147.3}} \tag{3.96h}$$

3.5　多自由度系统的强迫振动

3.5.1　多自由度系统阻尼矩阵的获得与处理

由 3.2 节可知，多自由度系统的运动微分方程为

$$\boldsymbol{M}\ddot{\boldsymbol{q}}+\boldsymbol{C}\dot{\boldsymbol{q}}+\boldsymbol{K}\boldsymbol{q}=\boldsymbol{F}(t) \tag{3.97}$$

式中：$\boldsymbol{C}$ 为阻尼矩阵，与 $\boldsymbol{M}$ 、$\boldsymbol{K}$ 同样为对称矩阵，其元素 c_{ij}（i、$j=1,2,\cdots,n$）称为阻尼影响系数。

在建立振动微分方程的过程中，若考虑阻尼影响，可以直接获得阻尼矩阵。另一种获得阻尼矩阵的方法是，依据某种阻尼理论，单独建立阻尼矩阵 $\boldsymbol{C}$ ，人工添加无阻尼多自由度振动微分方程。

由 3.3.3 小节可知，固有振型具有关于质量矩阵 $\boldsymbol{M}$ 、刚度矩阵 $\boldsymbol{K}$ 的正交性。利用固有振型的正交性，可将多自由度系统无阻尼振动微分方程解耦合，便于方程求解。但是对于式（3.97）中的阻尼矩阵 $\boldsymbol{C}$ ，固有振型一般不具有正交性，此时必须对阻尼矩阵进行处理。

1. 近似替代法

用无阻尼系统的固有振型 $\boldsymbol{\Phi}$ 对阻尼矩阵 $\boldsymbol{C}$ 进行变换运算，有

$$\boldsymbol{D}=\boldsymbol{\Phi}^{\mathrm{T}}\boldsymbol{C}\boldsymbol{\Phi} \tag{3.98}$$

一般情况下， $\boldsymbol{D}$ 不是对角矩阵。当 $\boldsymbol{D}$ 矩阵的非对角线上的元素与主对角线上的元素相比很小时，并且各固有频率值之间的相距较大时，可将非对角元素处理为 0，主对角线元素值不变，将 $\boldsymbol{D}$ 近似处理成一个对角矩阵。

2. 瑞利比例阻尼

为了在求解多自由度问题时考虑阻尼的影响，常采用人工对无阻尼多自由度振动微分方程添加阻尼矩阵的方法，所添加的阻尼矩阵满足固有振型的正交性。常采用瑞利比例阻尼理论构造阻尼矩阵，假设阻尼矩阵 $\boldsymbol{C}$ 为质量矩阵 $\boldsymbol{M}$ 和刚度矩阵 $\boldsymbol{K}$ 的线性组合：

$$C = \alpha M + \beta K \tag{3.99}$$

式中：α、β为比例常数，称这种阻尼为比例阻尼。

使用无阻尼系统的固有振型，便可使上述C矩阵对角化。设$\boldsymbol{\Phi}$为正则振型矩阵，则

$$D = \boldsymbol{\Phi}^{\mathrm{T}} C \boldsymbol{\Phi} = \alpha \boldsymbol{\Phi}^{\mathrm{T}} M \boldsymbol{\Phi} + \beta \boldsymbol{\Phi}^{\mathrm{T}} K \boldsymbol{\Phi} = \alpha I + \beta \boldsymbol{\Lambda} \tag{3.100}$$

式中：I为单位矩阵；$\boldsymbol{\Lambda}$为对角矩阵。

$$\boldsymbol{\Lambda} = \mathrm{diag}\left(\omega_{nr}^2\right) \tag{3.101}$$

由瑞利比例阻尼系数可以求得模态阻尼系数，瑞利比例阻尼系数与第r阶模态阻尼系数ζ_r有如下关系：

$$\alpha + \beta\omega_{nr}^2 = 2\omega_{nr}\zeta_r \tag{3.102}$$

$$\zeta_r = \frac{\alpha + \beta\omega_{nr}^2}{2\omega_{nr}} = \frac{\alpha}{2\omega_{nr}} + \frac{\beta\omega_{nr}}{2} \tag{3.103}$$

由式（3.103）可见，当阻尼矩阵正比于质量矩阵（$\beta = 0$）时，按瑞利比例阻尼理论所获得的模态阻尼系数ζ_r与固有频率ω_{nr}成反比。若阻尼矩阵正比于刚度矩阵，即$\alpha = 0$时，瑞利比例阻尼理论所获得的模态阻尼系数ζ_r正比于固有频率ω_{nr}。适当地选取α与β，可以较好地反映实际振动系统中的阻尼影响。

3. 试验法

由于阻尼的机理很复杂，至今尚未完全清楚，故精确地确定阻尼矩阵是困难的，通常采用试验法近似地确定模态阻尼比ζ_r。虽然系统阻尼并非总是有比例阻尼，但当阻尼比很小时，可视非对角元素为0，从而建立起对应于主坐标的对角阻尼矩阵。对应于正则坐标的模态阻尼矩阵为

$$D = \begin{bmatrix} 2\omega_{n1}\zeta_1 & & & \\ & 2\omega_{n2}\zeta_2 & & \\ & & \ddots & \\ & & & 2\omega_{nn}\zeta_n \end{bmatrix} \tag{3.104}$$

将式（3.99）或式（3.104）表示的阻尼矩阵添加到无阻尼强迫振动微分方程，即得到考虑系统中阻尼影响的有阻尼多自由度振动微分方程。

3.5.2 采用振型叠加法求强迫振动响应

1. 强迫振动响应的一般解

对于线性多自由度系统的有阻尼强迫振动的运动方程（3.97），首先求解自由振动中的特征值问题：

$$\left(K - \omega_n^2 M\right) A = 0 \tag{3.105}$$

由此确定固有振型$\boldsymbol{\Phi}$和固有频率ω_{nr}（$r=1,2,\cdots,n$）。由固有振型$\boldsymbol{\Phi}$，进行坐标变换得

$$\boldsymbol{q}=\boldsymbol{\Phi p} \tag{3.106}$$

再将此变换式代入运动方程（3.88）并前乘$\boldsymbol{\Phi}^{\mathrm{T}}$，可得

$$\tilde{\boldsymbol{M}}\ddot{\boldsymbol{q}}+\boldsymbol{D}\dot{\boldsymbol{q}}+\tilde{\boldsymbol{K}}\boldsymbol{q}=\tilde{\boldsymbol{F}}(t) \tag{3.107}$$

式（3.107）中，各项含义如下。

$$\begin{cases}\tilde{\boldsymbol{M}}=\boldsymbol{\Phi}^{\mathrm{T}}\boldsymbol{M\Phi}(\text{模态质量矩阵})\\ \boldsymbol{D}=\boldsymbol{\Phi}^{\mathrm{T}}\boldsymbol{C\Phi}(\text{模态阻尼矩阵})\\ \tilde{\boldsymbol{K}}=\boldsymbol{\Phi}^{\mathrm{T}}\boldsymbol{K\Phi}(\text{模态刚度矩阵})\\ \tilde{\boldsymbol{F}}(t)=\boldsymbol{\Phi}^{\mathrm{T}}\boldsymbol{F}(t)(\text{模态力矢量})\end{cases} \tag{3.108}$$

式中：$\boldsymbol{M}$、$\boldsymbol{K}$和$\boldsymbol{D}$均是对角矩阵。

式（3.107）的展开形式为

$$\ddot{p}_r+2\zeta_r\omega_{nr}\dot{p}_r+\omega_{nr}^2p_r=\frac{\tilde{F}_r(t)}{m_r}\quad(r=1,2,\cdots,n) \tag{3.109}$$

式中：

$$m_r=\boldsymbol{\varphi}^{(r)\mathrm{T}}\boldsymbol{M\varphi}^{(r)},\quad \tilde{F}_r(t)=\boldsymbol{\varphi}^{(r)\mathrm{T}}\boldsymbol{F}(t) \tag{3.110}$$

式（3.109）的每一个方程均对应于主振动，可视为单自由度系统的振动方程，其响应为

$$\begin{aligned}p_r(t)=&\mathrm{e}^{-\zeta_r\omega_{nr}t}\left[p_r(0)\cos\omega_{dr}t+\frac{p_r(0)+\zeta_r\omega_{nr}p_r(0)}{\omega_{dr}}\sin\omega_{dr}t\right]\\&+\frac{1}{\omega_{dr}}\int_0^t\frac{\tilde{F}_r(t)}{m_r}\mathrm{e}^{-\zeta_r\omega_{nr}(t-\tau)}\sin\omega_{dr}(t-\tau)\mathrm{d}\tau\quad(r=1,2,\cdots,n)\end{aligned} \tag{3.111}$$

式中：$p_r(0)$和$\dot{p}_r(0)$是主坐标下的初始条件；$\boldsymbol{q}=\boldsymbol{q}(0)$和$\dot{\boldsymbol{q}}=\dot{\boldsymbol{q}}(0)$为物理坐标下的初始条件。两者之间的关系为

$$p_r(0)=\frac{1}{m_r}\boldsymbol{\varphi}^{(r)\mathrm{T}}\boldsymbol{Mq}(0),\quad \dot{p}_r(0)=\frac{1}{m_r}\boldsymbol{\varphi}^{(r)\mathrm{T}}\boldsymbol{M}\dot{\boldsymbol{q}}(0) \tag{3.112}$$

将式（3.111）代入式（3.106），即可求得多自由度系统的强迫振动响应。

例 3.14 试求图 3.18 所示的两自由度系统的强迫振动响应，其中$F_1(t)=0$，$F_2(t)$是一个脉冲载荷：

$$F_2(t)=\begin{cases}F_0 & (0\leqslant t\leqslant t_1)\\ 0 & (t>t_1)\end{cases}$$

解：该系统的运动方程为

$$\begin{bmatrix}m_1 & 0\\ 0 & m_2\end{bmatrix}\begin{Bmatrix}\ddot{x}_1\\ \ddot{x}_2\end{Bmatrix}+\begin{bmatrix}c_1+c_2 & -c_2\\ -c_2 & c_2+c_3\end{bmatrix}\begin{Bmatrix}\dot{x}_1\\ \dot{x}_2\end{Bmatrix}+\begin{bmatrix}k_1+k_2 & -k_2\\ -k_2 & k_2+k_3\end{bmatrix}\begin{Bmatrix}x_1\\ x_2\end{Bmatrix}=\begin{Bmatrix}0\\ F_2(t)\end{Bmatrix}$$

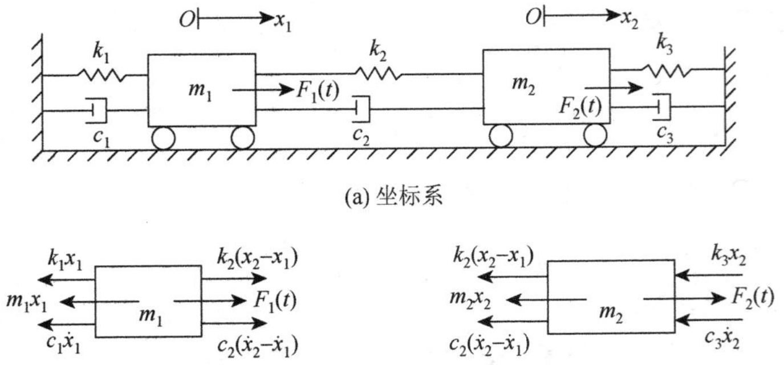

(a) 坐标系

(b) 受力分析

图 3.18　受脉冲载荷作用的两自由度系统

由例 3.9 可知，当 $m_1 = m_2$， $k_1 = k_2 = k_3$ 时，系统的固有频率和固有振型分别为

$$\omega_{n1} = \sqrt{\frac{k_1}{m_1}},\quad \omega_{n2} = \sqrt{\frac{3k_1}{m_1}} \tag{3.113a}$$

$$\boldsymbol{\rho}^{(1)} = \begin{Bmatrix} 1 \\ 1 \end{Bmatrix},\quad \boldsymbol{\rho}^{(2)} = \begin{Bmatrix} 1 \\ -1 \end{Bmatrix} \tag{3.113b}$$

故其正则振型为

$$\begin{aligned} \boldsymbol{\varphi}^{(1)} &= \frac{1}{\sqrt{\boldsymbol{\rho}^{(1)\mathrm{T}}\boldsymbol{M}\boldsymbol{\rho}^{(1)}}}\begin{Bmatrix} 1 \\ 1 \end{Bmatrix} = \frac{1}{\sqrt{2m_1}}\begin{Bmatrix} 1 \\ 1 \end{Bmatrix} \\ \boldsymbol{\varphi}^{(2)} &= \frac{1}{\sqrt{\boldsymbol{\rho}^{(2)\mathrm{T}}\boldsymbol{M}\boldsymbol{\rho}^{(2)}}}\begin{Bmatrix} 1 \\ -1 \end{Bmatrix} = \frac{1}{\sqrt{2m_1}}\begin{Bmatrix} 1 \\ -1 \end{Bmatrix} \end{aligned} \tag{3.113c}$$

设 $c_1 = c_2 = c_3$，则运动方程写为

$$\begin{bmatrix} m_1 & 0 \\ 0 & m_2 \end{bmatrix}\begin{Bmatrix} \ddot{x}_1 \\ \ddot{x}_2 \end{Bmatrix} + \begin{bmatrix} 2c_1 & -c_1 \\ -c_1 & 2c_1 \end{bmatrix}\begin{Bmatrix} \dot{x}_1 \\ \dot{x}_2 \end{Bmatrix} + \begin{bmatrix} 2k_1 & -k_1 \\ -k_1 & 2k_1 \end{bmatrix}\begin{Bmatrix} x_1 \\ x_2 \end{Bmatrix} = \begin{Bmatrix} 0 \\ F_2(t) \end{Bmatrix} \tag{3.113d}$$

令

$$\boldsymbol{x}(t) = \boldsymbol{\Phi}\boldsymbol{p}(t) \tag{3.113e}$$

将式（3.113e）代入式（3.113d）并前乘 $\boldsymbol{\Phi}^{\mathrm{T}}$ 得

$$\ddot{\boldsymbol{p}} + \boldsymbol{\Phi}^{\mathrm{T}}\boldsymbol{C}\boldsymbol{\Phi}\dot{\boldsymbol{p}} + \boldsymbol{\Lambda}\boldsymbol{p} = \boldsymbol{\Phi}^{\mathrm{T}}\boldsymbol{F} = \tilde{\boldsymbol{F}}(t) \tag{3.113f}$$

$$\begin{aligned} &\boldsymbol{\Lambda} = \mathrm{diag}\left(\omega_{n1}^2, \omega_{n2}^2\right) \\ &\boldsymbol{D} = \boldsymbol{\Phi}^{\mathrm{T}}\boldsymbol{C}\boldsymbol{\Phi} = \frac{c_1}{2m_1}\begin{bmatrix} 1 & 1 \\ 1 & -1 \end{bmatrix}\begin{bmatrix} 2 & -1 \\ -1 & 2 \end{bmatrix}\begin{bmatrix} 1 & 1 \\ 1 & -1 \end{bmatrix} = \frac{c_1}{m_1}\begin{bmatrix} 1 & 0 \\ 0 & 3 \end{bmatrix} \end{aligned} \tag{3.113g}$$

$\boldsymbol{D}$ 是对角矩阵，因本例中的阻尼矩阵 $\boldsymbol{C} = \dfrac{1}{K}\boldsymbol{K}$，是比例阻尼矩阵 $\boldsymbol{C} = \alpha\boldsymbol{M} + \beta\boldsymbol{K}$ 在 $\alpha = 0$ 和 $\beta = \dfrac{c_1}{k_1}$ 时的值，故 $\boldsymbol{D}$ 为对角矩阵，可得

$$2\zeta_1\omega_{n1} = \frac{c_1}{m_1},\quad 2\zeta_2\omega_{n2} = \frac{3c_1}{m_1} \tag{3.113h}$$

模态阻尼比为

$$\zeta_1=\frac{c_1}{2m_1\omega_{n1}},\quad \zeta_2=\frac{3c_1}{2m_1\omega_{n2}} \tag{3.113i}$$

模态力为

$$\tilde{F}(t)=\Phi^{\mathrm{T}}F=\frac{1}{\sqrt{2m_1}}\begin{bmatrix}1 & 1\\ 1 & -1\end{bmatrix}\begin{Bmatrix}0\\ F_2(t)\end{Bmatrix}=\frac{1}{\sqrt{2m_1}}\begin{Bmatrix}F_2(t)\\ -F_2(t)\end{Bmatrix} \tag{3.113j}$$

主坐标振动方程为

$$\begin{cases}\ddot{p}_1(t)+2\zeta_1\omega_{n1}\dot{p}_1+\omega_{n1}^2p_1=\dfrac{1}{\sqrt{2m_1}}F_2(t)\\[2ex] \ddot{p}_2(t)+2\zeta_2\omega_{n2}\dot{p}_2+\omega_{n2}^2p_2=\dfrac{-1}{\sqrt{2m_1}}F_2(t)\end{cases} \tag{3.113k}$$

可用杜阿梅尔积分求得任意力激励 $F_2(t)$ 作用下的主坐标响应。为简便起见，在计算时略去阻尼，并考虑零初始条件，于是当 $0\leqslant t\leqslant t_1$ 时，有

$$\begin{cases}p_1(t)=\dfrac{F_0}{\omega_{n1}^2}\dfrac{1}{\sqrt{2m_1}}(1-\cos\omega_{n1}t)\\[2ex] p_2(t)=\dfrac{F_0}{\omega_{n2}^2}\dfrac{1}{\sqrt{2m_1}}(1-\cos\omega_{n2}t)\end{cases} \tag{3.113l}$$

当 $t>t_1$ 时，有

$$\begin{cases}p_1(t)=\dfrac{F_0}{\sqrt{2m_1}\,\omega_{n1}^2}2\sin\dfrac{\omega_{n1}t_1}{2}\sin\omega_{n1}\left(t-\dfrac{t_1}{2}\right)\\[2ex] p_2(t)=\dfrac{F_0}{\sqrt{2m_1}\,\omega_{n2}^2}2\sin\dfrac{\omega_{n2}t_1}{2}\sin\omega_{n2}\left(t-\dfrac{t_1}{2}\right)\end{cases} \tag{3.113m}$$

由式（3.97）求得

$$\begin{Bmatrix}x_1(t)\\ x_2(t)\end{Bmatrix}=\frac{1}{\sqrt{2m_1}}\begin{pmatrix}1 & 1\\ 1 & -1\end{pmatrix}\begin{Bmatrix}p_1(t)\\ p_2(t)\end{Bmatrix}=\begin{Bmatrix}\dfrac{1}{\sqrt{2m_1}}[p_1(t)+p_2(t)]\\[2ex] \dfrac{1}{\sqrt{2m_1}}[p_1(t)-p_2(t)]\end{Bmatrix} \tag{3.113n}$$

当 $0\leqslant t\leqslant t_1$ 时，有

$$\begin{cases}x_1(t)=\dfrac{F_0}{2m_1}\left(\dfrac{1-\cos\omega_{n1}t}{\omega_{n1}^2}+\dfrac{1-\cos\omega_{n2}t}{\omega_{n2}^2}\right)\\[2ex] x_2(t)=\dfrac{F_0}{2m_1}\left(\dfrac{1-\cos\omega_{n1}t}{\omega_{n1}^2}-\dfrac{1-\cos\omega_{n2}t}{\omega_{n2}^2}\right)\end{cases} \tag{3.113o}$$

当 $t>t_1$ 时，有

$$\begin{cases} x_1(t)=\dfrac{F_0}{2m_1}\left[\dfrac{1}{\omega_{n1}^2}\sin\dfrac{\omega_{n1}t_1}{2}\sin\omega_{n1}\left(t-\dfrac{t_1}{2}\right)+\dfrac{1}{\omega_{n2}^2}\sin\dfrac{\omega_{n2}t_1}{2}\sin\omega_{n2}\left(t-\dfrac{t_1}{2}\right)\right] \\ x_2(t)=\dfrac{F_0}{2m_1}\left[\dfrac{1}{\omega_{n1}^2}\sin\dfrac{\omega_{n1}t_1}{2}\sin\omega_{n1}\left(t-\dfrac{t_1}{2}\right)-\dfrac{1}{\omega_{n2}^2}\sin\dfrac{\omega_{n2}t_1}{2}\sin\omega_{n2}\left(t-\dfrac{t_1}{2}\right)\right] \end{cases} \tag{3.113p}$$

2. 系统对正弦激励的稳态响应

若系统受简谐激励 $\boldsymbol{F}(t)=\boldsymbol{F}_0\sin\omega t$ 的作用，则式（3.109）可写为

$$\ddot{p}_r(t)+2\zeta_r\omega_{nr}\dot{p}_r+\omega_{nr}^2p_r=\frac{1}{m_r}\tilde{F}_r\sin\omega t\quad(r=1,2,\cdots,n) \tag{3.114}$$

式中：

$$\tilde{F}_r=\boldsymbol{\varphi}^{(r)\mathrm{T}}\boldsymbol{F}_0\quad(r=1,2,\cdots,n) \tag{3.115}$$

称 $\tilde{F}_r$ 为第 r 阶模态力，其全解（含暂态响应）表达式可参照式（2.93）写出，全解中包括系统对初始条件激励的响应分量。物理坐标下的初始条件与主坐标下初始条件的关系如式（3.112）所示。

若采用另外一种方式求解式（3.114），可获得非常有用的结果。将正弦力用复数力表示，有

$$\ddot{\bar{p}}_r(t)+2\zeta_r\omega_{nr}\dot{\bar{p}}_r+\omega_{nr}^2\bar{p}_r=\left(\frac{1}{m_r}\right)\tilde{F}_r\mathrm{e}^{\mathrm{i}\omega t} \tag{3.116}$$

主坐标 $\bar{p}_r$ 的复数稳态解可写为如下形式：

$$\bar{p}_r=\bar{H}_r(\omega)\tilde{F}_r\mathrm{e}^{\mathrm{i}\omega t} \tag{3.117}$$

将式（3.117）代入式（3.116），解得

$$\bar{H}_r(\omega)=\frac{1}{k_r}\frac{1}{\left(1-\gamma_r^2\right)+\mathrm{i}\left(2\zeta_r\gamma_r\right)},\quad k_r=m_r\omega_{nr}^2,\quad \gamma_r=\frac{\omega}{\omega_{nr}} \tag{3.118}$$

式中：$\bar{H}_r(\omega)$ 为第 r 个主坐标的复频响应函数。

物理坐标的频率响应可写为以下复数形式：

$$\begin{aligned}\bar{\boldsymbol{q}}&=\boldsymbol{\Phi}\tilde{\boldsymbol{p}}(t)=\sum_{r=1}^{n}\boldsymbol{\varphi}^{(r)}\bar{p}_r(t)\\&=\sum_{r=1}^{n}\left(\frac{\boldsymbol{\varphi}^{(r)}\boldsymbol{\varphi}^{(r)\mathrm{T}}\boldsymbol{F}_0}{k_r}\frac{1}{\left(1-\gamma_r^2\right)+\mathrm{i}\left(2\zeta_r\gamma_r\right)}\right)\mathrm{e}^{\mathrm{i}\omega t}\\&=\bar{\boldsymbol{H}}(\omega)\boldsymbol{F}_0\mathrm{e}^{\mathrm{i}\omega t}\end{aligned} \tag{3.119}$$

式中，有

$$\bar{\boldsymbol{H}}(\omega)=\boldsymbol{\Phi}\boldsymbol{\Lambda}_1\boldsymbol{\Phi}^{\mathrm{T}}=\sum_{r=1}^{n}\left(\frac{\boldsymbol{\varphi}^{(r)}\boldsymbol{\varphi}^{(r)\mathrm{T}}}{k_r}\frac{1}{\left(1-\gamma_r^2\right)+\mathrm{i}\left(2\zeta_r\gamma_r\right)}\right) \tag{3.120}$$

$$\boldsymbol{\Lambda}_1 = \begin{bmatrix} \ddots & & \\ & \dfrac{1}{k_r\left(1-\gamma_r^2\right)+\mathrm{i}\left(2\zeta_r\gamma_r\right)} & \\ & & \ddots \end{bmatrix} \tag{3.121}$$

式（3.119）和式（3.120）中的正则振型矩阵 $\boldsymbol{\Phi}$ 为系统的固有振型矩阵。式（3.120）称为复频响应函数矩阵，有时又称为传递函数矩阵。复频响应函数矩阵中的第 i 行、第 j 列的元素 $H_{ij}(\omega)$ 是 q_j 坐标处受单位简谐力作用后的复数响应。

$$H_{ij}(\omega) = \sum_{r=1}^{n}\left[\frac{\varphi_i^{(r)}\varphi_j^{(r)\mathrm{T}}}{k_r}\frac{1}{\left(1-\gamma_r^2\right)+\mathrm{i}\left(2\zeta_r\gamma_r\right)}\right] \tag{3.122}$$

式（3.122）常用于确定系统振动特性，由式（3.119）可以写出其实部和虚部。因激励力是正弦形式，稳态响应的最终解应取式（3.119）的虚部，即

$$\boldsymbol{q}(t) = \sum_{r=1}^{n}\left(\frac{\boldsymbol{\varphi}^{(r)}\boldsymbol{\varphi}^{(r)\mathrm{T}}\boldsymbol{F}_0}{k_r}\right)\left[\frac{1}{\left(1-\gamma_r^2\right)+\mathrm{i}\left(2\zeta_r\gamma_r\right)}\right]\sin(\omega t-\alpha_r) \tag{3.123}$$

式中：

$$\alpha_r = \tan^{-1}\frac{2\zeta_r\gamma_r}{1-\gamma_r^2} \tag{3.124}$$

将式（3.123）用矩阵和模态力表示，多自由度系统在简谐激励下的稳态响应为

$$\begin{Bmatrix} q_1 \\ q_2 \\ \vdots \\ q_n \end{Bmatrix} = \begin{bmatrix} \varphi_1^{(1)} & \varphi_1^{(2)} & \cdots & \varphi_1^{(n)} \\ \varphi_2^{(1)} & \varphi_2^{(2)} & \cdots & \varphi_2^{(n)} \\ \vdots & \vdots & \vdots & \vdots \\ \varphi_n^{(1)} & \varphi_n^{(2)} & \cdots & \varphi_n^{(n)} \end{bmatrix} \begin{Bmatrix} \dfrac{\tilde{F}_1}{k_1}\dfrac{1}{\sqrt{(1-\omega^2/\omega_1^2)^2+4\zeta_1^2\omega^2/\omega_1^2}}\sin(\omega t-\alpha_1) \\ \dfrac{\tilde{F}_2}{k_2}\dfrac{1}{\sqrt{(1-\omega^2/\omega_2^2)^2+4\zeta_2^2\omega^2/\omega_2^2}}\sin(\omega t-\alpha_2) \\ \vdots \\ \dfrac{\tilde{F}_n}{k_n}\dfrac{1}{\sqrt{(1-\omega^2/\omega_n^2)^2+4\zeta_n^2\omega^2/\omega_n^2}}\sin(\omega t-\alpha_n) \end{Bmatrix} \tag{3.125}$$

当系统阻尼为 0 时，系统的无阻尼稳态响应为

$$\begin{Bmatrix} q_1 \\ q_2 \\ \vdots \\ q_n \end{Bmatrix} = \begin{bmatrix} \varphi_1^{(1)} & \varphi_1^{(2)} & \cdots & \varphi_1^{(n)} \\ \varphi_2^{(1)} & \varphi_2^{(2)} & \cdots & \varphi_2^{(n)} \\ \vdots & \vdots & \vdots & \vdots \\ \varphi_n^{(1)} & \varphi_n^{(2)} & \cdots & \varphi_n^{(n)} \end{bmatrix} \begin{Bmatrix} \dfrac{\tilde{F}_1}{k_1}\dfrac{1}{1-\omega^2/\omega_1^2} \\ \dfrac{\tilde{F}_2}{k_2}\dfrac{1}{1-\omega^2/\omega_2^2} \\ \vdots \\ \dfrac{\tilde{F}_n}{k_n}\dfrac{1}{1-\omega^2/\omega_n^2} \end{Bmatrix}\sin\omega t \tag{3.126}$$

例 3.15　如图 3.19（a）所示的两自由度系统，已知 $Q_1(t) = Q_0\cos\omega t$，$k_1 = 987$，$k_2 = 217$，$c_1 = 0.628\,4$，$c_2 = 0.062\,8$，$m = 1$，求以下几项。

（1）无阻尼的固有频率 f_1、f_2 和固有振型。

（2）复频响应函数 $H_{11}(\omega)$ 及 $H_{21}(\omega)$ 的模态展开式。

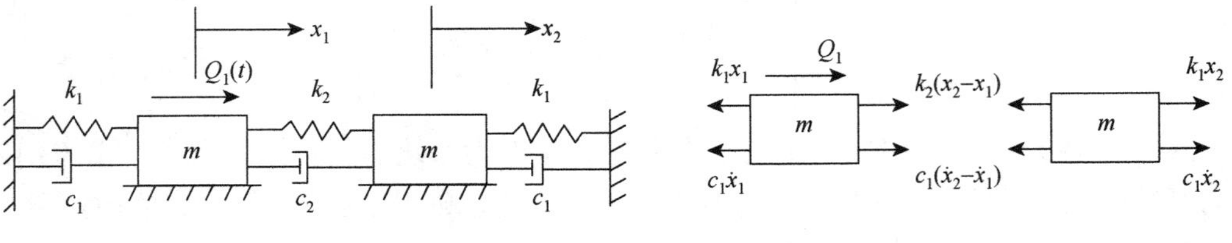

图 3.19　受简谐激励的两自由度系统

解：（1）由图 3.16（b）所示的受力图，得到运动微分方程为

$$\begin{bmatrix} m & 0 \\ 0 & m \end{bmatrix}\begin{Bmatrix} \ddot{x}_1 \\ \ddot{x}_2 \end{Bmatrix}+\begin{bmatrix} (c_1+c_2) & -c_2 \\ -c_2 & (c_1+c_2) \end{bmatrix}\begin{Bmatrix} \dot{x}_1 \\ \dot{x}_2 \end{Bmatrix}$$
$$+\begin{bmatrix} (k_1+k_2) & -k_2 \\ -k_2 & (k_1+k_2) \end{bmatrix}\begin{Bmatrix} x_1 \\ x_2 \end{Bmatrix}=\begin{Bmatrix} Q_0\cos\omega t \\ 0 \end{Bmatrix} \tag{3.127a}$$

由特征值问题

$$\left[\begin{bmatrix} (k_1+k_2) & -k_2 \\ -k_2 & (k_1+k_2) \end{bmatrix}-\omega_n^2\begin{bmatrix} m & 0 \\ 0 & m \end{bmatrix}\right]\begin{Bmatrix} A_1 \\ A_2 \end{Bmatrix}=\begin{Bmatrix} 0 \\ 0 \end{Bmatrix} \tag{3.127b}$$

求得

$$\omega_{n1}^2=\frac{k_1}{m}=987,\quad \boldsymbol{\rho}^{(1)\mathrm{T}}=\{1\quad 1\}$$
$$\omega_{n2}^2=\frac{k_1+2k_2}{m}=1\,421,\quad \boldsymbol{\rho}^{(2)\mathrm{T}}=\{1\quad -1\} \tag{3.127c}$$

于是有

$$\begin{cases} f_1=\dfrac{\omega_{n1}}{2\pi}=\dfrac{31.42}{2\pi}=5.00(\mathrm{Hz}) \\ f_2=\dfrac{\omega_{n2}}{2\pi}=\dfrac{37.70}{2\pi}=6.00(\mathrm{Hz}) \end{cases} \tag{3.127d}$$

将所求振型正则化，有

$$\boldsymbol{\varphi}^{(1)\mathrm{T}}=\{0.707\quad 0.707\}$$
$$\boldsymbol{\varphi}^{(2)\mathrm{T}}=\{0.707\quad -0.707\} \tag{3.127e}$$

主坐标下的模态阻尼矩阵为

$$\boldsymbol{D}=\boldsymbol{\varphi}^{\mathrm{T}}\boldsymbol{C}\boldsymbol{\varphi}=\begin{bmatrix} 2\zeta_1\omega_{n1} & \\ & 2\zeta_1\omega_{n1} \end{bmatrix}=\begin{bmatrix} 0.888\,6 & \\ & 1.066\,2 \end{bmatrix} \tag{3.127f}$$

（2）求复频响应函数 $H_{11}(\omega)$、$H_{21}(\omega)$。

由式（3.120）得

$$H_{11}(\omega)=\frac{(0.707)(0.707)}{987}\frac{1}{(1-\omega^2/31.42^2)+\mathrm{i}(2\times0.01\times\omega/31.42)}$$
$$+\frac{(0.707)(0.707)}{1\,421}\frac{1}{(1-\omega^2/37.7^2)+\mathrm{i}(2\times0.01\omega/37.7)}$$
$$=\frac{5.064\times10^{-4}}{(1-\omega^2/31.42^2)+\mathrm{i}0.02\omega/31.42}+\frac{(3.518)\times10^{-4}}{(1-\omega^2/37.7^2)+\mathrm{i}0.02\omega/37.7}\tag{3.127g}$$

$$H_{21}(\omega)=\frac{(0.707)(0.707)}{987}\frac{1}{(1-\omega^2/31.42^2)+\mathrm{i}(2\times0.01\times\omega/31.42)}$$
$$-\frac{(0.707)(0.707)}{1\,421}\frac{1}{(1-\omega^2/37.7^2)+\mathrm{i}(2\times0.01\omega/37.7)}$$
$$=\frac{5.064\times10^{-4}}{(1-\omega^2/31.42^2)+\mathrm{i}0.02\omega/31.42}-\frac{(3.518)\times10^{-4}}{(1-\omega^2/37.7^2)+\mathrm{i}0.02\omega/37.7}\tag{3.127h}$$

将式（3.127g）和式（3.127h）的实部和虚部分别表示如下：

$$\mathrm{Re}(H_{ij})=\sum_{r=1}^{2}\frac{\varphi_i^{(r)}\varphi_j^{(r)}}{\omega_{nr}^2}\left[\frac{1-\left(\dfrac{\omega}{\omega_{nr}}\right)^2}{\left(1-\left(\dfrac{\omega}{\omega_{nr}}\right)^2\right)^2+\left(2\xi_r\dfrac{\omega}{\omega_{nr}}\right)^2}\right]\tag{3.127i}$$

$$\mathrm{Im}(H_{ij})=\sum_{r=1}^{2}\left(\frac{\varphi_i^{(r)}\varphi_j^{(r)}}{\omega_{nr}^2}\right)\left[\frac{-2\xi_r\left(\dfrac{\omega}{\omega_{nr}}\right)}{\left(1-\left(\dfrac{\omega}{\omega_{nr}}\right)^2\right)^2+\left(2\xi_r\dfrac{\omega}{\omega_{nr}}\right)^2}\right]\tag{3.127j}$$

式（3.127i）和式（3.127j）均是激励频率 ω 的实函数。令 $f=\dfrac{\omega}{2\pi}$ 为横坐标，分别绘制 $\mathrm{Re}(H_{11})$ 和 $\mathrm{Im}(H_{11})$ 的函数曲线，如图 3.20 所示。由图可见，在固有频率 f_1 和 f_2 附近，$\mathrm{Re}(H_{11})$ 分别出现正负两个峰值。在固有频率 f_1 和 f_2 处，$\mathrm{Im}(H_{11})$ 有极小值，此曲线在振动试验中很有用。

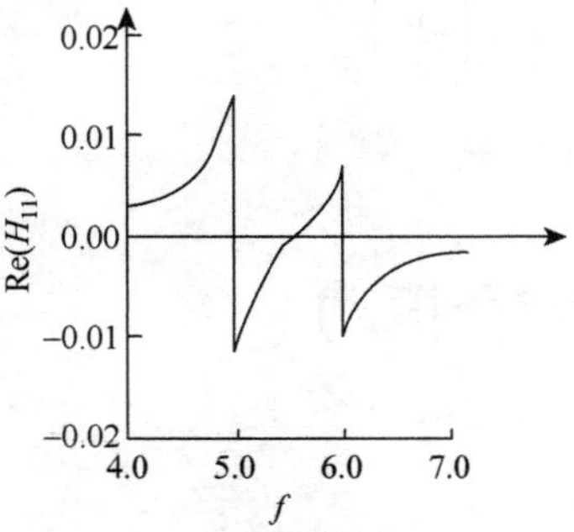

(a) $\mathrm{Re}(H_{11})$函数曲线

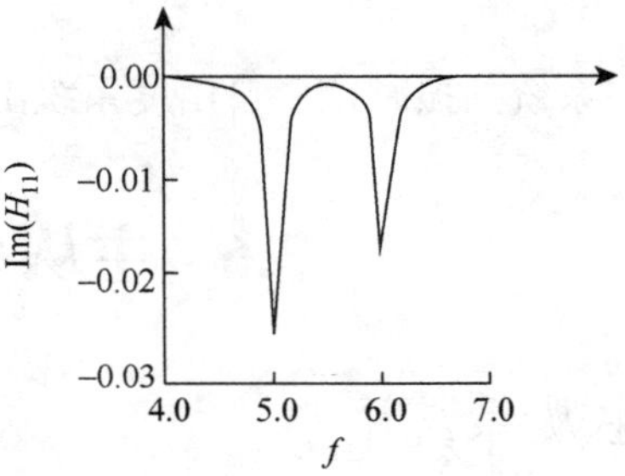

(b) $\mathrm{Im}(H_{11})$函数曲线

图 3.20　$\mathrm{Re}(H_{11})$ 和 $\mathrm{Im}(H_{11})$ 函数曲线

3.5.3 多自由度系统强迫振动响应特性

不失一般性，以简谐激励作用下多自由度系统的稳态响应为例，讨论多自由度系统强迫振动响应特性。

1. 共振频率

式（3.125）和式（3.126）分别是系统的有阻尼响应和无阻尼响应。从式（3.126）可以看出，当外加干扰力频率与系统的某一阶固有频率相等时，无阻尼系统的共振响应趋于无穷大，多自由系统出现共振现象。与单自由度系统不同，多自由度系统有多个共振频率。对于 n 自由度系统，有 n 个共振频率。由于阻尼的存在，实际的多自由度系统出现共振时，并不会出现振幅趋于无穷大的现象，例如，出现 1 阶共振时，有阻尼系统的共振响应为

$$\begin{Bmatrix} q_1 \\ q_2 \\ \vdots \\ q_n \end{Bmatrix} = \begin{bmatrix} \varphi_1^{(1)} & \varphi_1^{(2)} & \cdots & \varphi_1^{(n)} \\ \varphi_2^{(1)} & \varphi_2^{(2)} & \cdots & \varphi_2^{(n)} \\ \vdots & \vdots & \vdots & \vdots \\ \varphi_n^{(1)} & \varphi_n^{(2)} & \cdots & \varphi_n^{(n)} \end{bmatrix} \begin{Bmatrix} \dfrac{\tilde{F}_1}{k_1}\dfrac{1}{2\zeta_1}\sin(\omega t-\alpha_1) \\ \dfrac{\tilde{F}_2}{k_2}\dfrac{1}{\sqrt{(1-\omega^2/\omega_2^2)^2+4\zeta_2^2\omega^2/\omega_2^2}}\sin(\omega t-\alpha_2) \\ \vdots \\ \dfrac{\tilde{F}_n}{k_n}\dfrac{1}{\sqrt{(1-\omega^2/\omega_n^2)^2+4\zeta_n^2\omega^2/\omega_n^2}}\sin(\omega t-\alpha_n) \end{Bmatrix} \tag{3.128}$$

2. 共振振型

当多自由度系统出现共振时，发生共振的那一阶模态响应比其他阶模态的响应大得多，其他阶模态响应可以忽略不计，此时系统所呈现出的振动形状与该阶固有频率对应的固有振型近似相同。例如，出现 1 阶共振时，其响应表达式可写为

$$\begin{Bmatrix} q_1 \\ q_2 \\ \vdots \\ q_n \end{Bmatrix} \approx \begin{bmatrix} \varphi_1^{(1)} & \varphi_1^{(2)} & \cdots & \varphi_1^{(n)} \\ \varphi_2^{(1)} & \varphi_2^{(2)} & \cdots & \varphi_2^{(n)} \\ \vdots & \vdots & \vdots & \vdots \\ \varphi_n^{(1)} & \varphi_n^{(2)} & \cdots & \varphi_n^{(n)} \end{bmatrix} \begin{Bmatrix} \dfrac{\tilde{F}_1}{k_1}\dfrac{1}{2\zeta_1}\sin(\omega t-\alpha_1) \\ 0 \\ \vdots \\ 0 \end{Bmatrix} = \begin{Bmatrix} \varphi_1^{(1)} \\ \varphi_2^{(1)} \\ \vdots \\ \varphi_n^{(1)} \end{Bmatrix} \frac{\tilde{F}_1}{k_1}\frac{1}{2\zeta_1}\sin(\omega t-\alpha_1) \tag{3.129}$$

显然，系统共振时，多自由度系统出现主振动。

3.6 主从系统的耦合振动

3.6.1 主从系统

任何一个复杂的多自由度系统总可以看成由两个或若干个子系统组成。最基本的子系

统是一个单自由度系统，即弹簧、质量和阻尼系统。通常，我们把重点关心的、要进行仔细分析的那个子系统称为主系统，其他并非十分感兴趣的、但对主系统振动性质有影响的子系统称为副系统或从属系统（简称从系统）。例如，船体结构和主机构成的复杂振动系统可视作为两个子系统，这两个子系统通过机座、轴承、减振器等发生关系。在研究船体振动时，可将船体作为主系统，而把主机作为从系统。反之，在研究主机振动时，则视主机为主系统，船体为从系统。因此，主从系统的确定是辩证的，视研究的目的不同而互相转化。一般将主从系统抽象成双质量、双弹簧系统，无阻尼主从振动系统标准力学模型如图 3.18 所示。

3.6.2　主从系统的耦合振动特性

如图 3.21 所示的双质量、双弹簧系统，是将两个由单一质量、弹簧（m_1、k_1 和 m_2、k_2）组成的单自由度系统组合在一起构成的。若 m_1-k_1 系统是我们感兴趣的，则该子系统称为主系统，而 m_2-k_2 称为从系统，接下来讨论主从系统的耦合振动规律。

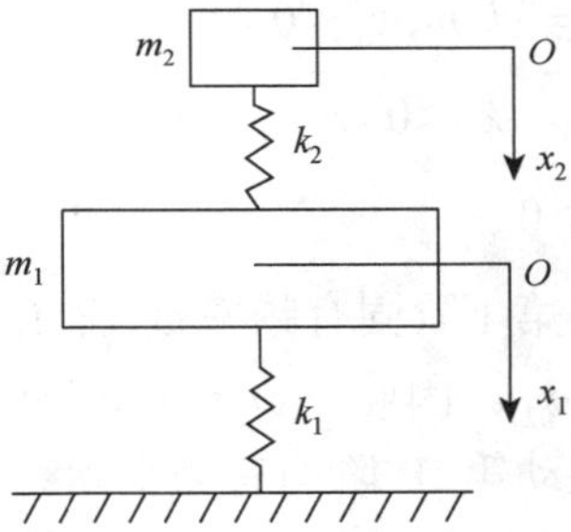

图 3.21　主从系统力学模型

以 m_1 和 m_2 的绝对位移 x_1 和 x_2 为广义坐标，应用达朗贝尔原理可以导出主从系统的无阻尼自由振动方程为

$$\begin{bmatrix} m_1 & \\ & m_2 \end{bmatrix}\begin{Bmatrix} \ddot{x}_1 \\ \ddot{x}_2 \end{Bmatrix}+\begin{bmatrix} k_1+k_2 & -k_2 \\ -k_2 & k_2 \end{bmatrix}\begin{Bmatrix} x_1 \\ x_2 \end{Bmatrix}=\begin{Bmatrix} 0 \\ 0 \end{Bmatrix} \tag{3.130}$$

其固有频率方程为

$$D\left(\omega_n^2\right)=\left(k_1+k_2-m_1\omega_n^2\right)\left(k_2-m_2\omega_n^2\right)-k_2^2=0 \tag{3.131}$$

由此得出固有频率为

$$\omega_{n1,2}^2=\frac{k_1+k_2}{2m_1}+\frac{k_2}{2m_2}\mp\sqrt{\frac{1}{4}\left[\frac{k_1+k_2}{m_1}+\frac{k_2}{m_2}\right]^2-\frac{k_1k_2}{m_1m_2}} \tag{3.132}$$

令

$$\omega_{01}=\sqrt{\frac{k_1}{m_1}},\quad \omega_{02}=\sqrt{\frac{k_2}{m_2}} \tag{3.133}$$

式中：ω_{01}、ω_{02} 分别为主系统和从系统单独存在时的固有频率。

$$k_1 = m_1\omega_{01}^2, \quad k_2 = m_2\omega_{02}^2 \tag{3.134}$$

将式（3.134）代入式（3.131），并将等式两边同除以 $m_1m_2\omega_{01}^4$，并令 $Z=\omega_n^2/\omega_{01}^2$、$\xi=\omega_{02}^2/\omega_{01}^2$、$a=m_2/m_1$，可将主从系统的固有频率方程（3.121）改写为

$$D\left(\omega_n^2\right) = Z^2 - \left[1+(1+a)\xi\right]Z + \xi = 0 \tag{3.135}$$

式中，$Z=\omega_n^2/\omega_{01}^2$，为主从系统耦合振动的无因次固有频率（平方值）；$a=m_2/m_1$，为从系统与主系统的质量比；$\xi=\omega_{02}^2/\omega_{01}^2$，为从系统与主系统的频率系数，其定义域为$[0,\infty]$。

由式（3.135），可得主从系统耦合振动的两个无因次固有频率为

$$Z_{1,2} = \frac{1+(1+a)\xi \mp \sqrt{\left[1+(1+a)\xi\right]^2 - 4\xi}}{2} \tag{3.136}$$

$$Z_1 = \omega_{n1}^2 \Big/ \omega_{01}^2, \quad Z_2 = \omega_{n2}^2 \Big/ \omega_{01}^2 \tag{3.137}$$

式中：ω_{n1} 和 ω_{n2} 分别是主从系统耦合在一起时的第 1 阶和第 2 阶固有频率。

由式（3.131）可以定性地判断主从系统固有频率的区间和变化规律。

（1）当 $\omega_n^2=0$ 时，$D\left(\omega_n^2\right)=k_1k_2>0$。

（2）当 $\omega_n^2=\omega_{01}^2$ 时，$D\left(\omega_n^2\right)=-k_2m_2\omega_{01}^2<0$。

（3）当 $\omega_n^2=\omega_{02}^2$ 时，$D\left(\omega_n^2\right)=-k_2^2<0$。

（4）当 $\omega_n^2\to\infty$ 时，$D\left(\omega_n^2\right)>0$。

可知，主从系统耦合振动的第 1 阶固有频率 ω_{n1} 介于 0 和 ω_{01}，即$<\omega_{01}$，而第 2 阶固有频率 ω_{n2} 介于 ω_{02} 和∞，即$>\omega_{02}$。因此，$\omega_{n1}<\omega_{01}<\omega_{02}<\omega_{n2}$。这表明，两个单自由度振动系统组合在一起后的耦合振动第 1 阶固有频率始终比组成该系统的任何一个子系统单独存在时的固有频率低；耦合振动第 2 阶固有频率则始终高于任何一个子系统单独存在时的固有频率。

由式（3.136）可以分析频率系数 ξ 对主从系统固有频率的影响规律。若两个子系统的固有频率 ω_{01} 和 ω_{02} 相差很大，则 ξ 可视为趋于无穷大或为 0，现讨论这两种极端情情形。

（1）当 $\xi=0$ 时，$Z_1=0$、$Z_2=1$，即 $\omega_{n1}^2=0$、$\omega_{n2}^2=\omega_{01}^2$，由从系统和主系统构成的主从系统的固有频率等于主系统单独存在时的固有频率，此时从系统的存在不影响主系统的固有振动特性，称两个系统耦合很松。

（2）当 $\xi\to\infty$ 时，$Z_1=\dfrac{1}{1+a}$、$Z_2\to\infty$，即 $\omega_{n1}^2=\dfrac{\omega_{01}^2}{1+a}$、$\omega_{n2}^2\to\infty$，这相当于将系统质量 m_2 与主系统质量 m_1 刚性连接在一起。此时，也称两个系统耦合很松。当系统间耦合很松时，无须考虑两个系统间的弹性耦合。

当 $\xi=1$，即主系统和从系统的固有频率相等时，由式（3.136）可得主从系统耦合振动的无因次固有频率为

$$Z_{1,2} = \frac{2+a \mp \sqrt{a(4+a)}}{2} \tag{3.138}$$

主从系统耦合振动的固有频率与主系统、从系统单独存在时的固有频率的差值，取

决于两者的质量比 a。若质量比较大，则系统耦合紧密。质量比近似为 0 时，系统耦合很松。

当 $a=0$ 且 $\xi\neq 1$，即从系统的质量 m_2 与主系统质量 m_1 相比极小而可略去时，由式(3.136)有 $Z_1\approx 1$、$Z_2\approx\xi$，即 $\omega_{n1}\approx\omega_{01}$、$\omega_{n2}\approx\omega_{02}$，主从系统耦合振动的固有频率 ω_{n1}、ω_{n2} 与两个子系统单独存在时的固有频率相差甚微。此时，称两个系统耦合很松。

随着 a 增大，耦合系统的固有频率 ω_{n1}、ω_{n2} 和子系统的固有频率 ω_{01}、ω_{02} 差异也增大，主从系统的耦合作用也越来越强。图 3.22 为主从系统耦合振动特性的变化规律，其中虚线和点划线是式（3.136）中两个根的渐近线，即主从系统耦合振动的两个固有频率的渐近线；而实线是两个固有频率的变化规律。

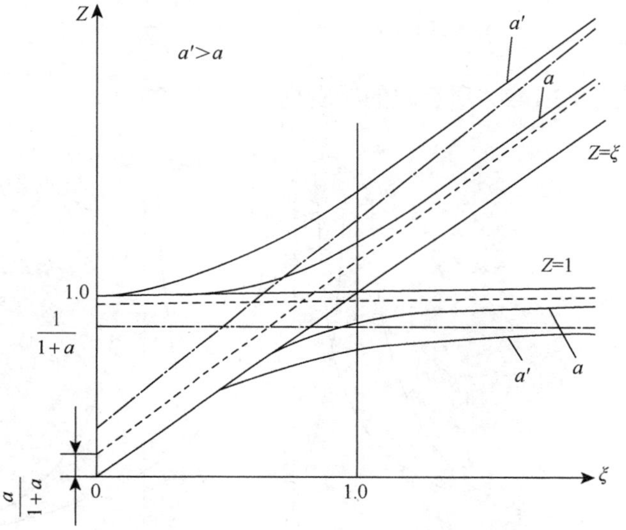

图 3.22　主从系统耦合振动特性

主从系统的耦合振动特性对舰艇振动分析十分重要。如果称主系统 m_1 的振动为总振动，从系统 m_2 的振动为局部振动，则以上的分析表明，当局部振动的质量 m_2 远小于总振动的质量 m_1 时，或局部振动的固有频率与总振动固有频率相差甚远时，可忽略两者的耦合作用。因此，在计算船体总振动最初的几个固有频率时，常不考虑船体局部振动的影响。船体摇摆和船体振动可分别计算的原因也在于前者的固有频率比后者小 1 个数量级（船体摇摆固有频率的数量级为 0.1 次/s，而船体振动第 1 阶固有频率的数量级为 1 次/s 以上）。

3.6.3　主从系统的强迫振动响应

设主系统受到简谐强迫力 $F_0\sin\omega t$ 的作用，由达朗贝尔原理得到主从系统的强迫振动方程为

$$\begin{bmatrix} m_1 & \\ & m_2 \end{bmatrix}\begin{Bmatrix} \ddot{x}_1 \\ \ddot{x}_2 \end{Bmatrix}+\begin{bmatrix} k_1+k_2 & -k_2 \\ -k_2 & k_2 \end{bmatrix}\begin{Bmatrix} x_1 \\ x_2 \end{Bmatrix}=\begin{Bmatrix} F_0\sin\omega t \\ 0 \end{Bmatrix} \tag{3.139}$$

设其稳态响应为

$$\begin{cases} x_1 = A_1 \sin \omega t \\ x_2 = A_2 \sin \omega t \end{cases} \tag{3.140}$$

由此得到

$$A_1 = \frac{\left(k_2 - m_2\omega^2\right)F_0}{\left(k_1 + k_2 - m_1\omega^2\right)\left(k_2 - m_2\omega^2\right) - k_2^2} \tag{3.141}$$

$$A_2 = \frac{k_2 F_0}{\left(k_1 + k_2 - m_1\omega^2\right)\left(k_2 - m_2\omega^2\right) - k_2^2} \tag{3.142}$$

若不存在从系统，主系统在 $F_0 \sin \omega t$ 作用下的稳态响应为

$$\tilde{x}_1 = \tilde{A}_1 \sin \omega t, \quad \tilde{A}_1 = \frac{F_0 / k_1}{1 - \omega^2 / \omega_{01}^2} \tag{3.143}$$

式（3.141）和式（3.142）所反映的响应规律如图 3.23 所示。

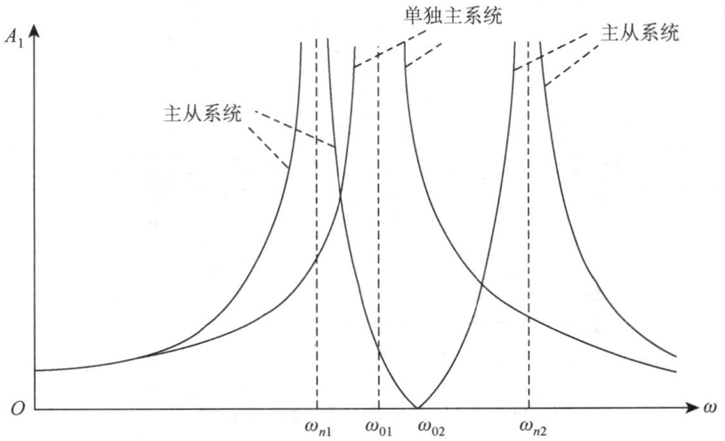

图 3.23　主从系统在简谐强迫力作用下的复频响应曲线

由式（3.140）～式（3.142）可知，当 $\omega^2 = \dfrac{k_2}{m_2}$ 时，主系统质量的振幅 A_1 为 0，即从系统的固有频率等于激励频率时，从系统通过弹簧 k_2 将一个与激励力 F_0 大小相等、方向相反的力加到主质量 m_1 上，正好与主系统上的激励力相抵消，从而消除主系统的振动，这便是动力吸振器的消振机理。此时，从系统质量的振幅为

$$A_2 = -\frac{F_0}{K_2} \tag{3.144}$$

由图 3.23 可以看出，主从系统出现了两个新的共振频率 ω_{n1} 与 ω_{n2}，由式（3.132）确定。因此，当激励频率 ω 等于 ω_{n1} 或 ω_{n2} 时，系统将产生新的共振。设计动力吸振器时，为了消除主系统的振动，同时又避免产生新的共振，应使主系统在远离新的共振点的频率范围内工作，两个固有频率 ω_{n1} 与 ω_{n2} 应相距较远，这可以通过适当地选取质量比 a 来实现。

机器运转时，由于不平衡力 $F_0 \sin \omega t$ 的作用，机器会产生振动。当激励频率 ω 接近系统固有频率时，机器产生剧烈振动或出现共振现象。如果该系统的参数及机器的运转速度都无法改变，可采用动力吸振器加以解决。

由以前的叙述，可以得到如下的动力吸振器设计方法：以质量 m_1 和弹簧 k_1 构成单自由度系统模型模拟某机器及其基座的减振系统，作为主系统。在此主系统上附加一个 m_2 - k_2 的从系统，作为动力吸振器。适当选择从系统的质量和刚度，让附加的从系统单独存在的固有频率等于激励频率（即取图 3.23 中的 ω_{02} 点），且使机器及其基座的减振系统和动力吸振器构成的主从系统的共振频率 ω_{n1} 和 ω_{n2} 有较大的差距，这样可大大减小主系统的振动响应。

习 题 3

3.1　刚性梁上有两个集中质量，该梁用两个垂向弹簧支承，如图题 3.1 所示，设此梁的水平方向移动很小，可以略去，试用达朗贝尔原理列出其运动微分方程，并画出所有必需的分离体受力图。

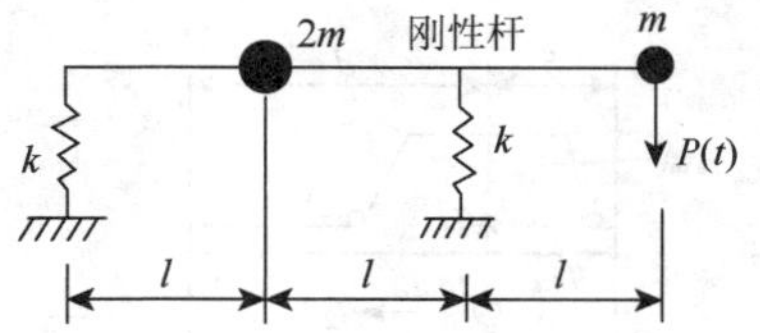

图题 3.1

3.2　风洞试验中的机翼翼段用图题 3.2 所示的两自由度系统模拟。不计其水平方向运动，用 C 点的垂向位移和转角作为广义坐标，设振动运动的转角很小。翼段的质量为 m，绕重心 G 的转动惯量为 J_G，重心与支持点 C 的距离为 e，支承弹簧是刚度为 k_u 的线弹簧和刚度为 k_θ 的扭转弹簧。试用达朗贝尔原理列出其运动微分方程，并画出所有必需的分离体受力图。

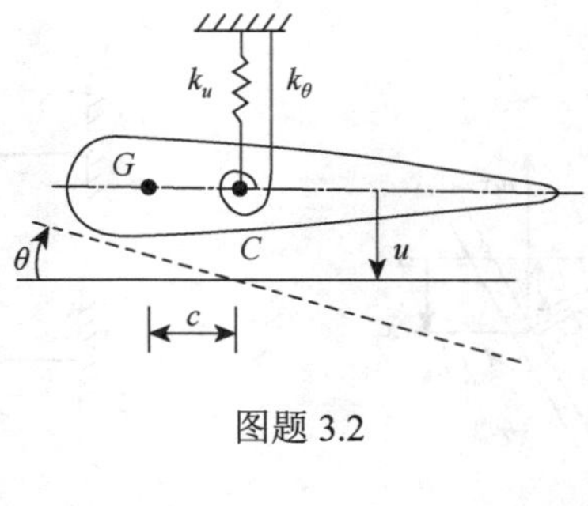

图题 3.2

3.3　用拉格朗日第二类方程建立图题 3.3 所示系统的运动方程。

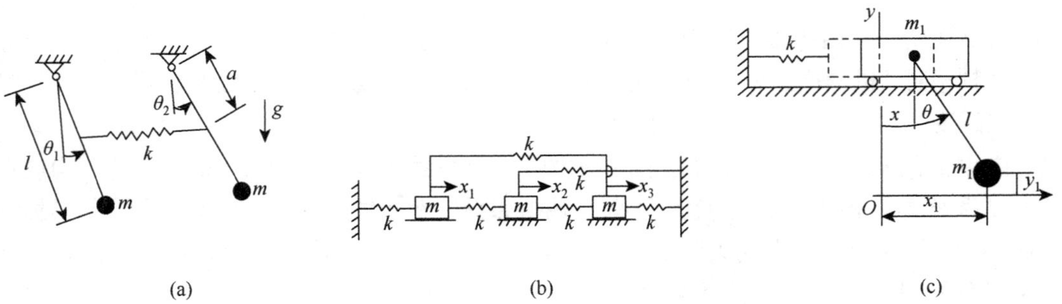

图题 3.3

3.4　用图题 3.4 所示模型模拟某“机翼 + 机身”系统的对称振动，其中 m_1 表示机身质量，机翼质量为 m_2，两者用长度为 l 的刚性梁连接。机翼的弹性用机翼和机身之间的扭转弹簧 k_θ 模拟，设 θ 为小量，求其振动微分方程。

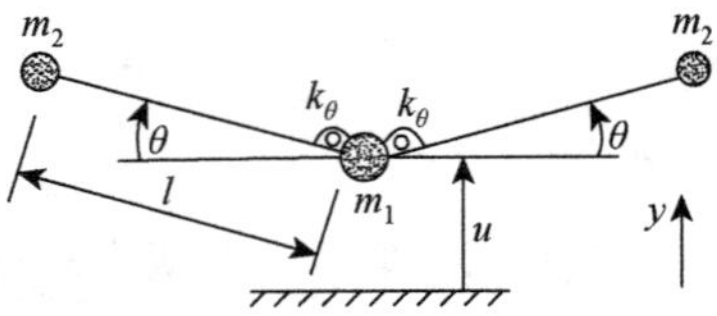

图题 3.4

3.5　为将机器产生的振动与周围隔离，将其安装在一个大的水泥块上，并用弹簧支承，试分析系统在平面内的运动，见图题 3.5。

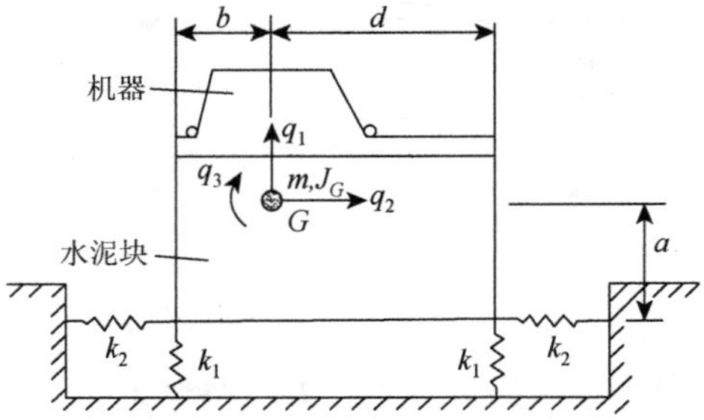

图题 3.5

3.6　某轴一端固定，另一端有一个转盘，见图题 3.6。设轴在静平衡状态是水平的，轴的弯曲刚度为 EI，转盘的转动惯量 $J = mR^4/4$，$R = l/4$，转盘的质量为 m。用影响系数法列出其运动方程。

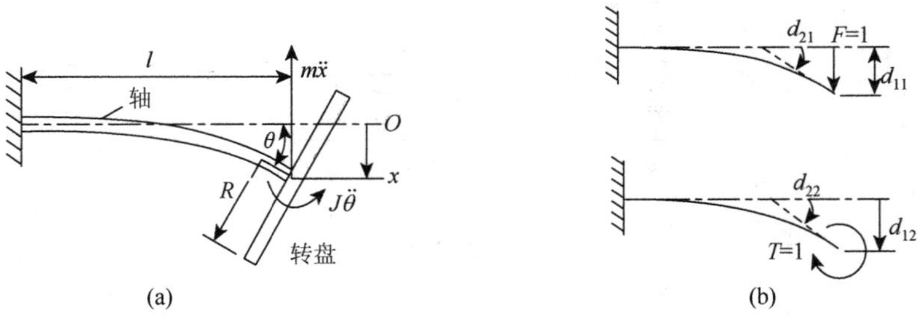

图题 3.6

3.7　某简支梁见图题 3.7，梁本身质量不计，梁上有一薄圆盘，用影响系数法列出其运动方程。

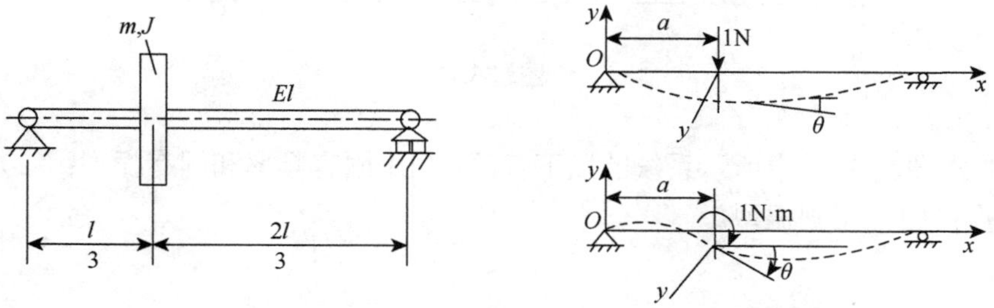

(a) 振动系统　　(b) 确定影响系数

图题 3.7

3.8　如图题 3.8 所示为一均质刚性梁，质量为 m，两端用弹簧悬挂，使其在水平位置处于平衡，试列出其运动微分方程，并求梁在铅垂平面内微幅振动时的固有频率和固有振型。

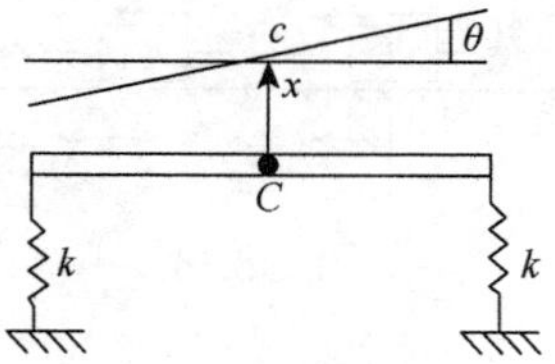

图题 3.8

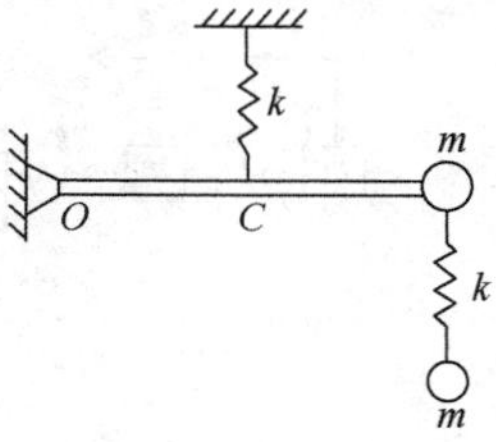

图题 3.9

3.9　如图题 3.9 所示的系统中，某刚性无重量梁可绕 O 点转动，其端点固结质量为 m，并用弹簧悬挂另一质量 m。在梁的中点 C 用弹簧支承，并使其水平为平衡位置，试求系统的固有频率和固有振型。

3.10　如图题 3.10 所示的汽车和拖车的合成系统中，汽车质量 $m_1 = 2\,000$ kg，拖车质量 $m_2 = 500$ kg，挂钩的刚度系数 $k = 150$ N/mm，试确定“汽车 + 拖车”系统的固有频率和固有振型。

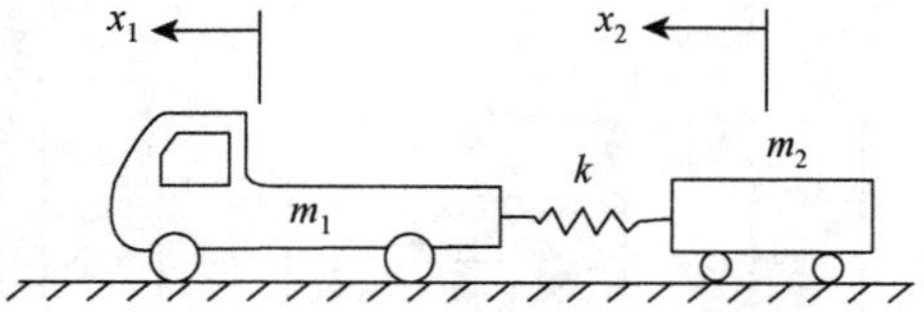

图题 3.10

3.11　求图题 3.11 中三质量弹簧系统的固有频率和固有振型，不计梁的质量（提示：可以利用正对称条件和反对称条件）。

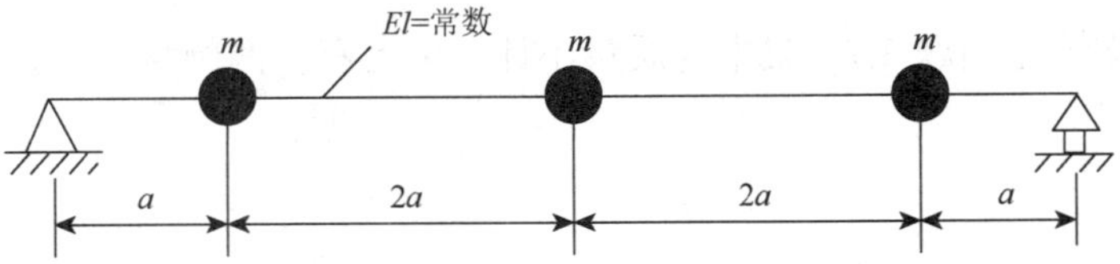

图题 3.11

3.12　求图题 3.12 中所示系统的以下各项：（1）固有频率和固有振型；（2）模态质量和模态刚度；（3）正则振型。

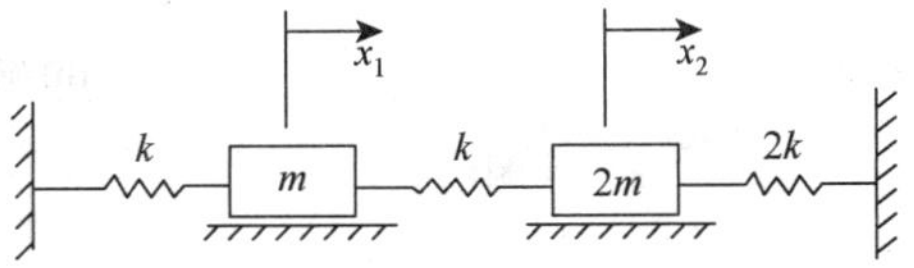

图题 3.12

3.13　应用振型叠加法求图题 3.13 中所示系统对于初始条件 $x^{\mathrm{T}}=\{0 \quad x_0\}$，$\dot{x}^{\mathrm{T}}=0$ 的响应。

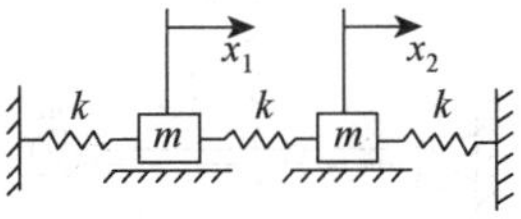

图题 3.13

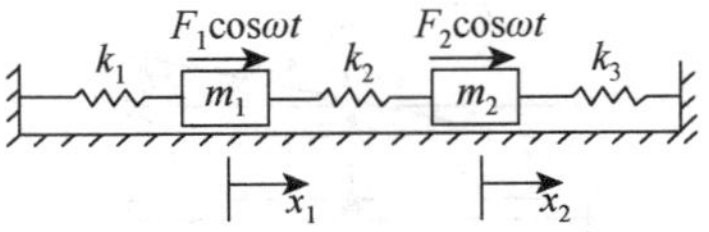

图题 3.14

3.14　试用图题 3.14 中所示的系统证明在共振时，系统按固有振型振动。

3.15　某无阻尼系统运动微分方程为

$$\begin{bmatrix}4 & 0\\0 & 1\end{bmatrix}\begin{Bmatrix}\ddot{q}_1\\\ddot{q}_2\end{Bmatrix}+\begin{bmatrix}24 & -4\\-4 & 6\end{bmatrix}\begin{Bmatrix}q_1\\q_2\end{Bmatrix}=\begin{Bmatrix}8\\0\end{Bmatrix}$$

试求：（1）振型矩阵和正则振型矩阵；（2）用主坐标表示的运动微分方程；（3）用正则坐标表示的运动微分方程。

3.16　试求图题 3.16 所示系统的特征矩阵，并进行主模态分析；求其固有频率和固有振型，并叙述这种具有对称结构的系统的主模态的特点（提示：可以利用正对称条件和反对称条件）。

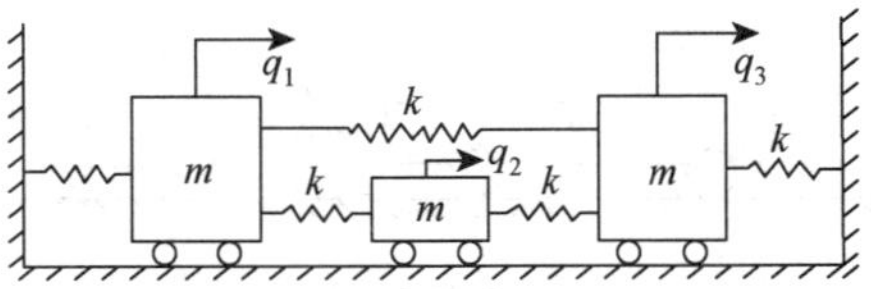

图题 3.16

3.17　试考察图题 3.17 中所示的系统，分别用瑞利法、里茨法求系统的基频和第 1

阶振型的近似解，并设法得到其可能的比较接近精确值的解。

图题 3.17

3.18　将一等直简支梁分成 4 段，每段质量平均集中到该段两端，从而简化成如图题 3.18 所示的具有集中质量的简支梁，试用瑞利法估算其基频，并与简支梁的精确解 $\omega_{n1}=\pi^2\sqrt{\dfrac{EI}{ml^2}}$ 进行比较。

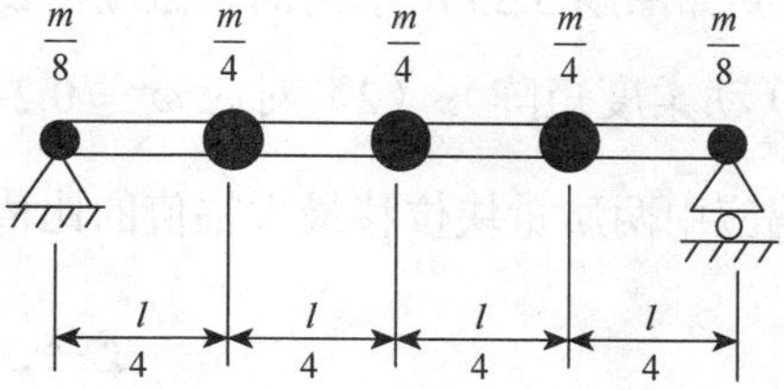

图题 3.18

3.19　用里茨法求解题 3.18 中的第 1 阶和第 2 阶固有频率。

3.20　用矩阵迭代法求解题 3.18 中的第 1 阶和第 3 阶固有频率和固有振型。

3.21　图题 3.21 为一无重量（$m'=0$）的绝对刚性梁，左端铰支，右端有一集中质量 m_1，它的下面用弹簧 k_1 悬挂一质量 m_2， m_2 上受矩形脉冲力 $F(t)$ 的作用。已知 $m_1 = m_2 = m$ 、$k_1 = 4k$ 、$k_2 = k$ ，试用振型叠加法求出系统在力 $F(t)$ 作用下的位移响应。

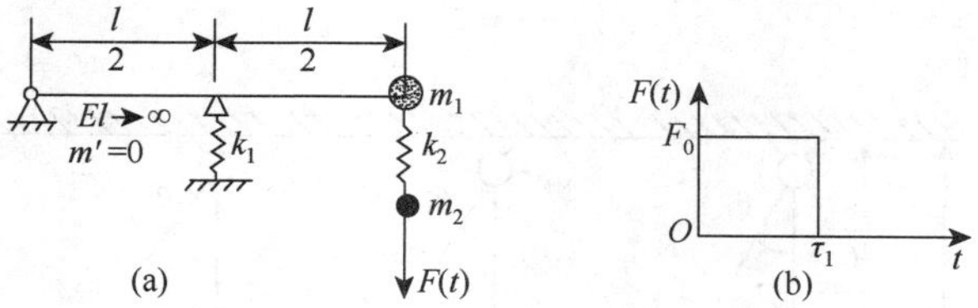

图题 3.21

3.22　某舰艇辅机舱内装有一台 4135 柴油发电机，机组用弹簧减振器与船底相连接。机组、船底板架和船体的关系可视为一个两自由度系统，如图题 3.22 所示。已知发电机组的干扰力为 $Q(t) = 10\,500\sin(100\pi t)$ ，两质量分别为 $m_1 = 2.48\times10^3\,\text{kg}$、$m_2 = 1.54\times10^3\,\text{kg}$ ，两弹簧的刚度分别为 $k_1 = 4.10\times10^7\,\text{N/m}$、$k_2 = 2.2\times10^6\,\text{N/m}$ ，试求出船体所受到的动载荷和减振器的隔振效率。

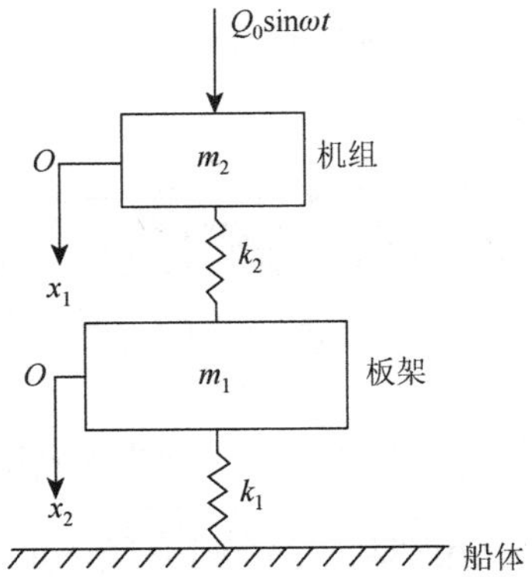

图题 3.22

3.23　两自由度系统受到如图题 3.23 所示的简谐激励，试求：(1) 系统的刚度矩阵、质量矩阵和传递函数矩阵（动柔度矩阵）；(2) 对应 $\omega^2 = 0.2\dfrac{k}{m}$、$\omega^2 = 0.5\dfrac{k}{m}$、$\omega^2 = \dfrac{3k}{m}$ 的三种情况，分别写出稳态响应中两质量块位移最大幅值的比值。

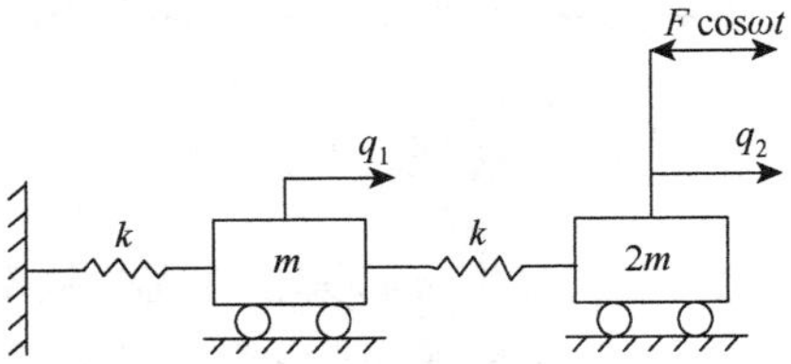

图题 3.23

3.24　三个单摆由两个弹簧连接，如图题 3.24 所示。令 $m_1 = m_2 = m$，$k_1 = k_2 = k$。(1) 试以 θ_1、θ_2 和 θ_3 为广义坐标，建立系统的运动微分方程；(2) 求出系统的固有频率及相应的固有振型。

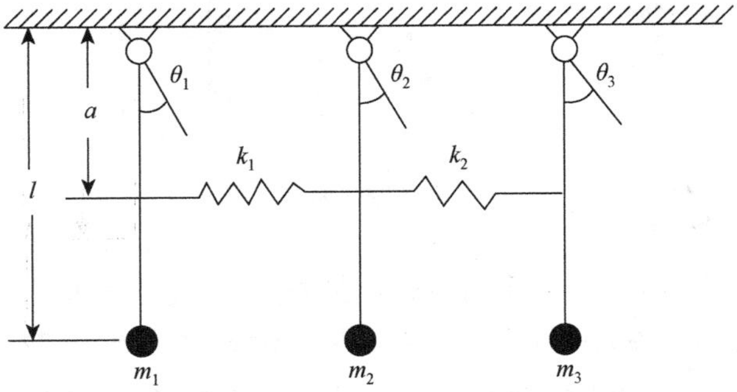

图题 3.24

第 4 章　分布参数系统的振动

4.1　分布参数系统与舰艇结构特点

4.1.1　分布参数系统

系统的质量、弹性与阻尼分布在一个几何空间，互相依存，难以分割开，称为分布参数系统。分布参数系统又称连续系统，如常见的梁、杆或板等结构单元。与连续系统相对应的是离散系统，离散系统具有理想化的点质量、弹簧和阻尼特性，之间是相互分离的。离散系统是有限自由度系统（即单自由度系统和多自由度系统），连续系统是无限自由度系统。由于分布参数系统的质量分布在一个几何空间内，若以质点位移为广义坐标描述分布参数系统（连续系统）任一瞬时的状态，则需要无限多个广义坐标，所以分布参数系统又可称为无限自由度系统。

一般采用空间和时间这两种参变量描述分布参数系统（连续系统）的振动，这时运动方程不是常微分方程组，而是偏微分方程。求解离散参数系统的振动响应，一般仅涉及系统的初始条件，但对于分布参数系统，还涉及系统的边界条件。

一般来说，离散系统是复杂连续系统的近似，用离散系统模拟连续系统可使问题得到简化。直接从连续系统出发建立振动微分方程、分析振动系统的特性，可以加深对振动系统本质的理解，并有利于将连续系统简化成适当的离散系统。此外，连续系统模型在许多实际结构的振动分析方面也是简捷和有效的，因此本章介绍分布参数系统（即连续系统）振动分析理论。

本章所介绍的连续系统振动分析理论，使用的基本假设如下：材料均匀、各向同性并服从胡克定律，微幅振动。

4.1.2　舰艇结构特点与简单连续体构件

舰艇是指能航行、停泊于水域，从事运载、作战、作业、科研等活动的水上构造物，如图 4.1 所示。整个舰艇可分为上层建筑和主船体结构，从细节上看，舰艇由骨架和板材结合而成。

位于强力甲板以下的船体结构，称为主船体结构。从宏观上来看，常规排水型舰艇的主船体结构具有细长的特征，是一根“船体梁”。舰艇的骨架是“梁系结构”，有肋骨框架（刚架）、甲板板架、船底板架、舷侧板架（交叉梁系）等。这些结构均是由细长的材料制造而成的，基本结构单元是典型的梁。船体结构中的板材，有外板、船底板、甲板、舱壁

图 4.1　舰艇结构

板等，这些板材受骨架支持，被骨架分成许多的板格，形成基本结构单元——板。小型骨材和板组合在一起，形成加筋板结构。

位于强力甲板以上的各种围蔽建筑物结构，称为上层建筑结构。上层建筑结构也是由骨架和板材构成的，基本结构单元依然是梁和板。

杆、梁、板、板架、刚架和加筋板模型是进行舰艇结构振动分析时常用的连续体力学模型。对舰艇结构进行振动分析时，常将复杂的船体结构简化成上述简单连续体，然后建立振动微分方程进行振动性能分析。梁（杆）、板是最简单的连续体构件，其振动理论也是分析复杂连续系统的理论基础，本章重点介绍上述结构单元的振动分析方法。

4.2　梁的纵向振动和扭转振动

4.2.1　运动方程

1. 纵向振动

梁振动时，任一质点的运动方向总是在梁的轴线上时，称梁产生了纵向振动。设某细长的均匀直梁，其轴线位于 x 轴上，梁在 x 轴线方向纵向振动，梁的截面面积为 A，材料密度为 ρ，弹性模量为 E。梁在振动过程中满足平断面假设，因而同一剖面的质点具有相同的位移，用 $u(x,t)$ 表示梁上位置坐标为 x 的剖面在任意时刻的位置（即剖面纵向位移），位移的正方向与 x 轴的正向相同，如图 4.2 所示。显然，梁纵向振动时，处于单向应力状态，用 $T(x,t)$ 表示 x 剖面处的轴向力。

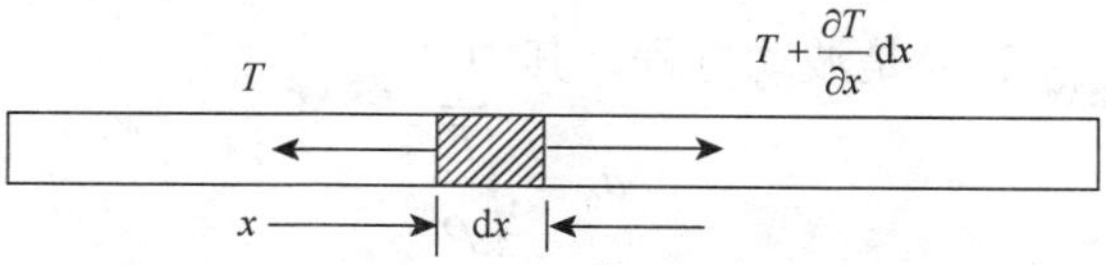

(a) 坐标系

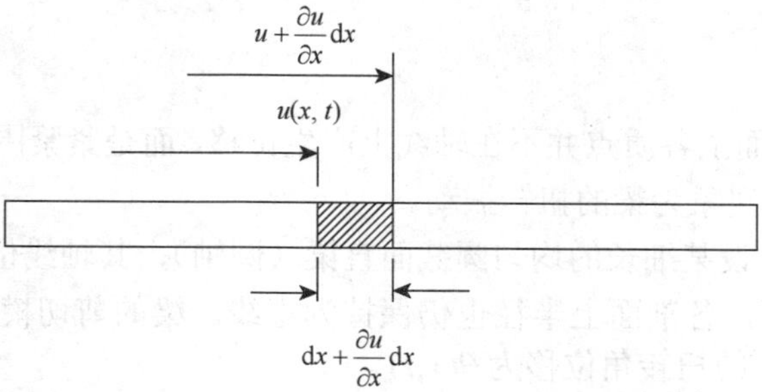

(b) 微段变形

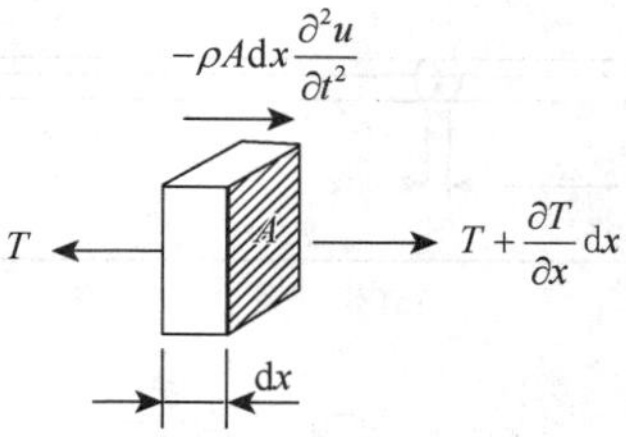

(c) 微段受力

图 4.2　直梁的纵向振动

从梁上截取长为 dx 的微段，应用达朗贝尔原理，微段受力如图 4.2（b）所示。在 x 方向，其合力为 0，有

$$\frac{\partial T}{\partial x}=\rho A\frac{\partial^2 u}{\partial t^2} \tag{4.1}$$

纵向振动时，在任一瞬时，梁的应变为

$$\varepsilon=\left(\frac{\left[u(x,t)+\frac{\partial u}{\partial x}\mathrm{d}x\right]-u(x,t)}{\mathrm{d}x}\right)=\frac{\partial u}{\partial x} \tag{4.2a}$$

由胡克定律有

$$\frac{T}{AE}=\frac{\partial u}{\partial x} \tag{4.2b}$$

将式（4.2b）代入式（4.1）有

$$\frac{\partial^2 u}{\partial t^2}=\frac{E}{\rho}\frac{\partial^2 u}{\partial x^2} \tag{4.3a}$$

记为

$$\ddot{u}=a^2u'' \tag{4.3b}$$

式（4.3a）和式（4.3b）是波动方程，其中

$$a_0 = \sqrt{\frac{E}{\rho}} \tag{4.4}$$

式中：a_0表示位移或应力波在梁中的传播速度。

2. 扭转振动

梁振动时，其截面上各质点并不在轴线上产生位移，而是紧紧围绕梁的轴线做旋转往复运动，称这种振动现象为梁的扭转振动。

如图 4.3 所示，设某细长的均匀圆截面直梁（圆轴），其轴线位于 x 轴上，扭转振动时各剖面仍保持平面，各剖面上半径也仍保持为直线。梁的剪切模量为 G，剖面的极惯性矩为 J_p，任意剖面的扭转角位移为 $\theta(x,t)$。

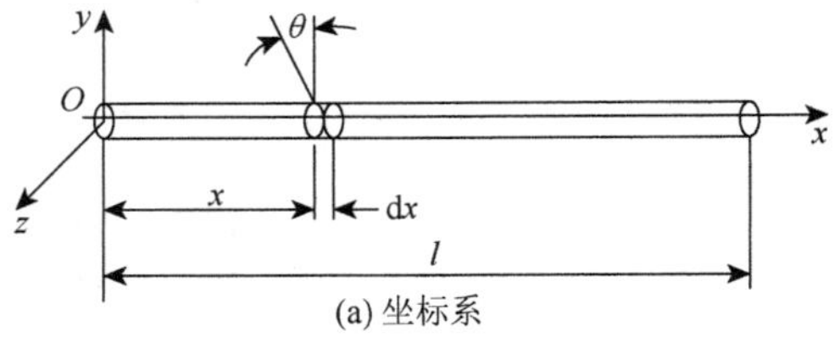

(a) 坐标系

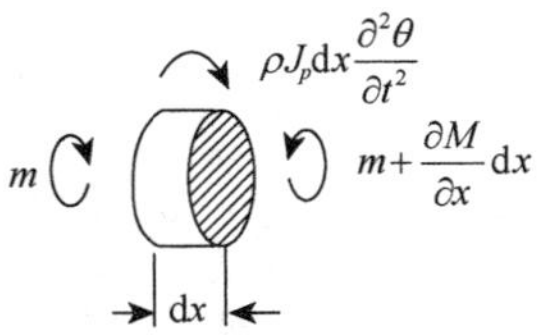

(b) 微段受力分析

图 4.3　圆截面直梁（圆轴）的扭转振动

从梁上截取长为 dx 的微段，应用达朗贝尔原理，微段受力如图 4.3（b）所示。由力矩平衡，得

$$\frac{\partial M}{\partial x} = \rho J_p \frac{\partial^2 \theta}{\partial t^2} \tag{4.5}$$

由材料力学可知，在微段的扭矩 M 和扭率 $\frac{\partial \theta}{\partial x}$ 之间有以下关系：

$$M = GJ_p \frac{\partial \theta}{\partial x} \tag{4.6}$$

将式（4.6）代入式（4.5），得

$$\frac{\partial^2 \theta}{\partial t^2} = b^2 \frac{\partial^2 \theta}{\partial x^2} \tag{4.7a}$$

记为

$$\ddot{\theta} = b^2 \theta'' \tag{4.7b}$$

式中：b 为扭转波在材料中的传播速度。

梁的扭转振动方程依然是波动方程，其中

$$b = \sqrt{\frac{G}{\rho}} \tag{4.8}$$

对于非圆剖面，引入与横剖面尺寸有关的系数K'对极惯性矩J_p进行修正，扭矩和扭率的关系式改为

$$M = K'GJ_p \frac{\partial \theta}{\partial x} \tag{4.9}$$

此时，式（4.7）中的b为

$$b = \sqrt{\frac{K'G}{\rho}} \tag{4.10}$$

4.2.2　振动微分方程的解

纵向振动和扭转振动方程具有同样的形式，可以一并进行讨论。应用分离变量法求解梁的纵向振动和扭转振动微分方程。首先求解纵向振动，设纵向振动位移为

$$u(x,t) = \varphi(x)p(t) \tag{4.11}$$

代入式（4.3），得

$$\frac{a_0^2\varphi''(x)}{\varphi(x)} = \frac{\ddot{p}(t)}{p(t)}\left(= -\omega_n^2\right) \tag{4.12}$$

由式（4.12）得出两个常微分方程：

$$\ddot{p}(t) + \omega_n^2 p(t) = 0 \tag{4.13}$$

$$\varphi''(x) + \mu^2\varphi(x) = 0 \tag{4.14}$$

式中：μ是梁纵向振动的固有频率参数。

$$\mu = \frac{\omega_n}{a} = \omega_n\sqrt{\frac{\rho}{E}} \tag{4.15}$$

称$p(t)$为主坐标函数，$\varphi(x)$为主振型函数，由式（4.13）和式（4.14）解得

$$p(t) = A\cos\omega_n t + B\sin\omega_n t \tag{4.16}$$

$$\varphi(x) = C\cos\mu x + D\sin\mu x \tag{4.17}$$

式中：常数A、B由初始条件确定；常数C、D由边界条件确定。

由式（4.3）和式（4.7）可知，梁做纵向振动和扭转振动时，其振动微分方程在形式上完全相同，显然，扭转振动的主坐标函数和主振型函数与纵向振动相同，均为式（4.16）和式（4.17）。将式（4.11）～式（4.17）应用于扭转振动时，$u(x,t)$表示梁截面的扭转角，有

$$\mu = \frac{\omega_n}{b} = \omega_n\sqrt{\frac{\rho}{G}} \tag{4.18}$$

例 4.1　长为l的两端自由的梁，材料弹性模量为E，密度为ρ，求纵向振动时的固有频率和主振型。

解：两端自由边界条件是，梁端的纵向力为 0。

$$\frac{\partial u}{\partial x}=0,\quad x=0,l \tag{4.19a}$$

代入式（4.11）后，得到用振型函数表示的边界条件：

$$\varphi'(0)=0,\quad \varphi'(l)=0 \tag{4.19b}$$

将式（4.19b）代入式（4.17），解得

$$\begin{cases}D=0\\ C\sin\mu l=0\end{cases} \tag{4.19c}$$

有

$$\sin\mu l=0 \tag{4.19d}$$

$$\varphi(x)=C\cos\mu x \tag{4.19e}$$

式（4.19d）称为频率方程，可解出频率参数如下：

$$\mu_j=\frac{j\pi}{l}\quad (j=1,2,3,\cdots) \tag{4.19f}$$

代入式（4.15），得到固有频率为

$$\omega_{nj}=\mu_j a_0=\frac{j\pi}{l}\sqrt{\frac{E}{\rho}}\quad (j=1,2,3,\cdots) \tag{4.19g}$$

相应于每一个固有频率，各有一个固有振型：

$$\varphi_j(x)=C_j\cos\mu_j x=C_j\cos\frac{j\pi}{l}x\quad (j=1,2,3,\cdots) \tag{4.19h}$$

由式（4.19g）和式（4.19h）可以发现，梁纵向振动时，有无限多个固有频率 ω_{nj} 和固有振型 $\varphi_j(x)$ (j = 1, 2, 3, ⋯)。这个结论可以推广到其他任何连续系统，换言之，连续系统具有无限多个自由度。

以纵向位移的无因次振幅为纵坐标、横剖面位置为横坐标，可绘制纵向振动振型图，如图 4.4 所示。图 4.4 所示为全自由均匀直梁纵向振动的前三阶振型，即 $j=1,2,3$ 。图中，振幅始终为 0 的点称为“波节”或“节点”，振幅最大的点称为“波腹”。

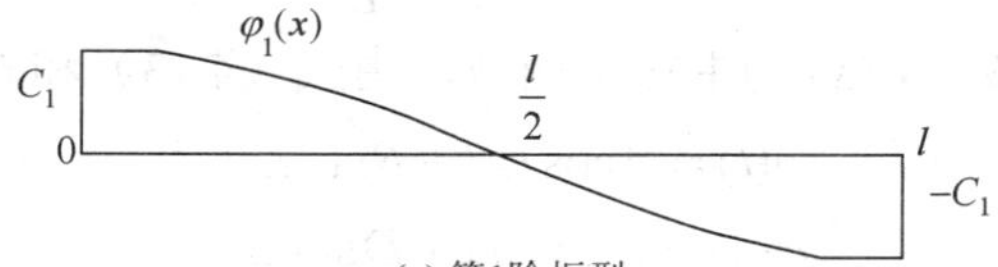

(a) 第1阶振型

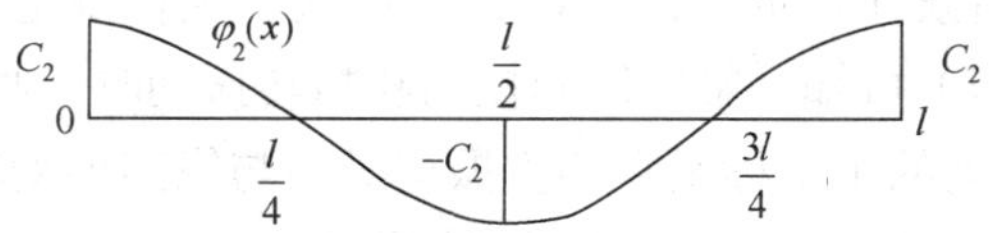

(b) 第2阶振型

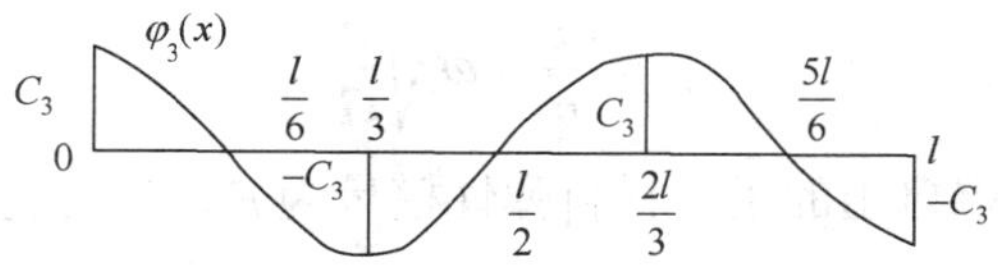

(c) 第3阶振型

图 4.4　全自由均匀直梁纵向振动的前三阶振型

自由振动的全解，由线性系统的叠加原理导出：

$$
\begin{aligned}
u(x,t) &= \sum_{j=1}^{\infty} \varphi_j(x) p_j(t) \\
&= \sum_{j=1}^{\infty} \cos\frac{j\pi}{l} x \left(A_j \cos\omega_{nj} t + B_j \sin\omega_{nj} t \right)
\end{aligned}
\tag{4.19i}
$$

式（4.19i）中，振型 $\varphi_j(x)$ 中的待定常数 C_j 已一并归入常数 A_j 和 B_j 中，由初始条件 $u(x,0)$ 和 $\dot{u}(x,0)$ 决定，这说明振幅大小是与初始条件有关的。

例 4.2　某油井的钻管下端与装有钻头的钻梁连在一起，设钻管是均匀的，上端固定，设钻管长 l，钻管自身的惯性扭矩为 J_b，钻梁和钻头可用惯性扭矩为 J_0 的终端惯量来替代，如图 4.5 所示，试导出其固有频率的计算式。

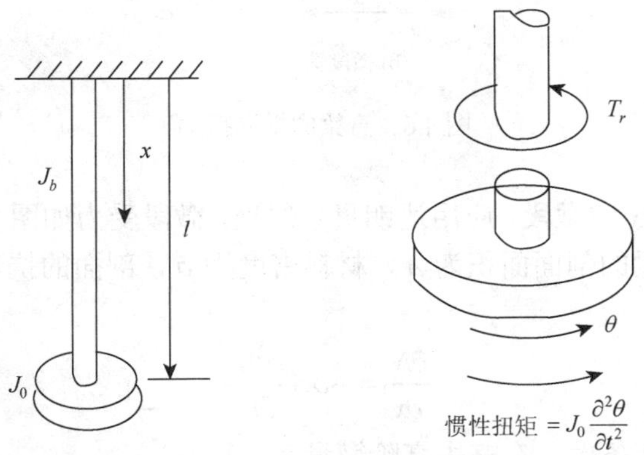

图 4.5　油井钻头和钻管示意图

解：钻管上端的边界条件是转角为 0；下端因钻梁和钻头的旋转惯性，作用一个惯性扭矩于钻管，即

$$
\begin{cases}
\theta = 0 \quad (x=0) \\
M = -J_0 \dfrac{\partial^2\theta}{\partial t^2} \quad (x=l)
\end{cases}
\tag{4.20a}
$$

固有频率计算式为（作为练习，读者自行推导）

$$
\beta = \tan\beta = \frac{GJ_b}{\omega_n^2 J_0}, \quad \beta = \omega_n l \sqrt{\frac{\rho}{G}}
\tag{4.20b}
$$

4.3　直梁的横向自由振动

4.3.1　运动方程

梁做振动时，截面上质点的运动方向与轴线垂直，称为横向振动，又称为弯曲振动。当梁在 xOz 平面内发生横向振动时［图 4.6（a)］，如果仅考虑由弯矩引起的位移 $W(x,t)$，

不考虑剪切对位移的影响，则这种梁称为欧拉-伯努利梁。

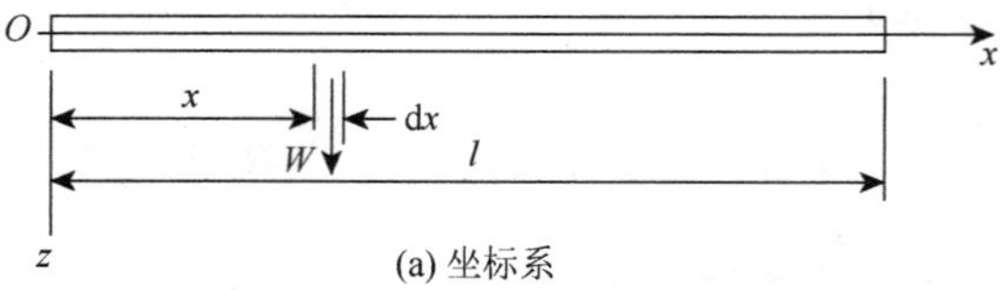

(a) 坐标系

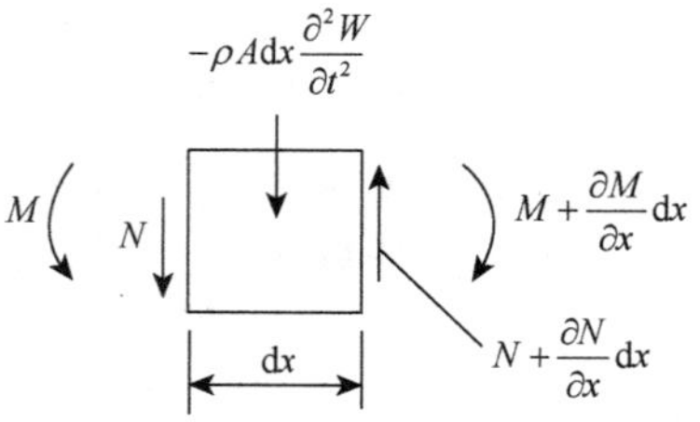

(b) 微段受力

图 4.6　直梁的横向振动

从梁上截取长为 $\mathrm{d}x$ 的微段，应用达朗贝尔原理，微段受力如图 4.6（b）所示，图中 M 为弯矩，N 为剪力，梁的剖面面积为 A，材料密度为 ρ，剖面的抗弯刚度为 $EI(x)$，由垂向平衡条件，有

$$\frac{\partial N}{\partial x}=-\rho A\frac{\partial^2 W}{\partial t^2} \tag{4.21}$$

由微段的力矩平衡条件，在略去高阶微量后，可得

$$N=\frac{\partial M}{\partial x} \tag{4.22}$$

由梁的弯曲理论，弯矩和曲率之间有以下关系式：

$$M=EI(x)\frac{\partial^2 W}{\partial x^2} \tag{4.23}$$

将式（4.22）和式（4.23）代入式（4.21），得横向自由振动的微分方程为

$$\frac{\partial^2}{\partial x^2}EI(x)\frac{\partial^2 W}{\partial x^2}+\rho A\frac{\partial^2 W}{\partial t^2}=0 \tag{4.24}$$

式（4.24）又常称欧拉-伯努利梁的横向振动方程。

4.3.2　振动微分方程的解

式（4.24）可以简写为以下形式：

$$(EIW'')''+\rho A\ddot{W}=0 \tag{4.25}$$

应用分离变量法求解，设

$$W(x,t)=\varphi(x)p(t) \tag{4.26}$$

式中：$\varphi(x)$ 为仅取决于位置 x 的函数，称为振型函数；$p(t)$ 为仅取决于时间 t 的函数，称为坐标函数。

将式（4.26）代入式（4.25）后，可得

$$\frac{(EI\varphi'')''}{\rho A\varphi}=-\frac{\ddot{p}}{p}=\omega_n^2 \tag{4.27}$$

则由式（4.27）得到两个常微分方程为

$$(EI\varphi'')''-\omega_n^2\rho A\varphi=0 \tag{4.28}$$

$$\ddot{p}+\omega_n^2 p=0 \tag{4.29}$$

当梁为等截面且均质时，式（4.28）为

$$\varphi''''(x)-\mu^4\varphi(x)=0 \tag{4.30}$$

式中：

$$\mu^4=\frac{\rho A\omega_n^2}{EI}\text{或}\ \omega_n=\mu^2\sqrt{\frac{EI}{\rho A}} \tag{4.31}$$

设式（4.30）的解为 $\varphi(x)=\mathrm{e}^{rx}$，将其代入式（4.30）得到特征方程为

$$r^4-\mu^4=0 \tag{4.32}$$

特征根为 $\pm\mathrm{i}\mu$ 和 $\pm\mu$，式（4.30）的一般解为

$$\varphi(x)=A_1\mathrm{e}^{\mu x}+A_2\mathrm{e}^{-\mu x}+A_3\mathrm{e}^{\mathrm{i}\mu x}+A_4\mathrm{e}^{-\mathrm{i}\mu x} \tag{4.33}$$

利用数学中的欧拉公式，可以将式（4.33）写为

$$\varphi(x)=B_1\sin\mu x+B_2\cos\mu x+B_3\mathrm{sh}\mu x+B_4\mathrm{ch}\mu x \tag{4.34}$$

式（4.34）就是梁横振动的振型函数，有 5 个待定常数，其中 4 个是振幅常数，1 个是特征值 μ，需用边界条件确定。

单跨梁常用的边界条件如表 4.1 所示，其中弹性支承与集中质量边界条件所对应的力学模型如图 4.7 所示。单跨梁的每一端均有两个已知边界条件。

表 4.1　单跨梁常用的边界条件

边界条件	位移 W	转角 $\theta=\frac{\partial W}{\partial x}$	弯矩 $M=EI\frac{\partial^2 W}{\partial x^2}$	剪力 $N=EI\frac{\partial^3 W}{\partial x^3}$
固定	$W=0$	$\theta=0$		
自由			$M=0$	$N=0$
铰支	$W=0$		$M=0$	
右端弹性支承			$M=-k_\theta\frac{\partial W}{\partial x}$	$N=kW$
左端弹性支承			$M=k_\theta\frac{\partial W}{\partial x}$	$N=-kW$
右端集中质量			$M=0$	$N=m\frac{\partial^2 W}{\partial x^2}$
左端集中质量			$M=0$	$N=-m\frac{\partial^2 W}{\partial x^2}$

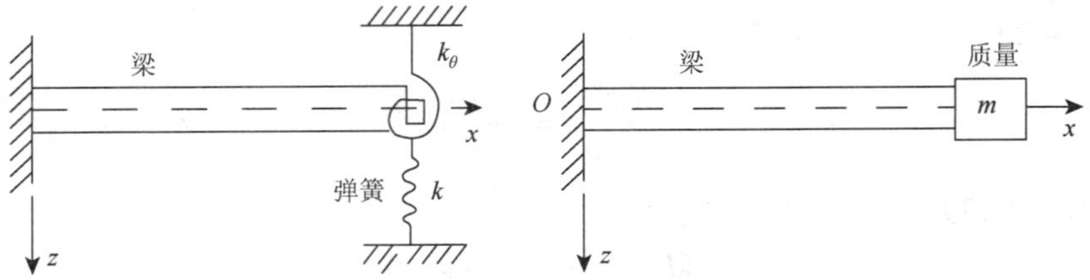

(a) 端部弹性支撑　　(b) 端部集中质量

图 4.7　梁横向振动边界条件力学模型

例 4.3　求等截面简支梁的固有频率和固有振型。

解：将式（4.26）代入表 4-1 的对应公式中，得到用振型函数 $\varphi(x)$ 表示的边界条件为

$$\varphi(0)=0,\quad \varphi''(0)=0 \tag{4.35a}$$

$$\varphi(l)=0,\quad \varphi''(l)=0 \tag{4.35b}$$

将式（4.34）代入式（4.35a），则有

$$B_2=B_4=0 \tag{4.35c}$$

故

$$\varphi(x)=B_1\sin\mu x+B_3\mathrm{sh}\mu x \tag{4.35d}$$

将式（4.35d）代入式（4.35b），可得

$$B_1\sin\mu l+B_3\mathrm{sh}\mu l=0 \tag{4.35e}$$

$$-B_1\sin\mu l+B_3\mathrm{sh}\mu l=0 \tag{4.35f}$$

由 B_1 及 B_3 的非零解条件得

$$\begin{vmatrix}\sin\mu l & \mathrm{sh}\mu l\\ -\sin\mu l & \mathrm{sh}\mu l\end{vmatrix}=0$$

即

$$2\sin\mu l\mathrm{sh}\mu l=0 \tag{4.35g}$$

式（4.35g）就是简支梁的固有频率方程，由 $\mathrm{sh}\mu l\neq 0$，等价于

$$\sin\mu l=0 \tag{4.36}$$

由此可解得

$$\mu_j l=j\pi\quad (j=1,2,3,\cdots)$$

或

$$\mu_j=\frac{j\pi}{l}\quad (j=1,2,3,\cdots)$$

求得固有频率参数 μ_j 后，便可按式（4.31）求得相应的固有频率：

$$\omega_{nl}=\mu_j^2\sqrt{\frac{EI}{\rho A}}=\left(\frac{j\pi}{l}\right)^2\sqrt{\frac{EI}{\rho A}}\quad (j=1,2,3,\cdots) \tag{4.37}$$

将 μ_j 代入式（4.35f），求得 $B_3=0$，于是第 j 阶的固有振型为

$$\varphi_j(x)=B_{1j}\sin\frac{j\pi x}{l}\quad (j=1,2,3,\cdots) \tag{4.38}$$

为书写简便，将式（4.38）中 B_{1j} 用 C_j 代换。式（4.38）所表示的固有振型与常数 C_j 有关，可将其规范化表示为

$$\tilde{\varphi}_j(x)=\frac{\varphi_j(x)}{C_j}=\sin\frac{j\pi x}{l}\quad (j=1,2,3,\cdots) \tag{4.39}$$

之后，若无特别说明，本书所指的连续体固有振型均指规范化后的振型。横向振动的两端简支梁前三阶固有振型如图 4.8 所示，由图可以看出，固有振型与平衡位置有交点，当梁以该阶振型振动时，该交点始终没有位移，称该交点为“振型节点”。由图还可以看出，当梁以某阶振型振动时，在两个“振型节点”之间，有一个挠度最大点，该点称为“振型腹点”。

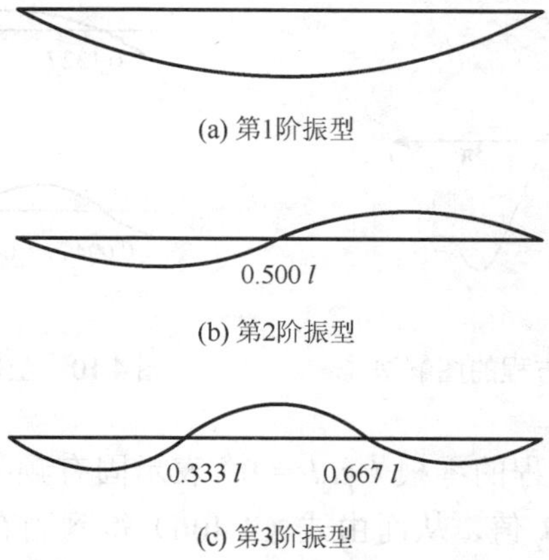

图 4.8　横向振动的两端简支梁前三阶固有振型

例 4.4　求某等截面全自由梁的固有频率和固有振型。

解：由表 4-1 可得，用振型函数式（4.34）所表示的边界条件为

$$\varphi''(0)=0,\quad \varphi'''(0)=0 \tag{4.40a}$$

$$\varphi''(l)=0,\quad \varphi'''(l)=0 \tag{4.40b}$$

由式（4.40a）可得

$$B_2=B_4,\quad B_1=B_3 \tag{4.40c}$$

故

$$\varphi(x)=B_1(\mathrm{sh}\mu x+\sin\mu x)+B_2(\mathrm{ch}\mu x+\cos\mu x) \tag{4.40d}$$

再由 $x=l$ 端的边界条件，便可以得到关于 B_1 和 B_2 的线性齐次代数方程组：

$$B_1(\mathrm{sh}\mu l-\sin\mu l)+B_2(\mathrm{ch}\mu l-\cos\mu l)=0 \tag{4.40e}$$

$$B_1(\mathrm{ch}\mu l-\cos\mu l)+B_2(\mathrm{sh}\mu l+\sin\mu l)=0 \tag{4.40f}$$

由 B_1、B_2 的非零解条件可知，其系数行列式为 0，可得固有频率方程为

$$\begin{vmatrix}\mathrm{sh}\mu l-\sin\mu l & \mathrm{ch}\mu l-\cos\mu l\\ \mathrm{ch}\mu l-\cos\mu l & \mathrm{sh}\mu l+\sin\mu l\end{vmatrix}=0 \tag{4.40g}$$

由式（4.40g）得

$$\cos \mu l = \frac{1}{\mathrm{ch}\mu l} \tag{4.41}$$

式（4.41）是超越方程，可以用图解法求解，如图 4.9 所示，以 μl 值为横轴、$\cos \mu l$ 和 $\frac{1}{\mathrm{ch}\mu l}$ 分别为纵坐标画曲线，两曲线的交点即式（4.41）的解，其解为 $\mu_0 l = 0$, $\mu_1 l = 4.730$, $\mu_2 l = 7.853$, $\mu_3 l = 10.996$, $\mu_4 l = 14.137$, $\cdots$, $\mu_j l = (2j+1)\frac{\pi}{2}$ 。

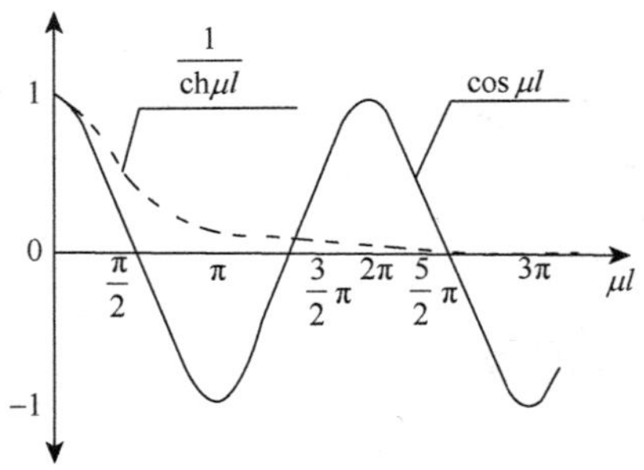

图 4.9　全自由梁固有频率方程的图解法

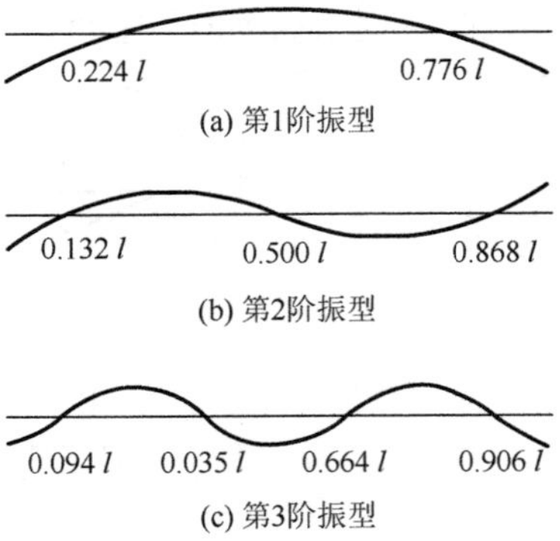

图 4.10　全自由梁的前三阶固有振型

应当注意，固有频率方程的零根（$\mu_0 l = 0$）表示固有频率为 0 的刚体运动。将 μ 值代入式（4.40e），可得 B_1 / B_2 值，从而由式（4.40d）得到固有振型，前三阶固有振型如图 4.10 所示。

除简支梁和全自由梁外，简单边界条件梁还有悬臂梁、两端刚性固定的梁、一端刚性固定而另一端简支的梁。这些梁的固有频率方程和前三阶固有振型如下。

悬臂梁的固有频率方程为

$$\cos \mu l \mathrm{ch}\mu l = -1 \tag{4.42}$$

固有频率方程的解如下（前三阶固有振型见图 4.11）：$\mu_1 l = 1.875$, $\mu_2 l = 4.694, \mu_3 l = 7.855$, $\mu_4 l = 10.996, \cdots, \mu_j l = \left(j - \frac{1}{2}\right)\pi$。

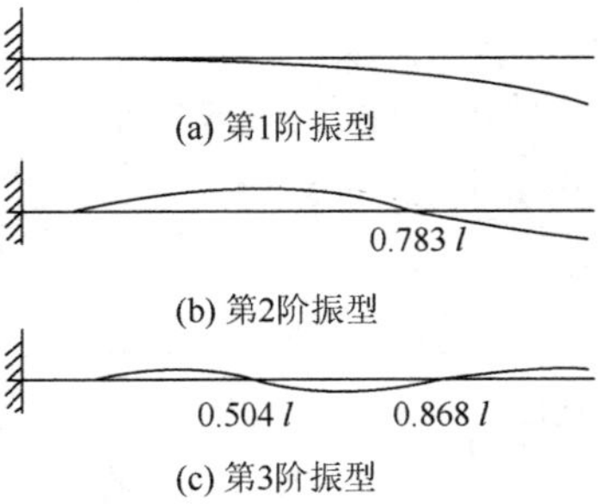

图 4.11　悬臂梁的前三阶固有振型

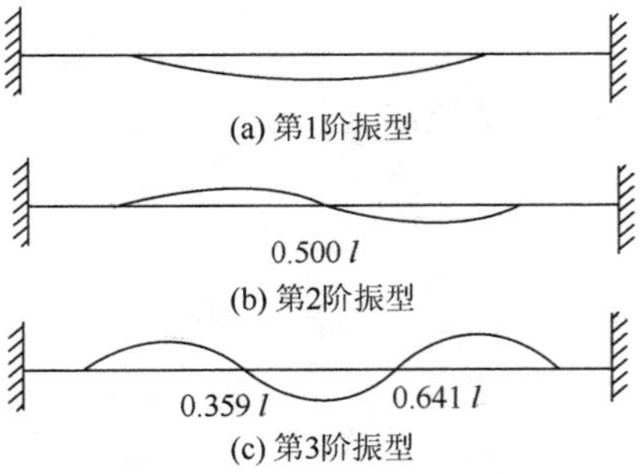

图 4.12　两端刚性固定的梁的前三阶固有振型

两端刚性固定的梁的固有频率方程与两端自由的梁完全相同，其特征根也相同，但根据边界条件，$\mu_0=0$ 的刚体运动不会发生，固有振型见图 4.12。

一端刚性固定而另一端简支的梁的固有频率方程为

$$\tan\mu l=\text{th}\mu l \tag{4.43}$$

它的特征根如下（前三阶固有振型见图 4.13）：$\mu_0 l=0$，$\mu_1 l=3.927$，$\mu_2 l=7.069$，$\mu_3 l=10.210$，$\mu_4 l=13.352$，…，$\mu_j l=\left(j+\dfrac{1}{4}\right)\pi$。

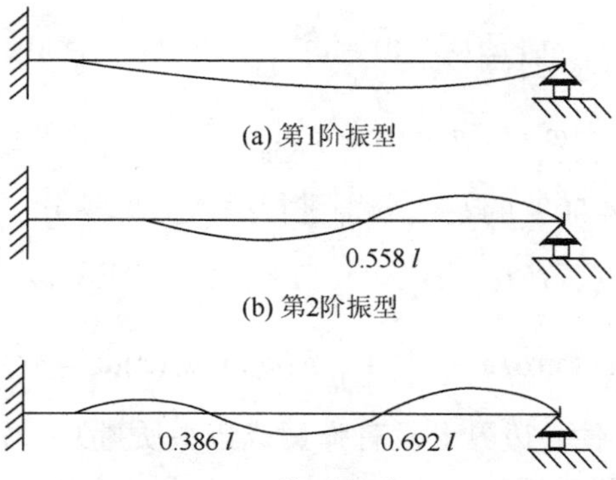

图 4.13　一端刚性固定而另一端简支的梁的前三阶固有振型

4.3.3　固有振型

1. 固有振型的阶次与节点关系

梁振动时，具有无限多个固有振型，由固有振型图的节点数可以判断出主振动阶次。对于全自由梁，梁横向振动的第 j 阶固有振型的节点数为 $j+1$；其余边界条件梁，梁横向振动的第 j 阶固有振型的节点数为 $j-1$。梁横向振动时，相邻固有振型的各节点位置不重合，呈交错状排列。

2. 固有振型的正交性

和离散系统相同，连续系统的固有振型也具有正交性。当梁仅具有简单的边界条件（固定支持、简单支持、自由端）时，对于梁的弯曲振动，固有振型正交性如式（4.44）和式（4.45）所示：

$$\int_0^l \rho A\varphi_r(x)\varphi_s(x)\mathrm{d}x=0 \quad (s\neq r) \tag{4.44}$$

$$\int_0^l \varphi_r''(x)\frac{\mathrm{d}^2}{\mathrm{d}x^2}\left[EI\varphi_s''(x)\right]\mathrm{d}x=0 \quad (s\neq r) \tag{4.45}$$

式（4.45）可写为

$$\int_0^l EI\varphi_r''(x)\varphi_s''(x)\mathrm{d}x=0 \quad (s\neq r) \tag{4.46}$$

式（4.44）为关于质量分布的正交条件，也称为动能形式正交条件。式（4.45）和式（4.46）为关于刚度分布的正交条件，也称为势能形式正交条件。上述正交条件证明如下。

由式（4.28），对第 r 、 s 阶固有振型分别为

$$\left(EI\varphi_r''\right)'' = \rho A\omega_{nr}^2\varphi_r \tag{4.47}$$

$$\left(EI\varphi_s''\right)'' = \rho A\omega_{ns}^2\varphi_s \tag{4.48}$$

将式（4.47）两边乘以 $\varphi_s(x)$，式（4.48）两边乘以 $\varphi_r(x)$，在 0～l 范围内对 x 进行积分，得

$$\int_0^l \varphi_s\left(EI\varphi_r''\right)''\mathrm{d}x = \omega_{nr}^2\int_0^l \rho A\varphi_r(x)\varphi_s(x)\mathrm{d}x \tag{4.49}$$

$$\int_0^l \varphi_r\left(EI\varphi_s''\right)''\mathrm{d}x = \omega_{ns}^2\int_0^l \rho A\varphi_r(x)\varphi_s(x)\mathrm{d}x \tag{4.50}$$

对式（4.49）和式（4.50）的左边分别进行两次分部积分，于是两式成为

$$\varphi_s(x)[EI\varphi_r''(x)]\Big|_0^l - \varphi_s'(x)EI\varphi_r''(x)\Big|_0^l + \int_0^l EI\varphi_r''(x)\varphi_s''(x)\mathrm{d}x = \omega_{nr}^2\int_0^l \rho A\varphi_r(x)\varphi_s(x)\mathrm{d}x \tag{4.51}$$

$$\varphi_r(x)[EI\varphi_s''(x)]'\Big|_0^l - \varphi_r'(x)EI\varphi_s''(x)\Big|_0^l + \int_0^l EI\varphi_r''(x)\varphi_s''(x)\mathrm{d}x = \omega_{ns}^2\int_0^l \rho A\varphi_r(x)\varphi_s(x)\mathrm{d}x \tag{4.52}$$

对于各种简单边界条件（边界上没有弹簧或集中质量），式（4.51）和式（4.52）的左边前两项恒为 0。因此，两式相减，当 $s \neq r$ 及 $\omega_{ns} \neq \omega_{nr}$ 时，便得到式（4.44）～式（4.46），即质量正交条件和刚度正交条件。

正交条件的物理意义：各固有振动之间是彼此独立的。例如，式（4.44）和式（4.46）分别表示梁按第 r 阶固有频率和固有振型振动时，其惯性力 $\rho A\omega_{ns}^2\varphi_r(x)$ 在第 j 阶固有振型上做的功为 0，其弹性力矩 $EI\varphi_r''(x)$ 在 j 阶固有振型上做的功也为 0。

当 $r = s$ 时，式（4.44）～式（4.46）均不成立，其结果为一常数，分别称为第 r 阶固有振型的模态质量和模态刚度（或广义质量和广义刚度）。

$$\int_0^l \rho A\varphi_r(x)\varphi_r(x)\mathrm{d}x = m_r \neq 0 \tag{4.53}$$

$$\int_0^l EI\varphi_r''(x)\varphi_r''(x)\mathrm{d}x = k_r \neq 0 \tag{4.54}$$

若梁的两端有集中质量 m_L 和 m_R 时，式（4.45）依然成立，但固有振型关于质量分布的正交条件为

$$\int_0^l \rho A\varphi_r(x)\varphi_s(x)\mathrm{d}x + m_R\varphi_r(l)\varphi_s(l) + m_L\varphi_r(0)\varphi_s(0) = 0 \tag{4.55}$$

若梁的两端有集中线弹簧 k_R 和 k_L 及转动弹簧 $k_{\theta R}$ 和 $k_{\theta L}$ 时，式（4.44）依然成立，但固有振型关于刚度分布的正交条件为

$$\int_0^l EI\varphi_r''(x)\varphi_s''(x)\mathrm{d}x + k_R\varphi_r(l)\varphi_s(l) + k_L\varphi_r(0)\varphi_s(0) + k_{\theta R}\varphi_r(l)\varphi_s'(l) + k_{\theta L}\varphi_r'(0)\varphi_s'(0) = 0 \tag{4.56}$$

对于仅具有简单边界条件（固定支持、简单支持、自由端）的均匀等截面直梁的纵向振动，固有振型正交性如式（4.57）和式（4.58）所示：

$$\int_0^l \rho A\varphi_r(x)\varphi_s(x)\mathrm{d}x = 0 \quad (s \neq r) \tag{4.57}$$

$$\int_0^l EA\varphi_r'(x)\varphi_s'(x)\mathrm{d}x = 0 \quad (s \neq r) \tag{4.58}$$

对于仅具有简单边界条件（固定支持、简单支持、自由端）的均匀等截面直梁的扭转振动，固有振型正交性为

$$\int_0^l \rho A\theta_r(x)\theta_s(x)\mathrm{d}x = 0 \quad (s \neq r) \tag{4.59}$$

$$\int_0^l GA\theta_r'(x)\theta_s'(x)\mathrm{d}x = 0 \quad (s \neq r) \tag{4.60}$$

4.3.4　自由振动解及振动特性

在求得梁横向振动的固有频率 ω_{nj} 和固有振型 $\varphi_j(x)$ 后，便可由式（4.29）求得主坐标函数：

$$p_j(t) = A_j \sin\omega_{nj}t + B_j \cos\omega_{nj} = p_j \sin(\omega_{nj}t + \theta_j) \tag{4.61}$$

这和单自由度系统自由振动的解在形式上完全一致，其中 p_j 和 θ_j 是由初始条件决定的待定常数。

于是，由式（4.26）可得，第 j 阶主坐标响应为

$$W_j(x,t) = \varphi_j(x)p_j(t) = \varphi_j(x)p_j\sin(\omega_{nj}t + \theta_j) \quad (j = 1,2,3,\cdots) \tag{4.62}$$

将上述解进行叠加，可得到满足式（4.25）的全解：

$$W(x,t) = \sum_{j=1}^{\infty}\varphi_j(x)p_j\sin(\omega_{nj}t + \theta_j) = \sum_{j=1}^{\infty}(A_j\cos\omega_{nj}t + B_j\sin\omega_{nj}t)\varphi_j(x) \tag{4.63}$$

式中：$A_j = p_j\sin\theta_j$；$B_j = p_j\cos\theta_j$。

A_j 和 B_j（或类似的 p_j 和 θ_j）由初始条件确定，其中 $\varphi_j(x)$ 中的一个待定常数也一并归到 A_j 和 B_j 中。

若 $t = 0$ 时的初始条件为

$$W(x,0) = \xi(x) \tag{4.64}$$

$$\dot{W}(x,0) = \eta(x) \tag{4.65}$$

将式（4.63）代入式（4.64）和式（4.65）得

$$\xi(x) = \sum_{j=1}^{\infty}A_j\varphi_j(x) \tag{4.66}$$

$$\eta(x) = \sum_{j=1}^{\infty}B_j\omega_{nj}\varphi_j(x) \tag{4.67}$$

将式（4.66）和式（4.67）等号两边均乘以 $\varphi_s(x)$，并沿梁长积分，利用固有振型的正交性，可得

$$A_j = \frac{\int_0^l \xi(x)\varphi_j(x)\mathrm{d}x}{\int_0^l \varphi_j^2(x)\mathrm{d}x} \quad (j = 1,2,3,\cdots) \tag{4.68}$$

$$B_j = \frac{1}{\omega_{nj}} \frac{\int_0^l \eta(x)\varphi_j(x)\mathrm{d}x}{\int_0^l \varphi_j^2(x)\mathrm{d}x} \quad (j = 1,2,3,\cdots) \tag{4.69}$$

将式（4.68）和式（4.69）代入式（4.63），即可获得梁在初始条件激励下的自由振动响应。

若使初始速度 $\eta(x)=0$，而初始位移的形状等于某个固有振型，如 $\xi(x)=\varphi_s(x)$，然后令其自由振动，则梁的自由振动响应为

$$W_s(x,t) = A_s\varphi_s(x)\cos\omega_{ns}t \tag{4.70}$$

此时，梁以第 s 阶固有频率 ω_{ns} 和固有振型 $\varphi_s(x)$ 做简谐振动，称为第 s 阶的主振动。一般条件下，梁的自由振动响应既有简谐运动，也有非周期运动，见式（4.63）。

4.4 直梁的横向强迫振动

4.4.1 无阻尼强迫振动

1. 无阻尼强迫振动微分方程

梁在外界横向载荷 $F(x,t)$ 持续作用下产生的横向振动，称为梁的横向强迫振动。从梁中截取出一微元体，其受力图如图 4.14 所示。

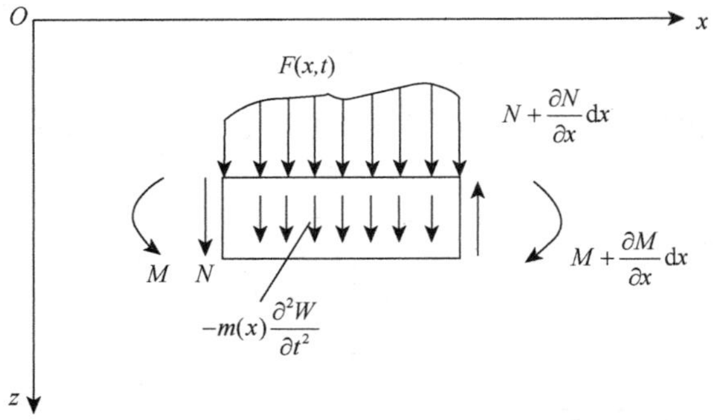

图 4.14 受横向载荷作用的梁

根据达朗贝尔原理，由平衡条件，可得梁的横向强迫振动运动方程，即式（4.71），公式没有考虑阻尼的影响，是无阻尼强迫振动微分方程。

$$EIW^{IV}(x,t) + \rho A\ddot{W}(x,t) = F(x,t) \tag{4.71}$$

2. 振型叠加法求强迫振动响应

对于式（4.71）所描述的强迫振动问题，首先求解自由振动方程，获得固有频率 ω_{ni} 和固有振型 $\varphi_i(x)$。然后，令强迫振动响应为各主振动响应的线性叠加，即各振型函数 $\varphi_i(x)$ 和坐标函数 $p_i(x)$ 之积的线性叠加：

$$W(x,t)=\sum_{i=1}^{\infty}\varphi_i(x)p_i(t) \tag{4.72}$$

为求得坐标函数 $p_i(t)$ 的具体表达式，将式（4.72）代入式（4.71），在等式两边同乘以 $\varphi_j(x)$ 进行积分运算：

$$\int_0^l \varphi_j(x)\left(EI\sum_{i=1}^{\infty}\varphi_i^{IV}(x)p_i(t)+\rho A\sum_{i=1}^{\infty}\varphi(x)\ddot{p}_i(t)\right)\mathrm{d}x=\int_0^l \varphi_j(x)F(x,t)\mathrm{d}x \quad (j=1,2,3,\cdots) \tag{4.73}$$

计及正交条件，便得到以主坐标表示的解耦后的振动方程：

$$m_{rj}\ddot{p}+k_{rj}p=F_j(t) \quad (j=1,2,3,\cdots) \tag{4.74}$$

式中：

$$\begin{cases} m_{rj}=\int_0^l \rho A\varphi_j(x)\varphi_j(x)\mathrm{d}x \\ k_{rj}=\int_0^l EI\varphi_j''(x)\varphi_j''(x)\mathrm{d}x \quad (j=1,2,3,\cdots) \\ F_j(t)=\int_0^l \varphi_j(x)F(x,t)\mathrm{d}x \end{cases} \tag{4.75a}$$

或

$$\begin{cases} m_{rj}=\int_0^l \rho A\varphi_j(x)\varphi_j(x)\mathrm{d}x \\ k_{rj}=\omega_{nj}^2\int_0^l \rho A\varphi_j(x)\varphi_j(x)\mathrm{d}x \quad (j=1,2,3,\cdots) \\ F_j(t)=\int_0^l \varphi_j(x)F(x,t)\mathrm{d}x \end{cases} \tag{4.75b}$$

式中：ω_{nj} 为第 j 阶的固有频率；m_{rj}、k_{rj} 和 F_j 分别为第 j 阶的广义质量、广义刚度和广义（干扰）力。

式（4.74）是第 j 阶的主坐标振动方程，根据杜阿梅尔积分，其解为

$$p_j(t)=A_j\cos\omega_{nj}t+B_j\sin\omega_{nj}t+\frac{1}{m_{rj}\omega_{nj}}\int_0^t F_j(\tau)\sin\omega_{nj}(t-\tau)\mathrm{d}\tau \tag{4.76}$$

式（4.76）中的待定常数 A_j 和 B_j，依据初始条件按照式（4.68）和式（4.69）计算确定，则有

$$p_j(t)=p_j(0)\cos\omega_{nj}t+\frac{\dot{p}_j(0)}{\omega_{nj}}\sin\omega_{nj}t+\frac{1}{m_{rj}\omega_{nj}}\int_0^t F_j(\tau)\sin\omega_{nj}(t-\tau)\mathrm{d}\tau \tag{4.77}$$

式（4.77）中的前两项为暂态响应，第3项为稳态响应，梁的稳态响应与初始条件无关。任意激励作用下无阻尼强迫振动的全解为

$$W(x,t)=\sum_{j=1}^{\infty}\varphi_j(x)\left[A_j\cos\omega_{nj}t+B_j\sin\omega_{nj}t+\frac{1}{m_{rj}\omega_{nj}}\int_0^t F_j(\tau)\sin\omega_{nj}(t-\tau)\mathrm{d}\tau\right] \tag{4.78}$$

若 $F(x,t)$ 可以表示成如下形式：

$$F(x,t)=f(x)\sin(\omega t+\phi) \tag{4.79}$$

则式（4.79）称为简谐激励。此时，式（4.74）中的 $F_j(t)$ 具有如下形式：

$$F_j(t)=f_j\sin(\omega t+\phi) \tag{4.80}$$

$$f_j = \int_0^l f(x)\varphi_j(x)\mathrm{d}x \tag{4.81}$$

式（4.74）所示的第 j 阶的主坐标振动方程具有下列形式的稳态解：

$$p_j(t) = A_j \cos\omega_{nj}t + B_j \sin\omega_{nj}t + \frac{f_j}{m_{rj}\left(\omega_j^2 - \omega^2\right)}\sin(\omega t + \phi) \tag{4.82}$$

对于式（4.82）中的待定常数 A_j 和 B_j，将初始条件代入式（4.68）和式（4.69）计算确定。

简谐激励作用下无阻尼强迫振动的稳态解为

$$W(x,t) = \sum_{j=1}^{\infty}\varphi_j(x)\left[\frac{f_j}{m_{rj}(\omega_j^2 - \omega^2)}\sin(\omega t + \phi)\right] \tag{4.83}$$

该方法称为振型叠加法。

例 4.5　某均匀等截面直梁受简谐干扰力 $F(x,t) = F(x)\sin\omega t$ 的作用，试用振型叠加法导出其稳态位移响应，并指出其振动特点。

解：记梁的固有频率、固有振型和广义质量分别为 ω_{nj}、$\varphi_j(x)$ 和 m_{rj}。由式（4.80）和式（4.81）可知，其广义力为

$$F_j(t) = \int_0^l F(x,t)\varphi_j(x)\mathrm{d}x = \int_0^l F(x)\varphi_j(x)\mathrm{d}x\sin\omega t = f_j\sin\omega t$$

因此，可得主坐标稳态响应为

$$p_j(t) = \frac{f_j}{k_{rj}}\alpha_j\sin\omega t \tag{4.84}$$

式中：k_{rj} 按式（4.74）计算。

$$\alpha_j = \frac{1}{1 - \dfrac{\omega^2}{\omega_{nj}^2}} \tag{4.85}$$

式中：α_j 为无阻尼时，第 j 阶固有振动的动力放大系数。

由式（4.83）可求得梁的动挠度稳态响应为

$$W(x,t) = \sum_{j=1}^{\infty}\varphi_j(x)p_j(t) = \sin\omega t\sum_{j=1}^{\infty}\varphi_j(x)\frac{f_j}{k_{rj}}\alpha_j \tag{4.86}$$

由式（4.84）～式（4.86）可以看出以下规律。

（1）当 $\omega = \omega_{nj}$（$j = 1, 2, 3, \cdots$）时将发生共振，因此梁存在着无穷多个共振可能。

（2）如果 $F_j(t) = 0$，第 j 阶主振动响应为零。这意味着，如果集中简谐激励力作用于某阶振型的节点，分布简谐激励力的分布函数 $F(x,t) = 0$，分布简谐激励力的分布函数 $F(x,t)$ 与某阶振型正交，那么，就不可能激起该阶共振。

（3）随着阶数增大，广义刚度 k_{rj} 相应增大，由于激励频率总是有限值，高阶分量的位移贡献只占整个位移响应的一个很小部分。实际计算时可采用模态截断方法，即只取式（4.86）所示级数中的最初几阶的项即可。

4.4.2　有阻尼强迫振动

1. 有阻尼强迫振动微分方程

阻尼是振动过程中的一种能量逸散现象，其表象如下：梁因初始条件激励作用而产生的振动随着时间的延续而衰减、趋于静止。实际的梁中总是有阻尼存在的，在下述两种情况下，常需考虑阻尼影响：①稳态振动处于或接近共振状态；②任意激励作用时。

实际阻尼常分为内阻尼和黏性外阻尼两类，见图 4.15。

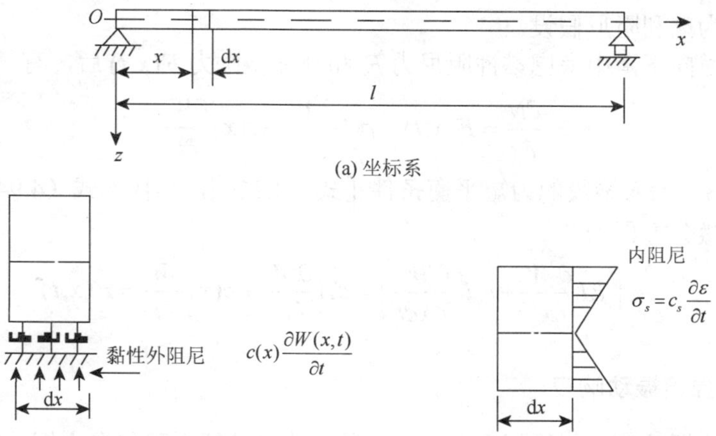

(a) 坐标系

(b) 外阻尼模型　(c) 内阻尼模型

图 4.15　具有内阻尼和黏性外阻尼的梁

外阻尼一般采用黏性阻尼模型：阻尼力与梁横向振动的速度成正比，而方向相反，即

$$F_c = -c(x)\frac{\partial W}{\partial t} \tag{4.87a}$$

$$c(x) = \alpha\rho A(x) = \alpha m(x) \tag{4.87b}$$

式中：$c(x)$ 为黏性阻尼系数，表示单位长度梁段上由单位速度产生的阻尼力。

内阻尼常用沃伊特材料内阻尼模型：阻尼力与变形速度成正比。此时，应力-应变关系为

$$\sigma = E\varepsilon + c_s\dot{\varepsilon} \tag{4.88}$$

$$c_s = \beta E \tag{4.89}$$

式中：c_s 为内阻尼系数。

根据梁的平断面假设，设应变沿截面高度呈线性分布关系，见图 4.15（c），则剖面上离开中性轴高度为 z 处的应变和应变速度分别为

$$\varepsilon = z\frac{\partial^2 W}{\partial x^2} \tag{4.90}$$

$$\dot{\varepsilon} = z\frac{\partial^3 W}{\partial x^2 \partial t} \tag{4.91}$$

截面上的弯矩为

$$M=\int_A \sigma z \mathrm{d}A \tag{4.92}$$

式中：A 为梁的横截面积。

将式（4.88）～式（4.91）代入式（4.92），可求得

$$M=EI\frac{\partial^2 W}{\partial x^2}+c_s I\frac{\partial^3 W}{\partial^2 x\partial t} \tag{4.93}$$

式中：I 为弯曲惯性矩；等式右边的第 2 项为内阻尼弯矩。

式（4.87b）和式（4.89）中的 α 与 β，分别具有时间的负一次方因子（t^{-1}）与时间的一次方因子（t），一般由实验测试求得。外阻尼力与质量分布、内阻尼力和刚度成正比的假设，称为瑞利阻尼假设。

在梁段的横向平衡中考虑黏性阻尼力 F_c 和外加激励力 $F(x,t)$ 后，有

$$\frac{\partial N}{\partial x}=F(x,t)-\rho A\frac{\partial^2 W}{\partial t^2}-c(x)\frac{\partial W}{\partial t} \tag{4.94}$$

将式（4.93）代入梁段的力矩平衡条件［式（4.22）］，再代入式（4.94），得到梁有阻尼强迫振动的微分方程为

$$\frac{\partial^2}{\partial x^2}\left(EI\frac{\partial^2 W}{\partial x^2}+c_s I\frac{\partial^3 W}{\partial^2 x\partial t}\right)+\rho A\frac{\partial^2 W}{\partial t^2}+c(x)\frac{\partial W}{\partial t}=F(x,t) \tag{4.95}$$

2. 有阻尼强迫振动响应

有阻尼强迫振动响应仍用振型叠加法求解，首先求解无阻尼自由振动方程，获得固有频率 ω_{ni} 和固有振型 $\varphi_i(x)$。然后，令强迫振动响应为各主振动响应的线性叠加，即各振型函数 $\varphi_i(x)$ 和坐标函数 $p_i(x)$ 之积的线性叠加，其解为

$$W=\sum_{i=1}^{\infty}\varphi_i(x)p_i(t) \tag{4.96}$$

将式（4.96）代入式（4.95），乘以 $\varphi_j(x)$，并对 x 在整个梁长度范围内积分，得

$$\begin{aligned}&\int_0^l \rho A\varphi_i\left(\sum\varphi_i\ddot{p}_i\right)\mathrm{d}x+\int_0^l c\varphi_j\left(\sum\varphi_i\dot{p}_i\right)\mathrm{d}x+\int_0^l\varphi_j[EI\left(\sum\varphi_i''p_i\right)+c_s I\left(\sum\varphi_i''\dot{p}_i\right)]''\mathrm{d}x\\&=\int_0^l F(x,t)\varphi_j(x)\mathrm{d}x\end{aligned} \tag{4.97}$$

计及正交条件，可得

$$M_j\ddot{p}_j+\sum_{i=1}^{\infty}\int_0^l\varphi_i(x)\{c(x)\varphi_i(x)+[c_s I\varphi_i''(x)]''\}\mathrm{d}x\dot{p}_i+\omega_{nj}^2 m_{rj}p_j=F_j(t)\quad(j=1,2,3,\cdots) \tag{4.98}$$

式中：ω_{nj} 为第 j 阶主振动固有频率；m_{rj} 和 $F_j(t)$ 分别为第 j 阶主振动的广义质量和广义力，见式（4.75）。

由式（4.98）可以看出，由于内外阻尼的存在，不同模态间的运动存在耦合作用。若满足瑞利阻尼假设，即式（4.98）中的 $c(x)$ 和 c_s 可分别由式（4.87b）和式（4.89）表达，便可实现模态解耦，这时可得到一系列独立的以主坐标表示的振动微分方程：

$$m_j\ddot{p}_j+(\alpha m_i+\beta\omega_{nj}^2 m_j)\dot{p}_j+\omega_{nj}^2 m_j p_j=F_j(t) \tag{4.99}$$

此时，p_j 是有阻尼系统的主坐标。将式（4.99）两边除以广义质量 m_{rj}，并引入第 j 阶无因次阻尼系数：

$$\zeta_j = \frac{\alpha}{2\omega_{nj}} + \frac{\beta\omega_{nj}}{2} \tag{4.100}$$

则式（4.99）可写为如下有阻尼单自由度系统振动的标准方程：

$$\ddot{p}_j + 2\zeta_j\omega_{nj}\dot{p}_j + \omega_{nj}^2 p_j = \tilde{F}_j(t) \tag{4.101}$$

式中：

$$\tilde{F}_j(t) = \frac{F_j(t)}{m_{rj}} \tag{4.102}$$

由杜阿梅尔积分可得，任意激励力作用下梁强迫振动的全解为

$$p_j(t) = \mathrm{e}^{-\zeta_j\omega_{nj}t}(a_j \sin\omega_{dj}t + b_j\cos\omega_{dj}t) + \frac{1}{\omega_{dj}}\int_0^t \tilde{F}_j(\tau)\mathrm{e}^{-\zeta_j\omega_{nj}(t-\tau)}\sin\omega_{dj}(t-\tau)\mathrm{d}\tau \tag{4.103}$$

式中：ω_{dj} 是有阻尼系统的第 j 阶自由振动频率。

$$\omega_{dj} = \omega_{nj}\sqrt{1-\zeta_j^2} \tag{4.104}$$

若通过实验求得了第 i 阶、第 j 振型无因次阻尼系数 ζ_i 和 ζ_j，由式（4.105）可求得 α 和 β 为

$$\begin{Bmatrix}\alpha\\ \beta\end{Bmatrix} = \frac{2\omega_{ni}\omega_{nj}}{\omega_{ni}^2-\omega_{nj}^2}\begin{bmatrix}\omega_{ni} & -\omega_{nj}\\ -1/\omega_{ni} & 1/\omega_{nj}\end{bmatrix}\begin{Bmatrix}\zeta_i\\ \zeta_j\end{Bmatrix} \tag{4.105}$$

若激励力具有如式（4.79）所示的形式，即梁受简谐激励力作用时，有阻尼强迫振动的稳态解为

$$W(x,t) = \sum_{j=1}^{\infty}\varphi_j p_i = \sum_{j=1}^{\infty}\frac{f_j}{m_j\omega_{nj}^2}\frac{\varphi_j(x)}{\left[\left(1-\gamma_j^2\right)^2 + 4\zeta_j^2\gamma_j^2\right]^{1/2}}\sin(\omega t + \phi - \theta_j) \tag{4.106}$$

式中：

$$\theta_j = \arctan\frac{2\gamma_j\zeta_j}{1-\gamma_j^2},\quad \gamma_j = \frac{\omega}{\omega_{nj}} \tag{4.107}$$

由式（4.106）可知，当激励力频率 ω 与低阶固有频率 ω_{nj} 相等或接近时，系统的响应可近似地由第 j 阶模态响应表示：

$$W(x,t) \approx \frac{f_j}{m_j\omega_{nj}^2}\frac{\varphi_j(x)}{2\zeta_j}\sin\left(\omega t + \phi - \frac{\pi}{2}\right) \tag{4.108}$$

式（4.108）表明，有阻尼弹性系统的实际共振振幅不会趋向无穷大，而是趋向一个较大的有限值。

4.5 薄板的横向振动

4.5.1 运动微分方程和边界条件

板振动时，截面上质点的运动方向与板的中面垂直，称板发生弯曲振动或横向振动。建立图 4.16 所示坐标系，弯曲振动时，板产生的随时间变化的弯曲变形 $W(x,y,t)$ 为板在 t 时刻的中面挠度。设板产生挠度 $W(x,y,t)$ 时，作用在板垂直方向的分布载荷为 q，板的厚度为 h，材料的密度为 ρ，材料的弹性模量为 E，泊松比为 ν。

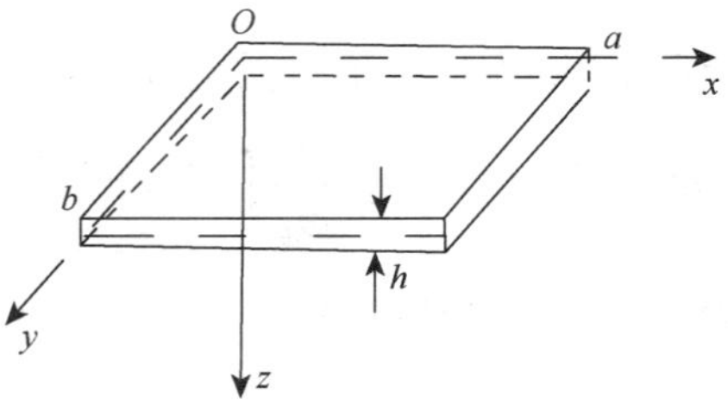

图 4.16　矩形板及坐标系

1. 无中面力作用薄板及边界条件

由板的弯曲理论（参见《船舶结构力学》）可知，中面挠度与作用在板垂直方向的分布载荷有如下关系：

$$D\left(\frac{\partial^4 W}{\partial x^4}+2\frac{\partial^4 W}{\partial x^2\partial y^2}+\frac{\partial^4 W}{\partial y^4}\right)=q \tag{4.109}$$

$$D=\frac{Eh^3}{12(1-\nu^2)} \tag{4.110}$$

式中：D 为板的弯曲刚度。

由牛顿定律和达朗贝尔原理可知，q 应为单位面积上的惯性力 $\rho h\dfrac{\partial^2 W}{\partial t^2}$ 和外加载荷激励力 $F(x,y,t)$ 之和，即

$$q=-\rho h\frac{\partial^2 W}{\partial t^2}+F(x,y,t) \tag{4.111}$$

将式（4.111）代入式（4.109），得到平板的无阻尼强迫振动微分方程为

$$D\left(\frac{\partial^4 W}{\partial x^4}+2\frac{\partial^4 W}{\partial x^2\partial y^2}+\frac{\partial^4 W}{\partial y^4}\right)+\rho h\frac{\partial^2 W}{\partial t^2}=F(x,y,t) \tag{4.112}$$

当式（4.112）中的 $F(x,y,t)$ 为 0 时，得到板的无阻尼自由振动微分方程为

$$D\left(\frac{\partial^4 W}{\partial x^4}+2\frac{\partial^4 W}{\partial x^2\partial y^2}+\frac{\partial^4 W}{\partial y^4}\right)+\rho h\frac{\partial^2 W}{\partial t^2}=0 \tag{4.113}$$

常见的板的边界条件主要有三种：简支边（也称为简单支持）、固定边（也称固定支持）、自由边，见图 4.17。

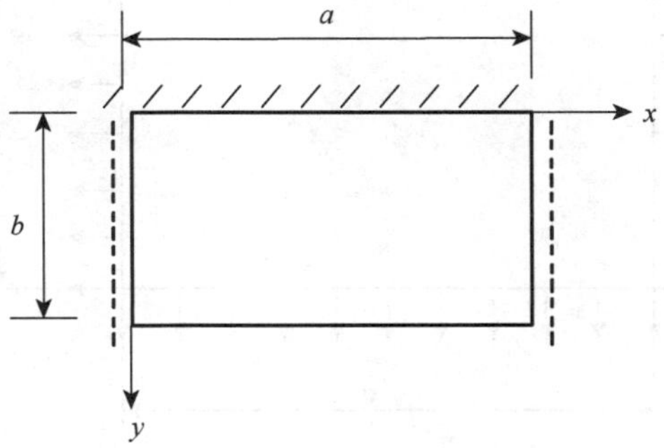

图 4.17　常见的三种边界条件

用板的挠度函数表示图 4.17 中所示矩形板的三种边界条件，表达示如下。

（1）简支边。

$$W\big|_{x=0,a}=0,\quad \left.\frac{\partial^2 W}{\partial x^2}\right|_{x=0,a}=0 \tag{4.114}$$

（2）固定边。

$$W\big|_{y=0}=0,\quad \left.\frac{\partial W}{\partial y}\right|_{y=0}=0 \tag{4.115}$$

（3）自由边。

$$\left.\left(\frac{\partial^2 W}{\partial y^2}+\nu\frac{\partial^2 W}{\partial x^2}\right)\right|_{y=b}=0,\quad \left.\left(\frac{\partial^3 W}{\partial y^3}+(2-\nu)\frac{\partial^3 W}{\partial x^2\partial y}\right)\right|_{y=b}=0 \tag{4.116}$$

2. 有中面力作用的薄板运动微分方程

船体外板、强力甲板板和船底板一般都承受中面力作用（中面力由船体总强度计算得出，是已知值），见图 4.18。有中面力作用时板的自由振动方程，可由达朗贝尔原理和平板的平衡方程导出：

$$D\left(\frac{\partial^4 W}{\partial x^4}+2\frac{\partial^4 W}{\partial x^2\partial y^2}+\frac{\partial^4 W}{\partial y^4}\right)-T_x\frac{\partial^2 W}{\partial x^2}-T_y\frac{\partial^2 W}{\partial y^2}+\rho h\frac{\partial^2 W}{\partial t^2}=0 \tag{4.117}$$

式中：$T_x=\sigma_x h$，为边界单位长度内平行于 Ox 轴的中面力；$T_y=\sigma_y h$，为边界单位长度内平行于 Oy 的中面力，T_x 和 T_y 以拉伸为正；D 为弯曲刚度；ρ 为材料密度；h 为板的厚度。

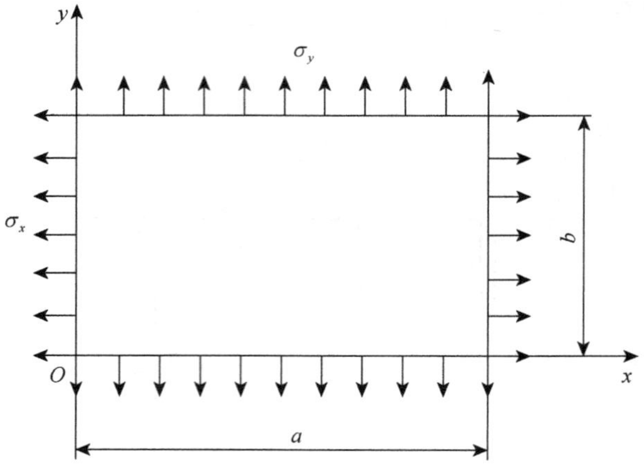

图 4.18　有中面力作用的船体外板

4.5.2　固有频率和固有振型

1. 无中面力作用的薄板

为获得板的固有频率和固有振型，用分离变量法求解式（4.113），设

$$W(x,y,t)=w(x,y)\sin\omega_n t \tag{4.118}$$

将式（4.118）代入式（4.113），得

$$\nabla^4 w-\mu^4 w=0 \tag{4.119}$$

式中：$\nabla^4=\dfrac{\partial^4}{\partial x^4}2\dfrac{\partial^4}{\partial x^2\partial y^2}+\dfrac{\partial^4}{\partial y^4}$。

$$\mu^4=\frac{\rho h\omega_n^2}{D} \tag{4.120}$$

仅极少数边界规则的板可解出精确的固有频率及固有振型。如果板为四边简支，可设

$$w(x,y)=A_{ij}\sin\frac{i\pi x}{a}\sin\frac{j\pi y}{b} \tag{4.121}$$

式（4.121）满足所有的边界条件，将其代入式（4.119），可得

$$\omega_{ij}=\pi^2\left(\frac{i^2}{a^2}+\frac{j^2}{b^2}\right)\sqrt{\frac{D}{\rho h}} \tag{4.122}$$

式（4.121）和式（4.122）分别为简支矩形板的固有振型和频率。将板的固有频率值按从小到大的顺序排列，固有频率和对应的固有振型依然可称为第 1 阶，第 2 阶，…。考虑到二维问题的特殊性，常用两个正整数参数描述板的模态，记为（i,j）模态或（m,n）模态。板的模态用两个参数（i,j）描述，比一维结构梁多 1 个参数，这两个参数可以分别指示出固有振型在两个坐标方向的半波数。

图 4.19 为简支矩形板的前六阶横向振动模态（$a>b$）。从两维结构固有振型中可以看到振动的节线，振动节线是做主振动时板上位移为 0 的点的集合。

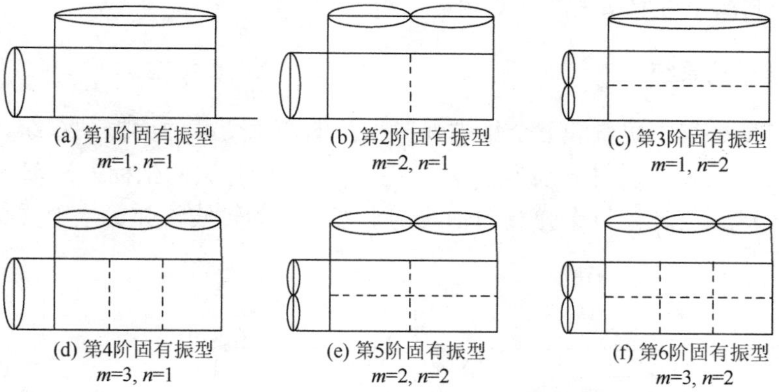

图 4.19　简支矩形板的前六阶横向振动模态

可以证明，四边简支矩形板的固有振型也是正交的，这个结论适合于所有板（简支、固支、自由或混合边界条件）的固有振型。

2. 有中面力作用的薄板

采用与前面相似的办法求得有中面力作用的四边简支矩形板的固有频率为

$$\omega_{nij}^2=\frac{D\pi^2 j^4}{\rho h b^4}\left(1+\frac{T_i b^2}{j^2\pi^2 D}+\frac{k_i b^4}{j^4\pi^4 D}\right) \tag{4.123}$$

式中：j 为 y 轴方向的半波数。

令

$$T=2D\frac{i^2\pi^2}{a^2}+T_y \tag{4.124}$$

$$k_i=D\frac{i^4\pi^4}{a^2}+\frac{i^2\pi^2}{a^2}T_x \tag{4.125}$$

将式（4.124）和式（4.125）代入式（4.123），可得

$$\omega_{nij}^2=\frac{D\pi^4}{\rho h b^4}\left[\left(j^2+i^2\frac{b^2}{a^2}\right)^2+\frac{\left(\sigma_y j^2+\sigma_x i^2\frac{b^2}{a^2}\right)b^2 h}{\pi^2 D}\right] \tag{4.126}$$

4.6　固有频率近似计算方法

4.6.1　瑞利法

连续系统的振动微分方程是偏微分方程。仅当连续体的质量和刚度都是均匀分布且是

简单边界条件时，才可以求得系统的固有频率及振动响应的精确解析解，所以能求出精确解析解的情形极少。为解决实际工程中的振动分析问题，必须研究近似解法。在离散系统中讨论过的瑞利法也可应用于连续系统。

1. 一维梁振动系统

对于具有 N 个集中质量和 L 个集中弹簧支承的任意变截面梁振动系统，设集中质量的坐标为 $x_1,x_2,\cdots,x_N$，质量分别为 $m_1,m_2,\cdots,m_N$；集中弹簧的坐标为 $x'_1,x'_2,\cdots,x'_L$，刚性系数分别为 $k'_1,k'_2,\cdots,k'_L$。每个弹簧的轴线均垂直于梁的轴线，弹簧位于梁与基础之间，如图 4.20 所示。

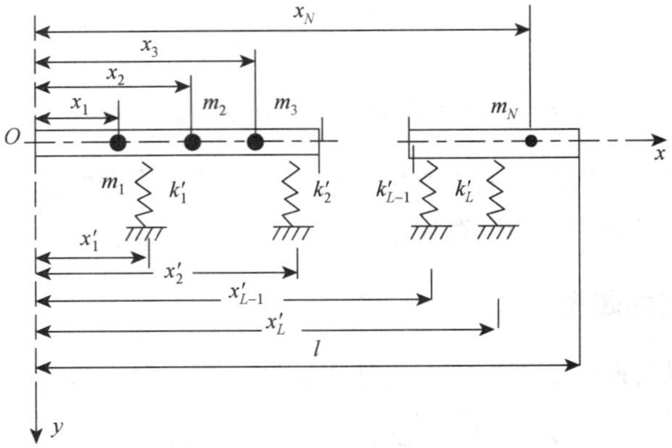

图 4.20　有集中质量和集中弹簧的任意截面梁变

假设系统振动的挠度函数为

$$W(x,t)=\varphi_i(x)\sin(\omega_{ni}t+\alpha) \tag{4.127}$$

式中：α 为初始相位。

$\varphi_i(x)$ 满足梁的边界条件，是第 i 阶主振动的假设振型函数。包括弹簧应变能在内的振动系统势能为

$$V=\frac{1}{2}\int_0^l EIW''^2\mathrm{d}x+\frac{1}{2}\sum_{j=1}^{L}k'_jW^2(x'_j,t)=V_{\max}\sin^2(\omega_{ni}t+\alpha) \tag{4.128}$$

式中：

$$V_{\max}=\frac{1}{2}\left[\int_0^l EI\varphi_i''^2\mathrm{d}x+\sum_{j=1}^{L}k'_j\varphi_i^2(x'_j)\right] \tag{4.129}$$

包括集中质量在内的系统动能为

$$T=\frac{1}{2}\int_0^l \rho A\dot{W}^2(x_j,t)\mathrm{d}x+\frac{1}{2}\sum_{j=1}^{N}m_j\dot{W}^2(x_j,t)=\omega_{ni}^2T^*\cos^2(\omega_{ni}t+\alpha) \tag{4.130}$$

式中：

$$T^*=\frac{1}{\omega_{ni}^2}T_{\max}=\frac{1}{2}\left[\int_0^l \rho A\varphi_i^2\mathrm{d}x+\sum_{j=1}^{N}m_j\varphi_i^2(x_j)\right] \tag{4.131}$$

根据能量守恒定律，令最大动能与最大位能相等，可求得梁的第 i 阶主振动的固有频率为

$$\omega_{ni}^2 = R(\varphi_i) = \frac{V_{\max}}{T^*} \tag{4.132}$$

2. 薄板振动系统

如果是具有 N 个集中质量和 L 个集中弹簧支承的薄板振动系统，且集中质量的坐标为 $(x_1,y_1),(x_2,y_2),\cdots,(x_N,y_N)$，质量分别为 $m_1,m_2,\cdots,m_N$；集中弹簧的坐标为 $(x_1',y_1'),(x_2',y_2'),\cdots,(x_N',y_N')$，刚性系数分别为 $k_1',k_2',\cdots,k_L'$。每个弹簧的轴线均垂直于板的中面，弹簧位于板与基础之间。此时，假设系统振动的挠度函数为

$$W(x,y,t) = \varphi_i(x,y)\sin(\omega_{ni}t+\alpha) \tag{4.133}$$

$\varphi_i(x,y)$ 满足板的边界条件，是第 i 阶主振动的假设振型函数。包括弹簧应变能在内的系统振动系统势能为

$$\begin{aligned} V &= \frac{1}{2}\iint_S D\left\{(\nabla^2 W)^2 - 2(1-\nu)\left[\frac{\partial^2 W}{\partial x^2}\frac{\partial^2 W}{\partial y^2} - \left(\frac{\partial^2 W}{\partial x \partial y}\right)\right]\right\}\mathrm{d}x\mathrm{d}y + \frac{1}{2}\sum_{j=1}^{L} k_j' W^2\left(x_j',y_j',t\right) \\ &= V_{\max}\sin^2(\omega_{ni}t+\alpha) \end{aligned} \tag{4.134}$$

式中：

$$\begin{aligned} V_{\max} = \frac{1}{2}\Bigg\{&\iint_S D\left\{(\nabla^2 \varphi_i)^2 - 2(1-\nu)\left[\frac{\partial^2 \varphi_i}{\partial x^2}\frac{\partial^2 \varphi_i}{\partial y^2} - \left(\frac{\partial^2 \varphi_i}{\partial x \partial y}\right)\right]\right\}\mathrm{d}x\mathrm{d}y \\ &+ \sum_{j=1}^{L} k_j'\varphi_i^2\left(x_j',y_j'\right)\Bigg\} \end{aligned} \tag{4.135}$$

包括集中质量在内的系统动能为

$$T = \frac{1}{2}\iint_S \rho A \dot{W}^2(x,y,t)\omega_{ni}^2\mathrm{d}x\mathrm{d}y + \frac{1}{2}\sum_{j=1}^{N} m_j \dot{W}^2(x_j,y_j,t) = \omega_{ni}^2 T^* \cos^2(\omega_{ni}t+\alpha) \tag{4.136}$$

式中：

$$T^* = \frac{1}{\omega_{ni}^2}T_{\max} = \frac{1}{2}\left[\int_0^l \rho A \varphi_i^2 \mathrm{d}x + \sum_{j=1}^{N} m_j \varphi_i^2(x_j,y_j)\right] \tag{4.137}$$

将式（4.135）和式（4.136）代入式（4.132）即可求出板的第 i 阶主振动的固有频率，该方法称为瑞利法，式（4.132）称为瑞利商。

3. 固有频率精度

求固有频率时，系统的固有振型函数是未知的，需要假设出函数表达式。低阶主振动的固有振型函数较易假设（可利用梁、板的静挠度曲线假设固有振型函数等），因此瑞利法适合于求低阶固有频率，一般可用来求解系统的首阶（第 1 阶）固有频率。当假设的固有振型函数是系统的精确固有振型时，瑞利商给出的是固有频率的精确解。当假设的固有振型函数是系统的近似固有振型时，瑞利商给出的是固有频率的近似值。瑞利法另一个用途是将连续系统简化为单自由度系统，求出等效单自由度系统的质量参数。

4.6.2 里茨法

假设出满足全部边界条件的固有振型函数是困难的，一般情况下假设出的固有振型仅能满足部分边界条件，因而求出的固有频率是近似值。对于较高阶的固有频率，瑞利法的误差较大，有必要对其进行改进。

1. 一维梁振动系统

对于具有 N 个集中质量和 L 个集中弹簧支承的任意变截面梁振动系统，设集中质量的坐标为 $x_1, x_2, \cdots, x_N$ ，质量分别为 $m_1, m_2, \cdots, m_N$ ；集中弹簧的坐标为 $x_1', x_2', \cdots, x_L'$ ，刚性系数分别为 $k_1', k_2', \cdots, k_L'$ 。每个弹簧的轴线均垂直于梁的轴线，弹簧位于梁与基础之间，如图 4.20 所示。

假设 $\tilde{N}$ 个线性无关的基函数，记为 $\psi_j(x)(j=1,2,\cdots,\tilde{N})$ 。这些基函数连续可导，可导的阶数应不小于势能中出现的对 x 的导数阶数，部分满足边界条件或不满足边界条件均可。将系统的固有振型函数写为

$$\varphi(x)=\sum_{j=1}^{\tilde{N}} B_j \psi_j(x) \tag{4.138}$$

式中： B_j 为待定系数。

包括弹簧应变能在内的振动系统的最大势能为

$$\begin{aligned} V_{\max} &= \frac{1}{2}\int_0^l EI\varphi(x)''^2 \mathrm{d}x + \frac{1}{2}\sum_{j=1}^{L} k_j' \varphi^2(x_j') \\ &= \frac{1}{2} EI \int_0^l \sum_{i=1}^{\tilde{N}} [B_i \psi_i''(x)]^2 \mathrm{d}x + \frac{1}{2}\sum_{j=1}^{L} k_j' \sum_{i=1}^{\tilde{N}} [B_i \psi_i(x_j')]^2 \end{aligned} \tag{4.139}$$

包括集中质量在内的系统最大动能为

$$\begin{aligned} T_{\max} &= \frac{1}{2}\omega_n^2 \left[\int_0^l \rho A \varphi^2 \mathrm{d}x + \frac{1}{2}\sum_{j=1}^{L} m_j \varphi^2(x_j') \right] \\ &= \frac{1}{2}\omega_n^2 \left\{ \rho A \int_0^l \sum_{i=1}^{\tilde{N}} [B_i \psi_i(x)]^2 \mathrm{d}x + \frac{1}{2}\sum_{j=1}^{L} M_j \sum_{i=1}^{\tilde{N}} [B_i \psi_i(x_j')]^2 \right\} \\ &= \omega_n^2 T^* \end{aligned} \tag{4.140}$$

$V_{\max}$ 、 $T_{\max}$ 、 T^* 是 B_j 的函数。根据能量守恒定律，令最大动能与最大势能相等，可求得瑞利商为

$$\omega_n^2 = R(\varphi) = \frac{V_{\max}(B_1, B_2, \cdots, B_{\tilde{N}})}{T^*(B_1, B_2, \cdots, B_{\tilde{N}})} \tag{4.141}$$

对瑞利商求极小值，令

$$\frac{\partial R}{\partial B_j} = 0 \quad (j=1,2,\cdots,\tilde{N}) \tag{4.142}$$

有

$$T^*\frac{\partial V_{\max}}{\partial B_j}-V_{\max}\frac{\partial T^*}{\partial B_j}=0\quad(j=1,2,\cdots,\tilde{N})\tag{4.143}$$

式（4.143）两边除以 T^* 并应用式（4.132），得

$$\frac{\partial}{\partial B_j}(V_{\max}-\omega_n^2T^*)=0\quad(j=1,2,\cdots,\tilde{N})\tag{4.144}$$

可将式（4.144）写为

$$\left(-\omega_n^2\begin{bmatrix}m_{11}&m_{12}&\cdots&m_{1\tilde{N}}\\m_{21}&m_{22}&\cdots&m_{2\tilde{N}}\\\vdots&\vdots&\ddots&\vdots\\m_{\tilde{N}1}&m_{\tilde{N}2}&\cdots&m_{\tilde{N}\tilde{N}}\end{bmatrix}+\begin{bmatrix}k_{11}&k_{12}&\cdots&k_{1\tilde{N}}\\k_{21}&k_{22}&\cdots&k_{2\tilde{N}}\\\vdots&\vdots&\ddots&\vdots\\k_{\tilde{N}1}&k_{\tilde{N}2}&\cdots&k_{\tilde{N}\tilde{N}}\end{bmatrix}\right)\begin{Bmatrix}B_1\\B_2\\\vdots\\B_{\tilde{N}}\end{Bmatrix}=0\tag{4.145}$$

$$k_{ij}=\int_0^l EI\psi_i''\psi_j''\mathrm{d}x+\sum_{L=1}^{N}k_L'\psi_i(x_L')\psi_j(x_L')\tag{4.146}$$

$$m_{ij}=\int_0^l \rho A\psi_i\psi_j\,\mathrm{d}x+\sum_{r=1}^{L}m_r\psi_i(x_r)\psi_j(x_r)\tag{4.147}$$

由 B_j 的非零解条件可知，系数的行列式必须为 0，得到固有频率方程，通过求解固有频率方程可获得 $\tilde{N}$ 个固有频率 $\omega_{nj}(j=1,2,\cdots,\tilde{N})$。

2. 薄板振动系统

上述方法同样适用于薄板，此时基函数应取为 $\psi_j(x,y)(j=1,2,\cdots,\tilde{N})$，固有振型函数为

$$\varphi(x,y)=\sum_{j=1}^{\tilde{N}}B_j\psi_j(x,y)\tag{4.148}$$

计算出薄板的能量，通过式（4.141）～式（4.145）可求得薄板振动的固有频率。

3. 固有频率精度

将采用里茨法解出的特征值按次序排列为 $\omega_{n1}^2<\omega_{n2}^2<\cdots<\omega_{nN}^2$。固有频率的阶数越高，误差越大。取 $\tilde{N}$ 项基函数，可得到 $\tilde{N}$ 个根。若采用（$\tilde{N}+1$）项基函数，则得到相应的（$\tilde{N}+1$）个根，且有

$$\omega_{nj}^2(\tilde{N})\geqslant\omega_{nj}^2(\tilde{N}+1)\geqslant\omega_{nj}^2(\tilde{N}+2)\tag{4.149}$$

式中：$\omega_{nj}(\tilde{N})$、$\omega_{nj}(\tilde{N}+1)$、$\omega_{nj}(\tilde{N}+2)$ 分别表示取 $\tilde{N}$、$\tilde{N}+1$、$\tilde{N}+2$ 项基函数计算出的第 j 阶固有频率。

计算时，取的基函数项数越多，就越接近于固有频率的准确值，也就是说里茨法确定了固有频率的上限，实际的固有频率值总是小于里茨解。因此，用里茨法计算各阶固有频率时，基函数的项数 $\tilde{N}$ 应比所求固有频率的最高阶数高 1 倍以上，这样才能得到较满意的值。

将所求出固有频率 ω_{ni} 代入式（4.145），求得对应于第 i 个固有频率的特征矢量 $(B_1^i, B_2^i, \cdots, B_{\tilde{N}}^i)$，再将特征矢量代入式（4.138）或式（4.148）可求得对应于 $\tilde{N}$ 个固有频率的近似固有振型为

$$\varphi_i = \sum_{j}^{\tilde{N}} B_j^i \psi_j \quad (i = 1, 2, \cdots, \tilde{N}) \tag{4.150}$$

弹性体的振动响应函数可写为

$$W = \sum_{i=1}^{\tilde{N}} \varphi_i q_i(t) = \sum_{i=1}^{\tilde{N}} \left(\sum_{j}^{\tilde{N}} B_j^i \psi_j \right) q_i(t) \tag{4.151}$$

式中：$q_i(t)$ 为振动的主坐标。

式（4.151）可用来计算弹性体的振动响应，若弹性体在初始激励作用下做自由简谐振动，则自由振动响应的近似解为

$$W = \sum_{i=1}^{\tilde{N}} \varphi_i [\tilde{A}_i \sin \omega_{ni} t + \tilde{B}_i \cos \omega_{ni} t] = \sum_{i=1}^{\tilde{N}} \left(\sum_{j=1}^{\tilde{N}} B_j^i \psi_j \right) [\tilde{A}_i \sin \omega_{ni} t + \tilde{B}_i \cos \omega_{ni} t] \tag{4.152}$$

式中：$\tilde{A}_i$、$\tilde{B}_i$ 是待定常数，由系统的初始条件决定。

简谐激励作用下强迫振动稳态响应的近似解为

$$W = \sum_{i=1}^{\tilde{N}} \varphi_{ri}(x) \left[\frac{f_i}{m_{ri}(\omega_{ni}^2 - \omega^2)} \sin(\omega t + \phi) \right] = \sum_{i=1}^{\tilde{N}} \left(\sum_{j}^{\tilde{N}} B_j^i \psi_j \right) \left[\frac{f_i}{m_{ri}(\omega_{ni}^2 - \omega^2)} \sin(\omega t + \phi) \right] \tag{4.153}$$

式中：m_{ri}、f_i 分别为广义质量和广义力的近似计算值，可以利用式（4.150）、式（4.75a）的计算方法求出。

例 4.6　某长度为 l、弯曲刚度为 EI、单位长度质量为 ρA 的悬臂梁，其端部有一集中质量，$2m = 2\rho A l$，试用瑞利法求该梁的基频。

解：依据自由端受集中荷重作用时梁的静挠曲线形状，假设振型为

$$\overline{\varphi}(x) = A(3lx^2 - x^3) \tag{4.154a}$$

边界条件为

$$\begin{cases} \overline{\varphi}(x)\big|_{x=0} = A(3lx^2 - x^3)\big|_{x=0} = 0 \\ \overline{\varphi}'(x)\big|_{x=0} = A(6lx - 3x^2)\big|_{x=0} = 0 \end{cases} \tag{4.154b}$$

假设振型满足在 $x = 0$ 端的固定端几何条件，即位移和转角为 0。将假设振型、梁端集中质量及坐标、梁的刚度和质量分布参数代入式（4.129）和式（4.131），求得 $V_{\max}$、$T_{\max}$，T^*，再代入式（4.132）得，$\tilde{\omega}_{n1} = \dfrac{1.1584}{l^2}\sqrt{\dfrac{EI}{\rho A}}$。近似值仅比精确解 $\omega_{n1} = \dfrac{1.1582}{l^2}\sqrt{\dfrac{EI}{\rho A}}$ 高 0.02%。

例 4.7　用里茨法求图 4.21 所示的楔形悬臂梁的基频，假设梁宽为单位值。

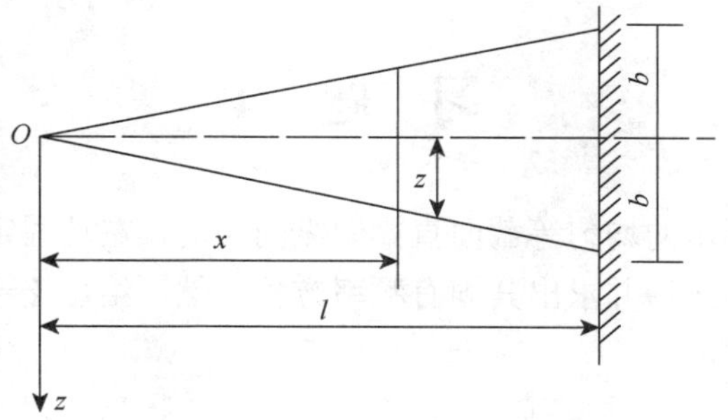

图 4.21　楔形悬壁梁

解：该梁横剖面面积随坐标而变化，记 A_0 为梁根部面积，有

$$A(x)=2b\frac{x}{l}=A_0\frac{x}{l} \tag{4.155a}$$

设 I_0 为梁根部截面积对中心主轴的惯性矩，则剖面惯性矩为

$$\begin{cases} I(x)=I_0\dfrac{x^3}{l^3} \\ I_0=\dfrac{2}{3}b^3 \end{cases} \tag{4.155b}$$

取基函数为

$$\psi_j(x)=\left(1-\frac{x}{l}\right)^2\left(\frac{x}{l}\right)^{j-1}\quad (j=1,2,\cdots) \tag{4.155c}$$

基函数满足该梁的边界条件，故近似振型为

$$\varphi(x)=A_1\left(1-\frac{x}{l}\right)^2+A_2\left(1-\frac{x}{l}\right)^2\frac{x}{l}+\cdots \tag{4.155d}$$

取（4.155d）式的前两项计算，则由式（4.145）和式（4.146）可得

$$k_{11}=\frac{EI_0}{l^3},\quad k_{12}=k_{21}=\frac{2EI_0}{5l^3},\quad k_{22}=\frac{2EI_0}{5l^3}$$

$$m_{11}=\frac{\rho A_0 l}{30},\quad m_{12}=m_{21}=\frac{\rho A_0 l}{105},\quad m_{22}=\frac{\rho A_0 l}{280}$$

代入式（4.145），并令其系数行列式为 0，即

$$\begin{vmatrix} (EI_0/l^3)-(\omega_n^2\rho A_0 l/30) & (2EI_0/5l^3)-(\omega_n^2\rho A_0 l/105) \\ (2EI_0/5l^3)-(\omega_n^2\rho A_0 l/105) & (2EI_0/5l^3)-(\omega_n^2\rho A_0 l/280) \end{vmatrix}=0 \tag{4.155e}$$

求得基频 $\omega_{n1}=\dfrac{5.319}{l^2}\sqrt{\dfrac{EI_0}{\rho A_0}}$，与精确解相比，误差仅为 + 0.08%。若取第 1 项基函数，用瑞利法算得的基频为 $\omega_{n1}=\dfrac{5.48}{l^2}\sqrt{\dfrac{EI_0}{\rho A_0}}$，比精确解高 3%，可见里茨法提高了精度。

习　题　4

4.1　如图题 4.1 所示的均匀等截面直梁做纵向振动，左端固定，右端连接一刚度为 k 的弹簧。试写出其边界条件并求出其固有频率方程，然后给出 $k=0$ 和 ∞ 两种极端情况时的固有频率和固有振型。

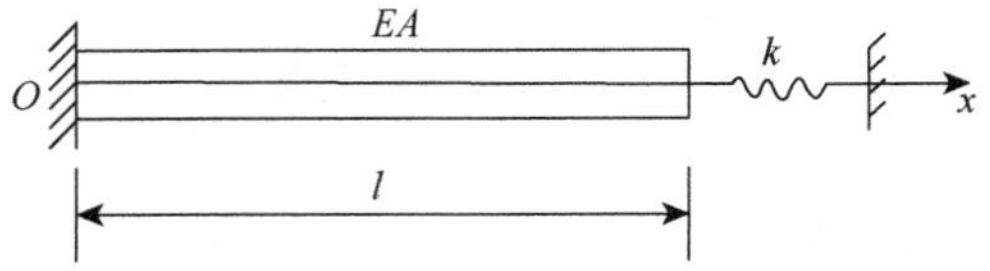

图题 4.1

4.2　如图题 4.2 所示的均匀等截面直梁做纵向振动，一端固定，另一端自由，在自由端有附加质量 m，试导出其固有频率方程。

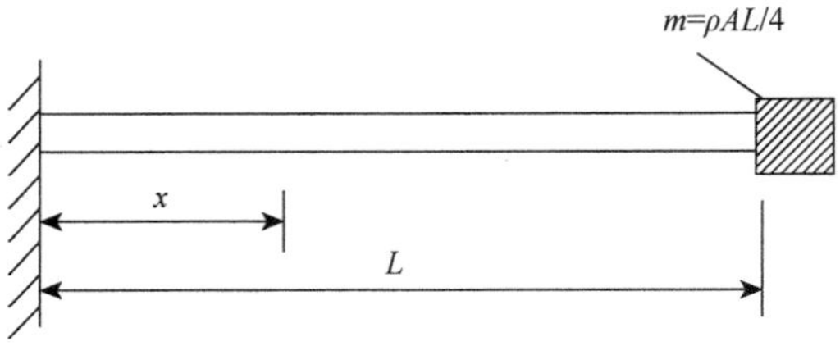

图题 4.2

4.3　某均匀等截面直梁，左端固定而右端固结某集中质量 m，试求其横向振动的固有频率方程。

4.4　某均匀等截面直梁，长度为 l，弯曲刚度为 EI，两端简支。在中点作用一个集中载荷 F 而使梁发生初始弯曲，试证明在力突然卸去后，该梁的振动为

$$w(x,t)=\frac{2Fl^3}{\pi^4 EI}\sum_{j=1}^{\infty}\frac{1}{j^4}(-1)^{\frac{j-1}{2}}\sin\frac{j\pi x}{l}\cos\omega_{nj}t\quad(j=1,3,5,\cdots,n)$$

4.5　两端简支的均匀等截面直梁，应当给以何种初始条件，才能使自由振动出现以固有频率为 ω_{n1} 或 ω_{n2} 的简谐振动，即出现第 1 阶振型振动或第 2 阶振型振动？

4.6　如图题 4.6 所示的梁，两端边界约束限制其线位移为 0、同时提供了一个旋转约束，图中 $0\leqslant\beta\leqslant\infty$，$\beta$ 是一个转动约束的控制量。(1) 试导出其固有频率方程；(2) 试用运动方程导出其正交条件。

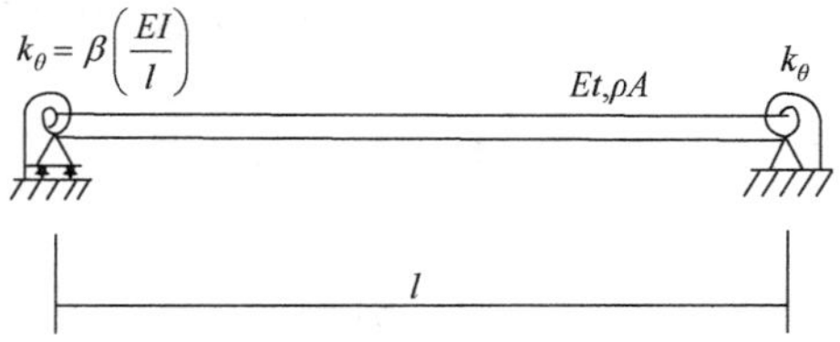

图题 4.6

4.7　设均匀简支梁受分布载荷 $q(x,t)=F_0\sin\frac{n\pi}{l}\sin\omega t$ 的作用，梁的弯曲刚度为 EI，试求梁的稳态响应。

4.8　某简支梁，设在 $x=x_1$ 处有一集中的简谐激励力 $F_0\sin\omega t$，试求该梁的稳态动挠曲线响应表达式。若 $x_1=\frac{l}{2}$，该梁可激起哪些阶次的主振动？

4.9　某简支梁如图题 4.9 所示，在其中点突然加力 P，求梁的动态响应。

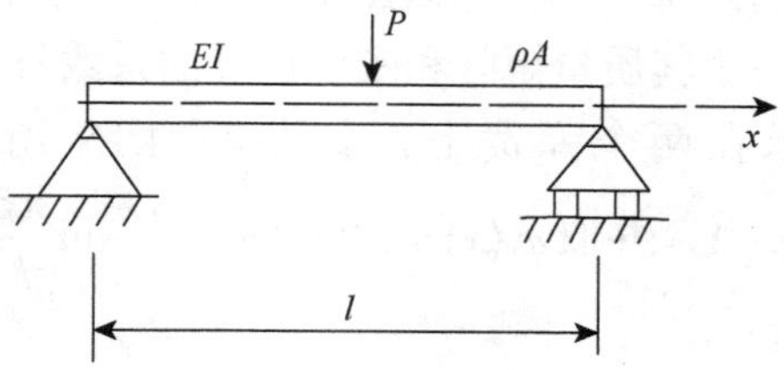

图题 4.9

4.10　一根等截面梁，长度为 10 m，单位长度质量 ρA = 100 kg/m，弯曲刚度为 10 MNm^2，此梁静置于模数为 100 kN/m 的弹性基础上，无其他约束。试求刚体模态的固有频率及弯曲振动的第 1 阶和第 2 阶固有频率。

4.11　试用瑞利法求均匀悬臂梁的基频，取以下表达式为假设振型函数。

（1）$\varphi(x)=\frac{A_0}{24EI}(x^4-4lx^3+6l^2x^2)$，其中 A_0 为常数，此为静挠度曲线。

（2）$\varphi(x)=A_0\left(1-\cos\frac{\pi x}{2l}\right)$。

（3）$\varphi(x)=A_0\frac{x^2}{l^2}$。

并对结果进行讨论、比较和说明。

4.12　简支梁上有两个集中质量，每个集中质量的值等于全梁质量的一半，位置如图题 4.12 所示。试用瑞利法求系统的基频，并用里茨法求系统的基频和第 2 阶固有频率。

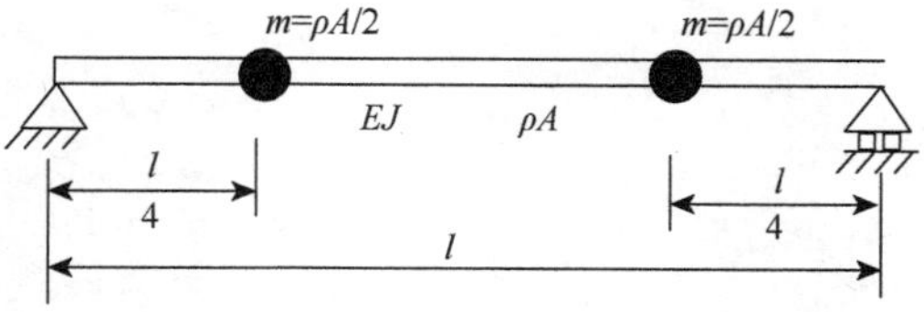

图题 4.12

4.13　如图题 4.13 所示的简支梁，具有不同的弹性支承和跨中质量。试用拉格朗日方程导出其解耦的主振动方程，并列出其正交条件和广义质量、广义刚度、广义力的表达式。

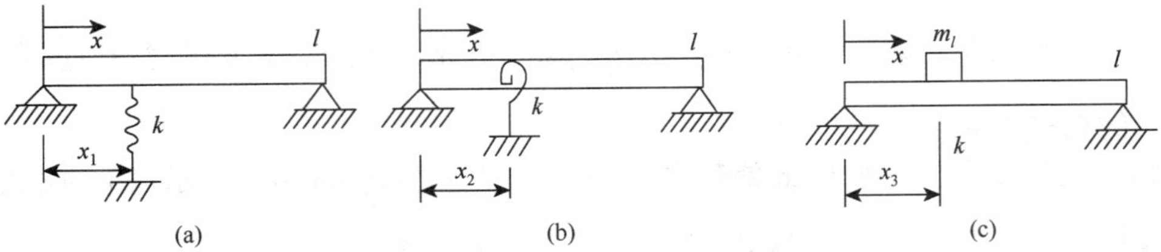

图题 4.13

4.14 对图题 4.13 中的系统，试用里茨法将其离散为多自由度系统，然后导出系统的动能与位移的正交条件并写出其质量矩阵和刚度矩阵的系数 m_{ij} 和 k_{ij}。

4.15 某均匀梁支承在两个弹簧上，如图题 4.15 所示。假设其位移曲线为 $\omega(x,t)=\varphi_1(x)q_1(t)+\varphi_2(x)q_2(t)$，并取 $\varphi_1(x)=1.0$ 和 $\varphi_2(x)=\sin\dfrac{\pi x}{l}$，试用里茨法导出其固有频率和固有振型。

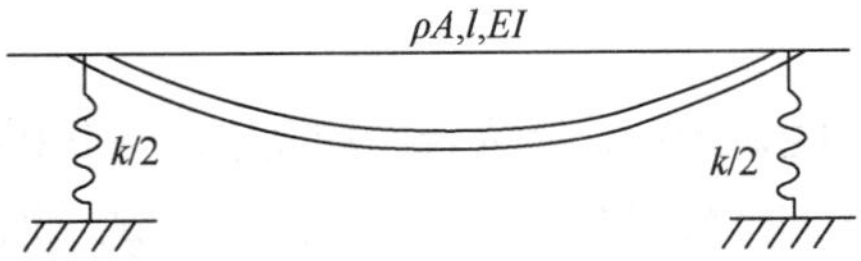

图题 4.15

4.16 等截面简支梁受到的轴向压力分别为 100 N 和 1 kN 时，其基频分别为 55.0 Hz 和 45.3 Hz，试估算该梁的欧拉临界载荷。

第 5 章　舰艇总振动

5.1　舰艇总振动的基本概念

5.1.1　舰艇总振动及分类

舰艇是一种庞大、复杂的水上建筑物，是由舰体基本结构和专门结构构成的弹性体。舰体基本结构又可分为两大部分：主船体结构和上层建筑结构。在外加激励的作用下，主船体结构会产生振动。主船体结构振动相当复杂，为便于分析和研究舰艇的振动特性，将舰艇振动分为两大类：总振动和局部振动。舰艇总振动，是在主船体结构层面上观察的一种振动，是一种遍及全船范围的振动。舰艇局部振动，是在局部结构和专门结构层面观察到的振动。当代舰船的主船体结构型式是多样化的，有单船体型主船体结构、双船体型主船体结构（如小水线面船、穿浪双体船等）及更多体型的主船体结构（如三体船等），其主船体结构的力学模型特点有显著不同，在主船体结构层面上观察到的总振动模式也有显著不同。一般情况下，水面舰艇和潜艇的主船体结构均是单船体型，本章主要介绍单船体结构型式舰艇总振动的基本概念和计算理论。

单船体结构型式舰艇的主船体结构，其船长与型深的比值（L/D）、船长与宽度的比值（L/B）均较大，统计资料表明，战斗舰艇船长与宽度之比为 7.5 以上，军辅船与民用船舶略小。因此，从宏观上看，舰艇主船体结构具有细长的特征，可视为船体梁，是一根变截面的主船体结构等值梁。对于常规排水型单船体舰艇来说，就是指将主船体结构视为一根漂浮（或浸没）在水域之中的船体梁，这样观察到的全船总振动就是舰艇总振动。

若按引起舰艇总振动的原因来分类，舰艇总振动可分为自由振动和强迫振动两大类。主船体自由振动，一般是由某个强的瞬态激励作用于船体而产生的，如抛锚、碰撞、火炮射击、单次波浪砰击等激励作用均可能引起舰艇显著的自由总振动。舰艇强迫振动，一般是由外界干扰力持续作用于船体而产生的，如主机运转、螺旋桨激励作用等。

若按船体的实际振动变形状态进行分类，还可将主船体总振动按如下分类。

（1）“似梁”振动。“似梁”振动即主船体弯曲总振动形态类似于简单的非棱柱形自由梁（船体梁）的弯曲振动，主船体结构中的局部振动振幅小于主船体弯曲总振动振幅，在主船体结构上能观察到振动的节点，能从节点数判断出主振动的阶次，如图 5.1（a）所示。

（2）微弱的“非梁”振动。主船体弯曲总振动形态总体上仍类似于简单的非棱柱形自由梁（船体梁）的弯曲振动，但由于双层底、船侧板和甲板等的参与，使弯曲振动形态产生畸变，且这些局部振动的振幅在量值上已超过主船体弯曲振动的最大幅值，局部振动显著，在主船体结构上勉强可以观察到振动的节点，也可从节点数判断出主振动的阶次，如图 5.1（b）、（c）所示。这类振动也可称为近似的“似梁”振动。

（3）复杂的整船结构振动。总体上看不出主船体有类似于梁的弯曲变形状态，在主船体结构上没有明显的振动节点。

(a) “似梁”振动　　(b) 微弱的“非梁”振动1　　(c) 微弱的“非梁”振动2

图 5.1　舰艇总振动从”似梁”振动到”非梁”振动的演化过程

当前，舰艇总振动主要是指舰艇的“似梁”振动和微弱的“非梁”振动（或称为近似的“似梁”振动），这两类振动可通过实验测试得到固有频率和固有振型，主振动阶次可达到 2、3 阶，4 阶以上的“似梁”振动和近似的“似梁”振动很少能从实验测试中获得固有频率和固有振型。

如果按船体梁的振动方向或形态分类，舰艇总振动可分为：①垂向总振动，指船体在中纵剖面的铅垂方向上的弯曲振动，见图 5.2（a）；②水平总振动，指船体沿水线面的水平方向上的弯曲振动，见图 5.2（b）；③扭转总振动，指船体绕其纵向轴线的扭转振动，见图 5.2（c）；④纵向总振动，指船体沿其纵轴的纵向振动，见图 5.2（d）。

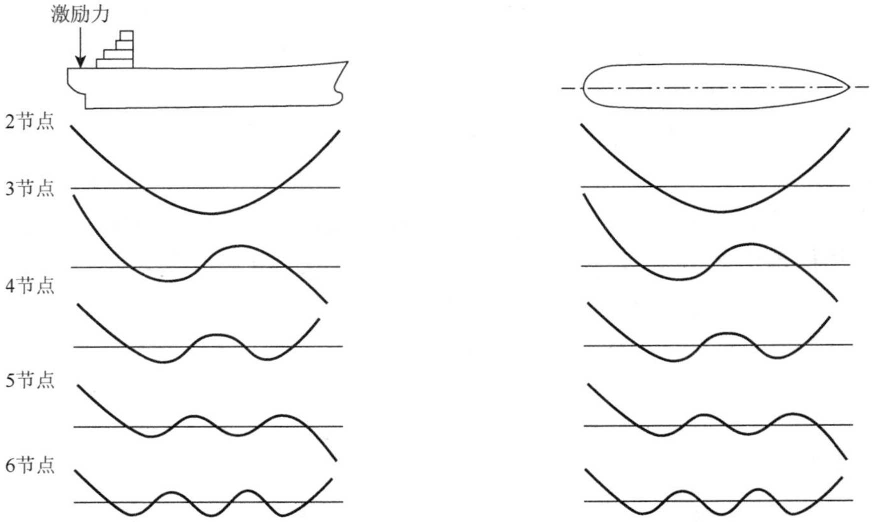

(a) 垂向总振动　　(b) 水平总振动

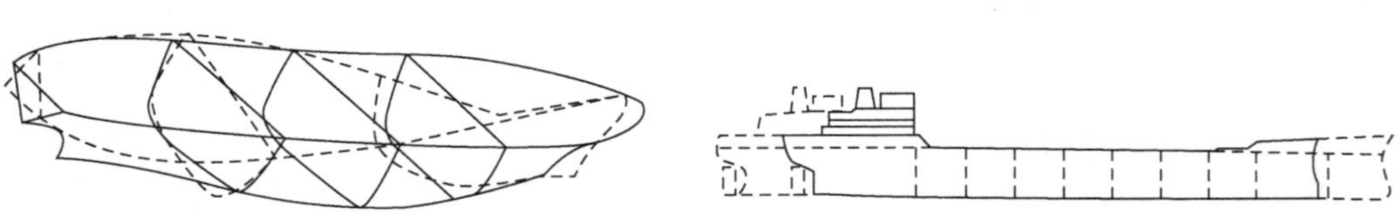

(c) 扭转总振动　　(d) 纵向总振动

图 5.2　四类舰艇总振动

这四类舰艇总振动，一般是相互耦合的。只有当船体每个横剖面的重心连线与船体结构横剖面的形心连线是同一根直线时，才可能单独出现上述四种形式的总振动。由于舰艇左右对称，质量中心与形心均在舰艇的中纵剖面内，故纵向振动与水平振动和扭转振动不耦合，仅与垂直向弯曲振动耦合。由于纵向振动的重要性较小，可认为舰艇垂向弯曲振动与纵向振动互相独立。其中，弯曲总振动是单体结构型式舰艇的最重要的总振动。

在外加激励力的作用下，舰艇总振动响应往往是多阶主振动响应的叠加，前 5 阶主振动叠加后的结果如图 5.3（a）所示。当激励力的频率与舰艇总振动的某一固有频率相等时，船体将发生共振。图 5.3（b）是某船体受到振幅不变的垂向简谐激励力作用时，实测得到的幅频响应曲线，从图中可以发现，当激励频率与固有频率接近时，振动响应幅值升高；当激励频率与固有频率相等时，振动响应幅值达到最大值。在每个固有频率点均出现响应峰值，第 1 阶共振时的响应峰值最大，随着阶次的提高，共振响应峰值逐渐减小。

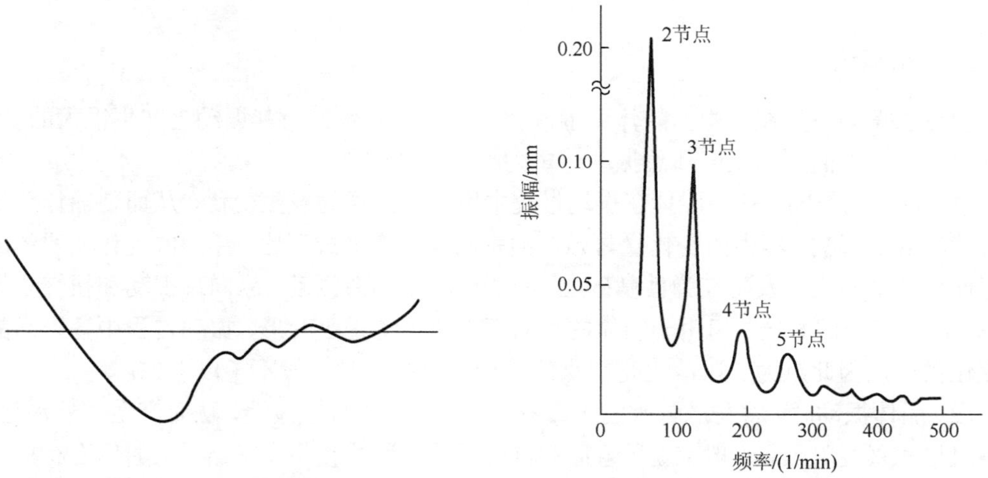

(a) 前5阶振型叠加结果　　(b) 幅频响应的实测曲线

图 5.3　振动响应特点

实际的船体结构并不是一根真正的“梁”，舰艇弯曲总振动形态并不总是清晰地具有船体梁的弯曲变形特征，即出现振动节点和腹点。称船体清晰地具有船体梁的弯曲变形特征时为“似梁弯曲”，一般低阶舰艇弯曲总振动特性具有“似梁弯曲”或微弱的“似梁弯曲”变形特性，高阶舰艇弯曲总振动很难观测到“似梁弯曲”特性，一般表现为一种“非梁变形”的振动。这是因为，随着振动阶次的提高，弯曲总振动的节点间距已经接近于或小于船宽和型深。在高阶总振动场合，船体梁理论模型与实际船体结构不再符合。

剧烈的舰艇总振动会对舰艇总强度造成危害，还会对其他船体结构产生边界激励，使其产生振动，如形成对上层建筑结构、桅杆结构等的振动激励。如图 5.4 所示就是舰艇总振动对上层建筑结构造成振动激励的情形，其中图 5.4（a）为船体垂向总振动对上层建筑结构形成支座旋转激励的情形，图 5.4（a）为船体纵向总振动对上层建筑结构形成支座水平激励的情形。

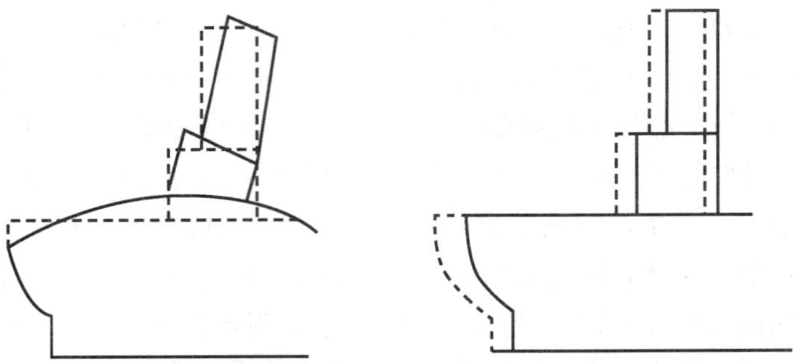

(a) 垂向总振动激励　　(b) 纵向总振动激励

图 5.4　舰艇总振动对上层建筑结构的振动激励

5.1.2　舷外水对舰艇总振动的影响与潜艇附连水质量

1. 一般概念

舰艇总振动发生在水中，船体周围水介质（即舷外水）对其振动会产生很大的影响。舷外水从三个方面影响主船体总振动：重力、阻尼和惯性。

（1）重力的影响，是指船体在振动过程中所受到的浮力发生变化，从而使船体总振动固有特性受到影响。浮力的变化量与船体的垂向弯曲变形成正比，浮力的变化使船体的垂向弯曲总振动相当于发生在弹性基础上。对于水平弯曲总振动、纵向总振动和扭转总振动来说，没有重力的影响。但由于船体的垂向弯曲总振动是小变形，振动过程中各剖面的浮力变化很小，因此重力的影响也是很小的，计算总振动时一般不予以考虑。

（2）船体振动时，将与舷外水发生摩擦，在舷外水中兴起波浪，从而产生舷外水阻尼：摩擦阻尼和兴波阻尼。一般来说，阻尼对自由振动的影响较小，在分析主船体固有振动特性时，可忽略不计。但在分析船体强迫总振动振幅时，若处于共振区，则必须考虑阻尼的影响。舷外水的阻尼力较难求得，所以相关研究较少，常将其合并于船体结构内阻尼而进行处理。

（3）惯性影响，反映在参与舰艇总振动时的等效质量的变化。这相当于有一部分舷外水与船体一起振动，称为附连水质量。舰艇总振动的附连水质量具有与舰艇排水量同阶甚至更大的量值，会对舰艇总振动产生重大的影响，必须予以考虑。

当半径为 b 的无限长圆柱体全部浸没在无黏、无限大的水域，以速度 v 做垂直于其长度方向的运动时，如图 5.5 所示，根据流体力学理论可求得单位长度的圆柱体向周围流体辐射的动能为

$$T=\frac{1}{2}\rho\pi b^2 v^2 \tag{5.1}$$

式中：ρ 为水的密度。

因此，半径为 b 的无限长圆柱体单位长度上的附连水质量为

$$m_a=\rho\pi b^2 \tag{5.2}$$

当舰艇产生“似梁”总振动时，通过船模试验和研究对式（5.2）进行修正，可将式（5.2）应用于舰艇，建立总振动附连水质量计算公式。

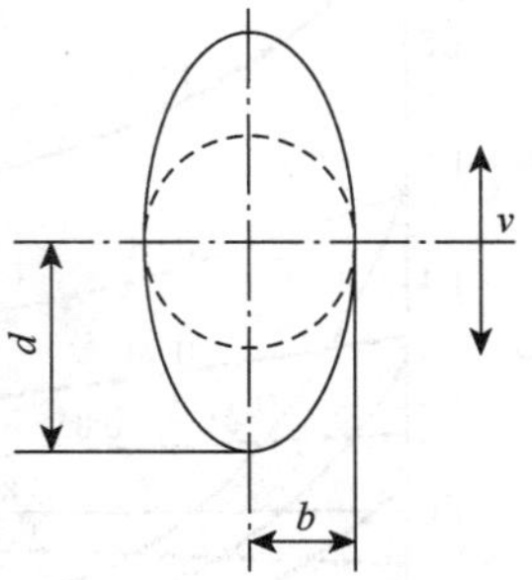

图 5.5 在无黏、无限大水域中的振动圆柱体

2. 水面舰艇附连水质量

对于实际的舰艇来说，船体漂浮在水面，并非完全浸没在水中；船体剖面形状并非标准的圆柱形或椭圆形，而是具有复杂的、多样化的剖面形状；同时，船体长度是有限的，产生振动时，其周围的流体是三维流动的。以上这些因素都会对船体的附连水质量造成影响。此外，当舰艇在有限水域（如窄航道、浅水域等）内振动时，有限水域也会对船体附连水质量造成影响。刘易斯和陶德等经过大量的研究和实验，采取引入修正系数对式（5.2）进行修正的方法，提出了能考虑上述全部因素的舰艇总振动附连水质量计算公式。

计算水面舰艇垂向总振动时，单位长度上的附连水质量计算公式为

$$m_{av}=\frac{1}{2}\alpha_v K_i C_v \rho\pi b^2 \tag{5.3}$$

计算水面舰艇水平总振动时，单位长度上的附连水质量计算公式为

$$m_{ah}=\frac{1}{2}\alpha_h K_i C_h \rho\pi d^2 \tag{5.4}$$

式中：ρ 为水的密度；b 为计算剖面处的水线半宽；α_v 为浅水修正系数，和水深 H_z 与截面半宽之比有关；C_v 为垂向振动附连水质量系数，取决于截面水线宽度与吃水之比 $2b/d$ 及浸没面积系数 β，$\beta=S/2bd$，其中 S 为截面浸没面积；K_i 为三维流动修正系数，垂向振动时，按船长和船宽比 L/B 计算，水平振动时，按船长与船的吃水比 L/d 计算；d 为计算剖面处的吃水；α_h 为狭航道修正系数，和 H_y（船中纵剖面与岸壁的距离）与截面半宽之比有关；C_h 为水平振动附连水质量系数，取决于截面水线宽度与吃水之比 $2b/d$ 及浸没面积系数 β。

式（5.3）和式（5.4）中的系数 $\frac{1}{2}$，是考虑到舰艇浮在水面，而非全浸没于水中而引入的系数。在修正系数方面，许多人进行了大量的工作，得出了许多相近的结果。图 5.6 和表 5.1 是由陶德给出的曲线图谱和数据，用于计算垂向振动附连水质量系数 C_v；图 5.7 和表 5.2 是由兰德惠勃在刘易斯的研究工作的基础上给出的图谱和数据，用于计算水平振动附连水质量系数 C_h；图 5.8 和表 5.3 是道格费尤克等给出的曲线图谱和数据，用于计算三维流动修正系数 K_i。浅水修正系数 α_v 和狭航道修正系数 α_h 的取值分别见图 5.9 和图 5.10。计算舰艇总振动时，利用上述图谱进行舰艇总振动附连水质量计算并加入舰艇振动质量中，即可考虑舷外水的惯性影响。

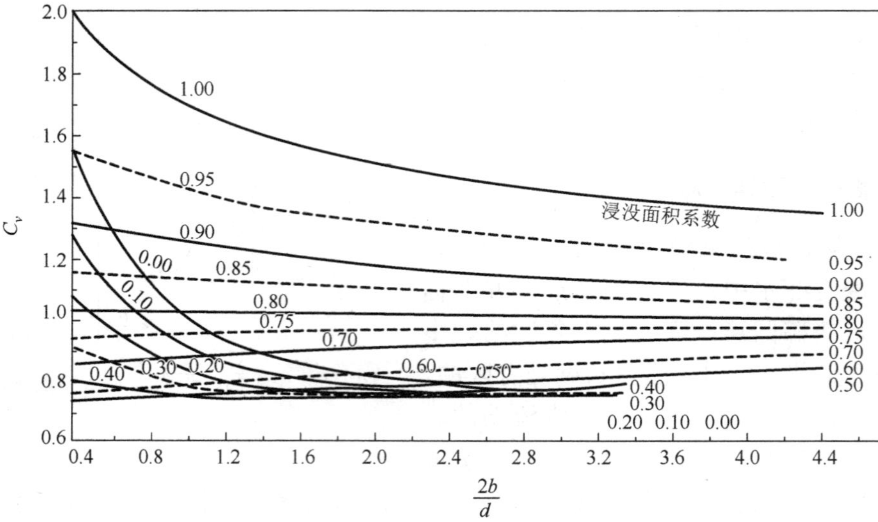

图 5.6　垂向振动附连水质量系数 C_v

表 5.1　垂向振动附连水质量系数 C_v

β	$d/b=0.2$	$d/b=0.4$	$d/b=0.6$	$d/b=0.8$	$d/b=1.0$	$d/b=1.2$	$d/b=1.4$	$d/b=1.6$	$d/b=1.8$	$d/b=2.0$
0	1.520	1.100	0.940	0.855	0.810	0.780	0.762	0.747	0.740	0.740
0.1	1.270	0.980	0.865	0.805	0.770	0.755	0.748	0.742	0.740	0.740
0.2	1.060	0.890	0.805	0.768	0.750	0.742	0.741	0.740	0.740	0.740
0.3	0.920	0.810	0.760	0.745	0.740	0.740	0.740	0.740	0.742	0.742
0.4	0.800	0.765	0.753	0.748	0.753	0.760	0.770	0.782	0.794	0.806
0.5	0.740	0.750	0.760	0.770	0.780	0.790	0.802	0.812	0.822	0.831
0.6	0.762	0.788	0.802	0.820	0.835	0.845	0.854	0.862	0.870	0.878
0.7	0.862	0.880	0.895	0.907	0.918	0.922	0.926	0.930	0.934	0.938
0.8	1.040	1.030	1.027	1.025	1.023	1.023	1.020	1.019	1.014	1.008
0.9	1.320	1.270	1.233	1.205	1.180	1.160	1.144	1.132	1.120	1.108
1.0	1.980	1.760	1.640	1.565	1.510	1.461	1.430	1.402	1.375	1.350

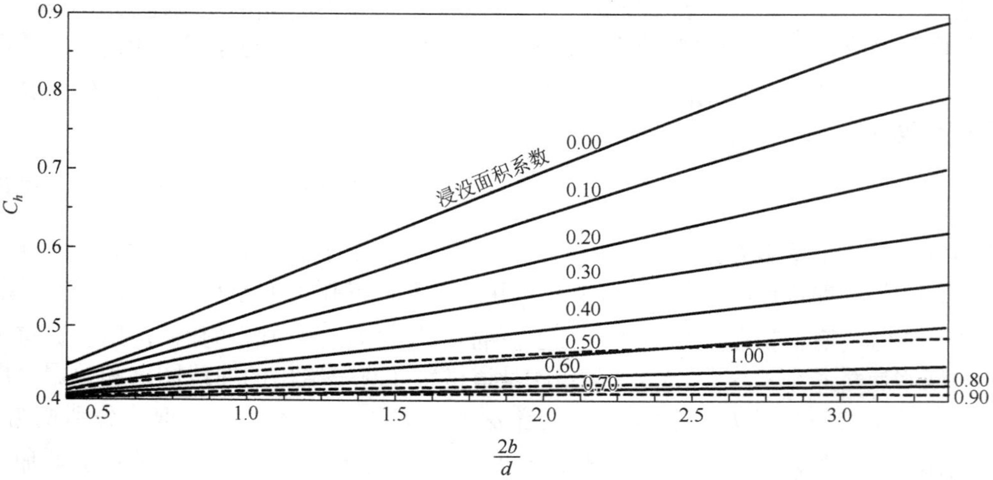

图 5.7　水平振动附连水质量系数 C_h

表 5.2　水平振动附连水质量系数 C_h

$2b/d$	$\beta=0.00$	$\beta=0.10$	$\beta=0.20$	$\beta=0.30$	$\beta=0.40$	$\beta=0.50$	$\beta=0.60$	$\beta=0.70$	$\beta=0.80$	$\beta=0.90$	$\beta=1.00$
0.375	0.450	0.436	0.430	0.422	0.419	0.411	0.410	0.407	0.403	0.409	0.426
0.875	0.522	0.500	0.479	0.461	0.439	0.421	0.415	0.408	0.404	0.410	0.437
1.375	0.6	0.563	0.529	0.495	0.461	0.435	0.420	0.409	0.405	0.412	0.448
1.875	0.675	0.623	0.572	0.525	0.489	0.450	0.425	0.410	0.406	0.414	0.455
2.375	0.75	0.679	0.615	0.555	0.510	0.465	0.430	0.411	0.407	0.417	0.462
2.875	0.82	0.735	0.655	0.585	0.530	0.480	0.435	0.412	0.408	0.420	0.469
3.375	0.89	0.790	0.693	0.612	0.549	0.490	0.442	0.413	0.409	0.424	0.476

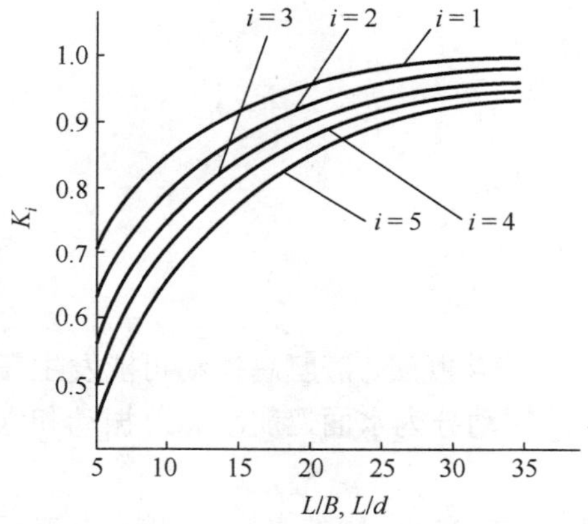

图 5.8　三维流动修正系数 K_i

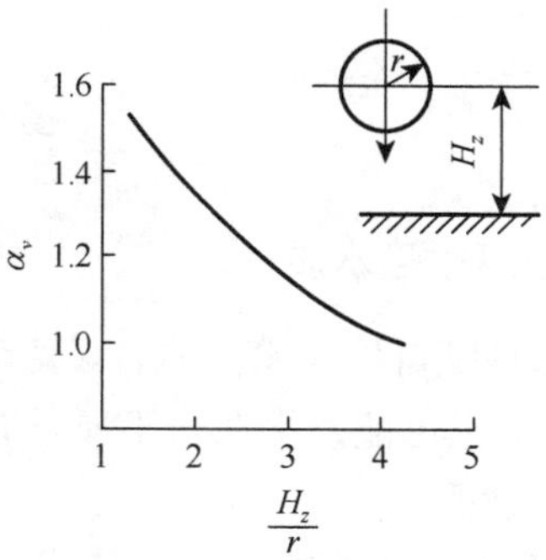

图 5.9　浅水修正系数 α_v

表 5.3　三维流动修正系数 K_i

L/B，L/d	第 1 阶	第 2 阶	第 3 阶	第 4 阶	第 5 阶
5	0.700	0.624	0.551	0.494	0.447
6	0.748	0.678	0.614	0.560	0.515
7	0.786	0.719	0.661	0.611	0.568
8	0.815	0.756	0.698	0.653	0.611
9	0.839	0.784	0.733	0.687	0.647
10	0.858	0.808	0.759	0.716	0.677
11	0.874	0.828	0.782	0.742	0.706
12	0.888	0.845	0.802	0.763	0.730
13	0.899	0.859	0.820	0.783	0.751
14	0.909	0.870	0.835	0.803	0.770
15	0.917	0.883	0.848	0.818	0.788
20	0.947	0.920	0.895	0.876	0.857

续表

L/B，L/d	第 1 阶	第 2 阶	第 3 阶	第 4 阶	第 5 阶
25	0.968	0.944	0.925	0.909	0.894
30	0.980	0.958	0.940	0.924	0.910
35	0.987	0.967	0.95	0.934	0.922

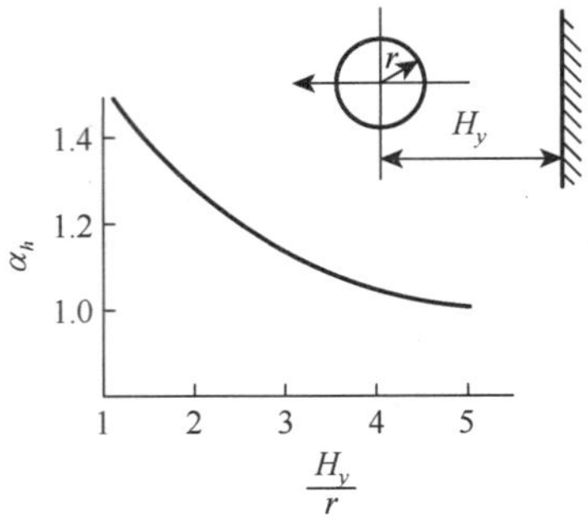

图 5.10　狭航道修正系数 α_h

3. 潜艇附连水质量

潜艇是既可以在水面航行，又可以在水下航行的战斗舰艇。潜艇总振动可能发生在水面航行时，也可能发生在水下航行时。一般将潜艇总振动分为水面巡航状态总振动和水下巡航状态总振动。

潜艇附连水质量的计算公式在结构上与水面舰艇相似，依然是采取引入修正系数对式（5.2）进行修正的方法建立总振动附连水质量计算公式。由于潜艇的活动水域是海洋，计算附连水质量时，一般不考虑浅水效应和狭航道效应的影响。

无限长柱体的湿表面是一种无凸起的、光滑的简单表面，水面舰艇的湿表面也可近似视为无凸起的、光滑的简单表面，但潜艇的湿表面却有很大的凸起，不能视为光滑的简单表面，这些凸起是由潜艇上的附体结构和指挥室围壳结构造成的。垂向振动时，水平稳定翼形成垂直于振动方向的凸起湿表面。水面巡航状态下产生水平振动时，下垂直稳定翼形成垂直于振动方向的凸起湿表面。水下潜航状态下产生水平振动时，上、下垂直稳定翼和指挥室围壳形成垂直于振动方向的凸起湿表面。这些因素均会对潜艇总振动附连水质量造成影响，必须予以考虑，可采用如下方法进行解决：将潜艇总振动附连水质量分成两部分进行计算，即裸船体附连水质量和附体附连水质量。将两种附连水质量叠加，求得总的附连水质量。

水面巡航状态下产生总振动时，裸船体单位长度附连水质量计算公式为

$$m_{v1}=\frac{1}{2}K_iC_v^*\pi\rho B^2\quad(\text{圆形剖面垂向总振动})\tag{5.5}$$

$$m_{v2}=\frac{1}{2}K_iC_v\pi\rho B^2\quad(\text{椭圆剖面垂向总振动})\tag{5.6}$$

$$m_h = \frac{1}{2} K_i C_h \pi\rho d^2 \quad (水平总振动) \tag{5.7}$$

$$\beta = S_1 / (2bd) \tag{5.8}$$

其中，b 为剖面水线半宽，d 为剖面吃水，B 为剖面最大半宽，C 为剖面半宽。水下潜航状态下产生总振动时，裸船体垂直方向和水平方向单位长度附连水质量计算公式为

$$m_v = K_i \mu_v(\alpha, \beta) \pi\rho B^2 \quad (垂直总振动) \tag{5.9}$$

$$m_h = K_i \mu_h(\alpha, \beta) \pi\rho C^2 \quad (水平总振动) \tag{5.10}$$

$$\begin{cases} \alpha = C / B \\ \beta = S_2 / (4BC) \end{cases} \tag{5.11}$$

附体附连水质量计算公式为

$$m_1 = \eta(l / h)\xi(0.5h / C)\pi\rho C^2 l \quad (水平总振动，指挥室围壳) \tag{5.12}$$

$$m_2 = \eta(l / h)[\mu_2(C / B, h / B) - \mu_v(C / B, h / B)]\pi\rho B^2 l \quad (垂向总振动，水平附体) \tag{5.13}$$

$$m_3 = \eta(l / h)[\mu_3(B / C, h / C) - \mu_h(C / B, h / B)]\pi\rho C^2 l \quad (水平总振动，垂直稳定翼) \tag{5.14}$$

水滴形潜艇和常规线形潜艇附连水质量三维流动修正系数分别如图 5.11 和图 5.12 所示。

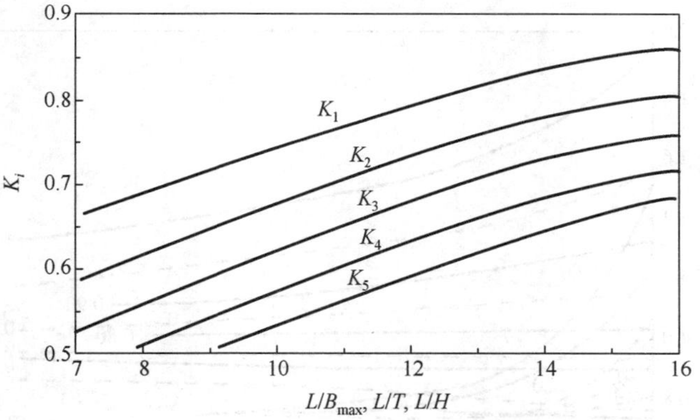

图 5.11　水滴形潜艇附连水质量三维流动修正系数 K_i

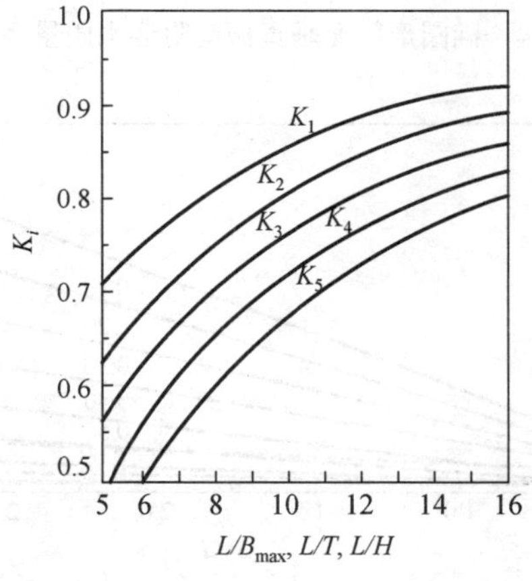

图 5.12　常规线形潜艇附连水质量三维流动修正系数 K_i

水面振动时，圆形剖面二维附连水质量系数如图 5.13 所示，椭圆形剖面垂直方向和水平方向振动附连水质量系数分别如图 5.14 和图 5.15 所示。水下振动时，船体剖面二维附连水质量系数如图 5.16 所示。

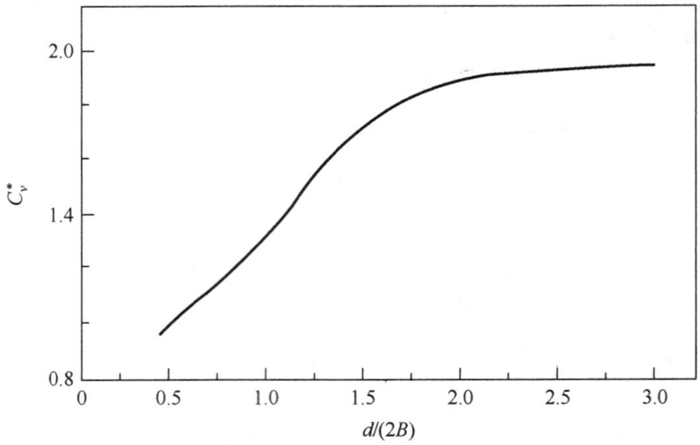

图 5.13　圆形剖面二维附连水质量系数 C_v^*

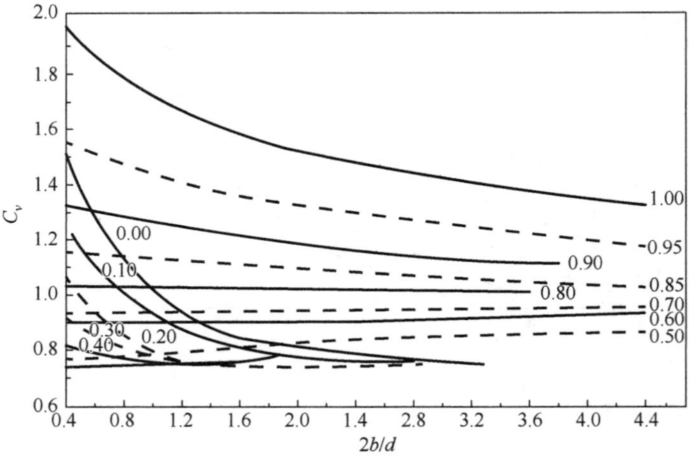

图 5.14　椭圆形剖面垂直振动附连水质量系数 C_v

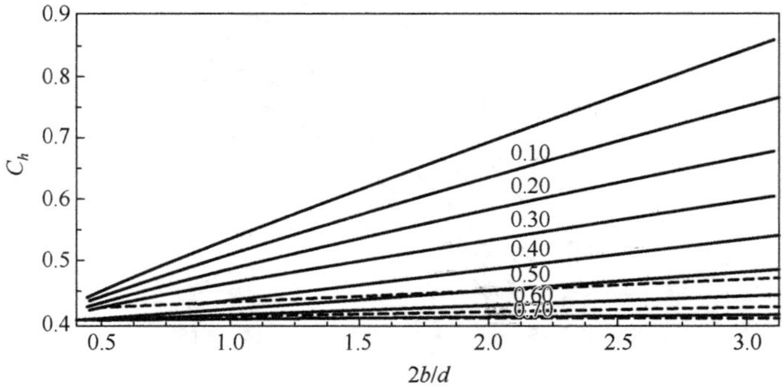

图 5.15　椭圆形剖面水平振动附连水质量系数 C_h

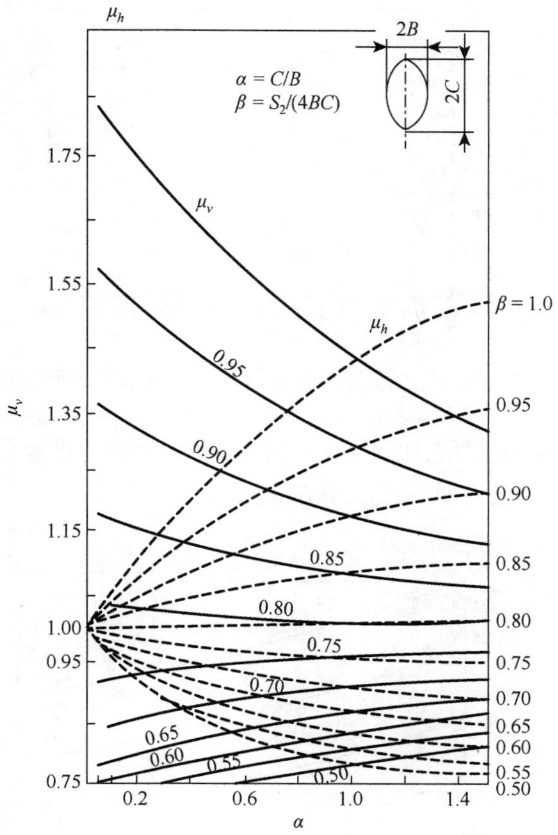

图 5.16　船体剖面二维附连水质量系数 μ_v 和 μ_h（水下振动时）

附体纵向绕流修正系数如图 5.17 所示。

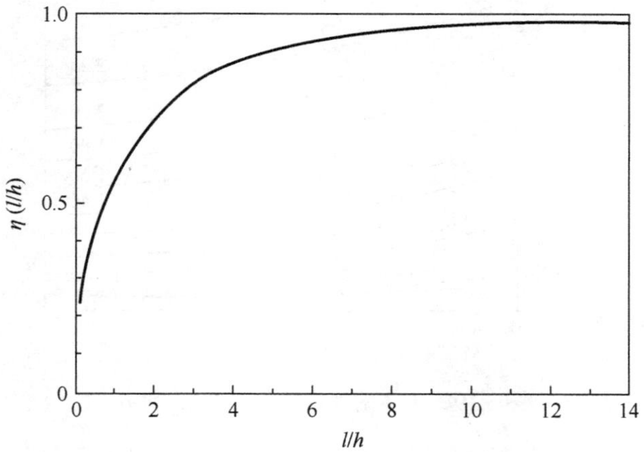

图 5.17　附体纵向绕流修正系数 η

水下水平振动时，指挥室围壳附连水质量系数如图 5.18 所示。

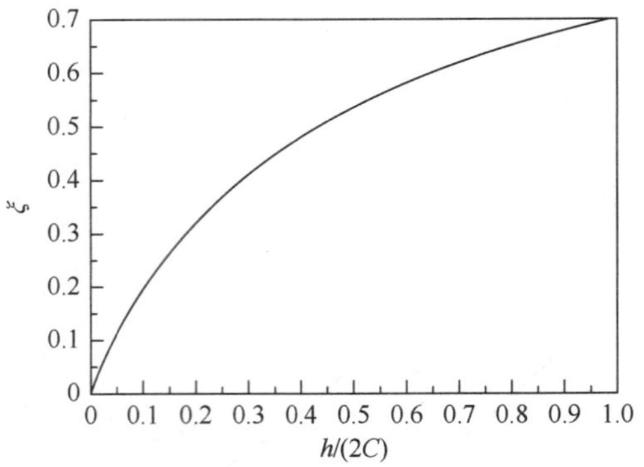

图 5.18　指挥室围壳附连水质量系数 ζ（水下水平振动）

附体附连水质量系数如图 5.19 所示，其中 μ_2 为水平振动质量系数，对应图中 h/B。μ_3 为水平振动，对应图中 h/C，即 $\mu_2(C/B, h/B)$，$\mu_3(B/C, h/C)$。

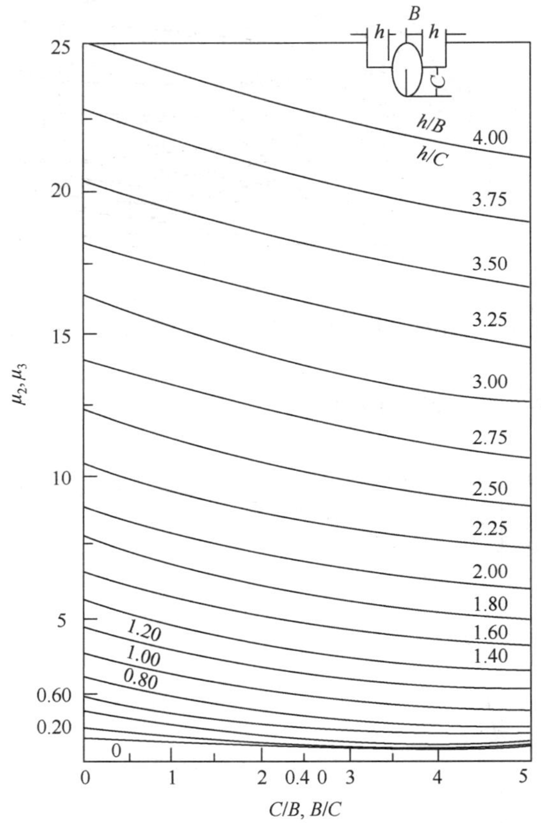

图 5.19　附体附连水质量系数 μ_2 和 μ_3

例 5.1　求申渝线 800 客位客船船体的垂向振动附连水质量。

解：（1）计算依据。

船体主尺度数据如下：两柱间长度为 70.0 m，型宽为 13.0 m，型深（至主甲板）为 3.40 m，型深（至上甲板）为 5.80 m，设计吃水（枯水）为 2.40 m，设计吃水（洪水）为

2.60 m，排水量（枯水）为 1 340 m^3，排水量（洪水）为 1 492 m^3。

另外，还有船体型线图和邦戎曲线。

2. 附连水质量计算

将船两柱间长等分成 20 段，从船首到船尾共获得 21 个站点，将每个站点依次编号为：0, 1, ⋯, 20。设计如表 5.4 所示表格，按表格进行计算。

表 5.4　附连水质量计算表

站号	水线半宽 b/m	每站吃水 d/m	半剖面积 A/m^2	浸没面积系数 $\beta=\frac{A}{b\times d}$	比值 $\frac{b}{d}$	C_v	比值 $\frac{L}{B}$	K_1	K_2	$m_{av_1}=K_1C_v\frac{\pi\rho b^2}{2}$ (t/m)	$m_{av_2}=K_2C_v\frac{\pi\rho b^2}{2}$ (t/m)
0	4.35	0.30	0.75	0.575	14.5	0.86	5.385	0.719	0.645	18.754	16.824
1	5.55	2.60	3.20	0.222	2.135	0.75	5.385	0.719	0.645	26.624	23.884
2	6.05	2.60	6.25	0.397	2.327	0.77	5.385	0.719	0.645	32.841	29.138
3	6.32	2.60	9.60	0.584	2.430	0.84	5.385	0.719	0.645	38.612	34.687
4	6.47	2.60	12.05	0.716	2.488	0.92	5.385	0.719	0.645	44.383	39.815
5	6.50	2.60	13.85	0.820	2.500	1.02	5.385	0.719	0.645	49.665	44.553
⋮	⋮	⋮	⋮	⋮	⋮	⋮	⋮	⋮	⋮	⋮	⋮
16	3.80	2.60	7.88	0.798	1.462	1.02	5.385	0.719	0.645	16.974	15.227
17	2.75	2.60	5.33	0.745	1.058	0.95	5.385	0.719	0.645	8.280	7.428
18	1.73	2.35	2.93	0.721	0.736	0.91	5.385	0.719	0.645	3.139	2.816
19	0.80	2.10	1.25	0.744	0.381	0.93	5.385	0.719	0.645	0.686	0.615
20	0.08	0.20	0.01	0.625	0.400	0.94	5.385	0.719	0.645	0.007	0.006

由船体型线图和邦戎曲线求得各站点处剖面的水线半宽、每站吃水、浸没面积。该船属水面舰艇，根据各站点处剖面的水线半宽、每站吃水、浸没面积，采用式（5.3）和相应图表计算各站点处剖面的附连水质量。

计算结果如表 5.4 所示，表中仅计算了两阶附连水质量。由表 5.4 的计算结果可以发现，附连水质量与舰艇的排水量在同一量级，有时甚至大于舰艇本身的质量。

5.2　舰艇总振动固有频率及振型计算理论

5.2.1　等效船体梁

舰艇是一种庞大、复杂的水上建筑物，研究舰艇总振动，必须对舰艇进行简化，抽象出合适的力学模型进行分析。舰艇总振动，是在主船体结构层面上观察的一种振动，单船体结构型式舰艇的主船体结构，其船长与型深的比值（L/D）、船长与船宽的比值（L/B）均较大，宏观上可视主船体结构为梁，因此常以梁理论为基础建立舰艇总振动计算分析力学模型。用于计算舰艇总振动的梁称为船体梁、船体梁在如下两个方面与实船结构等效：惯性特性、刚度特性。等效船体梁长度与实船相等、边界条件与实船相同。满足上述条件后，由等效船体梁计算出的低阶振动特性即实船的低阶总振动特性。

1. 惯性特性

船体梁在空气中振动，称为船体梁的干模态；在水中振动，称为船体梁的湿模态。惯性特性反映在三个方面：单位长度质量、剖面转动惯量和回转半径。其中，等效船体梁湿模态的单位长度质量由船体梁干模态质量和船体总振动附连水质量构成。

1）船体梁干模态质量

船体梁干模态质量是舰艇的总质量，包括船体结构质量与船上所有载荷、设备及乘员的质量。这些质量应根据舰艇的设计图纸和资料计算，一般等于舰艇的正常排水量。依据重量重心计算书，将这些质量处理成船体梁的分布质量，处理后的质心纵向位置应与实船质心位置相等（相对误差应控制在 5%以下）。

2）船体总振动附连水质量

应根据舰艇湿表面数据（如剖面吃水、剖面水线半宽等）计算船体梁总振动的附连水质量。按 5.1.2 小节的方法和图表计算弯曲总振动附连水质量，逐一计算每个剖面的附连水质量，每一段船体梁计算两端剖面，将两端剖面的计算结果平均即得到该梁段附连水质量的分布质量。将附连水质量的计算结果与干模态质量叠加，即得到舰艇总振动湿模态质量特性。

3）剖面转动惯量和回转半径

梁段内的剖面回转半径一般取为梁段两端剖面回转半径的算术平均值。计算实践表明，剖面转动惯量对固有频率影响不大，尤其是对于低阶总振动。因此，在计算水面舰艇剖面转动惯量和回转半径时，可将船体梁简化成宽度等于型宽 B、高度等于型深 D 的均匀等截面直梁。对于这样的梁，垂向弯曲振动剖面惯性矩为 $I_v = BD^3/12$，剖面面积为 $A_c = BD$。由此可得水面舰艇垂向弯曲总振动剖面回转半径为

$$r^2 = \frac{I_v}{A_c} = D^2/12 \tag{5.15a}$$

水面舰艇水平弯曲振动剖面惯性矩为 $I_h = DB^3/12$，水平弯曲总振动剖面回转半径为

$$r^2 = \frac{I_h}{A_c} = B^2/12 \tag{5.15b}$$

2. 刚度特性

对于船体梁的弯曲振动，刚度特性是弯曲刚度（即弯曲惯性矩和弹性模量的乘积）和剪切刚度（即剪切面积和剪切模量的乘积）。对于扭转振动，刚度特性是扭转极惯性矩。对于弯曲、扭转耦合振动，刚度特性是扭转极惯性矩、弯曲刚度、剪切刚度和翘曲刚度。对于纵向振动，刚度特性是轴向刚度（即轴向等效面积和弹性模量的乘积）。

可参照船体强度计算方法计算剖面弯曲刚度特性（即弯曲惯性矩和剪切面积），对每个剖面都应进行计算，每一段梁的弯曲惯性矩取为该梁段两端弯曲惯性矩的平均值。在强

度计算中，计算弯曲惯性矩时，仅考虑强力甲板及其以下的纵向构件，这种处理方法用于振动计算时，可能会导致振动特性计算值出现较大的误差，必须进行修正。由于是微幅振动，允许有较多的纵向构件进入弯曲惯性矩的计算中，凡长度不小于型深的纵向构件或支承在刚性构件上的甲板室，甚至舭龙骨、舷檣与较长的舱口围板均可计入总振动计算所需的弯曲惯性矩参数。

对每个剖面都应计算剪切面积，船体梁的剖面剪切面积取为该段梁两端剖面剪切面积的平均值。将船剖面所有纵向构件的截面面积之和乘以一个小于 1 的系数 k'，可获得剖面等效剪切面积。系数 k' 可由弹性力学理论求得，也可根据经验和统计资料获得。对于垂向弯曲振动，常取船侧外板和纵舱壁壁板的剖面面积作为等效剪切面积，若构件截面是曲线，取垂直方向上的投影面积。

若不考虑剪切的影响，计算结果可能会出现不可接受的误差。在设计初期，计算全船各个剖面的剪切面积是较为困难的，这时，可取各个剖面的剪切面积近似等于船中横剖面的等效剪切面积。对于具有平行中体的舰艇，这样的近似取法导致的差异在3%以下。

5.2.2　基于铁摩辛柯梁理论的迁移矩阵法

船体梁是一根变截面的主船体结构等值梁，是一种短粗梁。第 4 章中介绍了的梁振动理论，没有考虑截面剪切变形和剖面转动的影响，适合于分析细长梁，用于短粗梁时会有较大的误差。计算舰艇总振动时，除考虑附连水质量的影响外，还应该考虑截面剪切变形和剖面转动的影响。

1. 考虑剪切变形和剖面转动影响的振动微分方程

取均匀梁上一个微段，其变形和受力如图 5.20 所示。图中采用右手坐标系，图示各力（力矩）和位移（转角）均为正方向。梁的中心线（轴线）的初始位置是一条平行于 x 轴的直线，受剪力和弯矩作用而发生变形，形成挠度曲线 $W(x,t)$ 。当截面剪力为 0 时，梁是纯弯曲变形，$\mathrm{d}x$ 微段转动，转动角为 θ ，由于转动，$\mathrm{d}x$ 微段的中心线与初始位置产生夹角 θ ，但中心线仍垂直于横剖面。当剪力不为 0 时，剪力 N 使得矩形的微元体产生剪切变形，剪切角为 β 。剪切变形使微段成为棱形，微段的中心线发生偏转（剖面并不发生转动），形成弯矩和剪力联合作用下的挠度曲线，梁中心线变形后的最终旋转角为 $\dfrac{\partial W}{\partial x}$ ，即有

$$M = EI\frac{\partial \theta}{\partial x} \tag{5.16}$$

$$N = A_s G\beta = k'AG\beta \tag{5.17}$$

$$\frac{\partial W}{\partial x} = \beta - \theta \tag{5.18}$$

由梁段的垂向力平衡条件有

$$\frac{\partial N}{\partial x}=-F(x,t)+m\frac{\partial^2 W}{\partial t^2} \tag{5.19}$$

由梁段的力矩平衡条件有

$$\frac{\partial M}{\partial x}=N+mr^2\frac{\partial^2 \theta}{\partial t^2} \tag{5.20}$$

式中：M 为剖面弯矩；N 为剖面剪力；A 为剖面面积；A_s 为剖面等效剪切面积；k' 为与剖面形状有关的系数；G 为剪切模量；m 为梁的单位长度质量（含附连水质量）；r 为剖面回转半径。

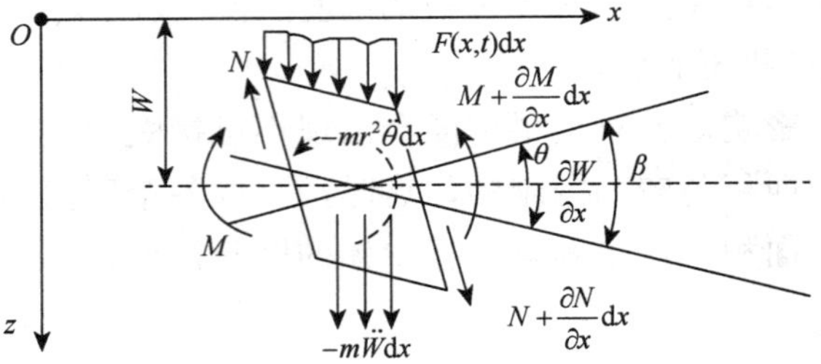

图 5.20　计及剪切变形和剖面转动惯量的梁微段受力图

将式（5.18）代入式（5.17）中，有

$$N=A_sG\left(\frac{\partial W}{\partial x}+\theta\right) \tag{5.21a}$$

将式（5.21a）代入式（5.19），有

$$A_sG\left(\frac{\partial^2 W}{\partial x^2}+\frac{\partial \theta}{\partial x}\right)=-F(x,t)+m\frac{\partial^2 W}{\partial t^2} \tag{5.21b}$$

将式（5.16）和式（5.21a）代入式（5.20）中并消除 M、N，有

$$EI\frac{\partial^2 \theta}{\partial x^2}=A_sG\left(\frac{\partial W}{\partial x}+\theta\right)+mr^2\frac{\partial^2 \theta}{\partial t^2} \tag{5.21c}$$

联立求解式（5.21b）和式（5.21c），便得

$$\underbrace{EI\frac{\partial^4 W}{\partial x^4}-\left(F-m\frac{\partial^2 W}{\partial t^2}\right)}_{\text{基本关系式}}\underbrace{-mr^2\frac{\partial^4 W}{\partial x^2\partial t^2}}_{\text{转动惯量项}}+\underbrace{\frac{EI}{A_sG}\frac{\partial^2}{\partial x^2}\left(F-m\frac{\partial^2 W}{\partial t^2}\right)}_{\text{剪切变形项}}$$
$$\underbrace{-\frac{mr^2}{A_sG}\frac{\partial^2}{\partial t^2}\left(F-m\frac{\partial^2 W}{\partial t^2}\right)}_{\text{剪切变形与转动惯量耦合项}}=0 \tag{5.22}$$

式（5.22）就是计及剪切变形和剖面转动惯量的梁的振动微分方程，通常称为铁摩辛柯梁方程。令 $F(x,t)$，得自由振动方程为

$$\underbrace{EI\frac{\partial^4 W}{\partial x^4}+m\frac{\partial^2 W}{\partial t^2}}_{\text{基本关系式}}\underbrace{-mr^2\frac{\partial^4 W}{\partial x^2\partial t^2}}_{\text{转动惯量项}}\underbrace{-\frac{EI}{A_sG}\frac{\partial^2}{\partial x^2}\left(m\frac{\partial^2 W}{\partial t^2}\right)}_{\text{剪切变形项}}+\underbrace{\frac{mr^2}{A_sG}\frac{\partial^2}{\partial t^2}\left(m\frac{\partial^2 W}{\partial t^2}\right)}_{\text{剪切与转动惯量耦合项}}=0 \tag{5.23}$$

例 5.2　长为 l、刚度为 EI 的某简支均直梁做横向振动，试分析剪切变形和剖面转动惯量对固有频率的影响。

解：设主振动为

$$W_j(x,t)=\sin\frac{j\pi x}{l}\sin(\omega_{nj}t+a_j)$$

满足梁的边界条件，将其代入式（5.23），注意到 $A=A_s$，经运算可得

$$\left(\frac{j\pi}{l}\right)^4-\mu_j^4-\mu_j^4r^2\left(\frac{j\pi}{l}\right)^2\left(1+\frac{E}{k'G}\right)+\mu_j^4r^2\left(\mu_j^4r^2\frac{E}{k'G}\right)=0$$

式中：前两项表示不计剪切变形和剖面转动惯量的情况；第三项表示剪切变形和剖面转动惯量的影响；最后一项是剪切变形和剖面转动惯量的耦合项，与前两项相比是高阶小量，故可略去最后项，得

$$\mu_j^4=\left(\frac{j\pi}{l}\right)^4\left[\frac{1}{1+(jr\pi/l)^2(1+E/k'G)}\right]$$

当 $\dfrac{jr}{l}$ 是小量时，由泰勒级数展开，上式可近似表示为

$$\mu_j^4\approx\left(\frac{j\pi}{l}\right)^4\left[1-\left(\frac{jr\pi}{l}\right)^2\left(1+\frac{E}{k'G}\right)\right] \tag{5.24a}$$

$$\omega_{nj}\approx\left(\frac{j\pi}{l}\right)^2\sqrt{\frac{EI}{\rho A}}\left[1-\left(\frac{jr\pi}{l}\right)^2\left(1+\frac{E}{k'G}\right)\right] \tag{5.24b}$$

由式（5.24b）可以看出，剪切变形和剖面转动惯量的影响使梁的固有频率下降，且下降幅度随着阶数的上升而增大。这是因为剪切作用使梁的刚度下降，剖面转动惯量使系统的有效质量增加，两者的影响均是使固有频率下降。

2. 迁移矩阵法

船体梁是一根变截面的主船体结构等值梁，为便于对其分析，常将船体梁分成若干段，视每段截面均匀、密度均匀、刚度均匀。经过这样处理的船体梁，变截面转化为分段等截面，成为一种链式结构。对于链式结构，迁移矩阵法（又称传递矩阵法）是一种较好的分析方法。基于铁摩辛柯梁振动理论建立的迁移矩阵法适于计算舰艇的总振动。

迁移矩阵法的基本原理如下：如图 5.21 所示，将船体梁划分为 n 段，包括首端和尾端，共 $n+1$ 个节点，各段依次编号为 $1,\cdots,n$，各节点依次编号为 $0,1,\cdots,n$。第 i 段长度为 l_i，是均匀等截面直梁。定义各分段梁端剖面的状态参数为状态矢量，在均匀等截面直梁的范围内求解微分方程，得出基本解，利用基本解求出各分段结合处状态矢量之间的传递和变化关系。与边界条件相结合，得出求解振动系统特性参数的固有频率方程，求解固有频率方程可获得船体梁的固有频率和固有振型。

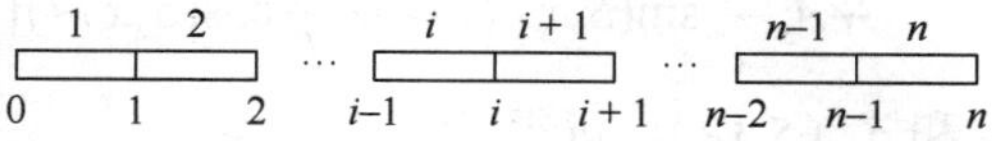

图 5.21　用于迁移矩阵法的梁段划分及编号

1）状态矢量及其构成

对于梁的弯曲振动来说，状态矢量是由船体梁分段两端截面的弯曲要素构成的矢量，即剖面的挠度 w、转角 θ、弯矩 M 及剪力 N。设船体分段梁的长度为 l、弯曲刚度为 EI、剪切刚度为 GA_s、截面面积为 A、截面等效剪切面积为 A_s、截面回转半径为 r，记船体梁的状态矢量为

$$\boldsymbol{Z}=\begin{bmatrix} w & \theta & M & N \end{bmatrix}^{\mathrm{T}} \tag{5.25}$$

设解为

$$W(x,t)=w(x)\sin(\omega_n t+\alpha) \tag{5.26}$$

将其代入式（5.23），可得

$$w^{\mathrm{IV}}+\frac{m\omega_n^2}{EI}\left(\frac{EI}{GA_s}+r^2\right)w''-\frac{m\omega_n^2}{EI}\left(1-\frac{mr^2\omega_n^2}{GA_s}\right)w=0 \tag{5.27}$$

令

$$\sigma=\frac{m\omega_n^2}{GA_s}l^2,\quad \tau=\frac{mr^2\omega_n^2}{EI}l^2,\quad \beta^4=\frac{m\omega_n^2}{EI}l^4 \tag{5.28}$$

于是，式（5.27）可改写为

$$w^{\mathrm{IV}}+\frac{\sigma+\tau}{l^2}w''-\frac{\beta^4-\sigma\tau}{l^4}w=0 \tag{5.29}$$

式（5.29）是四阶常系数线性齐次常微分方程，其解为

$$w=c\mathrm{e}^{\frac{Sx}{l}} \tag{5.30}$$

代入式（5.29）后，可求特征方程式的根为 $S=\pm S_1$ 和 $S=\pm \mathrm{i}S_2$。

$$S_{1,2}=\left\{\left[(\beta^4-\sigma\tau)+\frac{1}{4}(\sigma+\tau)^2\right]^{1/2}\mp\frac{1}{2}(\sigma+\tau)\right\}^{1/2} \tag{5.31}$$

得到全解为

$$w(x)=c_1\mathrm{ch}(S_1x/l)+c_2\mathrm{sh}(S_1x/l)+c_3\cos(S_2x/l)+c_4\sin(S_2x/l) \tag{5.32}$$

由于状态矢量之间的关系是线性的，$w(x)$ 确定后，利用式（5.16）～式（5.20）可以方便地导出 $\theta(x)$、$M(x)$ 和 $N(x)$ 的表达式。对于简谐振动，剪力 $N(x)$ 也是简谐变化的，设

$$N(x,t)=N(x)\sin(\omega_n t+\alpha) \tag{5.33}$$

$N(x)$ 也可写成和 $w(x)$ 相似的形式：

$$N(x)=A_1\mathrm{ch}(S_1x/l)+A_2\mathrm{sh}(S_1x/l)+A_3\cos(S_2x/l)+A_4\sin(S_2x/l) \tag{5.34}$$

将式（5.34）代入式（5.19）可得

$$\begin{aligned} w(x)=&-\frac{l^4}{\beta^4 EI}[A_1\frac{S_1}{l}\mathrm{sh}(S_1x/l)+A_2\frac{S_1}{l}\mathrm{ch}(S_1x/l) \\ &-A_3\frac{S_2}{l}\sin(S_2x/l)+A_4\frac{S_2}{l}\cos(S_2x/l)] \end{aligned} \tag{5.35}$$

同样，由式（5.17）和式（5.18），可得

$$\theta(x)=\frac{l^2}{\beta^4 EI}\left\{(\sigma+S_1^2)\left[A_1\operatorname{ch}(S_1x/l)+A_2\operatorname{sh}(S_1x/l)\right]\right.$$
$$\left.+(\sigma-S_2^2)\left[A_3\cos(S_2x/l)+A_4\sin(S_2x/l)\right]\right\} \tag{5.36}$$

将式（5.35）代入式（5.16），可得

$$M(x)=\frac{l^2}{\beta^4}\left\{(\sigma+S_1^2)\frac{S_1}{l}\left[A_1\operatorname{sh}(S_1x/l)+A_2\operatorname{ch}(S_1x/l)\right]\right.$$
$$\left.+(\sigma-S_2^2)\frac{S_1}{l}\left[A_3\sin(S_2x/l)-A_4\cos(S_2x/l)\right]\right\} \tag{5.37}$$

将式（5.34）～式（5.37）写成矩阵形式，有

$$\boldsymbol{Z}=\left[w(x)\quad \theta(x)\quad M(x)\quad N(x)\right]^{\mathrm{T}}=\boldsymbol{B}(x)\boldsymbol{A} \tag{5.38}$$

式中：

$$\boldsymbol{A}=\left[A_1\quad A_2\quad A_3\quad A_4\right]^{\mathrm{T}} \tag{5.39}$$

$\boldsymbol{B}(x)$ 为 4×4 阶矩阵，记为

$$\boldsymbol{B}(x)=\begin{bmatrix} b_{11} & b_{12} & b_{13} & b_{14}\\ b_{21} & b_{22} & b_{23} & b_{24}\\ b_{31} & b_{32} & b_{33} & b_{34}\\ b_{41} & b_{42} & b_{43} & b_{44}\end{bmatrix} \tag{5.40a}$$

其元素为

$$\begin{cases} b_{11}=-\dfrac{l^3S_1}{\beta^4EI}\operatorname{sh}(S_1x/l),\quad b_{12}=-\dfrac{l^3S_1}{\beta^4EI}\operatorname{ch}(S_1x/l)\\ b_{13}=\dfrac{l^3S_2}{\beta^4EI}\sin(S_2x/l),\quad b_{14}=-\dfrac{l^3S_2}{\beta^4EI}\cos(S_2x/l)\\ b_{21}=\dfrac{l^2(\sigma+S_1^2)}{\beta^4EI}\operatorname{ch}(S_1x/l),\quad b_{22}=\dfrac{l^2(\sigma+S_1^2)}{\beta^4EI}\operatorname{sh}(S_1x/l)\\ b_{23}=\dfrac{l^2(\sigma-S_2^2)}{\beta^4EI}\cos(S_2x/l),\quad b_{24}=\dfrac{l^2(\sigma-S_2^2)}{\beta^4EI}\sin(S_2x/l)\\ b_{31}=\dfrac{lS_1(\sigma+S_1^2)}{\beta^4}\operatorname{sh}(S_1x/l),\quad b_{32}=\dfrac{lS_1(\sigma+S_1^2)}{\beta^4}\operatorname{ch}(S_1x/l)\\ b_{33}=\dfrac{-lS_2(\sigma-S_2^2)}{\beta^4}\sin(S_2x/l),\quad b_{34}=\dfrac{lS_2(\sigma-S_2^2)}{\beta^4}\cos(S_2x/l)\\ b_{41}=\operatorname{ch}(S_1x/l),\quad b_{42}=\operatorname{sh}(S_1x/l)\\ b_{43}=\cos(S_2x/l),\quad b_{44}=\sin(S_2x/l)\end{cases} \tag{5.40b}$$

2）场迁移矩阵

如图 5.22 所示，对每段梁建立局部坐标系，x 轴顺着梁的轴向，梁段的左端点为坐标原点。对于第 i 段梁，左端点坐标为 $x=0$ 、右端点坐标为 $x=l_i$ ，两处的状态矢量分别用 $\boldsymbol{Z}_i^L$ 和 $\boldsymbol{Z}_i^R$ 表示，则梁左端状态矢量为

$$\boldsymbol{Z}_i^L=\boldsymbol{Z}_i(0)=\boldsymbol{B}_i(0)\boldsymbol{A} \tag{5.41}$$

$$A = B_i^{-1}(0) Z_i^L \tag{5.42}$$

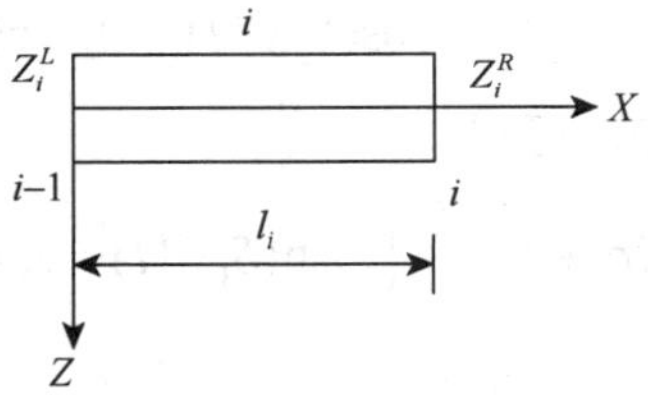

图 5.22　状态矢量表示方法

x 截面的状态矢量为

$$Z_i(x) = B_i(x) A = B_i(x) B_i^{-1}(0) Z_i^L \tag{5.43}$$

梁右端的状态矢量为

$$Z_i^R = Z_i(l) = B_i(l) A = B_i(l) B_i^{-1}(0) Z_i^L = F_i Z_i^L \tag{5.44}$$

式中：

$$F_i = B_i(l) B_i^{-1}(0) \tag{5.45}$$

式（5.45）就是该梁段的场迁移矩阵。对于梁的弯曲振动，它是 4×4 的方阵。场迁移矩阵将梁段左右两端的状态矢量联系起来，将 $x = l$ 、0 分别代入式（5.40b）即可获得 $B_i(0)$、$B_i(l)$ 矩阵。

在 $B_i(0)$ 矩阵中有较多的零元素：$b_{11} = b_{13} = b_{22} = b_{24} = b_{31} = b_{33} = b_{42} = b_{44} = 0$，将这些零元素排除后，分割为两个子矩阵来求 $B_i^{-1}(0)$ 较为方便，可得

$$B_i^{-1}(0) = \begin{bmatrix} 0 & \beta^4 \Lambda \dfrac{EI}{l^2} & 0 & \Lambda_2 \\ -\beta^4 \dfrac{\Lambda_2 EI}{S_1 l^3} & 0 & \dfrac{\beta^4 \Lambda}{S_1 l} & 0 \\ 0 & \beta^2 \Lambda \dfrac{EI}{l^2} & 0 & \Lambda_1 \\ -\beta^4 \dfrac{\Lambda_1 EI}{S_2 l^3} & 0 & \dfrac{\beta^4 \Lambda}{S_2 l} & 0 \end{bmatrix} \tag{5.46}$$

式中：

$$\Lambda = \frac{1}{S_1^2 + S_2^2}, \quad \Lambda_1 = \frac{\sigma + S_1^2}{S_1^2 + S_2^2}, \quad \Lambda_2 = \frac{S_2^2 - \sigma}{S_1^2 + S_2^2} \tag{5.47}$$

最后，计算 $B_i(l) B_i^{-1}(0)$，可得梁段的场迁移矩阵为

$$F_i = [F_{ij}]_{4\times4} \tag{5.48a}$$

式中：各项为

$$
\begin{cases}
F_{11}=c_0-\sigma c_2, \quad F_{12}=-l\left[c_1-(\sigma+\tau)c_3\right] \\
F_{13}=-ac_2, \quad F_{14}=-\dfrac{al}{\beta^4}[-\sigma c_1+(\beta^4+\sigma^2)c_3] \\
F_{21}=-\beta^4 c_3, \quad F_{22}=c_0-\tau c_2 \\
F_{23}=\dfrac{a(c_1-\tau c_3)}{l}, \quad F_{24}=ac_2 \\
F_{31}=-\dfrac{\beta^4}{a}c_2, \quad F_{32}=\dfrac{l}{a}[-\tau c_1+(\beta^4+\tau^2)c_3] \\
F_{33}=c_0-\tau c_2, \quad F_{34}=l\left[c_2-(\sigma+\tau)c_3\right] \\
F_{41}=-\dfrac{\beta^4}{al}(c_1-\sigma c_3), \quad F_{42}=\dfrac{\beta^4}{a}c_2 \\
F_{43}=\dfrac{\beta^4}{l}c_3, \quad F_{44}=c_0-\sigma c_2
\end{cases}
\tag{5.48b}
$$

式中：

$$
\begin{cases}
c_0=\Lambda(S_2^2\mathrm{ch}S_1+S_1^2\cos S_2) \\
c_1=\Lambda\left(\dfrac{S_2^2}{S_1}\mathrm{ch}S_1+\dfrac{S_1^2}{S_2}\sin S_2\right) \\
c_2=\mathrm{ch}S_1-\cos S_2 \\
c_3=\Lambda\left(\dfrac{1}{S_1}\mathrm{sh}S_1-\dfrac{1}{S_2}\sin S_2\right) \\
a=l^2/EI
\end{cases}
\tag{5.48c}
$$

3）点迁移矩阵

如图 5.23 所示，如果在第 i 个节点处有集中质量 m，第 i 段右端的状态矢量 $\boldsymbol{Z}_i^R$ 需越过该节点才能到达下一段梁（即第 $i+1$ 段）的左端。集中质量 m 前后两侧的状态矢量可用点迁移矩阵 $\boldsymbol{P}$ 来连接，即

$$
\boldsymbol{Z}_{i+1}^L=\boldsymbol{P}_i\boldsymbol{Z}_i^R \tag{5.49}
$$

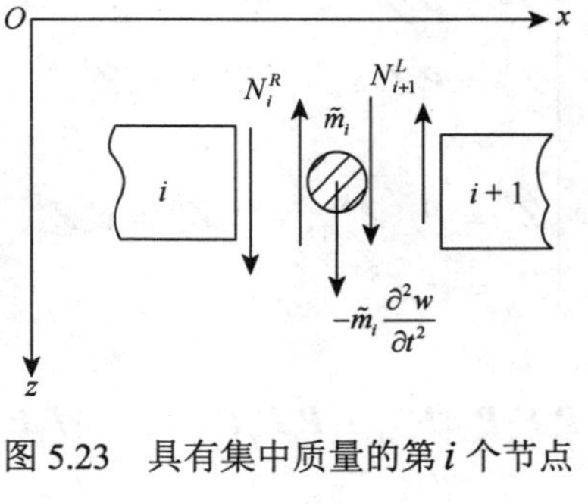

图 5.23　具有集中质量的第 i 个节点

由图 5.23 可知，有自由振动时，节点两端的剪力关系式为

$$N_{i+1}^L = N_i^R + \tilde{m}_i \ddot{W} = N_i^R - \tilde{m}_i \omega_n^2 w(x_i) \tag{5.50}$$

（1）当节点仅有集中质量时，节点处弯矩连续，节点处的位移、转角总是连续的。节点的连续条件和力与力矩的平衡关系为

$$\begin{cases} w_{i+1}^L = w_i^R \\ \theta_{i+1}^L = \theta_i^R \\ M_{i+1}^L = M_i^R \\ N_{i+1}^L = N_i^R - \tilde{m}_i \omega_n^2 w_i^R \end{cases} \tag{5.51a}$$

可以得到节点 i 处的点迁移矩阵为

$$\boldsymbol{P}_i = \begin{bmatrix} 1 & 0 & 0 & 0 \\ 0 & 1 & 0 & 0 \\ 0 & 0 & 1 & 0 \\ -\tilde{m}_i \omega_n^2 & 0 & 0 & 1 \end{bmatrix} \tag{5.51b}$$

（2）如果节点上既有集中质量 m_i，又有转动惯量 J_i、线弹簧 k_i 和转动弹簧 $k_{\alpha i}$，则节点的连续条件和力与力矩（注意转角逆时针为正，参见图 5.20）的平衡关系为

$$\begin{cases} w_{i+1}^L = w_i^R \\ \theta_{i+1}^L = \theta_i^R \\ M_{i+1}^L = M_i^R + k_{\alpha i}\theta_i^R + J\ddot{\theta}_i^R = M_i^R + k_{\alpha i}\theta_i^R - \omega_n^2 J\theta_i^R \\ N_{i+1}^L = N_i^R - \tilde{m}_i \omega_n^2 w_i^R + k_i w_i^R \end{cases} \tag{5.52a}$$

点迁移矩阵为

$$\boldsymbol{P}_i = \begin{bmatrix} 1 & 0 & 0 & 0 \\ 0 & 1 & 0 & 0 \\ 0 & k_{\alpha i} - J_i \omega_n^2 & 1 & 0 \\ k_i - m_i \omega_n^2 & 0 & 0 & 1 \end{bmatrix} \tag{5.52b}$$

显然，若节点上无任何集中质量或弹簧，则 $\boldsymbol{P}_i$ 是单位矩阵。

4）梁的固有频率及固有振型

将船体梁的各段和各个节点用场阵或点阵列出其状态矢量的关系式：

$$\begin{cases} \boldsymbol{Z}_1^L = \boldsymbol{P}_0 \boldsymbol{Z}_0, & \boldsymbol{Z}_1^R = \boldsymbol{F}_1 \boldsymbol{Z}_1^L \\ \boldsymbol{Z}_2^L = \boldsymbol{P}_1 \boldsymbol{Z}_1^R, & \boldsymbol{Z}_2^R = \boldsymbol{F}_2 \boldsymbol{Z}_2^L \\ \quad \cdots, & \quad \cdots \\ \boldsymbol{Z}_n^L = \boldsymbol{P}_{n-1} \boldsymbol{Z}_{n-1}^R, & \boldsymbol{Z}_n^R = \boldsymbol{F}_n \boldsymbol{Z}_n^L \\ \boldsymbol{Z}_n = \boldsymbol{P}_n \boldsymbol{Z}_n^R \end{cases} \tag{5.53}$$

由式（5.53）有

$$\boldsymbol{Z}_n = \boldsymbol{P}_n \boldsymbol{F}_n \boldsymbol{P}_{n-1} \boldsymbol{F}_{n-1} \cdots \boldsymbol{P}_j \boldsymbol{F}_j \boldsymbol{P}_{j-1} \boldsymbol{F}_{j-1} \cdots \boldsymbol{P}_1 \boldsymbol{F}_1 \boldsymbol{P}_0 \boldsymbol{Z}_0 \tag{5.54}$$

简写为

$$\boldsymbol{Z}_n = \boldsymbol{\Pi} \boldsymbol{Z}_0 \tag{5.55}$$

式中：$\boldsymbol{\Pi}$ 矩阵为整个船体梁的迁移矩阵。

$$\boldsymbol{\Pi}=\boldsymbol{P}_n\boldsymbol{F}_n\boldsymbol{P}_{n-1}\boldsymbol{F}_{n-1}\cdots\boldsymbol{P}_j\boldsymbol{F}_j\boldsymbol{P}_{j-1}\boldsymbol{F}_{j-1}\cdots\boldsymbol{P}_1\boldsymbol{F}_1\boldsymbol{P}_0 \tag{5.56}$$

连乘将中间各处的状态矢量消去，只剩首尾两处的状态矢量及 $\boldsymbol{\Pi}$ 矩阵。$\boldsymbol{\Pi}$ 矩阵的阶数等于系统微分方程的阶数，是 4×4 的方阵。由式（5.55）出发，利用两端的边界条件，消去首尾某些已知边界条件所含的物理量，然后再利用非零解条件得出固有频率方程，求得固有频率后再求出各点处的状态矢量。由于固有频率方程是超越方程，有无穷个固有频率和固有振型。船体梁是一个漂浮在水面的全自由梁，其边界条件为 $M_0=0$、$M_n=0$、$N_0=0$、$N_n=0$。首端和尾端状态矢量分别为

$$\boldsymbol{Z}_0=\begin{bmatrix}w_0 & \theta_0 & M_0 & N_0\end{bmatrix}^{\mathrm{T}}=\begin{bmatrix}w_0 & \theta_0 & 0 & 0\end{bmatrix}^{\mathrm{T}} \tag{5.57}$$

$$\boldsymbol{Z}_n=\begin{bmatrix}w_n & \theta_n & M_n & N_n\end{bmatrix}^{\mathrm{T}}=\begin{bmatrix}w_n & \theta_n & 0 & 0\end{bmatrix}^{\mathrm{T}} \tag{5.58}$$

由式（5.55）得到船体梁从首端到尾端的迁移方程的扩展形式为

$$\begin{Bmatrix}w\\ \theta\\ M\\ N\end{Bmatrix}_n=\begin{bmatrix}\pi_{11} & \pi_{12} & \pi_{13} & \pi_{14}\\ \pi_{21} & \pi_{22} & \pi_{23} & \pi_{24}\\ \pi_{31} & \pi_{32} & \pi_{33} & \pi_{34}\\ \pi_{41} & \pi_{42} & \pi_{43} & \pi_{44}\end{bmatrix}\begin{Bmatrix}w\\ \theta\\ M\\ N\end{Bmatrix}_0 \tag{5.59}$$

将式（5.57）和式（5.58）代入式（5.59），有

$$\begin{cases}\pi_{31}w_0+\pi_{32}\theta_0=0\\ \pi_{41}w_0+\pi_{42}\theta_0=0\end{cases} \tag{5.60}$$

由 ω_0 及 θ_0 的非零条件，令其系数行列式为 0，得到固有频率方程为

$$D(\omega_n^2)=\begin{vmatrix}\pi_{31} & \pi_{32}\\ \pi_{41} & \pi_{42}\end{vmatrix}=0 \tag{5.61}$$

由式（5.61）求出固有频率 $\omega_{nj}(j=1,2,\cdots)$。对每一个 ω_{nj}，可由式（5.60）得到如下公式：

$$\theta_0=-\frac{\pi_{31}}{\pi_{32}}w_0=-\frac{\pi_{41}}{\pi_{42}}w_0 \tag{5.62}$$

设 $w_0=1$，则 $\theta_0=-\dfrac{\pi_{31}}{\pi_{32}}$，故首端状态矢量为

$$\boldsymbol{Z}_0=\begin{bmatrix}1 & \dfrac{\pi_{31}}{\pi_{32}} & 0 & 0\end{bmatrix}^{\mathrm{T}} \tag{5.63}$$

然后将式（5.63）代入式（5.53）中各式，即可求出各节点状态矢量 $\boldsymbol{Z}_i$。各节点状态矢量的第 1 个分量的集合即第 j 阶船体总振动的离散振型。以各节点状态矢量的第 1 个分量作为纵坐标、对应节点位置作为横坐标，将其连接成曲线，即得到船体总振动对应于第 j 阶总振动的振型图。

5.2.3　位移有限元法

在振动力学模型层面，迁移矩阵法是一维梁理论，只能分析船体总振动中的“似梁”总振动，无法分析舰艇的微弱“非梁”总振动模态，不能进行复杂的整船结构总振动分析。

舰艇的微弱“非梁”总振动，通常是较高阶总振动，有许多特殊的振动特性，采用基于一维梁理论的迁移矩阵法往往无法计算，会对振动分析结论的可靠性造成影响。位移有限元法可克服迁移矩阵法的缺点，不仅可进行舰艇“似梁”总振动分析，还能分析舰艇微弱的“似梁”总振动模态和复杂的整船结构振动。采用有限元分析舰艇总振动时，可将主船体结构抽象成三种振动学分析模型：一维模型、二维模型、三维模型，分别称为一维模型法（又称为一维有限元法）、二维模型法（又称为二维有限元法）、三维模型法（又称为三维有限元法或整船结构仿真有限元法）。其中，一维有限元法简便易行，三维有限元法工作量较大，但能获得整船全部振动特性，包括总振动、局部振动特性、总体和局部耦合振动特性，是全面分析船体振动的常用方法。二维模型法主要是基于节省计算机存储资源、尽量克服船体梁几何上过于粗糙的问题而提出的，现已很少使用。杂交模型法（一维、三维混合模型法）是精确分析船体总体和局部耦合振动的常用方法。

1. 一维模型法

一维模型法使用船体梁模型，将主船体结构简化成船体梁，将船体梁离散成许多个梁单元的集合。船体梁的简化方法与 5.2.1 小节相同，对每一个梁单元建立局部坐标系，称梁的两个端点为节点，设第 e 段梁的两个节点的位移向量、节点力向量分别为

$$\{\boldsymbol{\delta}\}_e=\begin{Bmatrix}\boldsymbol{\delta}_i\\ \boldsymbol{\delta}_j\end{Bmatrix},\quad \{\boldsymbol{F}\}_e=\begin{Bmatrix}\boldsymbol{F}_i^e\\ \boldsymbol{F}_j^e\end{Bmatrix} \tag{5.64a}$$

如图 5.24（a）所示，建立空间梁单元平衡方程，得到节点力和节点位移的关系为

$$\begin{bmatrix}\boldsymbol{k}_{ii}^e & \boldsymbol{k}_{ij}^e\\ \boldsymbol{k}_{ji}^e & \boldsymbol{k}_{jj}^e\end{bmatrix}\begin{Bmatrix}\boldsymbol{\delta}_i\\ \boldsymbol{\delta}_j\end{Bmatrix}=\begin{Bmatrix}\boldsymbol{F}_i^e\\ \boldsymbol{F}_j^e\end{Bmatrix} \tag{5.64b}$$

式（5.64b）可简写为

$$[\boldsymbol{K}]_e\{\boldsymbol{\delta}\}_e=\{\boldsymbol{F}\}_e \tag{5.64c}$$

式中：$[\boldsymbol{K}]_e$ 为单元刚度矩阵。

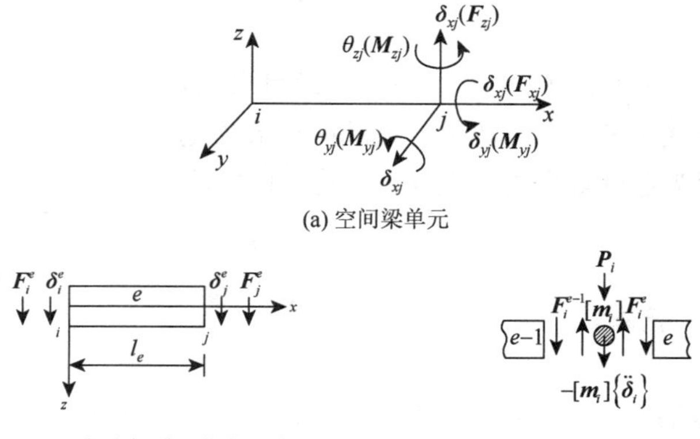

(a) 空间梁单元

(b) 局部坐标系及节点参量　　(c) 节点受力图

图 5.24　一维梁单元

推导单元平衡方程（5.64b）时，必须知道梁单元各截面的变形位移函数、位移与应变的关系。5.2.2 小节中使用的变形位移函数是式（5.32）所描述的横向位移函数，所使用的位移与应变的关系是基于铁摩辛柯梁理论（考虑剖面剪切变形的影响）得到的。位移有限元法中的梁单元一般使用单元局部坐标的多项式作为位移函数，位移与应变的关系大多不考虑剖面剪切变形的影响，详细推导方法可参考相关有限元理论书籍。

将梁单元的质量（含附连水质量）等效到两个端点（即节点，形成节点质量矩阵 $[\boldsymbol{m}_i]$、$[\boldsymbol{m}_j]$，利用达朗贝尔原理，添加惯性力，将梁单元上的外力等效到两个端点，形成节点外载荷 $\{\boldsymbol{P}_i\}$、$\{\boldsymbol{P}_j\}$。各节点受力如图 5.24（c）所示，每个节点满足如下平衡方程：

$$\boldsymbol{P}_i - [\boldsymbol{m}_i]\left\{\ddot{\boldsymbol{\delta}}_i\right\} = \boldsymbol{F}_i^{e-1} + \boldsymbol{F}_i^{e} \tag{5.65}$$

节点平衡方程将端点力与外载荷和惯性载荷联系在一起，将所有节点平衡方程联立，并将式（5.64）代入，可得船体梁一维梁有限元总振动分析控制方程为

$$[\boldsymbol{M}]\{\ddot{\boldsymbol{\delta}}\} + [\boldsymbol{K}]\{\boldsymbol{\delta}\} = \{\boldsymbol{P}\} \tag{5.66}$$

式中：$[\boldsymbol{M}]$ 为船体梁总质量矩阵；$[\boldsymbol{K}]$ 为船体梁总刚度矩阵；$\{\boldsymbol{\delta}\}$ 为总节点位移向量；$\{\boldsymbol{P}\}$ 为总节点外载荷向量。

由式（5.66）可得固有频率方程为

$$(-\omega_n^2[\boldsymbol{M}] + [\boldsymbol{K}])\{\boldsymbol{\delta}\} = \{\boldsymbol{0}\} \tag{5.67}$$

求解式（5.67）可获得船体总振动固有频率和相应的固有振型。一维梁有限元法具有与迁移矩阵法同样的弱点，即只能分析船体总振动中的“似梁”总振动，无法分析舰艇的微弱“非梁”总振动模态，不能进行复杂的整船结构总振动分析。若选用基于铁摩辛柯梁理论的一维梁单元，在单元数目相等时，一维梁有限元法具有与迁移矩阵法同样的精度。若选用非铁摩辛柯梁理论的一维梁单元，采用一维梁有限元法分析船体总振动时，通常需要的单元数目比迁移矩阵法更多。商用有限元程序均有一维梁单元，在工程设计计算中，此种分析较易实现。

2. 三维模型法（整船结构仿真有限元模型法）

使用三维模型法进行船体总振动分析时，基本不对主船体结构基本进行简化，按实际船体结构形状和空间位置建立对整船结构仿真的计算模型，常称为整船结构仿真有限元模型。在三维模型法中，模拟整船船体结构需使用多种类型的单元，如板单元、梁单元、杆单元等。

使用三维模型法进行船体总振动分析时必须采用现代计算手段，即计算机辅助工程（computer aided engineering，CAE）和计算机辅助制造（computer aided manufacturing，CAM）技术，如 MSC-PATRAN、MSC-NASTRAN、ANSYAS、ABQUES、MSC-MARC 等，又称为商用有限元程序。采用三维模型法进行船体总振动分析的基本方法步骤是：①将船体基本结构离散成板单元、梁单元、杆单元的集合；②求出各单元的特性参数；③对每一个单元建立单元平衡方程；④将所有单元平衡方程组集合在一起，形成总振动分析控制方程，如式（5.66）

所示；⑤由有限元控制方程得到固有频率方程，如（5.67）所示；⑥解固有频率方程得到船体振动固有频率和固有振型；⑦分析船体振动计算结果，得出船体总振动固有频率和固有振型。

上述第①、②、⑦步由计算人员手工完成，第③～⑥步由商用程序自动完成，其理论基础可参阅相关有限元书籍。在将船体结构离散成有限单元的集合时，应基于结构的力学特性进行，总的来说，用板单元模拟板材、用梁单元模拟细长构件。一般情况下，将船体结构中的板结构用板单元模拟，框架结构用梁单元模拟，支柱结构用杆单元模拟。另外，也可以将加筋板等效成各向异性板进行模拟，也可用板单元模拟部分重要框架结构的组件（如面板、腹板等）。

与一维模型法不同，三维模型法可以求出船体总振动特性和局部振动特性，计算结果中，舰艇的总振动、局部振动、总体和局部耦合振动交织在一起，必须对计算结果进行分析，得出船体总振动固有频率和固有振型，这一步工作必须依据船体总振动的定义和各阶总振动的节点特性来进行。

4 条舰艇的整船有限元模型分别如图 5.25～图 5.28 所示。

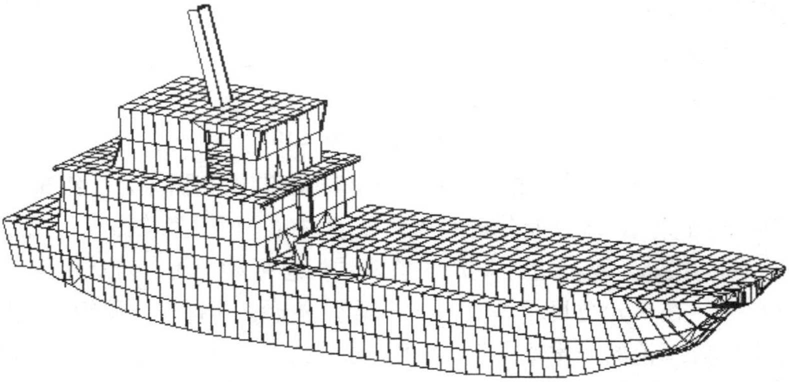

图 5.25　某布缆船的整船有限元模型

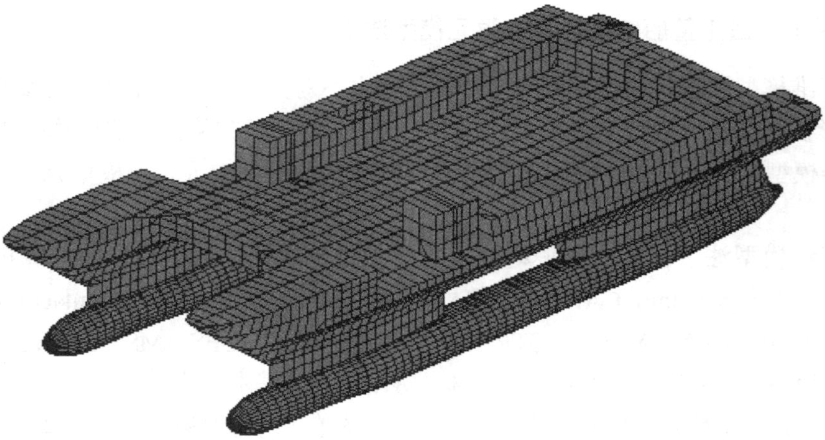

图 5.26　某小水线面船的整船有限元模型

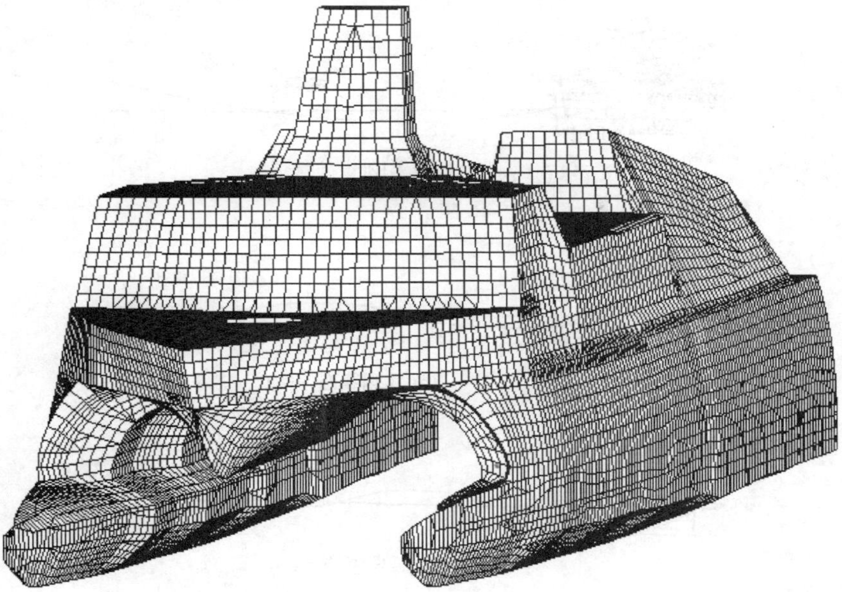

图 5.27　某穿浪双体船的整船有限元模型

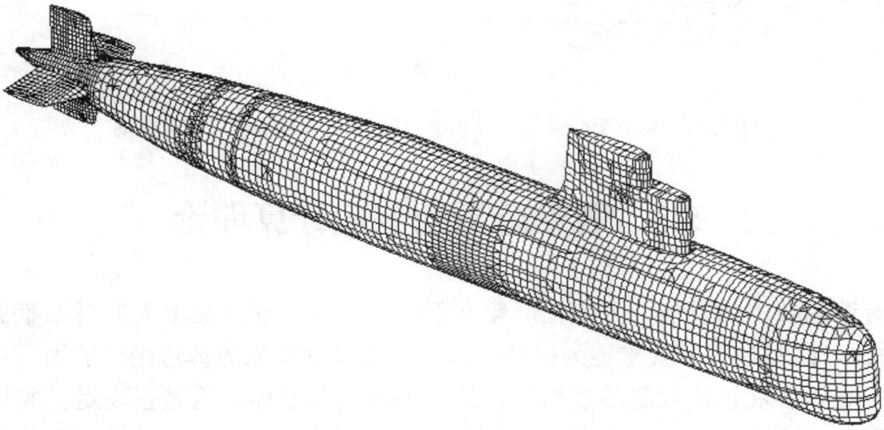

图 5.28　某潜艇的整船有限元模型

3. 一维、三维混合模型法

采用一维模型法无法分析船体的“非梁”振动模态及振动特性；而三维模型法工作量较大，且一般在舰艇技术设计完毕后才具备分析条件。为了减小工作量，求得船体重要部位的“非梁”振动，即对船体重要部位的局部振动特性进行分析，如尾部结构局部振动特性、尾部局部振动与总振动的耦合特性等，可以采用将一维模型和三维模型结合在一起的混合模型，又称为杂交模型。

杂交模型的基本方法是采用三维模型法精确模拟重要部位（重点关注部位）船体结构，采用船体等效梁单元模拟其他部位，计算步骤和理论基础与三维模型法相同。采用杂交模型计算出的总振动、局部振动和耦合振动如图 5.29 所示。

(a) 第1阶模态

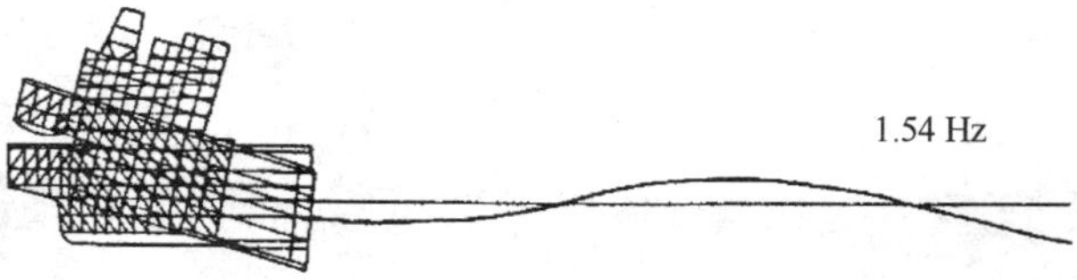

(b) 第2阶模态

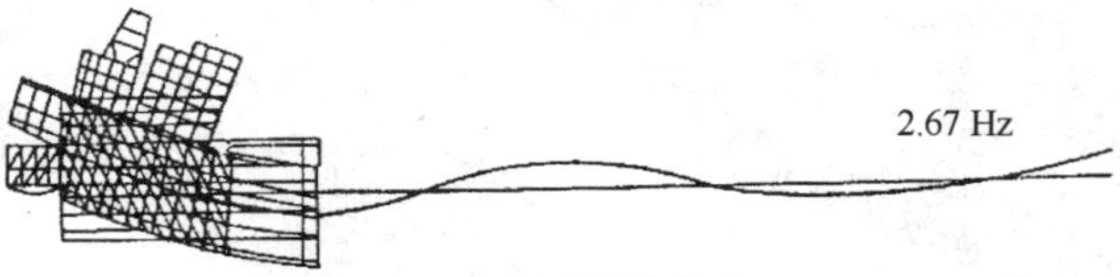

(c) 第3阶模态

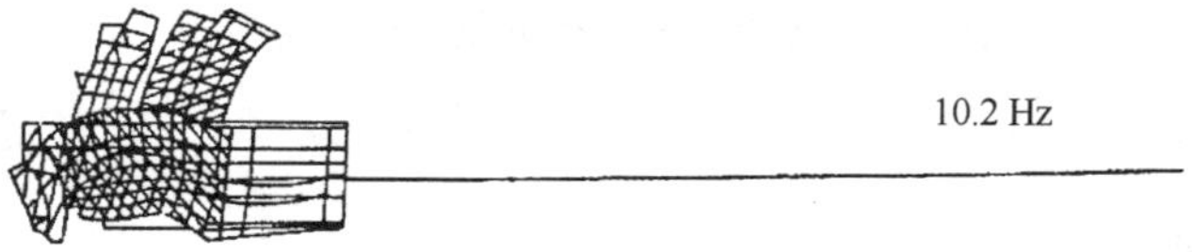

(d) 第4阶模态

图 5.29　采用杂交模型计算出的总振动、局部振动和耦合振动

5.3　舰艇总振动响应计算理论

随着造船技术的发展，大吨位舰艇和新船型陆续出现，加上人们对舰艇振动性能（如舒适性、隐身性等）要求逐渐提高，许多时候仅仅依靠船体总振动的固有频率和固有振型不足以客观评价舰艇的总振动特性，不能判断船体结构是否满足上舰设备的力学环境需求（武器设备上舰适装性要求等），这种场合需要依据振动响应评价舰艇振动性能。本节介绍舰艇总振动响应计算理论，在舰艇振动学中，总振动响应计算又称为响应预报。

5.3.1　船体振动的阻尼

船体振动响应是在暂态和稳态激励力作用下产生的一种物理现象，其响应值是船体固有特性、激励力特性和船体阻尼特性的综合反映。阻尼对强迫振动的影响很大，尤其是在共振区，即激励频率与船体固有频率相重合的区域。

目前，研究人员对船体振动阻尼的了解尚不充分，一般将总阻尼分成外阻尼和内阻尼两大部分，详细分类如图 5.30 所示。一般来说，空气动力阻尼和水动力阻尼的影响不太重要。水的摩擦阻尼来自形状阻力和摩擦阻力，当振幅很小时，表面波的阻尼也可略去。

低频振动时，声辐射的阻尼也很小。水动力阻尼随舰艇的振动方式和航速改变，与内阻尼相比很小，且难以区分。

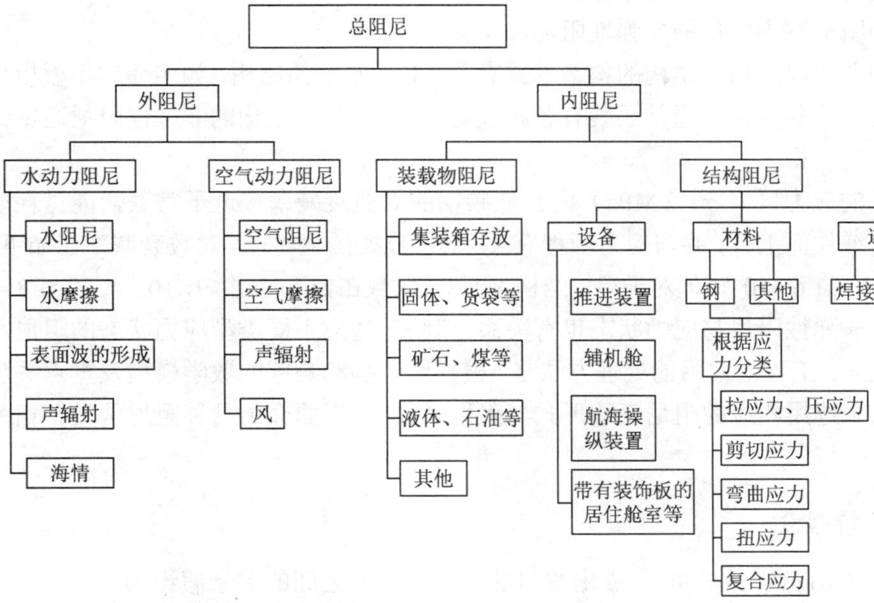

图 5.30　影响船体振动的阻尼及分类

装载物阻尼是装载物在振动时的相对运动引起的，随装载物种类而异，装载物阻尼在船体总阻尼中占有一定的比例。结构阻尼是由结构组成材料的内部滞迟阻尼和结构间的摩擦形成的，随船舶和结构的类型而异。

对于服从胡克定律的材料，其加载和卸载过程的应力-应变关系可用一根直线表示（图 5.31 中的 OA），这意味着加载过程中材料储存的应变能在卸载时全部放出（图 5.31 中 OAB），即在加载和卸载过程中没有能量的损耗。但实际材料并非真正服从胡克定律，甚至在应力很小时，材料也会发生微塑性变形，即要耗费一部分能量在塑性变形上，这部分能量会转化成热能，材料变形能转化成热能的现象称为材料的内部吸收或能量逸散。在应力-应变图中，这种能量逸散现象表现为加载曲线 CDA 和卸载曲线 AEC 不重合，在一个应力循环中形成一个应力-应变的迟滞圈，这种现象又称为材料的非弹性。

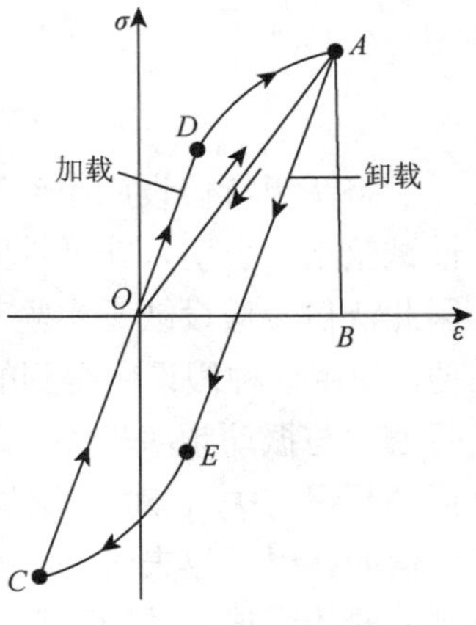

图 5.31　应力-应变迟滞圈

迟滞圈的面积表征单位体积的材料在一个振动循环中所逸散的能量，材料的能量逸散仅取决于材料的性质，而与材料的形状和尺寸无关。材料的阻尼常用能量吸收系数 ψ_x 表示，它等于迟滞圈面积与△ OAB 的面积之比，这种阻尼称为材料的非弹性阻尼。

采用某种加工手段使材料形成结构，如焊接、铆接、镙接等，进行结构的“加载-变形-卸载-恢复”试验，所获得的结构应力-应变迟滞圈会与形成结构的母材应力-应变迟滞圈有较大的差别。按结构应力-应变迟滞圈面积可求出一个不同于材料非弹性阻尼的阻尼系数，这种阻尼称为结构的非弹性阻尼。

结构的非弹性阻尼与结构的构造形式有关，对于复杂的结构，如船体的甲板板架和船底板架等（在这些板架上通常还装有各种设备、货物等），结构的非弹性阻尼通常比材料的非弹性阻尼大得多。

在很低的应力区（σ<2 MPa）内，低碳钢的对数衰减率接近于常数，能量耗散系数随应力幅值增加而上升，并与应力历程有关。对于原始的钢材，其对数衰减率在如下范围：$6\times10^{-5}\leqslant\delta\leqslant1.6\times10^{-4}$，但对于焊接结构，阻尼比大致在如下范围：$9\times10^{-3}\leqslant\zeta\leqslant3\times10^{-2}$。

结构的非弹性阻尼与应力状态也有关系，但缺乏适应不同类型应力状态的阻尼系数值及相应表达式。工程上常用的处理方法是，根据船体振动响应的数学模型及重点关注部位的结构特点来选用相应的阻尼表达形式与阻尼系数值。下面介绍几种阻尼假设及相关系数的选择方法。

1. 沃伊特假设

沃伊特（Voigt）于 1890 年提出材料的应力和应变之间的关系假设为

$$\sigma=E\varepsilon+\beta_n E\dot{\varepsilon} \tag{5.68a}$$

式中：E 为材料的法向弹性模量；$\dot{\varepsilon}$ 为应变速度，$\dot{\varepsilon}=\dfrac{\mathrm{d}\varepsilon}{\mathrm{d}t}$；$\beta_n$ 为黏性内阻尼系数，每一种材料为一个常数。

式（5.68a）说明，沃伊特假设材料的非弹性阻尼力与应变的速度成正比。由沃伊特假设得到梁做弯曲振动时的非弹性阻尼力等效横向载荷为

$$R=-\beta_n\frac{\partial^2}{\partial t\partial x}\left[EI(x)\frac{\partial^2 w}{\partial x^2}\right] \tag{5.68b}$$

将沃伊特假设应用到简谐振动，可以发现阻尼力与振动频率成正比。许多材料的非弹性试验结果表明，非弹性阻尼力与应变速度（即与振动频率）无关，而与迟滞面积有关，因此沃伊特假设缺乏实验基础支撑。基于沃伊特假设的非弹性阻尼力在数学上处理十分方便，使用该种假设所得到的振动方程仍是线性的，并可以消除振动方程中的阻尼耦合，且阻尼力与振动频率相关的理论与实船实验的结果相符合（表明船体阻尼的宏观效应往往与振动频率有关），对于具体的问题，只要选择适当的黏性内阻尼系数 β_n，其计算结果仍是可信的。巴巴也夫认为，对于船体高阶强迫振动的响应计算，若取 β_n = 1/100，则计算得到的船体强迫振动的振型与实船的扇形振动符合较好。

2. 萨罗金假设

作为对沃伊特假设的改进，萨罗金将材料的应力-应变关系假设为

$$\sigma = E\varepsilon + \frac{d_0}{\omega}E\dot{\varepsilon} \tag{5.69}$$

式中：ω 为振动的固定频率；d_0 为材料的非弹性阻尼系数。

$$d_0 = \frac{\psi_x}{2\pi} \tag{5.70}$$

式中：ψ_x 为能量吸收系数，等于材料实验的迟滞圈面积与△OAB 的面积之比（图 5.31）。

实验证明，d_0 与 ε 的大小有关。对于一般的工程结构材料，在稳态振动时可近似地认为 d_0 与应变的幅度无关，即 d_0 是一个常数。

对于简谐振动，应变具有 $\varepsilon = \varepsilon_0 \sin(\omega t + \varphi)$ 的形式，应力与应变的关系[式（5.69）]可表示为

$$\sigma = E\varepsilon \pm d_0 E\varepsilon_0\sqrt{1-\frac{\varepsilon^2}{\varepsilon_0^2}} \tag{5.71}$$

式（5.71）表明迟滞圈的形状是一个椭圆，根号前取正号时相应于迟滞圈的上行段，取负号时则为迟滞圈的下行段。

萨罗金假设是简谐振动的非弹性阻尼假设，将非弹性阻尼力写为

$$R = \frac{d_0}{\omega}\frac{\partial^2}{\partial t\partial x}\left[EI(x)\frac{\partial^2 w}{\partial x^2}\right] \tag{5.72}$$

萨罗金假设可应用到梁的弯曲振动平衡方程中，若令

$$\beta_n = \frac{d_0}{\omega} \tag{5.73}$$

则萨罗金假设在形式上与沃伊特假设类似，但两种假设在本质上是不同的。

3. 黏性阻尼假设

黏性阻尼假设是阻尼与船体振动速度成正比的一种假设。按照麦戈德里克（Mcgoldrik）的研究，船体弯曲振动时，单位长度船体上受到的非弹性阻尼力可表示为

$$R = -c(x)\frac{\partial w}{\partial t} \tag{5.74}$$

式中：$c(x)$ 表示单位长度上单位速度下的黏性阻尼力，即黏性阻尼系数。

黏性阻尼假设是把阻尼视为外阻尼而不是内阻尼。麦戈德里克又将式（5.74）中的黏性阻尼系数 $c(x)$ 分为如下两类。

（1）瑞利质量正比阻尼系数，即假设黏性阻尼的系数与船梁振动的质量分布成正比，黏性阻尼系数不随振幅与频率变化，即

$$c(x) / m(x) = \alpha \tag{5.75}$$

（2）既与质量分布有关、又与振动频率有关的黏性阻尼，有

$$\alpha_1 = \frac{c(x)}{m(x)\omega} \tag{5.76}$$

式中：$m(x)$ 为包括附连水质量在内的单位长度船体的总质量；α 为常数，单位是 1/s；α_1 为无因次常数；ω 为船体振动的固定频率。

麦戈德里克用激振机在七条船上进行了垂向激振实验，激起了从第 1～7 阶共 20 个频率的共振。对于水平振动，同样用激振机在四条船上进行了第 1～5 阶共 10 个频率的共振实验。由这些实验，得到了垂向和水平共振时的α值，并得到了α_1的平均值：$\alpha_1 = 0.034$（垂向振动）；$\alpha_1 = 0.041$（水平振动）。这是目前可供实用的黏性阻尼数据，但式（5.75）和式（5.76）的变换尚有矛盾，因为一些实船测得的高频的尾部扇形振动振型与$\alpha = 20$接近，将此值除以振动频率得到$\alpha_1 = 0.26$，这是平均值的好几倍。因此，船体阻尼尚需进行更多的基础研究。

4. 瑞利型阻尼矩阵假设

在多自由度强迫振动响应分析中，常采用瑞利型阻尼矩阵假设，该假设认为，多自由度系统强迫振动微分方程中的阻尼矩阵为

$$[\boldsymbol{C}] = \alpha[\boldsymbol{M}] + \beta_n[\boldsymbol{K}] \tag{5.77}$$

使用该阻尼假设，可使方程解耦，第i阶主振动的对数衰减率为

$$\delta_i = \frac{\alpha\pi}{\omega_{ni}} + \beta_n \pi \omega_{ni} \tag{5.78}$$

通过对船体振动进行试验确定各模态及相应的固有频率和对数衰减率，任选两阶的固有频率以及这两阶对应的对数衰减率δ_i，即可由式（5.78）导出瑞利阻尼系数α和β_n值。

在计算和测量的基础上，海拉力斯（Hylarids）发现刚度比例阻尼假设可以在一个很宽的频率谱范围内最佳地表达结构阻尼，只需给出适当的β_n值。在一定程度上，β_n与结构理想化情况有关，对于三维理想化模型及二维模型，β_n值可分别取为 0.001 和 0.001 4。

5. 模态阻尼假设

模态阻尼假设认为，系统做强迫振动时，模态阻尼力与模态速度成正比，其比例系数称为模态阻尼系数ζ_i。对于某些有限元计算程序，可用模态阻尼系数作为计算参数。准确的模态阻尼系数需要通过实船测量或由相近船（或母型船）测量数据获得，若无实船（实测）数据，可参照或选用适当的经验公式或经验数据。

对于船长$L = 80$～200 m 的干货船和油轮，熊井丰二建议两节点垂向振动的对数衰减率为

$$\delta_1 = \frac{3.5}{L} \tag{5.79}$$

高阶振动的对数衰减率取为

$$\delta_i = \delta_1 \left(\frac{\omega_{ni}}{\omega_1}\right)^{3/4} \tag{5.80}$$

式（5.79）和式（5.80）是对泰勒公式的修正结果，由此可推算无因次阻尼系数，即第i谐调的无因次阻尼系数模态阻尼系数ζ_i为

$$\zeta_i = \frac{\delta_i}{2\pi} \tag{5.81}$$

对于集装箱船或大型油轮，还有一个建议使用的半经验公式如下：

$$\zeta_i = a + cf_i^2 \tag{5.82}$$

式中：ζ_i 为第 i 谐调的无因次阻尼系数（或阻尼比）；f_i 为第 i 阶的船体梁固有频率（Hz）；a 与 c 为常数，可取 $a = 1.0\%$，$c = 0.018\%$。

海勒威塔（Hirowatari）建议：

$$\delta_i = 1.065\times10^{-2}\omega_{ni}^{1/2}, \quad \omega_{ni} < 31.5 \text{ rad/s} \tag{5.83}$$

埃尔梯森（Aertssen）等从拍击实验中得到的结果，给出建议如下：

$$\delta_i = 7.3\times10^{-3}\omega_{ni} \tag{5.84}$$

6. 军用舰艇振动响应计算推荐的阻尼曲线

我国军用标准规定，船体振动中的各模态阻尼系数由实验确定。无母型船实测数据时，对于水面舰艇，各模态阻尼系数按图谱选取。图 5.32 是一般航速水面舰艇模态阻尼系数与频率的关系曲线，图 5.33 是高速艇模态阻尼系数与频率的关系曲线。由图 5.32 和图 5.33 可以看出，高速艇的模态阻尼系数大于一般水面舰艇。

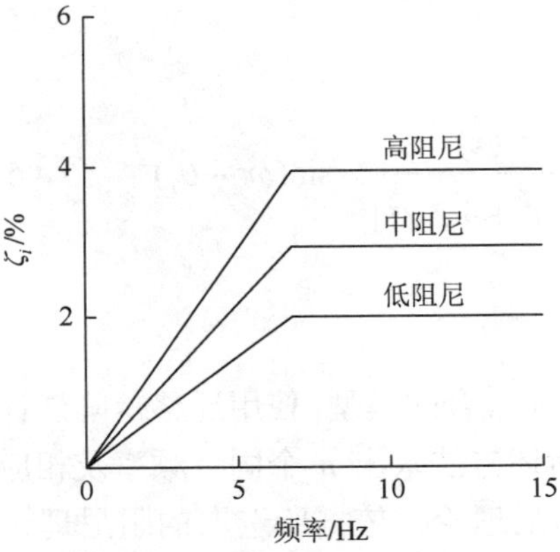

图 5.32 一般航速水面舰艇模态阻尼系数与频率的关系

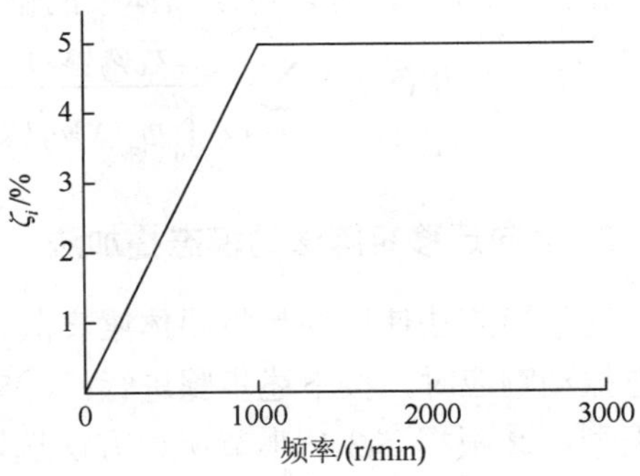

图 5.33 高速艇模态阻尼系数与频率的关系

5.3.2 模态叠加法

1. 面向连续船体梁的模态叠加法

采用连续船体梁模型计算简谐激励力作用下的船体总振动响应，且简谐激励力具有如下形式：

$$F(x,t) = f(x)\sin(\omega t + \phi) \tag{5.85}$$

此时，船体总振动有阻尼强迫振动响应的稳态解为

$$W(x,t)=\sum_{j=1}^{\infty}\varphi_j p_i=\sum_{j=1}^{\infty}\frac{\tilde{F}_j}{m_j\omega_{nj}^2}\frac{\varphi_j(x)}{[(1-\gamma_j^2)^2+4\zeta_j^2\gamma_j^2]^{1/2}}\sin(\omega t+\phi-\theta_j) \tag{5.86}$$

式中：$\varphi_j(x)$ 为梁的固有振型；$\tilde{F}_j$ 为第 j 阶模态力力幅，$\tilde{F}_j=\int_L f(x)\varphi_j(x)\mathrm{d}x$；$m_j$ 为梁的第 j 阶模态质量，$m_j=\int_L m_j(x)\varphi_j^2(x)\mathrm{d}x$；$\gamma_j$ 为激励频率与第 j 阶模态固有频率之比；ζ_j 为第 j 阶模态阻尼系数（或阻尼比）；p_j 为第 j 个主坐标。

例 5.3 船体梁 $x=x_c$ 处受集中简谐激励力 $F_0\sin\omega t$ 作用，求强迫振动响应。

解：此时模态力为

$$\tilde{F}_j=F_0\varphi_j(x_c) \tag{5.87a}$$

由式（5.86），可以得出船体梁的位移响应为

$$W(x,t)=\sum_{j=1}^{\infty}\frac{F_0\varphi_j(x_c)}{\omega_{nj}^2\int_0^l m_j(x)\varphi_j^2(x)\mathrm{d}x}\frac{\varphi_j(x)}{[(1-\gamma_j^2)^2+4\xi_j\gamma_j^2]^{1/2}}\sin(\omega t-\theta_j) \tag{5.87b}$$

例 5.4 船体梁在 $x=x_d$ 处受集中简谐激励力矩 $M_0\sin\omega t$ 作用，求强迫振动响应。

解：此时模态力为

$$\tilde{F}_j=M_0\varphi_j'(x_d) \tag{5.87c}$$

由式（5.86），可以得出船体梁的位移响应为

$$W(x,t)=\sum_{j=1}^{\infty}\frac{F_0\varphi_j'(x_d)}{\omega_{nj}^2\int_0^l m_j(x)\varphi_j^2(x)\mathrm{d}x}\cdot\frac{\varphi_j(x)}{[(1-\gamma_j^2)^2+4\zeta_j\gamma_j^2]^{1/2}}\sin(\omega t-\theta_j) \tag{5.87d}$$

2. 面向迁移矩阵法的模态叠加法

迁移矩阵法使用的是将船体梁离散为多个梁单元集合的模型，使用迁移矩阵法计算船体总振动响应时，按下述步骤进行：①5.2.2 小节所述方法求出 n 个固有频率及相应的固有振型；②根据 5.3.1 小节所述方法选取合适的阻尼理论，依据所选取的阻尼理论求出或决定模态阻尼系数；③用所求振型，依据船体质量和附连水质量求取模态质量；④用所求振型和外加激励力求取模态力幅值；⑤将固有频率、固有振型、模态阻尼和模态力幅值代入式（5.86）即可求船体总振动响应。

应该注意的是，迁移矩阵法所求得的振型是离散振型，使用离散振型求外加激励力的模态力幅值时应采用数值积分的方法。另外，迁移矩阵法所求得的振型是有限个离散值，式（5.86）中的求和是从 1 到 n。

3. 面向有限元法的模态叠加法

采用有限元模型计算简谐激励力作用下的船体总振动响应，且简谐激励力具有如下形式：

$$\{F\}=\{F\}_0\sin\omega t \tag{5.88}$$

此时，船体振动有阻尼强迫振动响应的稳态解为

$$\begin{Bmatrix} q_1 \\ q_2 \\ \vdots \\ q_N \end{Bmatrix} = \begin{bmatrix} \varphi_1^{(1)} & \varphi_1^{(2)} & \cdots & \varphi_1^{(n)} \\ \varphi_2^{(1)} & \varphi_1^{(2)} & \cdots & \varphi_2^{(n)} \\ \vdots & \vdots & \vdots & \vdots \\ \varphi_N^{(1)} & \varphi_N^{(2)} & \cdots & \varphi_N^{(n)} \end{bmatrix} \begin{Bmatrix} \dfrac{\tilde{F}_1}{k_1}\dfrac{1}{\sqrt{(1-\omega^2/\omega_1^2)^2+4\zeta_1^2\omega^2/\omega_1^2}}\sin(\omega t-\alpha_1) \\ \dfrac{\tilde{F}_2}{k_2}\dfrac{1}{\sqrt{(1-\omega^2/\omega_2^2)^2+4\zeta_2^2\omega^2/\omega_2^2}}\sin(\omega t-\alpha_2) \\ \vdots \\ \dfrac{\tilde{F}_n}{k_n}\dfrac{1}{\sqrt{(1-\omega^2/\omega_n^2)^2+4\zeta_n^2\omega^2/\omega_n^2}}\sin(\omega t-\alpha_n) \end{Bmatrix} \tag{5.89}$$

式中：$[\varphi_j^{(i)}]$为船体的固有振型矩阵，其中$i=1,2,\cdots,n$、$j=1,2,\cdots,N$；$\tilde{F}_j$为第j阶模态力力幅，$j=1,2,\cdots,n$，参见式(3.115)；k_j为船体的第j阶模态刚度，$j=1,2,\cdots,n$，参见式(3.108)；ω_j为第j阶模态的固有频率，$j=1,2,\cdots,n$；ζ_j为第j阶模态阻尼系数（或阻尼比），$j=1,2,\cdots,n$。

当使用位移有限元法计算船体总振动响应时，按下述步骤进行：①按 5.2.3 小节所述方法求出n个固有频率及相应的固有振型矩阵$[\varphi_j^{(i)}]$；②按 5.3.1 小节所述方法选取合适的阻尼理论，依据所选取的阻尼理论求出或决定模态阻尼系数；③用所求振型矩阵$[\varphi_j^{(i)}]$，依据刚度矩阵$[\boldsymbol{K}]$求解模态刚度，参见式（3.108）；④用所求振型矩阵$[\varphi_j^{(i)}]$和外加激励力求取模态力幅值向量，参见式（3.115）；⑤将固有频率、固有振型、模态阻尼和模态力幅值代入式（5.89）即可求船体总振动响应。

应该注意的是，在位移有限元法中使用模态叠加法时，所求得的振型数量n往往少于整个模型的自由度数目N，此时式（5.89）中的模态矩阵是$N\times n$阶的。在位移响应中，对位移贡献较大的较低阶模态，通常选取前 N 阶模态进行响应计算，这种方法称为模态截断。与求解固有频率和固有振型相同，位移有限元法的响应计算也是依靠通用程序完成，只需选取合适的阻尼理论并输入通用程序，同时将外加激励力作为边界条件输入通用程序即可，其余工作由通用程序内部自动完成，无须人工干预。

4. 船体梁的共振振幅

若船体发生低阶共振，则可以忽略其余各阶的影响，按该阶共振响应计算总响应的振幅，例如，在$x=x_c$处的集中简谐激励力引起第j阶低谐调共振，则船体响应幅值可取式（5.87b）中的第j项，即

$$W(x,t)=\frac{F_0\varphi_j(x_c)}{\omega_{nj}^2\int_0^l m_j(x)\varphi_j^2(x)\mathrm{d}x}\frac{\varphi_j(x)}{2\zeta_j}\sin(\omega t-\theta_j)=w_j(x)\sin(\omega t-\theta_j) \tag{5.90a}$$

$$w_j(x)=\frac{F_0\varphi_j(x_c)}{\omega_{nj}^2\int_0^l m_j(x)\varphi_j^2(x)\mathrm{d}x}\frac{\varphi_j(x)}{2\zeta_j}=\frac{f_j}{k_j}\tilde{\alpha}_j\varphi_j(x) \tag{5.90b}$$

式中：$w_j(x)$为第j阶模态共振振幅挠曲线；k_j为第j阶模态刚度，$k_j=\omega_{nj}^2\int_0^l m_j(x)\varphi_j^2(x)\mathrm{d}x$；$\tilde{\alpha}_j$为第$j$阶模态共振动力放大系数，$\tilde{\alpha}_j=\dfrac{1}{2\zeta_j}$。

由式（5.86）可得第 j 阶模态动力放大系数 α_j 的表达式为

$$\alpha_j = \frac{1}{[(1-\gamma_j^2)^2 + 4\zeta_j\gamma_j^2]^{1/2}} \tag{5.91}$$

模态共振动力放大系数只与振动频率有关，而与振动类型（弯曲或扭转）和振动方向（垂向或水平）无关。在线性微幅振动的范围内时，也不随实际振幅的变化而变化。实际上模态共振动力放大系数表征船体振动阻尼的大小。沙夫洛夫给出了第 j 阶模态共振动力放大系数 $\tilde{\alpha}_j$ 与共振频率的关系：

$$\tilde{\alpha}_j = \frac{56200}{N_j^{1.45}} \tag{5.92}$$

式中：N_j 为第 j 阶共振频率（r/min）。

有研究认为，在船体总振动中，首阶（低频）共振的动力放大系数可达几十甚至上百。但在高阶共振时，共振动力放大系数值急剧下降。因此，要特别注意避免船体梁的低阶共振。

5.4　船体总振动固有频率估算

在船体设计初期，为避开低阶共振，在选择主机和决定船体主尺度时，就需要对船体梁的固有频率进行估算。但在设计初期，详细计算所需要的一些原始数据，如剖面惯性矩、重量和浮力分布等还未得到，不可能对船体振动进行详细的计算，而且设计方案可能很多，计算工作量将相当大，因此一般选用经验公式进行估算。目前，估算船体自由振动频率的公式很多，下面分别介绍几种常用的方法。

5.4.1　英国船舶研究协会推荐的相似法

英国船舶研究协会推荐的相似法是用相似的实船所测得的数据来估算新设计船的总振动固有频率的方法，即

$$\frac{N_n}{\sqrt{\dfrac{I_n}{\Delta_n L_n^3}}}(\text{新设计船}) = \frac{N_0}{\sqrt{\dfrac{I_0}{\Delta_0 L_0^3}}}(\text{相似船}) \tag{5.93}$$

式中：N_n 为新设计船的总振动固有频率；N_0 为相似船的总振动固有频率；I_n 为新设计船中的剖面惯性矩；I_0 为相似船中的剖面惯性矩；Δ_n 为新设计船的总振动虚质量（排水质量 + 附连水质量）；Δ_0 为相似船的总振动虚质量（排水质量 + 附连水质量）；L_n 为新设计船船长（设计水线长）；L_0 为相似船船长（设计水线长）。

由式（5.93）可得

$$N_n = N_0 \times \frac{\sqrt{\dfrac{I_n}{\Delta_n L_n^3}}}{\sqrt{\dfrac{I_0}{\Delta_0 L_0^3}}} \tag{5.94}$$

该计算方法适用于求解船体垂直和水平总振动的各谐调固有频率，在计算时，垂向总振动的虚质量为

$$\Delta_V=\left(1.2+\frac{1}{3}\frac{B}{d}\right)\Delta \tag{5.95}$$

式中：d 为设计吃水；B 为型宽；Δ 为船体排水质量。

水平总振动的虚质量为

$$\Delta_H=\left(1.0+1.1\frac{B}{d}\right)\Delta \tag{5.96}$$

在计算时，需要注意，所选择的相似船的船型要与新设计船的船型相同，它们的结构和装载工况也要相似，船长相差不能超过 10%。

5.4.2　希列克公式

希列克（Schlich）公式是最早提出的经验公式，用于计算船体垂向第 1 谐调振动固有频率，即

$$N_{V1}=C\sqrt{\frac{I_V}{\Delta L^3}} \tag{5.97}$$

式中：N_{V1} 为垂向第 1 谐调固有频率（l/min）；I_V 为船中横剖面惯性矩（m^4）；Δ 为船体排水质量（t）；L 为船长（m）；C 为统计系数。

C 的取值随船舶的类型而异：线型丰满的船，$C=2.80\times10^6$；线型较好的大型远洋客船，$C=3.14\times10^6$；线型瘦削的船，如驱逐舰等，$C=3.44\times10^6$。

希列克公式统计的船型较古老（铆接船），它没有考虑附连水质量及上层建筑的影响，并且在船体设计初期，当横剖面惯性矩未知时，在计算时无法应用。

5.4.3　陶德公式

陶德用型宽 B 和型深 D 立方的乘积 BD^3 代替希列克公式中的 I_V，并计及附连水质量和上层建筑的影响，在 25 条实船实验结果的基础上提出了陶德公式。

对于纵骨架式油船，有

$$N_{V1}=94\,900\sqrt{\frac{BD_e^3}{\Delta_V L^3}}+28 \tag{5.98}$$

对于横骨架式的货船和客船，有

$$N_{V1}=85\,300\sqrt{\frac{BD_e^3}{\Delta_V L^3}}+25 \tag{5.99}$$

式中：Δ_V 为包括附连水质量在内的船舶总质量（t），按式（5.100）计算。

$$\Delta_V=\left(1.2+\frac{1}{3}\frac{B}{d}\right)\Delta \tag{5.100}$$

式中：B 为型宽（m）；d 为吃水（m）；D_e 为等效型深（m），按式（5.101）计算（参见图 5.34）。

$$D_e = \sqrt[3]{D^3(1-x_1)+D_1^3(x_1-x_2)+D_2^3x_2} \tag{5.101}$$

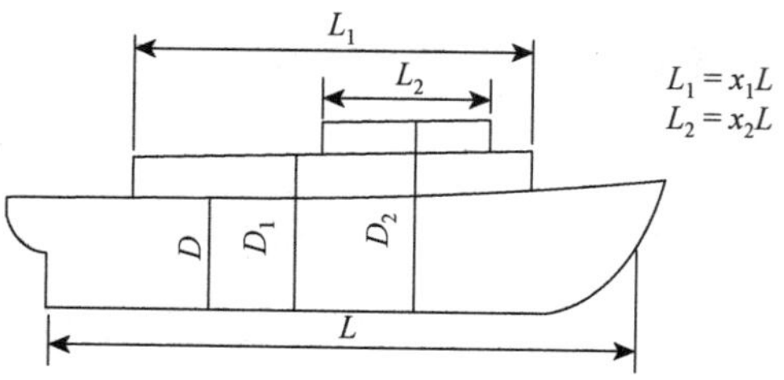

图 5.34　陶德公式计算参数图

式（5.101）可推广到多层上层建筑的情况，一般的首楼、尾楼和很短的桥楼，因其对船梁的刚度影响很小，在公式中均不予以考虑。

当需要知道较高阶自由振动固有频率时，可按式（5.102）进行估算：

$$N_{V_i} = C_i N_{V_1} \tag{5.102}$$

式中：N_{V_1} 为垂向首谐固有频率（1/min）；C_i 为无因次系数，可由图 5.35 查得。

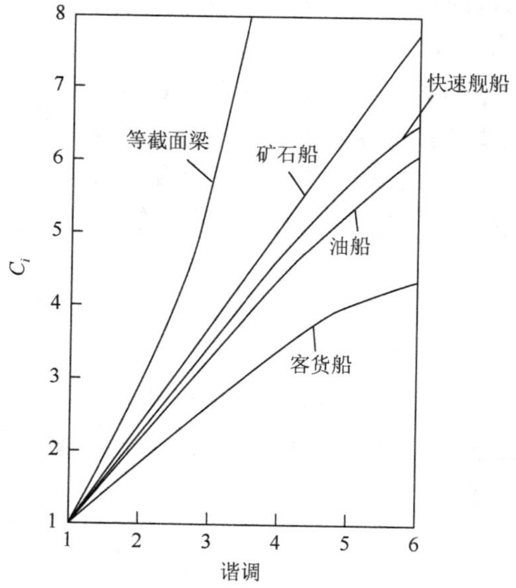

图 5.35　计算高阶固有频率的无因次系数

除了希列克公式和陶德公式外，还有其他一些经验公式，但这些经验公式都大致与之相似，故可将它们分为希列克型和陶德型两类。希列克型公式是仅考虑剖面惯性矩的固有频率近似计算公式，陶德型公式是综合考虑船体宽度和型深影响的固有频率近似计算公式。另外，这些公式中的经验系数都是根据实船测试统计分析得到的。

5.4.4 国内适合我国海船的估算公式

下面介绍基于国内实船测试资料得出的适合我国海船的估算公式，这些公式由大连理工大学的赵德有提出。

1. 垂向振动固有频率近似公式

（1）当船中剖面惯性矩已知时。

$$N_{V_i} = B_{Vi}K_{Vi}E_{Vi}\sqrt{\frac{I_V}{\varDelta_V l^3}} + A_{Vi} \tag{5.103}$$

式中：I_V 为船中横剖面惯性矩（m^4）；A_{Vi}、B_{Vi} 为船型修正系数，见表 5.5；l 为两柱间长度，m；$\varDelta_V$ 为包括附连水质量在内的船体总质量（t），计算公式如式（5.104）所示。

$$\varDelta_V = \varDelta(1+\zeta) \tag{5.104}$$

式中：$\varDelta$ 为船体排水质量（t）；ζ 为附连水质量系数，计算公式如式（5.105）所示。

$$\zeta = \left(0.2 + \frac{1}{3}\frac{B}{d}\right)(C_b^2 + 0.15) \tag{5.105}$$

式中：B 为型宽（m）；d 为平均吃水（m）；C_b 为方形系数；K_{Vi} 为船体剖面惯性矩沿船长分布不同对固有频率影响的修正系数。

$$K_{V1} = 0.90 + 0.1C_b \quad (\text{第 1 谐调}) \tag{5.106}$$

$$K_{V2} = 0.85 + 0.15C_b \quad (\text{第 2 谐调}) \tag{5.107}$$

桥楼影响的修正系数 E_{Vi} 的计算公式为

$$E_{V1} = \frac{D_e}{D} \quad (\text{第 1 谐调}) \tag{5.108}$$

$$E_{V2} = 1.0 \quad (\text{第 2 谐调}) \tag{5.109}$$

式中：D 为从基线到强力甲板的深度，客货船则是从基线到最上层连续甲板的深度（m）；D_e 为等效型深（m），计算公式如式（5.110）所示。

$$D_e = \sqrt{D^2(1-x_1) + 0.85KD_1^2(x_1+x_2) + 0.67KD_2^2(x_2-x_3) + 0.54KD_3^2x_3} \tag{5.110}$$

式中：$x_1 = \frac{l_1}{l}$；$x_2 = \frac{l_2}{l}$；$x_3 = \frac{l_3}{l}$。固有频率计算参数如图 5.36 所示。桥楼为上层建筑时，$K = 1$；桥楼为甲板室时，$K = 0.95$。

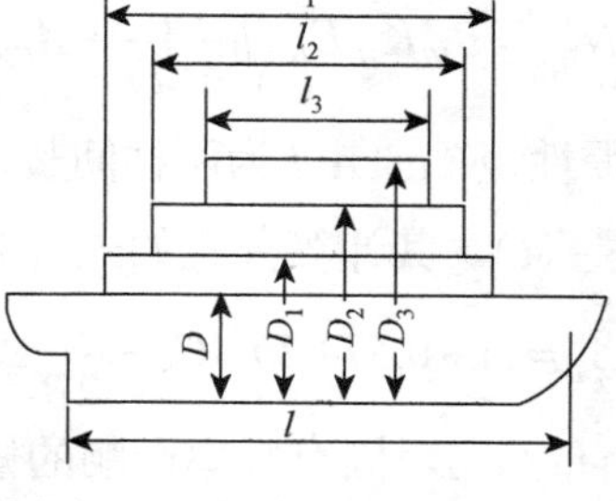

图 5.36　固有频率计算参数

（2）当主尺度和排水质量已知时。

$$N_{V_i}=b_{Vi}K_{Vi}E_{Vi}C_V\frac{D}{l}\sqrt{\frac{B}{\varDelta_V}}+a_{Vi} \tag{5.111}$$

式中：C_V 为采用合金钢时的剖面惯性矩与采用低碳钢时的剖面惯性矩的比值的平方根；b_{Vi}、a_{Vi} 为船型修正系数，见表 5.5。

表 5.5　固有频率近似计算系数

谐调	系数	油船	杂货船	散装货船	矿砂船	客货船	拖网渔船	拖船
第 1 谐调	A_{V1}	9.7	20.2	27.3	20.2	32.2	61.6	—
	B_{V1}	31.8×10^5	25.4×10^5	20.4×10^5	25.9×10^5	21.4×10^5	20.9×10^5	—
	a_{V1}	22.3	19.6	24.2	15.8	34.8	−16.2	116.7
	b_{V1}	26.8×10^3	26.2×10^3	23.0×10^3	30.9×10^3	20.1×10^3	37.9×10^3	15.2×10^3
	A_{H1}	21.7	10.5	—	—	28.4	130	—
	B_{H1}	28.4×10^5	28.1×10^3	—	—	25.0×10^3	20.2×10^3	—
	a_{H1}	22.4	7.2	—	—	17.4	33.9	—
	b_{H1}	32.8×10^3	32.5×10^3	—	—	29.6×10^3	38.6×10^3	—
第 2 谐调	A_{V2}	6	77	46.3	27.1	45.7	189	—
	B_{V2}	74.8×10^5	33.7×10^5	44.3×10^5	61.7×10^5	45.2×10^5	39.9×10^5	—
	a_{V2}	14.3	72.5	46.9	26.5	50.5	−1.9	211.6
	b_{V2}	77.4×10^3	36.0×10^3	46.5×10^3	67.4×10^3	42.6×10^3	78.2×10^3	34.6×10^3
	A_{H2}	59.2	37.2	—	—	59.3	—	—
	B_{H2}	49.6×10^3	54.4×10^3	—	—	54.5×10^3	—	—
	a_{H2}	48.5	5.3	—	—	17.2	—	—
	b_{H2}	62.7×10^3	69.0×10^3	—	—	68.0×10^3	—	—

2. 水平振动固有频率近似公式

（1）当船中剖面惯性矩已知时。

$$N_{H_i}=B_{Hi}K_{Hi}E_{Hi}\sqrt{\frac{I_H}{\varDelta_H l^3}}+A_{Hi} \tag{5.112}$$

式中：I_H 为船中剖面对竖轴的惯性矩（m^4）；l 为两柱间长，m；$\varDelta_H$ 为包括附连水质量（横向水平振动）在内的船舶总质量（t），其计算公式如式（5.113）所示。

$$\varDelta_H=\varDelta+0.574\,2d^2lC_b+\frac{d}{2B}\varDelta \tag{5.113}$$

K_{Hi} 为剖面惯性矩沿船长分布不同对固有频率影响的修正系数，其计算公式为

$$K_{H1} = 0.90 + 0.1C_b \quad \text{(第 1 谐调)} \tag{5.114}$$

$$K_{H2} = 0.85 + 0.2C_b \quad \text{(第 2 谐调)} \tag{5.115}$$

（2）当主尺度和排水量已知时。

$$N_{H_i} = b_{Hi} K_{Hi} E_{Hi} C_H \frac{B}{l} \sqrt{\frac{D}{\Delta_H}} + a_{Hi} \tag{5.116}$$

式中：C_H 与式（5.111）中的 C_V 相同，a_{Hi} 和 b_{Hi} 见表 5.5。

5.5　水面舰艇船体总振动计算方法

5.5.1　水面舰艇船体结构特点

舰体是指除舰艇上各种设备和装置系统以外的舰身构造物，而舰艇船体结构是组成舰体各种具体构件的总称。舰艇船体结构可分为两大类：一类是组成舰艇船体结构所必需的、主要的构件，称为舰体基本结构，包括主船体结构和上层建筑结构两部分；另一类是因特殊需要而设置的局部性构件，称为舰艇船体专用结构。

主船体结构是指上甲板及其以下的舰艇船体基本结构，通常将舰艇船体中最上一层从首至尾连续贯通全舰的甲板称为上甲板，水面舰艇主船体中通常有多层甲板，从总体上看，舰艇船体是细长的，如图 5.37 所示。

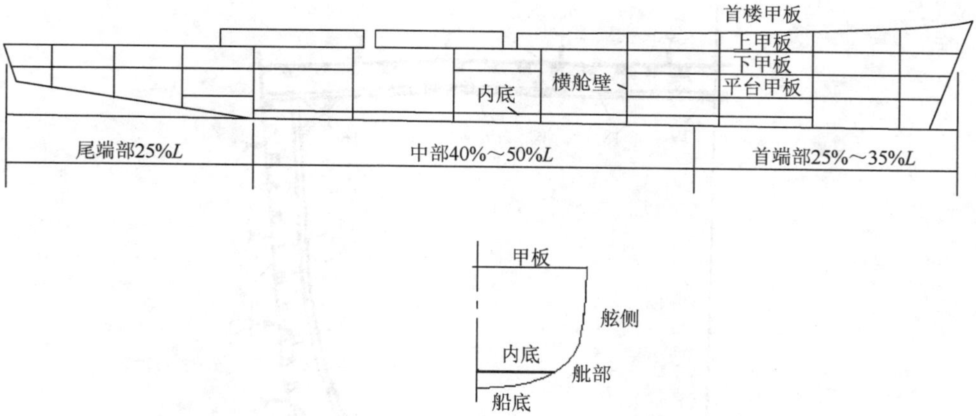

图 5.37　水面舰艇主船体结构

舰艇船体结构中除首柱、尾柱及各种支柱外，一般都是由板材和型材按一定的结构要求连接而成的。典型结构件有加筋板，将细长的骨材焊接在板上形成；纵桁、龙骨和横梁一般由两根窄条板焊接而成，截面为“T”字形，具有细长的几何特征；肋骨也是由两根窄条板焊接而成，截面也为“T”字形，具有细长但弯曲的几何特征。此外，还有肋板、底纵桁等，它们是窄条板结构。由这些基本结构件可以构成舷侧板架结构、甲板板架结构、船底板架结构、舱壁结构等。细长结构件构成船体结构的骨架，对船体承载能力和刚度特性做出了很大贡献。薄壁板材对形成船体水密空间、将船体水密空间分割成小空间做出了较大贡献，船体外板也对船体承载能力和刚度特性做出了很大贡献。组成舰艇船体结构的各构件及名称参见图 5.38 和图 5.39。

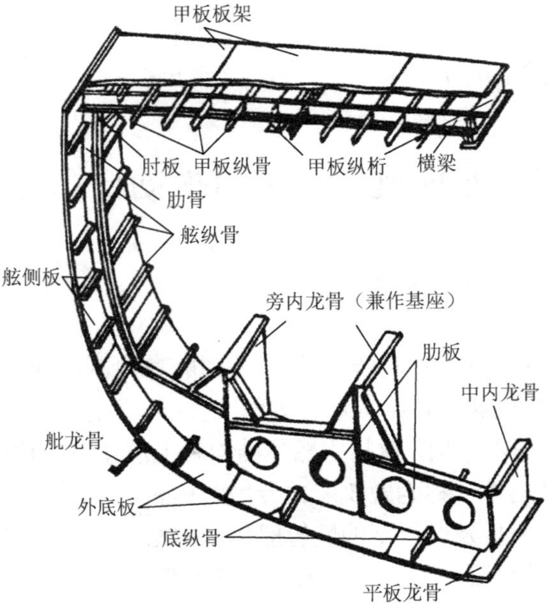

图 5.38　单底船船体结构主要构件及名称

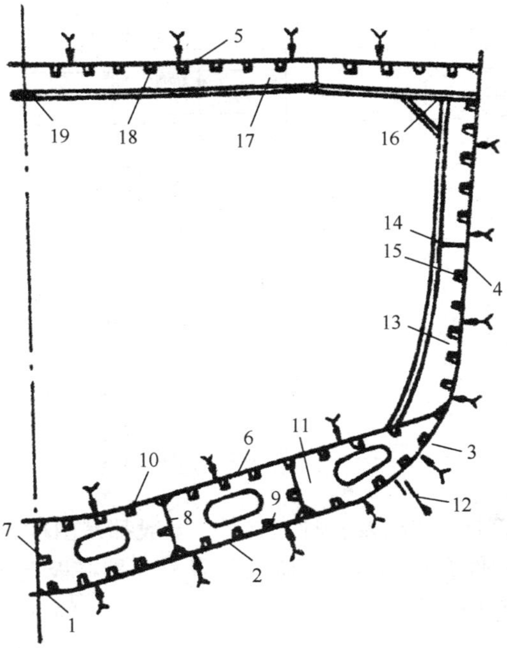

图 5.39　双底船船体结构主要构件及名称

1-平板龙骨；2-船底板；3-舭侧板；4-舷板；5-甲板板架；6-内底板；7-中底桁；8-旁底桁；9-外底纵骨；10-内底纵骨；11-肋板；12-舭龙骨；13-肋骨；14-舷纵桁；15-舷纵骨；16-肘板；17-横梁；18-甲板纵骨；19-甲板纵桁

相对于整个舰艇船体，肋骨、肋板、横梁、横舱壁等是典型的横向结构，无法对舰艇船体的纵向刚度和纵向强度做出直接贡献。纵骨、纵桁等是典型的纵向构件，可以对船体的纵向刚度纵向和强度做出直接贡献。甲板板壁、外板、纵舱壁也对舰艇船体的纵向刚度和纵向强度做出直接贡献，并起很大的作用。对船体的纵向刚度和强度做出直接贡献，即可说明对舰艇船体的弯曲总振动固有特性有重要影响。

5.5.2　模型及参数

水面舰艇总振动分析计算两种工况：水平弯曲总振动和垂向弯曲总振动。当前设计计算时主要使用等效一维船体梁模型，当需要详细了解总振动和典型部位局部振动耦合情况时，也可采用整船结构三维有限元模型进行计算。

1. 一维梁模型

从总体上看，水面舰艇主船体具有细长特征，统计资料表明，驱护舰长度与主船体的最大剖面宽度比为 7.5～10，可将其简化成一维梁进行总振动分析，但这种梁是“高腹”梁。在将水面舰艇简化成一维等效船体梁的前提下，可采用用如下两种方法进行水面舰艇总振动分析：基于铁摩辛柯梁理论的迁移矩阵法（见 5.2.2 小节）和基于通用有限元程序中的梁单元理论的有限元法（见 5.2.3 小节）。两种方法都必须取得等效船体梁单元的如下特性参数：梁单元的长度 l 、单位长度质量 m 、剖面回转半径 r 、剖面弯曲惯性矩 I 、剖面面积 A 、剖面剪切面积 A_s 。

使用一维梁模型计算水面舰艇总振动时，计算船长取船体全长 L 。采用基于铁摩辛柯梁理论的迁移矩阵法时，一般将全船用 21 个站点（编号依次为：0 站，1 站，…，20 站）等分成 20 段，按此方法求得梁单元的长度参数为

$$l = \frac{L}{20} \tag{5.117}$$

等效船体梁总质量应包括：主船体和上层建筑、舰艇装置、舰艇系统、舰艇电气和观通设备、舱室设备、武器装备和防护装置、供应品、储备品、人员及固体压载质量等。等效船体梁总质量应与计算状态所对应的排水质量相等。将上述质量按实船所在肋骨位置均匀分布在肋距内，再将各肋距内所有质量均匀分布到与该肋距对应的梁段内。将长度较小、重量较大的设备质量作为集中质量处理，并等效到相邻的站点，各梁段质量与各站点集中质量之和应与计算状态对应的排水质量相等。

必须考虑附连水质量的影响，附连水质量按站点位置的剖面参数进行计算，将计算所得的各剖面附连水质量均匀分布到相邻的梁段中（附连水质量的计算方法参见 5.1.2 小节）。

单位长度剖面转动惯量按式（5.15a）和式（5.15b）进行计算，即

$$\begin{cases} I_{mV} = m_q D^2 / 12 \\ I_{mH} = m_q B^2 / 12 \end{cases} \tag{5.118}$$

式中：I_{mV} 为第 q 段船体梁单位长度剖面垂向弯曲振动转动惯量（t·m）；I_{mH} 为第 q 段船体梁单位长度剖面水平弯曲振动转动惯量（t·m）；m_q 为第 q 段单位长度质量（t/m）；D 为舰艇型深（m）；B 为舰艇型宽（m）。

需计算各站点位置的剖面弯曲惯性矩，采用材料力学方法进行。主要计算构件为主船体外板、主船体甲板板、主船体船底板、主船体纵舱壁、主船体内部平台板、纵桁、龙骨、底纵桁等纵向构件，上层建筑中纵向构件及主船体中间断的纵向构件计入计算剖面的原则可参考《水面舰艇结构设计计算方法》。

剖面剪切面积取等效船体梁在弯曲平面的等效腹板面积。对于垂向弯曲总振动，剖面剪切面积的计算应包括船侧外板、纵舱壁及这些结构上的纵向构件的剖面面积。对于水平弯曲总振动，剖面剪切面积的计算应包括甲板板、内外船底板及这些结构上的纵向构件的剖面面积。对于不在弯曲平面内的船体纵向壳板，可取其在弯曲平面内的投影长度计算其在剖面剪切面积中的贡献。

可采用选取典型剖面进行计算的方法替代对各站点位置剖面的逐一计算，但典型剖面一般应不少于 10 个，建议选取主船体外形变化较大、沿船长结构布置处并能代表该段结构特点的剖面。

利用弯曲惯性矩、剖面剪切面积计算结果，将每段船体结构等效为均匀刚度分布的梁。当采用位移有限元法时，水面舰艇的分段数目应大于 20，并按前述方法计算出等效船体梁参数，将计算出的等效船体梁参数转换成有限元法中所需的梁单元特性参数即可。

2. 三维有限元模型

采用水面舰艇的总布置图、基本结构图、外板展开图、邦戎曲线、型线图和重量重心分配表，建立总振动分析三维有限元模型。

一般采用带偏置的“T”形梁单元模拟肋骨框架、甲板纵桁、甲板横梁、甲板纵骨、舷纵桁、舷纵骨、龙骨、双底船单底区域的底纵桁等细长构件，采用考虑中面力的板单元模拟外板、内外船底板、甲板板、舱壁板、内部平台板等板材，用杆单元模拟支柱结构，单元参数根据图纸尺寸决定。对不太重要部位的加筋板可采用等效方法进行处理，用等效板模拟，而不是综合利用梁、板单元。对重要部位的骨架结构也可以完全采用板单元模拟，而不使用梁单元。

建立三维有限元模型时，用微小平面逼近主船体外形曲面，主船体外形不作简化。各结构在船体中的空间位置保持与图纸尺寸相同，即与实船位置相同，一般不进行简化或近似。一般不通过单元模拟法将节点处的加强肘板引入有限元模型，即建立模型时常忽略肘板结构。分析主船体总振动时，可以仅对主船体建立三维有限元模型。

采用集中质量法或其他等效法将船体结构有限元模型以外部分的质量引入有限元模型，有限元模型总质量应与计算状态所对应的排水质量相等，重心位置与实船相同，各质量的分布原则应与实船相同。

附连水质量按 5.1.2 小节进行计算，采用集中质量技术或其他等效技术加载在船体的湿表面上。

5.5.3　振动性能计算方法

水面舰艇总振动分析计算两种工况：水平弯曲总振动和垂向弯曲总振动，计算各工况下的前 5 阶固有频率及振型。将计算出的各工况下的前 3 阶固有频率分别与主要激励频率进行比较，并计算出各自的错开率。

舰艇通用规范规定，500 t 排水量（含 500 t）以上排水型水面舰艇的第 1 阶固有频率应与主要激励频率错开 8%～10%，第 2 阶固有频率应与主要激励频率错开 10%～12%，没有对第 3 阶以上固有频率与主要激励频率的错开率提出要求。

滑行艇及 500 t 排水量以下排水型水面舰艇的第 1 阶固有频率应与主要激励频率错开 3%～5%，第 2 阶固有频率应与主要激励频率错开 5%～7%，第 3 阶固有频率应与主要激励频率错开 7%～10%，没有对第 4 阶以上固有频率与主要激励频率的错开率提出要求。

引起水面舰艇总振动的主要激励频率为：①螺旋桨转速；②螺旋桨转速与螺旋桨叶片数的乘积；③主机的 1 阶、2 阶不平衡力和力矩的频率。

频率错开率 λ 可有多种算法，设固有频率为 ω_n，激励频率为 ω，有

$$\lambda = \frac{\omega_n - \omega}{\omega} \times 100\% \tag{5.119a}$$

$$\lambda = \frac{|\omega_n - \omega|}{\omega} \times 100\% \tag{5.119b}$$

$$\lambda = \frac{\omega - \omega_n}{\omega_n} \times 100\% \tag{5.119c}$$

$$\lambda = \frac{|\omega_n - \omega|}{\omega_n} \times 100\% \tag{5.119d}$$

$$\lambda = \frac{|\omega_n - \omega|}{\max(\omega_n, \omega)} \times 100\% \tag{5.119e}$$

式（5.119a）和式（5.119c）计算出的固有频率错开率可能大于 0，可能小于 0，也可能大于 100%，也可能小于 100%。

式（5.119b）和式（5.119d）计算出的固有频率错开率恒大于 0，但可能大于 100%。

式（5.119e）计算出的固有频率错开率恒大于 0 且总是小于 100%。

根据按式（5.119a）或式（5.119c）计算出的固有频率错开率，可以很方便地看出固有频率与激励频率是上错开还是下错开，但与规范比较时需要将规范中的相关规定视为绝对值。

按式（5.119b）或式（5.119d）或式（5.119e）计算固有频率错开率，在与规范中的的相关规定进行比较时较为方便。

5.5.4 实船算例

例 5.5 某船正常排水量$\Delta = 5\,900$ t，螺旋桨最高转速为241 r/min，巡航转速为124 r/min，5 叶桨，计算其总振动固有频率并对其振动性能进行分析。

解：（1）计算方法。

使用基于一维梁理论的迁移矩阵法。

（2）原始资料。

基本结构图、外板展开图、邦戎曲线图、重量重心计算书。

（3）对应正常排水量的主尺度数据。

设计水线长度$L = 140$ m，设计水线宽度$B = 16.8$ m，吃水$d = 4.915$ m

（4）等效船体梁特性参数计算。

等效船体梁特性参数计算按表格进行，计算结果如表 5.6 所示。

表 5.6 等效船体梁特性参数计算表

站号	水线半宽 b/m	吃水 d/m	水下半横剖面面积 $S/2$/m^2	剖面垂向惯性矩 I_v/m^4	剖面垂向剪切面积 A_{sv}/m^2	剖面型深 H/m	剖面水平惯性矩 I_h/m^4	剖面水平剪切面积 A_{sh}/m^2	甲板型宽 B/m	各段分布质量 m/t
0	0	0	0	2.37	0.156	13.300	0.88	0.164	7.274	—
1	1.471	4.915	5.922	5.05	0.202	13.000	3.76	0.216	9.856	221.692
2	2.825	4.915	8.075	7.74	0.244	12.530	6.64	0.290	12.039	71.864
3	4.052	4.915	12.335	7.25	0.231	12.042	8.93	0.303	13.818	139.098
4	5.144	4.915	16.357	9.48	0.261	11.599	14.21	0.359	15.116	276.667
5	6.040	4.915	20.034	13.75	0.299	11.230	20.67	0.425	15.957	235.673
6	6.764	4.915	23.371	18.85	0.352	10.954	27.82	0.562	16.423	298.903
7	7.317	4.915	26.389	17.35	0.338	10.751	28.25	0.534	16.638	376.742
8	7.714	4.915	29.105	15.24	0.322	10.595	28.62	0.488	16.722	383.566
9	8.009	4.915	31.030	15.24	0.312	10.474	28.90	0.460	16.757	465.88
10	8.163	4.915	32.270	17.55	0.306	10.360	31.56	0.613	16.783	362.672
11	8.205	4.915	33.197	17.55	0.306	10.300	31.56	0.613	16.800	373.871
12	8.183	4.915	32.864	17.55	0.310	10.301	28.92	0.466	16.767	274.703
13	8.109	4.915	31.479	15.95	0.318	10.302	28.78	0.474	16.710	434.660
14	7.984	4.915	28.817	15.2	0.328	10.304	28.6	0.488	16.626	389.082
15	7.814	4.915	25.369	11.68	0.333	10.306	25.45	0.424	16.496	317.457
16	7.621	4.245	20.984	8.16	0.324	10.309	23.27	0.360	16.325	278.070
17	7.408	3.065	14.220	5.34	0.312	10.314	21.09	0.416	16.097	358.772
18	7.150	2.065	9.085	4.97	0.290	10.319	18.34	0.500	15.844	216.56
19	6.818	1.265	6.018	4.60	0.260	10.323	15.58	0.584	15.584	189.186
20	0	0	0	4.20	0.228	10.329	13.49	0.524	15.310	210.750

（5）附连水质量计算

垂向总振动附连水质量计算公式：$m_v(x)=0.5\alpha_v k_i C_v \rho\pi b^2$。

水平总振动附连水质量计算公式：$m_h(x)=0.5\alpha_h k_i C_h \rho\pi d^2$。

前两阶附连水质量计算结果见表 5.7～表 5.10，后三阶附连水质量计算结果从略。

表 5.7　垂向总振动第 1 阶附连水质量及分布

站号	水线半宽 b/m	吃水 d/m	b/d	L/d	水下半横剖面面积 $S/2$/m^2	浸没面积系数 β	垂向总振动附连水质量系数 C_v	三维流动修正系数 K_i	各计算剖面处垂向总振动附连水质量 m_v/(t/m)	各段附连水质量分布/(t/m)
0	0	0	—	—	0	—	—	—	0	—
1	1.471	4.915	0.299	28.484	5.922	0.819	1.087	0.823	3.117	1.558
2	2.825	4.915	0.575	28.484	8.075	0.582	0.794	0.823	8.397	5.757
3	4.052	4.915	0.824	28.484	12.335	0.619	0.835	0.823	18.166	13.281
4	5.114	4.915	1.040	28.484	16.357	0.651	0.874	0.823	30.288	24.227
5	6.04	4.915	1.229	28.484	20.034	0.675	0.978	0.823	47.278	38.783
6	6.764	4.915	1.376	28.484	23.371	0.703	0.925	0.823	56.078	51.678
7	7.317	4.915	1.489	28.484	26.389	0.734	0.956	0.823	67.821	61.950
8	7.714	4.915	1.569	28.484	29.105	0.768	0.991	0.823	78.140	72.981
9	8.009	4.915	1.630	28.484	31.03	0.788	1.01	0.823	85.846	81.993
10	8.163	4.915	1.661	28.484	32.27	0.804	1.017	0.823	89.797	87.822
11	8.205	4.915	1.669	28.484	33.197	0.823	1.027	0.823	91.616	90.707
12	8.183	4.915	1.665	28.484	32.864	0.817	1.06	0.823	94.053	92.835
13	8.109	4.915	1.650	28.484	31.479	0.790	1.007	0.823	87.742	90.898
14	7.984	4.915	1.624	28.484	28.817	0.734	0.959	0.823	81.003	84.373
15	7.814	4.915	1.590	28.484	25.369	0.661	0.905	0.823	73.221	77.112
16	7.621	4.245	1.795	32.980	20.984	0.649	0.937	0.823	72.112	72.667
17	7.408	3.065	2.417	45.677	14.22	0.626	0.894	0.823	65.010	68.561
18	7.15	2.065	3.462	67.797	9.085	0.615	0.925	0.823	62.661	63.836
19	6.818	1.265	5.390	110.672	6.018	0.698	0.976	0.823	60.118	61.390
20	0	0	—	—	0	—	—	—	0	30.059

表 5.8　垂向总振动第 2 阶附连水质量分布

站号	水线半宽 b/m	吃水 d/m	b/d	L/d	水下半横剖面面积 $S/2$/m^2	浸没面积系数 β	垂向总振动附连水质量系数 C_v	三维流动修正系数 K_i	各计算剖面处垂向总振动附连水质量 m_v/(t/m)	各段附连水质量分布/(t/m)
0	0	0	—	—	0	—	—	—	0	—
1	1.471	4.915	0.299	28.484	5.922	0.819	1.087	0.765	2.897	1.449
2	2.825	4.915	0.575	28.484	8.075	0.582	0.794	0.765	7.805	5.351

续表

站号	水线半宽 b/m	吃水 d/m	b/d	L/d	水下半横剖面面积 $S/2/\mathrm{m}^2$	浸没面积系数 β	垂向总振动附连水质量系数 C_v	三维流动修正系数 K_i	各计算剖面处垂向总振动附连水质量 m_v/(t/m)	各段附连水质量分布/(t/m)
3	4.052	4.915	0.824	28.484	12.335	0.619	0.835	0.765	16.886	12.345
4	5.114	4.915	1.040	28.484	16.357	0.651	0.874	0.765	28.154	22.520
5	6.04	4.915	1.229	28.484	20.034	0.675	0.978	0.765	43.946	36.050
6	6.764	4.915	1.376	28.484	23.371	0.703	0.925	0.765	52.126	48.036
7	7.317	4.915	1.489	28.484	26.389	0.734	0.956	0.765	63.042	57.584
8	7.714	4.915	1.569	28.484	29.105	0.768	0.991	0.765	72.634	67.838
9	8.009	4.915	1.630	28.484	31.03	0.788	1.01	0.765	79.796	76.215
10	8.163	4.915	1.661	28.484	32.27	0.804	1.017	0.765	83.469	81.633
11	8.205	4.915	1.669	28.484	33.197	0.823	1.027	0.765	85.159	84.314
12	8.183	4.915	1.665	28.484	32.864	0.817	1.06	0.765	87.425	86.292
13	8.109	4.915	1.650	28.484	31.479	0.790	1.007	0.765	81.558	84.492
14	7.984	4.915	1.624	28.484	28.817	0.734	0.959	0.765	75.295	78.427
15	7.814	4.915	1.590	28.484	25.369	0.661	0.905	0.765	68.061	71.678
16	7.621	4.245	1.795	32.980	20.984	0.649	0.937	0.765	67.030	67.550
17	7.408	3.065	2.417	45.677	14.22	0.626	0.894	0.765	60.429	63.729
18	7.15	2.065	3.462	67.797	9.085	0.615	0.925	0.765	58.245	59.337
19	6.818	1.265	5.390	110.672	6.018	0.698	0.976	0.765	55.882	57.063
20	0	0	—	—	0	—	—	—	0	27.941

表 5.9　水平总振动第 1 阶附连水质量分布

站号	水线半宽 b/m	吃水 d/m	b/d	L/d	水下半横剖面积 $S/2/\mathrm{m}^2$	浸没面积系数 β	水平总振动附连水质量系数 C_h	三维流动修正系数 K_i	各计算剖面处水平总振动附连水质量 m_h/(t/m)	各段附连水质量分布/(t/m)
0	0	0	—	—	0	—	—	—	0	—
1	1.471	4.915	0.299	28.484	5.922	0.819	0.998	0.976	15.354	7.677
2	2.825	4.915	0.575	28.484	8.075	0.582	1.036	0.976	15.939	15.647
3	4.052	4.915	0.824	28.484	12.335	0.619	1.056	0.976	16.247	16.093
4	5.114	4.915	1.040	28.484	16.357	0.651	1.05	0.976	16.154	16.201
5	6.04	4.915	1.229	28.484	20.034	0.675	1.047	0.976	16.108	16.131
6	6.764	4.915	1.376	28.484	23.371	0.703	1.036	0.976	15.939	16.024
7	7.317	4.915	1.489	28.484	26.389	0.734	1.029	0.976	15.831	15.885
8	7.714	4.915	1.569	28.484	29.105	0.768	1.019	0.976	15.677	15.754
9	8.009	4.915	1.630	28.484	31.03	0.788	1.015	0.976	15.616	15.647
10	8.163	4.915	1.661	28.484	32.27	0.804	1.016	0.976	15.631	15.624
11	8.205	4.915	1.669	28.484	33.197	0.823	1.027	0.976	15.801	15.716

续表

站号	水线半宽 b/m	吃水 d/m	b/d	L/d	水下半横剖面积 $S/2$/m^2	浸没面积系数 β	水平总振动附连水质量系数 C_h	三维流动修正系数 K_i	各计算剖面处水平总振动附连水质量 m_h /(t/m)	各段附连水质量分布/(t/m)
12	8.183	4.915	1.665	28.484	32.864	0.817	1.025	0.976	15.770	15.785
13	8.109	4.915	1.650	28.484	31.479	0.790	1.026	0.976	15.785	15.777
14	7.984	4.915	1.624	28.484	28.817	0.734	1.031	0.976	15.862	15.824
15	7.814	4.915	1.590	28.484	25.369	0.661	1.056	0.976	16.247	16.054
16	7.621	4.245	1.795	32.980	20.984	0.649	1.067	0.984	12.345	14.296
17	7.408	3.065	2.417	45.677	14.22	0.626	1.135	1	6.958	9.952
18	7.15	2.065	3.462	67.797	9.085	0.615	1.166	1	3.244	5.101
19	6.818	1.265	5.390	110.672	6.018	0.698	1.036	1	1.082	2.163
20	0	0	—	—	0	—	—	—	0	0.541

表 5.10　水平总振动第 2 阶附连水质量分布

站号	水线半宽 b/m	吃水 d/m	b/d	L/d	水下半横剖面面积 $S/2$/m^2	浸没面积系数 β	水平总振动附连水质量系数 C_h	三维流动修正系数 K_i	各计算剖面处水平总振动附连水质量 m_h /(t/m)	各段附连水质量分布/(t/m)
0	0	0	—	—	0	—	—	—	0	—
1	1.471	4.915	0.299	28.484	5.922	0.819	0.998	0.954	15.008	7.504
2	2.825	4.915	0.575	28.484	8.075	0.582	1.036	0.954	15.580	15.294
3	4.052	4.915	0.824	28.484	12.335	0.619	1.056	0.954	15.880	15.730
4	5.114	4.915	1.040	28.484	16.357	0.651	1.05	0.954	15.790	15.835
5	6.04	4.915	1.229	28.484	20.034	0.675	1.047	0.954	15.745	15.768
6	6.764	4.915	1.376	28.484	23.371	0.703	1.036	0.954	15.580	15.662
7	7.317	4.915	1.489	28.484	26.389	0.734	1.029	0.954	15.474	15.527
8	7.714	4.915	1.569	28.484	29.105	0.768	1.019	0.954	15.324	15.399
9	8.009	4.915	1.630	28.484	31.03	0.788	1.015	0.954	15.264	15.294
10	8.163	4.915	1.661	28.484	32.27	0.804	1.016	0.954	15.279	15.271
11	8.205	4.915	1.669	28.484	33.197	0.823	1.027	0.954	15.444	15.362
12	8.183	4.915	1.665	28.484	32.864	0.817	1.025	0.954	15.414	15.429
13	8.109	4.915	1.650	28.484	31.479	0.790	1.026	0.954	15.429	15.422
14	7.984	4.915	1.624	28.484	28.817	0.734	1.031	0.954	15.505	15.467
15	7.814	4.915	1.590	28.484	25.369	0.661	1.056	0.954	15.880	15.693
16	7.621	4.245	1.795	32.980	20.984	0.649	1.039	0.963	12.082	13.981
17	7.408	3.065	2.417	45.677	14.22	0.626	1.135	0.986	6.860	9.471
18	7.15	2.065	3.462	67.797	9.085	0.615	1.166	1	3.244	5.052
19	6.818	1.265	5.390	110.672	6.018	0.698	1.036	1	1.082	2.163
20	0	0	—	—	0	—	—	—	0	0.541

（6）总振动固有频率及固有振型计算

总振动固有频率计算值如表 5.11 所示。

表 5.11　总振动固有频率计算值

类型	第 1 阶/Hz	第 2 阶/Hz	第 3 阶/Hz	第 4 阶/Hz	第 5 阶/Hz
垂向振动	1.128	2.468	4.146	5.944	8.089
水平振动	1.938	4.188	6.884	9.869	12.939

垂向弯曲总振动前五阶固有振型如图 5.40 所示（水平振动振型与之类似，略去）。

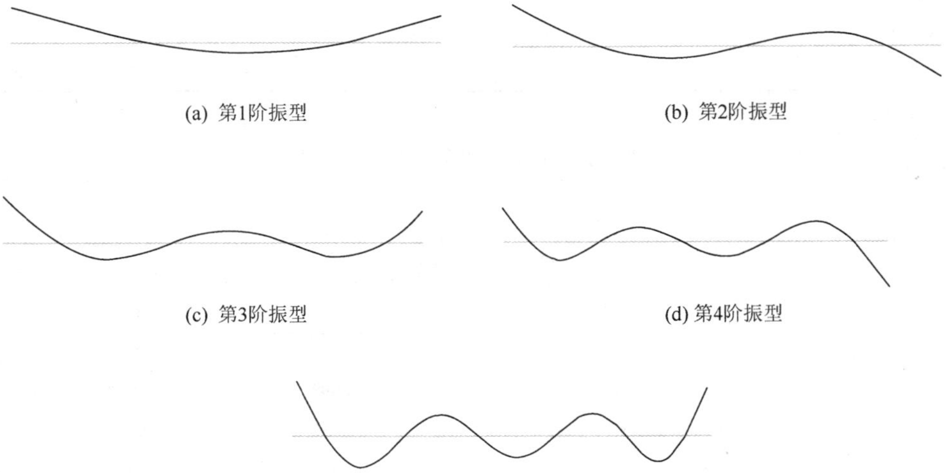

(a) 第1阶振型　(b) 第2阶振型

(c) 第3阶振型　(d) 第4阶振型

(e) 第5阶振型

图 5.40　垂向弯曲总振动前五阶固有振型

（7）总振动频率错开率计算

按式（5.119b）计算总振动频率错开率，如表 5.12 所示。

表 5.12　总振动频率错开率

状态	最高轴频（4.017 Hz）		最高叶频（20.083 Hz）		巡航时轴频（2.067 Hz）		巡航时叶频（10.333 Hz）	
	计算值/%	允许值/%	计算值/%	允许值/%	计算值/%	允许值/%	计算值/%	允许值/%
垂直第 1 阶总振动（1.128 Hz）	71.9	8～10	94.4	8～10	45.4	8～10	89.1	8～10
垂直第 2 阶总振动（2.468 Hz）	38.6	10～12	87.7	10～12	19.4	10～12	76.1	10～12
水平第 1 阶总振动（1.938 Hz）	51.8	8～10	90.4	8～10	6.2	8～10	81.2	8～10
水平第 2 阶总振动（4.188 Hz）	51.8	10～12	79.1	10～12	100	10～12	59.5	10～12

（8）总振动性能分析

由表 5.12 可知，水平第 1 阶总振动固有频率与巡航时轴频的错开率小于频率储备允许值。

5.6　潜艇船体总振动计算方法

5.6.1　潜艇船体结构特点

潜艇也称潜水艇，是一种既能在水面，又能在水下一定深度内长时间活动的战斗舰艇。潜艇是以水下活动为主的舰艇，必须有坚固的船体结构承受巨大的深水压力。

按各结构所在的不同位置，潜艇船体结构可分为主艇体结构、首端和尾端结构、上层建筑结构、指挥室围壳结构、内部船体结构。其中，主艇体结构和首尾端结构是串联式结构，沿潜艇纵向排列，形成艇体的总长度。主艇体结构、上层建筑结构、指挥室围壳结构沿高度方向排列，形成艇体的总高度。上层建筑结构覆盖在主艇体结构之上，指挥室围壳结构起于耐压船体，穿过上层建筑，上部突出于上层建筑结构之上，其顶端是潜艇中的最高点。主艇体结构和首尾端结构一般以耐压壳首尾端舱壁所在肋位平面为分界线，如图 5.41 所示。

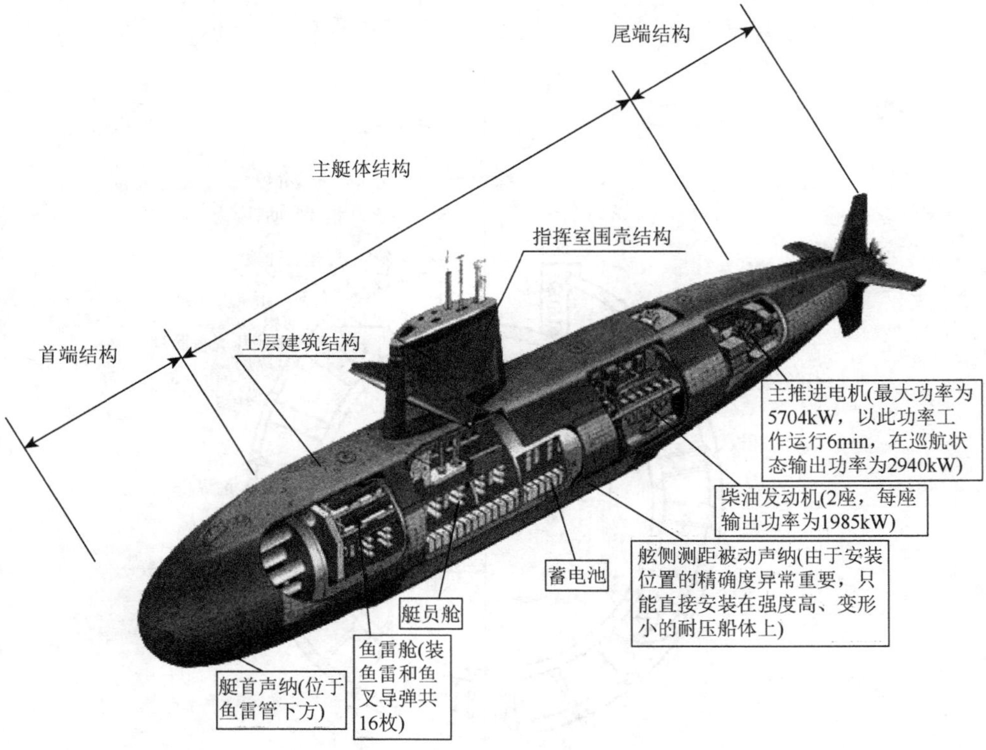

图 5.41　潜艇船体结构组成

按其对巨大的深水压力的承压能力，还可将潜艇船体结构分为耐压结构和非耐压结构两部分。通常，耐压结构包括耐压船体、耐压水舱、耐压指挥台、耐压舱壁等，非耐压结构包括非耐压船体结构、上层建筑结构、指挥室围壳结构及首、尾端结构，以及耐压船体内部的非耐压舱壁。

潜艇船体的典型结构式有单壳体结构、双壳体结构和一个半结构。潜艇主船体结构仅有一层壳体时，该壳体形成水密空间并承受巨大的深水压力作用，称为单壳体结构潜艇；潜艇主船体结构有两层壳体时，内部壳体形成水密空间并抵抗巨大的深水压力作用，外部壳体起到光滑艇体、减少阻力的作用，称为双壳体结构潜艇，其中内部壳体称为耐压壳体，外部壳体称为非耐压壳体。下面主要讨论双壳体结构潜艇的结构特点。

潜艇主艇体由耐压船体和周围的非耐压船体结构成，横剖面形状主要是圆形。耐压船体结构由耐压壳板、环向肋骨和内部耐压舱壁构成，非耐压船体结构主要包括舷侧主压载水舱和舷间燃油舱，由非耐压壳板肋骨、肋板、肘板、支撑角钢、竖龙骨板、横舱壁和水密龙筋板构成。耐压壳体的厚度通常是非耐压壳体厚度的 3.5～6 倍，非耐压壳体直径通常是耐压壳直径的 1.15～1.25 倍。主艇体结构典型横剖面如图 5.42 所示。

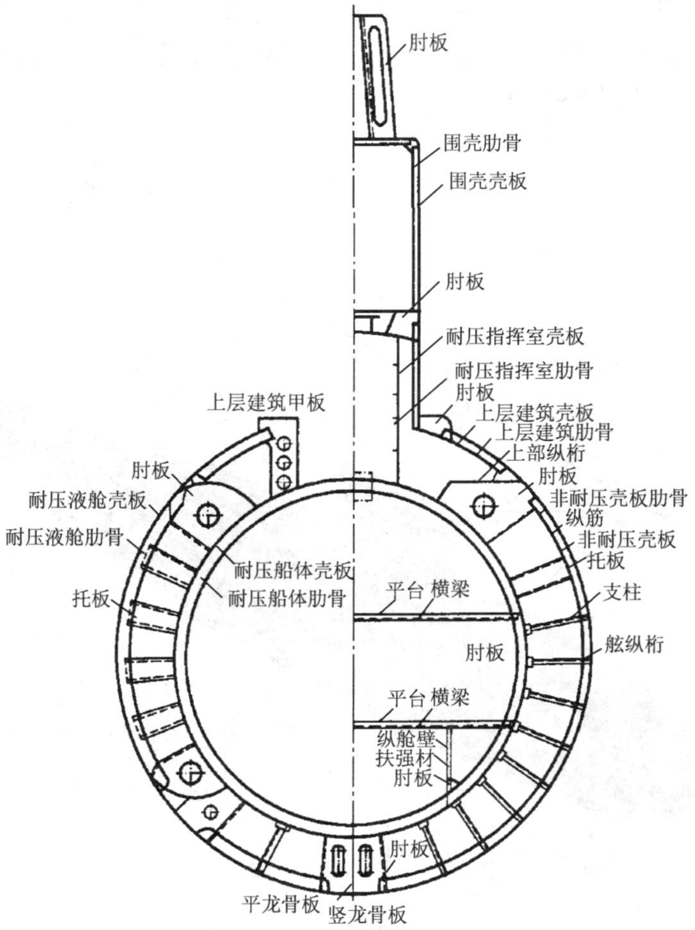

图 5.42　主艇体结构典型横剖面

耐压船体的纵剖面形状一般有以下几种。

1）直线形

在耐压船体中部采用平行圆柱体，首尾两部分采用截头圆柱形，如图 5.43（a）所示。现代潜艇下潜深度大，耐压船体壳板厚度大，将耐压壳体加工成具有双曲率的光顺结构形式的难度较大，采用双壳体结构形式可以弥补直线形耐压壳体结构外表面不光顺的缺点，因此该形式得到了广泛采用。

2）直线局部扩大形

在某些情况下，为了布置上的需要，在圆柱体的局部长度上，采用扩大圆柱形或“8”字形的形式。另外，在首尾部采用不同锥度的圆锥形组合，如图 5.43（b）所示。

3）光顺曲线形

在一些单壳体潜艇上，为了改善航海性能，常采用更接近流线形的光顺曲线形状，如图 5.43（c）所示。

(a) 直线形

(b) 直线局部扩大形　　(c)光顺曲线形

图 5.43　耐压船体结构典型纵剖面

5.6.2　模型及参数

潜艇总振动分析应计算两种航行状态：水面巡航状态和水下潜航状态。每种航行状态计算两种工况：水平弯曲总振动和垂向弯曲总振动。当前常用两种典型模型进行计算：等效一维船体梁模型和整船结构三维有限元模型。

1. 等效一维船体梁模型

从总体上看，潜艇是带有突出物（指挥室围壳和尾部附体）的细长结构，其长度与艇体最大剖面宽度的比值为 7.5～10，可将其简化成一维梁进行总振动分析。在将潜艇简化成等效一维船体梁的前提下，可采用用如下两种方法进行潜艇总振动分析：基于铁摩辛柯梁理论的迁移矩阵法（见 5.2.2 小节）和基于通用有限元程序中梁单元理论的有限元法（见 5.2.3 小节）。两种方法都必须取得等效一维船体梁单元的如下特性参数：梁单元的长度 l、单位长度质量 m、剖面回转半径 r、剖面弯曲惯性矩 I、剖面面积 A、剖面剪切面积 A_s。

使用等效一维船体梁模型计算潜艇总振动时，计算船长取船体全长 L。采用基于铁摩辛柯梁理论的迁移矩阵法时，一般将全船用 21 个站点（编号依次为：0 站，1 站，…，20 站）等分成 20 段，按此方法求得梁单元的长度参数为

$$l = \frac{L}{20} \tag{5.120}$$

将船体总质量和透水质量按其所在肋骨位置均匀分布，再将各肋距内的所有质量均匀分布到与该肋距对应的站段内。将长度较小、重量较大的设备作为集中质量处理，等效到相邻的站点，各梁段质量与各站点集中质量之和应与计算状态的排水质量相等。

必须考虑附连水质量的影响，附连水质量分为两个部分：裸船体部分和附体部分。裸船体部分附连水质量按站点位置的剖面参数进行计算，将计算所得的各剖面附连水质量均匀分布到相邻的梁段中。附体部分的附连水质量按附体所在肋位均匀分布，分布到与其对应的梁段中。附连水质量的计算方法参见 5.1.2 小节。

单位长度剖面质量惯性矩按式（5.121）进行计算：

$$I_m = m_q(D^2/16 + l^2/12) \tag{5.121}$$

式中：I_m 为第 q 段单位长度质量惯性矩（t·m）；m_q 为第 q 段单位长度质量（t/m）；D 为计算垂向（水平）总振动时的艇高（艇宽）（m）；l 为站距，即梁单元长度（m）。

计算各站点剖面的剖面剪切面积，按式（5.122）进行计算：

$$A_s = KA \tag{5.122}$$

式中：A_s 为剖面剪切面积（m^2）；K 为剪切系数，取 0.5；A 为剖面面积（m^2）。

计算各站点位置的剖面弯曲惯性矩，按材料力学方法进行。由轻外壳、耐压壳、龙骨、纵桁、平台板等构成全部计算构件。凡是长度超过艇长 15%的间断构件必须计及，但耐压指挥室及其围壳可不予考虑，以补偿该区域内轻外壳和耐压壳横剖面面积的损失。可采用选取典型剖面进行计算的方法替代对各站点位置剖面的逐一计算，但典型剖面一般应不少于 10 个。建议选取耐压壳体两端压载水舱与耐压液舱过渡处，以及耐压壳体厚度、直径变化较大处。利用各站点剖面的剪切面积、弯曲惯性矩计算结果，将每段船体结构等效为均匀刚度分布的梁。

当采用位移有限元法时，潜艇的分段数目应大于 20，按前述方法计算出等效船体梁参数，将计算出的等效船体梁参数转换成有限元法中所需的梁单元特性参数即可。

2. 三维有限元模型

使用潜艇的总布置图、基本结构图、非耐压壳板展开图、耐压壳板展开图、附体结构图和重量重心分配表建立潜艇总振动分析三维有限元模型。

一般采用带偏置的“T”形梁单元模拟环肋骨、甲板纵桁、甲板横梁、甲板纵骨，用考虑中面力的板单元模拟非耐压壳板、耐压壳板、甲板板、舱壁板、内部平台板等板材和附体结构，用杆单元模拟支柱结构，单元参数根据图纸尺寸决定。对不大重要部位的加筋板可采用等效方法进行处理，用等效板模拟，而不是综合利用梁、板单元。对重要部位的骨架结构也可以完全采用板单元模拟，而不使用梁单元。

建立三维有限元模拟时，用微小平面逼近主船体外形曲面，不对艇体外形和耐压壳外形进行简化。各结构在船体中的空间位置保持与图纸尺寸相同，即与实船位置相同，一般不进行简化或近似。节点处的加强肘板一般不作为有限单元引入有限元模型，即建立模型时常忽略肘板结构。

采用集中质量法或其他等效法将船体结构有限元模型以外部分的质量引入有限元模型，有限元模型总质量应与计算状态所对应的排水质量相等，重心位置与实船相同，各质量分布原则上应与实船相同。

附连水质量按 5.1.2 小节进行计算，采用集中质量技术或其他等效技术加载在船体的湿表面上。

5.6.3　振动性能计算方法

潜艇总振动分析应计算两种航行状态：水面巡航状态和水下潜航状态。每种航行状态计算两种工况：水平弯曲总振动和垂向弯曲总振动。计算出各工况的前 5 阶固有频率及固有振型，将计算出的各工况前 3 阶固有频率分别与主要激励频率进行比较，并计算出各自的错开率。舰艇通用规范规定，第 1 阶固有频率应与主要激励频率错开 8%以上，第 2 阶固有频率应与主要激励频率错开 10%以上，第 3 阶固有频率应与主要激励频率错开 15%以上。

引起潜艇总振动的主要激励频率为：①螺旋桨转速；②螺旋桨转速与螺旋桨叶片数的乘积；③发动机曲轴转速；④发动机曲轴转速的两倍；

频率错开率可按式（5.119）进行计算，参考 5.5.3 小节。

5.6.4　实船算例

例 5.6　某潜艇正常排水量 $\Delta = 2\ 100$ t，计算其垂向总振动固有频率及固有振型。

解：

（1）计算方法。

使用三维有限元法。

（2）原始资料。

总布置图基本结构图、耐压壳板展开图、非耐压壳板展开图、重量重心分配表和附体结构图。

（3）有关主尺度数据。

总长 $L = 76.4$ m，型宽 $B = 7.8$ m，型深 = 8.2 m，吃水 = 5.4 m。

（4）附连水质量计算。

按 5.1.2 小节的方法进行附连水质量计算，计算结果从略。

（5）建立整艇结构仿真有限元模型。

依据总布置图基本结构图、耐压壳板展开图、非耐压壳板展开图、重量重心分配表和附体结构图等建立整艇结构仿真有限元模型。使用板单元、梁单元、杆单元对耐压船体结构、非耐压船体结构、尾端附体结构、指挥室围壳结构、上层建筑结构、舷间水舱结构、内部舱壁及平台结构等进行模拟，所模拟的结构的几何尺寸和空间位置与图纸尺寸严格一致。取重要细长构件的中心线作为网格边界线，整船有限元模型如图 5.28 所示。

（6）垂直总振动固有频率及固有振型计算

采用 Lanczos 算法求出整船有限元模型的前 50 阶固有频率及固有振型。

（7）应用图形后处理技术对计算所得振型进行分析，依据舰艇总振动定义判断出各阶垂向总振动固有频率及固有振型，如图 5.44 所示。

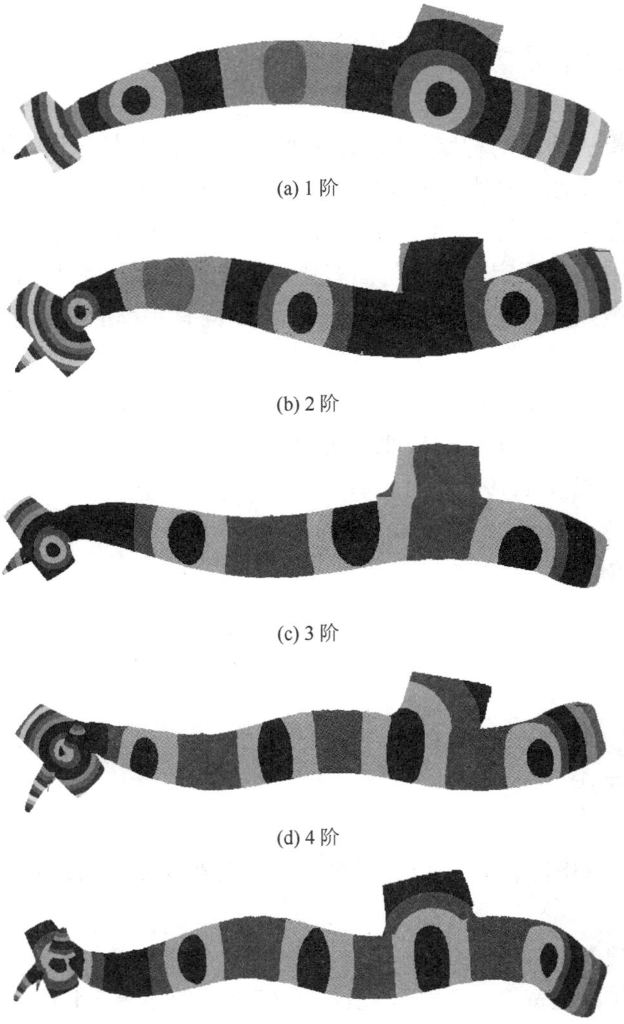

(a) 1 阶

(b) 2 阶

(c) 3 阶

(d) 4 阶

(e) 5 阶

图 5.44　某潜艇垂向总振动固有频率及固有振型

习　题　5

5.1　舰艇总振动有哪几种类型，对于军舰来说，何种总振动最重要？

5.2　舷外水从哪几个方面影响舰艇总振动？其中哪一种影响最重要？

5.3　计算舰艇总振动附连水质量的公式是基于无限大无黏水域中无限长圆柱体运动的理论这一假设而提出的，将它应用于舰艇总振动附连水质量计算时，进行了哪些修正？为什么进行修正？如何得到这些修正系数？

5.4　计算舰艇总振动时，最简单的力学模型是一维梁，试问该模型是否适用于图 5.26 和图 5.27 所示的小水线面船、穿浪双体船？为什么？

5.5　计算舰艇总振动的一维梁模型，与普通的梁有什么差别？用一维梁振动模型模拟舰艇总振动时，有哪些局限性？

5.6　采用迁移矩阵法计算舰艇总振动固有频率时，必须计算哪些参数？依据哪些资料可以得出这些参数？

5.7　与迁移矩阵法比较，采用位移有限元法计算舰艇总振动固有频率时有哪些优点？

5.8　试导出用迁移矩阵形式表示的悬臂梁的频率方程。

5.9　预报舰艇总振动响应时，必须考虑阻尼的影响。试述常用的几种阻尼假设，各假设有什么特点？

5.10　采用频率错开法控制舰艇总振动是基于什么原理？试述水面舰艇、快艇和潜艇的频率错开率要求。

第 6 章　舰艇局部振动

6.1　舰艇局部振动的基本概念

舰艇局部振动，是在局部结构和专门结构层面观察到的振动。局部结构和专门结构由基本构件单元构成，某些局部结构和专门结构实际上也是一个庞大和复杂的结构物，如现代舰艇的桅杆结构、上层建筑结构等。舰艇局部振动是指船上各种基本构件单元、局部船体结构和专门结构的振动，其中基本构件单元有梁、板、加筋板、板架等。局部船体结构是由基本构件单元所组成的小范围船体结构；舰艇专门结构指桅杆、上层建筑结构、尾部船体结构、机舱结构、尾轴架结构等为满足舰艇的专门功能而设置的结构。舰艇局部振动是一种相对概念，是相对于整船振动的一个概念。当舰艇上某个舰体构造产生了振动，如上层建筑时振动结构，尽管舰体构造有很大的几何尺度，但相对于整船来说，它仍是一种局部振动。舰艇专门结构的局部振动常因下述原因产生：作用于船体的激励力引起这些构造中的梁、板、加筋板、板架等产生有害振动，并引起这些区域的船体构造整体产生有害振动，称为尾部振动、机舱振动、上层建筑结构振动、尾轴架振动等。

舰艇局部振动，是不可避免、经常发生的现象。过量的、超出标准的局部振动是不可接受的有害振动，应该避免。过量的局部振动，会影响船上各种设备和仪表的正常工作，使船上人员感到疲劳和不舒适，有时还会引起船体结构损伤，甚至危害航行安全。

舰艇局部振动与总振动一般是互相耦合的，当局部结构与主船体结构的质量比很小时，可以不考虑两者的耦合作用，即从整个船体结构中分离出上层建筑结构、桅梁、尾部结构立体舱段、机舱结构立体舱段等作为计算模型，将其周边的连接结构当作分析对象的边界条件进行处理。当从这种立体舱段模型计算出的振动特性难以分辨出更“细小”的结构构造单元的振动模态时，可再将立体舱段分割成甲板结构、舷侧结构、舱壁结构、底部结构和平台结构等更“细小”的结构构造单元。有时为了计算方便，甚至还可将上述“细小”的结构构造单元简化成基本构件单元（如板、加筋板和板架等）来进行振动计算分析。

船上的局部构造很多，若要对所有构造进行振动分析，是非常困难的，也不必要。当前，局部振动计算通常针对基本结构单元进行分析。另外，军用舰艇和现代民船最关心的是上层建筑结构、桅杆结构、尾部结构和机舱区域结构的局部振动，有时也需要针对这些构造单元进行局部振动分析。因此，本章仅讨论基本结构单元（如板、加筋板、板架等）及由这些基本结构单元形成的典型局部船体构造（如桅杆、机舱、上层建筑结构、尾部船体结构等）的振动特性并计算分析问题，给出基本结构单元的固有频率计算公式和典型专门结构固有频率的计算方法。

6.2　舰艇基本结构单元振动分析计算

6.2.1　板格

1. 船上平（薄）板的振动特点

船体结构是由板和梁组成的，梁作为船体结构的骨架支持板并成为板格的边界。交叉梁系之间的板在船上有很多块，且尺寸不尽相同，船舶航行时，板因各种激励作用产生局部振动的概率较大。

船上平（薄）板的振动多数是由边界振动引起的，只有少数板是由直接作用在它上面的激励引起的，例如，螺旋桨上方的船底外板一旦产生严重振动，会造成船体渗水现象；油水柜板一旦产生严重振动，会导致油柜和水柜上的板振裂，引发漏油或漏水，危及舰艇安全；驾驶室和居住舱室中的板发生严重振动时，会影响人员工作和休息。进行船上平（薄）板的振动计算和分析时应考虑以下几个特点。

（1）船上的板是由骨架（梁）支持的连续板，其边界既不是简支边界，也不是固定边界，而是弹性支持的边界，经实船测试结果，实际固有频率偏向于简支边界情况。

（2）船上有些板与水或其他液体接触，如船底外板、货油舱（油船）横舱壁和纵舱壁上的板、油柜和水柜中的板、压载水舱中的板等，这些板的振动计算和分析应考虑附加水或附加液体的影响。

（3）在舰艇总纵弯曲中，船底外板、内底板和主甲板产生拉应力或压应力，因此这种振动是有中面力作用的板的弯曲振动问题。

（4）舰艇建造过程中，船上的板经过许多工艺过程，会引起初挠度、焊接应力等，在板的固有频率和动应力计算中很难处理，但应在频率储备和许用振动应力取值上加以考虑。

（5）薄板在几何上一个方向的尺度比其他两个方向小得多，可以在结构力学中引入一定假设，使之简化为二维问题。这种简化不仅是为了便于用解析方法求解，还是出于数值求解角度考虑的。

2. 板的固有频率

1）板在空气中的固有频率（干模态固有频率）

（1）承受较大中面力作用的某些部位的板，按式（6.1）进行计算，即

$$\omega_{nij}^2=\frac{D\pi^4}{\rho t b^4}\left[\left(j^2+i^2\frac{b^2}{a^2}\right)^2+\frac{\left(\sigma_y j^2+\sigma_x i^2\dfrac{b^2}{a^2}\right)b^2 t}{\pi^2 D}\right] \tag{6.1}$$

式中：a 为板的长边长度；b 为板的短边长度；t 为板的厚度；D 为板的弯曲刚度。

中面力是由船体总强度计算得出的结果，是已知值，参见 4.5.2 小节。

由式（6.1）可知，中面拉力使板的固有频率上升，而压力使固有频率下降。板交替处在中拱和中垂两个不同状态，其固有频率值也会产生相应的变动。

（2）中面力作用可以忽略的板的首阶固有频率。在舰艇局部振动计算中，计算矩形钢质平板的固有频率时，在许多场合下可以忽略中面力的影响，并可假定四边为简支边界条件。根据船体结构常用的材料及结构形式，可将 4.5.2 小节中给出的无中面力作用的四边简支矩形平板的理论解写成下列形式：

$$f_{01} = 2.45 \times 10^6 t\left[\frac{1}{a^2} + \frac{1}{b^2}\right] \tag{6.2}$$

式中：f_{01} 为矩形板在空气中的首阶固有频率；a 为板的长边长度；b 为板的短边长度；t 为板的厚度。

对于四边固定矩形板，有

$$f_{01} = 5.4 \times 10^6 t\left[\frac{1}{a^2} + \frac{1}{b^2}\right] \tag{6.3}$$

（3）任意形状平板固有频率。对于任意形状的平板，无法给出固有频率的精确解析解，一般都采用有限单元法求解。

2）矩形板在水中的固有频率（湿模态固有频率）

（1）附连水质量。当板与水接触时，应考虑附连水质量的影响。船体板的附连水质量可达到船体板质量的 5～6 倍，有时甚至更大。在计算时，一般认为在与水接触的板上，附连水质量是均匀分布的。

对于单面与水接触的板，其单位面积上的附连水质量为

$$m_a = \phi_1 \rho b \tag{6.4}$$

式中：ρ 为液体密度；b 为板格的宽度（短边长）；ϕ_1 为附连水质量系数，按表 6.1 或图 6.1 选取。

对于双面与水接触的板，其单位面积上的附连水质量按式（6.4）加倍。

表 6.1　矩形板附连水质量系数取值

b/a	0	0.1	0.2	0.3	0.4	0.5	0.6	0.7	0.8	0.9	1.0
四周简支	0.78	0.76	0.71	0.65	0.61	0.55	0.51	0.47	0.45	0.43	0.42
四周固定	0.70	0.68	0.61	0.50	0.45	0.43	0.41	0.39	0.37	0.55	0.33

（2）固有频率的计算。有两种方法计算板在水中的固有频率：第 1 种方法是将板的质量加上附连水质量求出等效密度替代式（4.122）和式（4.126）中的 ρ 而求出水中的固有频率；第 2 种方法是将板在空气中的固有频率乘以附连水质量系数，得出水中的固有频率，见式（6.5），附连水质量系数按式（6.6）进行计算。

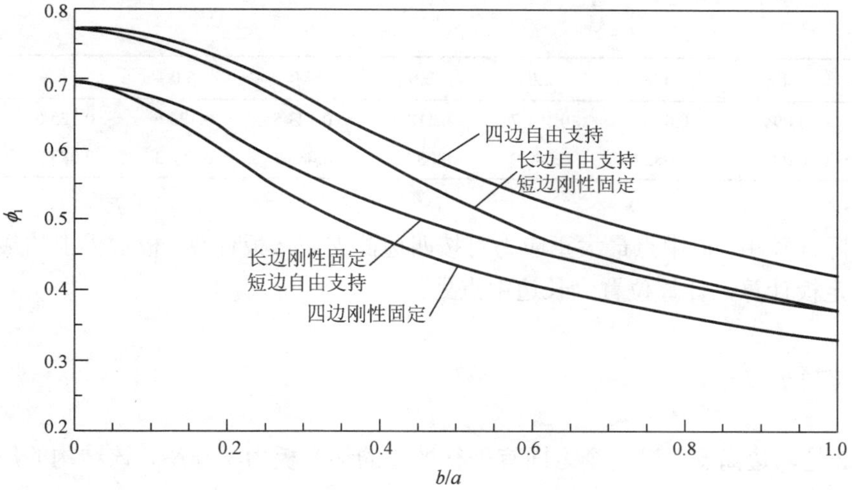

图 6.1　矩形板附连水质量系数取值

$$f_1 = \phi_1 f_{01} \tag{6.5}$$

式中：f_1 为矩形板在水中的首阶固有频率；f_{01} 为矩形板在空气中的首阶固有频率；ϕ_1 为附连水质量系数，按式（6.6）计算。

$$\phi_1 = \frac{1}{\sqrt{1+\dfrac{C}{t\sqrt{1/a^2+1/b^2}}}} \tag{6.6}$$

式中：C 为系数，板单面浸水时取 0.04，板双面浸水时取 0.08。

3. 板的振动响应

螺旋桨脉动压力直接作用在船壳外板，可近似视作矩形平板，板的最大振动应力可按式（6.7）计算：

$$\sigma_{max} = 6K_s \frac{P_z b^2}{t^2} \frac{1}{\sqrt{(1-\gamma^2)+4\gamma^2\zeta^2}} \tag{6.7}$$

式中：σ_{max} 为振动应力（Pa）；P_z 为单位面积上激励幅值（Pa）；b 为板的短边长度（m）；t 为板的厚度（m）；γ 为频率比（激励频率与板的首阶频率之比）；ζ 为相对阻尼系数，取 0.004；K_s 为板振动应力系数，与板的边界固定条件、板的边长比、计算点位置和方向有关，按表 6.2 查取，其中 K_1 为四边简支矩形板的动应力系数，计算点为板的中心点，K_2 为四边固定矩形板的动应力系数，计算点为边界上长边中点。

表 6.2　板振动应力系数 K_s

a/b	1.0	1.1	1.2	1.3	1.4	1.5	1.6	1.7
K_1	0.047 9	0.055 3	0.062 6	0.069 3	0.075 3	0.081 2	0.086 2	0.090 8
K_2	0.051 7	0.055 4	0.061 2	0.066 8	0.071 4	0.075 3	0.078 4	0.080 7

续表

a/b	1.8	1.9	2.0	3.0	4.0	5.0	∞	—
K_1	0.094 8	0.098 5	0.101 7	0.118 9	0.123 5	0.124 6	0.125 0	—
K_2	0.082 1	0.082 6	0.082 9	0.083 2	0.083 3	0.083 3	0.083 3	

在实际计算中，板中点最大正应力可按四边简支矩形板计算，板边界上的最大正应力按四边固定板计算，计算位置为长边中点处。

6.2.2 加筋板

图 6.2 是四边简支，沿一个方向有平行加筋的加筋板力学模型，该结构的局部振动按如下方法进行计算。

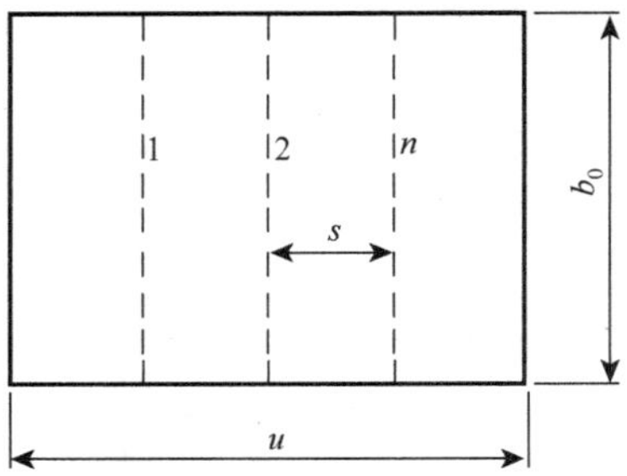

图 6.2 四边简支加筋板力学模型

1. 在空气中的固有频率

$$f_{01} = \frac{8.1}{b_0^2} \times 10^5 \sqrt{\frac{KIn}{t_e s(n+1)}} \tag{6.8}$$

式中：f_{01} 为矩形加筋板（图 6.2）在空气中的首阶固有频率；b_0 为加筋板的宽度；s 为加强筋间距；n 为加强筋个数；t_e 为板的等效厚度，按式（6.9）计算；K 为修正系数，加强筋截面为对称形状时取 1.0，非对称形状时取 0.85；I 为计及附连带板的加强筋惯性矩。

$$t_e = t + \frac{An}{s(n+1)} \tag{6.9}$$

式中：t 为板厚；A 为加强筋自身面积。

2. 在水中的固有频率

$$f = \frac{8.1}{b^2} \times 10^5 \sqrt{\frac{KIn}{t_e s(n+1)}} \phi_1 \tag{6.10}$$

式中：ϕ_1 为附连水质量系数，按式（6.11）计算。

$$\phi_1 = \frac{1}{\sqrt{1+\dfrac{Ca}{t_e\sqrt{1+a^2/b^2}}}} \tag{6.11}$$

式中：C 为系数，双面浸入水中时 $C=0.08$，单面浸入水中时 $C=0.04$。

6.2.3　板架

1. 定义

船体结构是由板材和型材组成的，在局部结构振动计算中，常将甲板结构、底部结构、舷侧结构和舱壁结构等简化为由纵横细长构件组成的交叉梁系模型，称为板架。交叉梁系中的纵横细长构件分别称为主向梁和交叉梁，这种梁是由纵横构件和与之相连的连续板材简化而成的，又称为带板梁。板架中梁的尺寸和剖面要素按以下方法决定。

（1）两向梁的跨距应取支承结构与两向梁交点之间的距离，若板架位于两舱壁之间，则板架长度就等于舱壁的间距。

（2）带板宽度一般取梁的跨度的 1/6 和纵横构件间距两者中的较小值。

（3）在附连带板宽度范围内的所有纵向构件都应包括在计算剖面内。

（4）计算中认为板架上的分布质量和附连水质量属于主向梁均布质量的一部分，附连水质量按矩形平板理论进行计算，参见 6.2.1 小节。

2. 等效法求解固有频率

将瑞利法应用在板架结构上可得到求解板架结构固有频率的等效法，见 4.6.1 小节。等效法是一种能量法，将板架振动简化成单自由度系统振动来求解固有频率。对于长度为 L、宽度为 B、具有 r 根交叉梁、s 根主向梁的板架的第 i 阶主振动，其等效质量为

$$\begin{aligned} m_e = &\sum_{j=1}^{N}\left[m_j\varphi_i^2(x_j,y_j)+J_{jy}\left(\frac{\partial\varphi_i(x_j,y_j)}{\partial x}\right)^2+J_{jx}\left(\frac{\partial\varphi_i(x_j,y_j)}{\partial y}\right)^2\right] \\ &+J_0\int_0^L\int_0^B\left(\frac{\partial\varphi_i(x,y)}{\partial x}\right)^2\mathrm{d}x\mathrm{d}y+J_0\int_0^L\int_0^B\left(\frac{\partial\varphi_i(x,y)}{\partial y}\right)^2\mathrm{d}x\mathrm{d}y \\ &+\int_0^L\int_0^B(m_0+m_a)\varphi_i^2(x,y)\mathrm{d}x\mathrm{d}y \end{aligned} \tag{6.12}$$

式中：m_j 为坐标为 (x_j,y_j) 处的集中质量；N 为集中质量数目；J_{jx} 为集中质量 m_j 相对于 x 轴的转动惯量；J_{jy} 为集中质量 m_j 相对于 y 轴的转动惯量；J_0 为板架单位面积质量的转动惯量；m_a 为板架单位面积的附连水质量；m_0 为板架单位面积的平均质量（包括双层底内的油和水）。

其等效刚度为

$$k_e = \sum_{j=1}^{r}\int_0^L E\hat{I}_j\varphi_i''^2(x,y_j)\mathrm{d}x+\sum_{j=1}^{s}\int_0^B E\overline{I}_j\varphi_i''^2(x_j,y)\mathrm{d}y \tag{6.13}$$

式中：E 为板架材料弹性模量；$\hat{I}_j$ 为第 j 根交叉梁的截面惯性矩；$\overline{I}_j$ 为第 j 根主向梁的截

面惯性矩； x_j 为第 j 根交叉梁的 x 坐标； y_j 为第 j 根交叉梁的 y 坐标。

第 i 阶固有频率为

$$\omega_{ni} = \sqrt{\frac{k_e}{m_e}} \tag{6.14}$$

3. 有限元法求板架的固有频率

在应用有限元法计算板架振动时，一般使用商用有限元程序进行，其计算步骤如下。

1）将结构离散以建立振动分析微分方程

将板架离散为梁单元的集合，将无限自由度的连续系统变为多自由度的离散系统，即将主向梁和交叉梁分成若干个单元。在划分单元时，交叉梁系的交点（自然节点）处必须设置节点。另外，根据实际需要和解的精度要求，还可以在自然节点间再划分出若干个节点，一般单元划分越小，就越接近精确解。如图 6.3 所示的 3 根交叉梁和 7 根主向梁组成的板架，有 52 个单元，41 个节点，内部节点有 21 个，边界节点为 20 个。

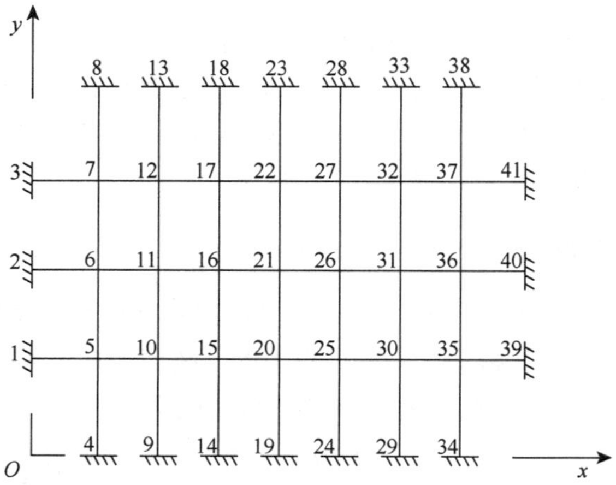

图 6.3　板架有限元模型

可以由拉格朗日方程等方法推导出有限个自由度的弹性体系的振动方程：

$$\boldsymbol{M}\ddot{\boldsymbol{q}} + \boldsymbol{C}\dot{\boldsymbol{q}} + \boldsymbol{K}\boldsymbol{q} = \boldsymbol{P}(t) \tag{6.15}$$

式中： $\boldsymbol{q}$ 为各节点的位移矢量（参看 5.2.3 小节图 5.24）； $\dot{\boldsymbol{q}}$ 为各节点的速度矢量； $\ddot{\boldsymbol{q}}$ 为各节点的加速度矢量； $\boldsymbol{M}$ 为系统的总质量矩阵（含结构质量、流体附加质量、设备质量等）； $\boldsymbol{K}$ 为结构总刚度矩阵； $\boldsymbol{C}$ 为系统总阻尼矩阵； $\boldsymbol{P}(t)$ 为激励力矢量（参看 5.2.3 小节图 5.24）。

2）梁单元特性

建立板架的有限元方程时，需要主向梁和交叉梁的特性参数，即梁的剖面形状与尺寸、剖面面积、剖面剪切面积、单位长度质量等，其确定方法和前面所述的等效方法相同。

3）质量处理

（1）结构本身质量作为单元的材料属性输入。

（2）与板架相接触的附连水质量。若板架与水（或油等其他液体）相接触，则在振动时应计入附连水质量。对于单面与水相接触的四周固定不动的矩形板架，其单位面积上的附连水质量可以近似按式（6.16）计算：

$$m_w = \phi_1 \rho b \tag{6.16}$$

式中：m_w 为板架单面接触水时单位面积上的附连水质量（kg/m^2）；b 为板架短边长度（m）；ρ 为水的密度（kg/m^3）；ϕ_1 为附连水质量系数，按表 6.1 查取。

对于双面接触水的板架，附连水质量等于式（6.16）计值的 2 倍。

求得 m_w 后可按图 6.4 将其分布在相邻的交叉梁和主向梁上，例如，交叉梁 ij 的荷载作用面积为 S_{ij}，则分到 ij 梁单元上的附连水质量为 $m_w S_{ij}$。

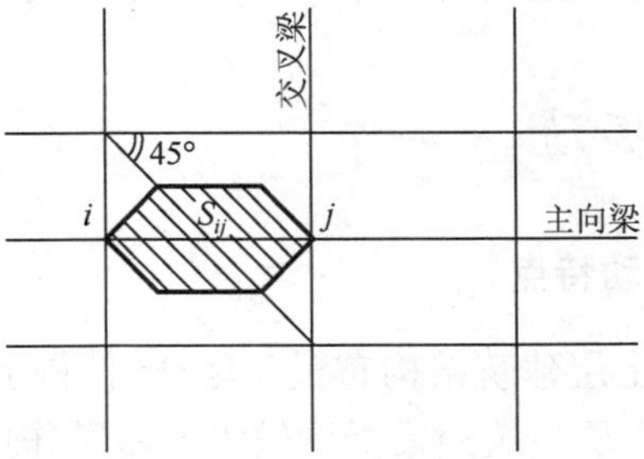

图 6.4　附连水质量分配

（3）板架上设备质量。根据其所在位置，采用集中质量技术将其等效分配到相邻节点上。

4）阻尼矩阵处理

若采用用有限元方法计算板振动响应，则假定总阻尼矩阵是总质量矩阵和总刚度矩阵的线性组合，即

$$\boldsymbol{C} = \alpha \boldsymbol{M} + \beta \boldsymbol{K} \tag{6.17}$$

式中：$\boldsymbol{C}$ 为总阻尼矩阵；$\boldsymbol{M}$ 为总质量矩阵；$\boldsymbol{K}$ 为总刚度矩阵；α 和 β 为阻尼比例系数，通过有关资料获得，或采用式（6.18）确定。

$$\begin{cases} \alpha = \dfrac{2(\zeta_i \omega_{nj} - \zeta_j \omega_{ni})}{(\omega_{nj} + \omega_{ni})(\omega_{nj} - \omega_{ni})} \omega_{ni} \omega_{nj} \\ \beta = \dfrac{2(\zeta_j \omega_{nj} - \zeta_i \omega_{ni})}{(\omega_{nj} + \omega_{ni})(\omega_{nj} - \omega_{ni})} \end{cases} \tag{6.18}$$

式中：ω_{ni} 和 ω_{nj} 分别为第 i 个和第 j 个固有频率；ζ_i 和 ζ_j 分别为第 i 个和第 j 个相对阻尼系数。

5）载荷与边界条件处理

计算固有频率时，仅需按商用有限元程序提供的边界条件处理功能对板架边界约束进行处理即可。

（1）刚性约束（刚性固定和简支）。将这些受约束节点处的某几个位移限制为 0，若刚性固定则表现为所有线位移和角位移为 0，简支则表现为仅线位移为 0。

（2）弹性约束（弹性固定或弹性支座）。当商用程序不具备直接指定弹性约束功能时，

采用等效方法引入。

计算板架的振动响应时，需将外加激励力等效为相应的节点力向量，即式（6.15）中的 $P(t)$。

6）板架固有频率和固有振型计算

板架自由振动方程为

$$\boldsymbol{M}\ddot{\boldsymbol{q}} + \boldsymbol{K}\boldsymbol{q} = 0 \tag{6.19}$$

求解式（6.19）的广义特征问题，即可求得板架的固有频率和固有振型。

6.3　典型专门结构的局部振动分析计算

6.3.1　上层建筑结构振动

1. 上层建筑结构整体振动特点

现代船舶大多将机舱和上层建筑结构布置在尾部，使得上层建筑与螺旋桨和主机这两个主要振源较为接近，导致上层建筑经常受到较大的激励作用。另外，为了改善驾驶视线和减少船员人数，往往把上层建筑设计得很高，沿船长方向设计得很短，又加上为了减少上层建筑内舱室的噪声污染，常采用将上层建筑与机舱棚、烟囱分离的形式，这样都会使上层建筑本身整体结构纵向刚度降低，导致上层建筑整体纵向固有频率降低，易与螺旋桨叶频和主机高阶纵向激励频率相遭遇，产生共振并造成有害振动。

近年来，为了降低上层建筑内居住舱室的噪声，以及减小上层建筑的整体质量和质心高度，常将上层建筑内的固定钢质舱壁改为内设岩棉的铁皮轻质活动舱壁，导致上层建筑内各层甲板结构的跨度增大，固有频率降低，易与螺旋桨叶频、倍叶频及主机高阶激励频率相遭遇，产生共振并造成有害振动。

上层建筑结构振动包括上层建筑结构整体振动和局部构件振动，前者指上层建筑结构整体纵向振动、横向振动和扭转振动；后者是指上层建筑结构内各层的甲板结构、围壁结构和舱壁结构的振动。

2. 上层建筑结构整体纵向固有频率估算方法

上层建筑结构整体纵向固有频率一般为 6～15Hz，因此有时会与船体总振动垂向高阶的振动模态产生一定程度的耦合，但在估算上层建筑结构整体纵向固有频率时，可以不考虑它与船体总振动之间的耦合作用。

螺旋桨和主机激励激起的上层建筑结构整体纵向共振，将影响上层建筑中设备和仪器的正常工作，危害船上人员健康。为了在设计阶段避免上层建筑结构整体共振，国内外学者给出了若干个上层建筑结构整体纵向固有频率估算方法，下面仅介绍两种有代表性的估算方法。

1）简化的理论计算方法

大量理论与试验研究表明，影响上层建筑结构整体纵向振动固有频率的主要因素，是上层建筑的剪切和弯曲刚度及其分布、上层建筑质量及其分布、主船体对上层建筑结构的弹性支承刚度，如图 6.5 所示，根据计算模型（图 6.5），给出如下计算公式：

$$\frac{1}{f^2}=\frac{1}{f_a^2}+\frac{1}{f_b^2} \tag{6.20a}$$

$$f=\sqrt{\frac{f_a^2}{1+f_a^2/f_b^2}} \tag{6.20b}$$

$$f_a=\frac{1}{4}\sqrt{\frac{GA_s}{Hm}}C \tag{6.21}$$

$$f_b=\frac{1}{2\pi}\sqrt{\frac{KL^2}{r^2m}} \tag{6.22}$$

$$r=0.6H \tag{6.23}$$

式中：f 为上层建筑整体纵向固有频率（Hz）；f_a 为上层建筑根部固定时的剪切和弯曲振动的固有频率（Hz）；f_b 为上层建筑本身视作刚体，后端有弹性支承时的回转振动固有频率（Hz）。A_s 为剪切面积（m^2）；H 为上层建筑高度（m）；m 为上层建筑质量（kg）；G 为剪切模量，取 0.81×10^{11} N/m^2；K 为上层建筑后端的弹性支承刚度（N/m），取决于船体结构布置；L 为上层建筑长度（m）；r 为质量回转半径（m）；C 为弯曲变形修正系数。

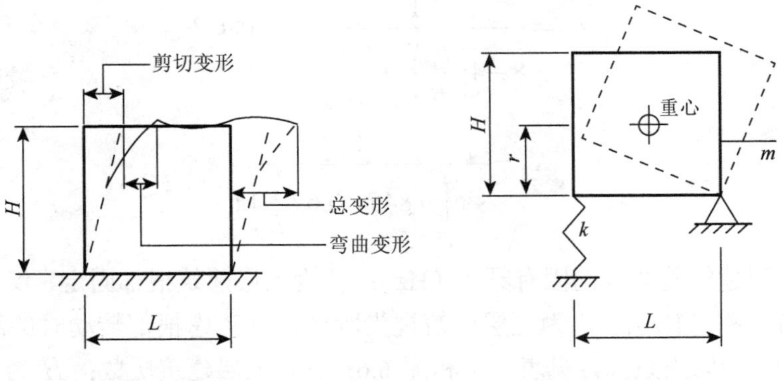

(a) 剪切和弯曲振动　(b) 弹性支撑振动

图 6.5　上层建筑的剪切和弯曲振动及弹性支承振动

$$C=\sqrt{\frac{1}{1+0.2\dfrac{GA_sH^2}{EI}}} \tag{6.24}$$

式中：I 为上层建筑横剖面惯性矩（m^4）；E 为弹性模量，取 2.01×10^5 MPa。

当 $H/L<1$ 时，弯曲变形是次要的；当 $H/L=3$ 时，剪切与弯曲的贡献大致相等；当 $H/L<3$ 时，弯曲修正系数可进一步简化为式（6.25）：

$$C=1-0.15\left(\frac{H}{L}\right) \tag{6.25}$$

应该指出，用上述简化的理论计算方法准确计算上层建筑结构整体纵向固有频率是比较困难的，但可以在如何加强上层建筑结构以有效提高固有频率方面提供指导作用。

2）方案设计阶段用的估算公式

估算上层建筑整体纵向固有频率的方法较多，估算出的固有频率相差较大，这里介绍一种估算公式：

$$f = 1.07K_1 \frac{f_s}{\sqrt{1+\left(\dfrac{f_s}{f_R}\right)^2}} + K_2 \tag{6.26}$$

$$f_s = 165.5K_3 \frac{n}{H}\sqrt{\frac{K_s \sum l_i \psi_i}{\sum l_i b_i \varphi_i}} \tag{6.27}$$

式中：φ_i 和 ψ_i 分别为各层甲板室剪力刚度有效系数和质量有效系数。

$$f_R = 187.7K_4 \frac{n}{H}\sqrt{\frac{K_5 n l_1^2}{H\left[\sum l_i b_i \varphi_i + {0.75 l_1^3 b}\Big/{\left(H/n\right)^2}\right]}} \tag{6.28}$$

$$K_5 = 100K_6K_7K_8$$

$$K_6 = \frac{1}{8-4\left(\dfrac{b_1}{B}\right)^2+\left(\dfrac{b_1}{B}\right)^3} - 0.086\,2$$

$$K_7 = \frac{1}{\sin\left(0.845-0.69\dfrac{l_1}{L}\right)\pi}$$

式中：f 为上层建筑整体纵向固有频率（Hz）；f_s 为上层建筑根部固定，仅考虑剪切变形时的纵向固有频率（Hz）；f_R 为上层建筑视为刚体，仅考虑根部转动时的纵向固有频率（Hz）；K_1 和 K_2 为修正系数，见表 6.3 和图 6.6；n 为上层建筑层数；H 为上层建筑总高度（m）；l_i 为上层建筑第 i 层长度（m）；b_i 为上层建筑第 i 层宽度（m）；B 为上层建筑所在位置船宽（m）；L 为支持上层建筑根部的主船体两横舱壁间的距离（m），见图 6.7；K_s 为上层建筑纵壁数量对纵向固有频率的修正系数，取 $Z/4$，Z 为上层建筑内连续纵壁和侧围壁个数之和；K_3、K_4 为层数修正系数，见表 6.4。

表 6.3　系数 K_1 和 K_2 取值

类型	K_1	K_2
A 型（分离型）	0.9	2.5
B、C、D 型（不分离型）	1.0	0

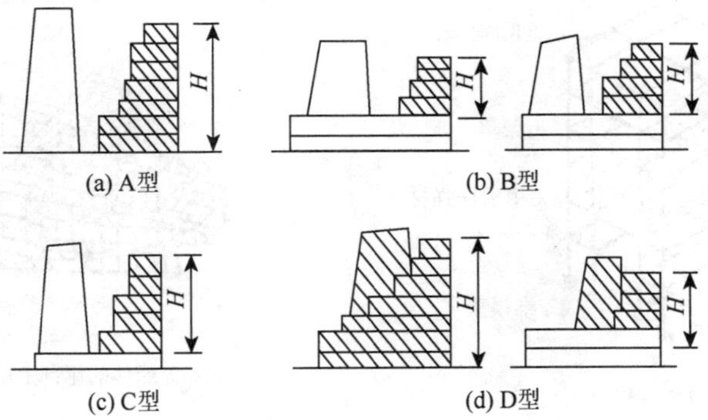

图 6.6　上层建筑结构类型

表 6.4　系数 K_3 和 K_4 取值

类型	层数	K_3	K_4
A 型（分离型）	—	1.0	1.0
B、C、D 型（不分离型）	5	0.93	0.97
	6	1.00	1.00
	7	1.08	1.04

K_8 按下列情况选取：当上层建筑根部的主甲板下纵横壁和支柱很多，能牵连住主甲板下一层平台和船底一起运动，且 $L > 1.2l_1$ 时，K_8 取 2.0；当上层建筑第一层甲板室的长度 $l_1 = L$ 且烟囱突出在 3 层以上或近似于 D 型时，K_8 取 1.45；其他情形时，K_8 取 1.0。

式（6.27）中的 ψ_i 和 φ_i 分别按式（6.29）和式（6.30）进行计算：

$$\psi_i = \begin{cases} 30(\sqrt[3]{7} - \sqrt[3]{i}) + 1 & (i \leqslant 7) \\ 1 & (i > 7) \end{cases} \tag{6.29}$$

$$\varphi_i = 3i(i-1) + 1 \tag{6.30}$$

式中：i 为甲板室由下而上的层数。

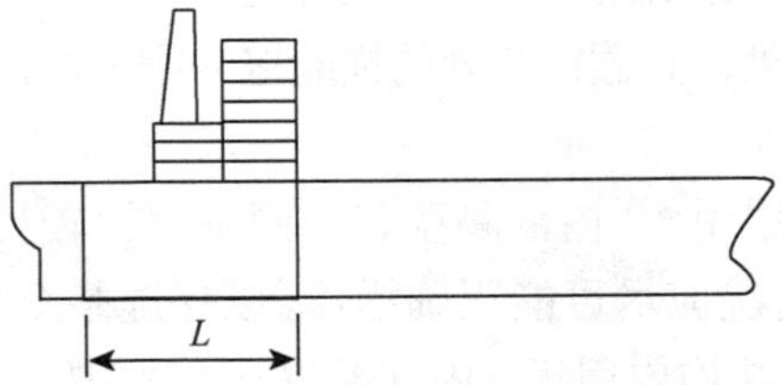

图 6.7　L 的定义示意

3. 上层建筑结构整体有限元计算方法

上层建筑结构整体振动有限元模型建立时，常采用以下几种方法。

（1）建立上层建筑结构整体简化三维有限元模型，见图 6.8（a）。

（2）建立包括整个船体尾部在内的上层建筑结构三维有限元模型见图 6.8（b）。

（3）建立包括上层建筑结构在内的尾部有限元细化模型，其余主船体视为船体梁的全船三维有限元模型，见图 6.8（c）。

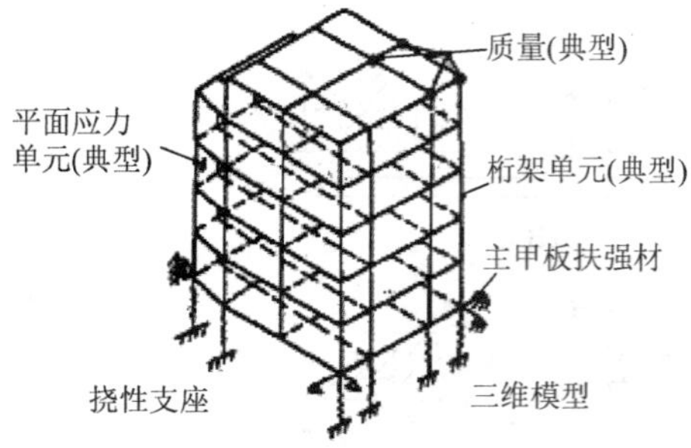

(a) 简化三维有限元模型

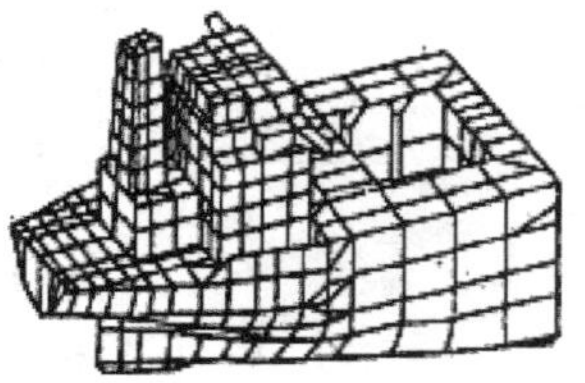

(b) 含部分船体的尾部上层建筑三维有限元模型

(c) 含船体梁的尾部上层建筑三维有限元模型

图 6.8　上层建筑结构整体振动计算常用的有限元模型

前面叙述的三种有限元模型中，第一种模型计算工作量最少，但没有考虑上层建筑结构整体振动与主船体振动模态的耦合影响，且在主船体对上层建筑结构的支撑方面假设太多，有时会产生一定的误差；第二种模型计算工作量大于第一种模型，虽然取主船体范围较大，但也没有考虑上层建筑结构整体振动与主船体总振动模态的耦合影响；第三种计算模型既考虑了上层建筑结构整体振动，又考虑了与主船体总振动模态的耦合影响，计算工作量并不太大，接近于第二种模型的计算工作量，是一种较实用的有限元模型。第三种计算模型的建立方法如下。

（1）上层建筑和船体尾部采用精细的有限元模型，主船体的中部和首部用等效船体梁模拟。为了保证船体尾部、上层建筑结构与船体梁在连接处的剖面转角和位移的一致性，连接处应设置在主船体的横舱壁处，并假定此处的横舱壁为刚平面，以便在结合处满足梁的平断面假定。

(2)上层建筑结构的各层甲板、内部隔壁和外围壁用比较精细的有限元模型予以表达。船上各层内部隔壁的设置情况应尽可能正确描述，以保证整个上层建筑结构剪切刚度和弯曲刚度的正确性。上层建筑结构内甲板、内部舱壁板和外围壁板采用考虑中面力影响的板壳单元模拟（必须将扶强材折算到板上），甲板纵桁和强横梁采用梁单元来模拟。舾装、设备和仪表质量应按实际安装位置分配到邻近的节点上，以保证整体上层建筑结构的质量沿高度、宽度与纵向的分布与实船情况一致。

（3）上层建筑结构下方的主船体结构是上层建筑的弹性基础，应正确反映其结构刚度。因此，船体尾部和机舱区的甲板、舷侧、舱壁、支柱、平台、底部结构应包括在三维有限元计算模型中。主船体的建模范围应从上层建筑前端壁向船首延伸一个舱段。船体尾部区域的甲板、舷侧、舱壁、平台和底部结构的板可采用考虑中面力影响的板壳单元，纵骨、肋骨应折算到板上。对于主船体的桁材、肋板、强横梁等主要承受弯曲构件，采用梁单元来模拟，支柱采用梁单元来模拟。

船体中部和首部的船体梁，可划分为若干个节点的三维梁单元。对于主船体质量分配问题，应该将实船质量及装载沿船长正确地分配到每一个截面上的相应节点上。按刘易斯系数计算各个截面处的附加水质量，并分配到相应节点上。

4. 上层建筑结构局部振动

上层建筑结构局部振动计算可采用 6.2 节的方法进行。当需要了解较大范围内的局部振动时，目前常采用有限元法计算固有特性，一般采用以下三种模型。

（1）板架计算模型。此模型以强横梁和纵桁组成交叉梁系，而甲板板和扶强材（普通横梁和纵骨）作为交叉梁系的附连带板计入，将这种交叉梁系中的梁按其自然节点划分为若干个空间梁单元，按有限元法计算固有频率和固有振型。这种计算模型最简单，但网格较稀，甲板结构振型描述不够细致，又因为梁的附连带板的实际有效宽度难以准确取值，所以会给计算结果带来一定误差。

（2）板梁组合计算模型。此模型用板单元来描述甲板板和桁材（强横梁和纵桁），用空间梁单元来描述扶强材（普通横梁和纵骨）。对于这种板、梁组合单元，由于板上划分的有限元网格的节点与梁的节点不重合，应考虑梁的偏心影响，否则计算值会偏低。这种计算模型最精细，计算误差最小，但计算工时太长。

（3）等效板元计算模型。此模型将甲板板与扶强材（普通横梁和纵骨）折算为等效板进行有限元离散，而强横梁和纵桁用偏心梁单元来描述。

6.3.2　桅杆振动

桅杆是舰艇的常用结构，在结构和功能上，现代舰艇的桅杆与传统桅杆已有了很大的不同。传统桅杆的主要功用是挂旗和悬帆等，现代舰艇的桅杆主要是为舰载雷达提供安装平台。在结构上，传统桅杆结构简单，一般由一根杆或数根杆（如 3 根杆或 4 根杆）构成，即单柱桅杆或三角桅杆、桁架式桅杆（图 6.9）。现代舰艇桅杆结构复杂，从桅杆外形上看，有筒形桅、塔式桅等多种形式，都具有较大的空间和高度尺寸，是由板材和骨架构成的高耸结构（图 6.10）。一般情况下，驱逐舰设前后两根桅杆，护卫舰和小型舰艇多设一根桅杆。驱逐舰桅杆高度为 30～40 m（从水线算起），护卫舰桅杆高度为 25～35 m（从水线算起）。传统桅属于桁架式结构，现代舰艇桅杆结构多是板架式结构（图 6.11）和桁架式结构的混合体，单一桁架式结构的桅杆已很少见。

目前常采用有限元法计算桅杆的固有特性，使用考虑中面力的板单元（或称为 shell 元）、梁单元模拟桅杆结构，将桅杆结构离散成有限个单元的集合体。桅杆穿过上层建筑甲板插入主船体结构，主船体结构构成桅杆结构的弹性基础。建立有限元模型时，为正确反映主船体对桅杆的约束作用，有限元模型一般应包括与桅杆相邻接的约三个舱段的主船体结构，在船体部分模型的最边缘施加刚性自由支持约束。可将进入有限元模型中的主船体结构部分简化成板架结构，也可建立结构仿真有限元模型，如图 6.9～图 6.10 所示。

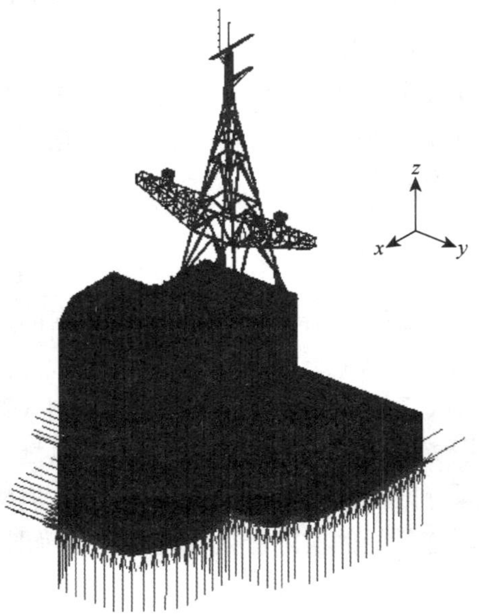

图 6.9　桁架式结构桅杆

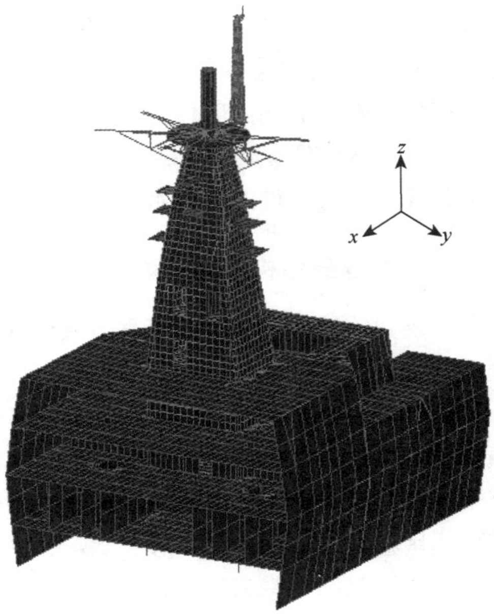

图 6.10　板架-桁架混合结构塔式桅

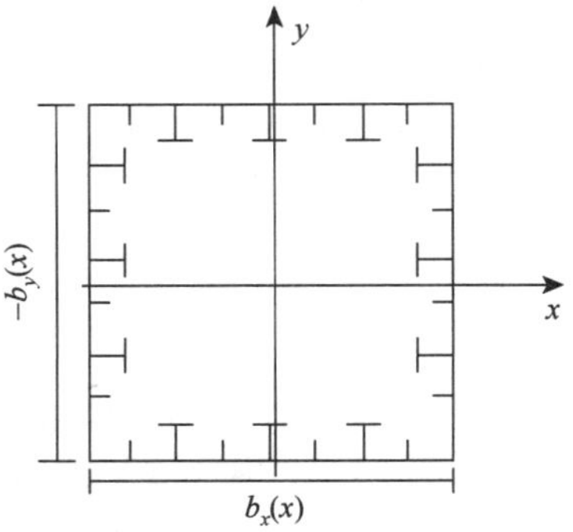

图 6.11　板架式结构桅杆横剖面

桅杆振动分析的目的，一般是求解桅杆在舰艇横向剖面内的弯曲振动、沿舰艇纵向剖面内的弯曲振动和绕舰艇铅垂轴的扭转振动，分别简称桅杆横向弯曲振动、桅杆纵向弯曲振动和桅杆扭转振动。

6.3.3　机舱振动

1. 机舱结构特点及振动分析分类

机舱是主机的基础，是主机激励的直接作用区。机舱中设有主机基座结构，主机安装在基座上，主机基座结构坐落在机舱船底结构上。对于单底水面舰艇，机舱船底结构是单层底结构，由龙骨、外底板、肋板等构成，主机基座结构往往是龙骨的一部分，是将龙骨局部升高得到的结构，如图 6.12（a）所示。对于双底船，机舱船底结构由基座纵桁、肋板、内外底板等构成，是双层底结构，主机基座是安装在内底之上的独立结构，如图 6.12（b）所示。

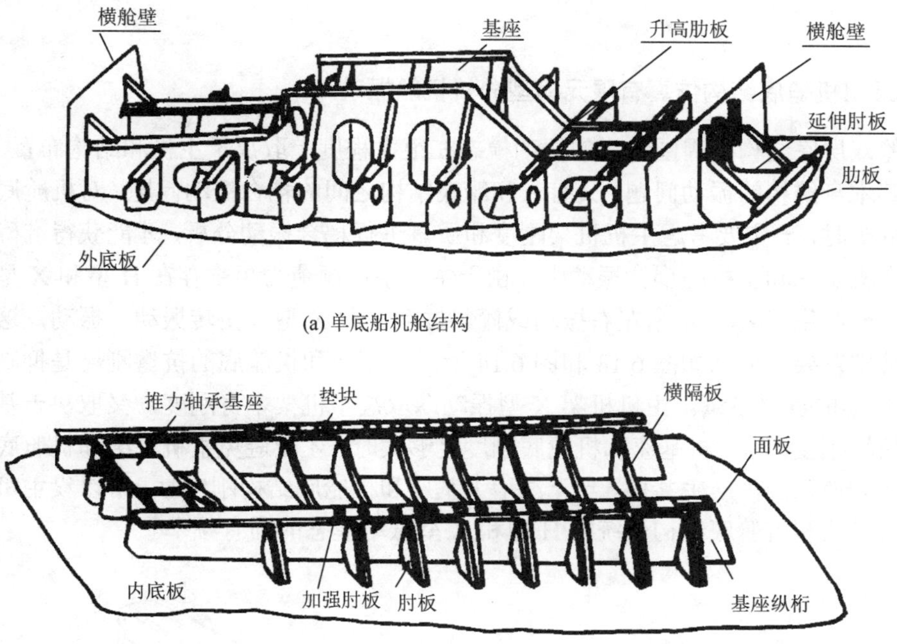

(a) 单底船机舱结构

(b)双底船机舱结构

图 6.12　机舱底部及基座结构

机舱振动一般是指机舱底的振动，分析机舱振动时主要关心机舱底的振动。若机舱底结构设计不合理，会导致剧烈的主机振动，甚至会造成船底结构疲劳破坏。对机舱进行的振动分析可分为两类：机舱底部板和板格的振动分析、机舱底部结构的整体振动分析。其中，机舱底部板和板格的振动分析可按 6.2.1 小节中的方法进行，机舱底部结构的整体振动分析则较为复杂，下面介绍几种机舱振动分析方法。

2. 采用板架模型及理论分析机舱振动

将机舱底结构简化成四周自由的支持板架结构，板架参数的计算方法参照 6.2.3 小节。

对于简化的机舱底板架结构，可采用两种方法对其进行振动分析，一种方法是等效法，另一种方法是有限元法。

采用等效法时，设第 i 阶振型函数 $\varphi_i(x,y)$ 为

$$\varphi_i(x,y)=\varphi_{mn}(x,y)=\sin\frac{m\pi}{L}x\sin\frac{n\pi}{B}y \tag{6.31}$$

式中：L 为板架长度；B 为板架宽度。

将其代入式（6.12）～式（6.14）即可求出机舱振动的第 i 阶或第（ m,n ）阶固有频率。

采用有限元法计算固有频率时，将简化的机舱底板架结构用梁单元模拟和离散。各梁单元参数的计算和获取与 6.2.3 小节中的叙述相同，一般利用商用有限元程序实现固有频率分析。

3. 采用机舱底结构仿真有限元模型分析机舱振动

机舱双层底结构和周围结构的振动模态在很大程度上取决于主机和结构布置。一台柴油机有其本身结构的振动问题，又有它和船底结构之间的耦合振动问题。对机舱底结构进行振动分析时，一定要考虑主机机架刚度和质量进行耦合振动分析，才能获得准确的计算结果。在机舱底和主机的耦合振动中，由于主机横向倾覆力矩中存在 H 型和 X 型力矩，主机机架会产生 H 型（水平左右振动或倾斜振动）和 X 型（扭转振动）振动，这两个振动模态特别重要，分别如图 6.13 和图 6.14 所示。基座和机舱底的抗弯刚度是抑制主机机架 H 型振动的重要参量。主机机架 X 型振动既取决于机架本身刚度，又取决于基座和机舱底的扭转刚度。当主机基座和机舱底刚度足够大时，才能避免主机机架和机舱底结构系统在常用转速范围内产生共振。当无法增大基座和机舱底结构刚度时，可以设主机撑梁以提高主机机架和机舱底结构系统的 H 型和 X 型振动模态的固有频率。

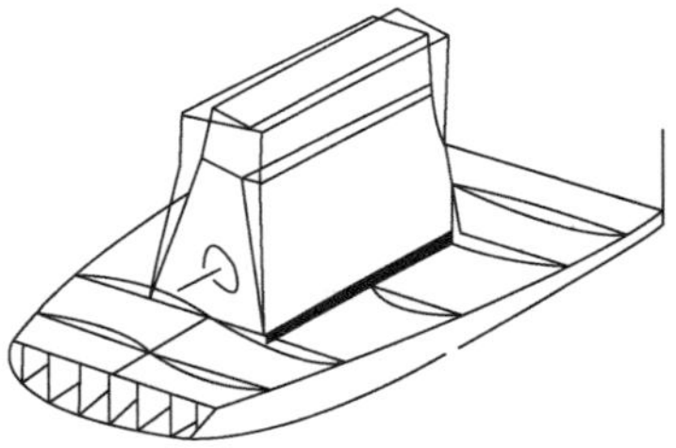

图 6.13　柴油机机架的 H 型（倾斜）振动

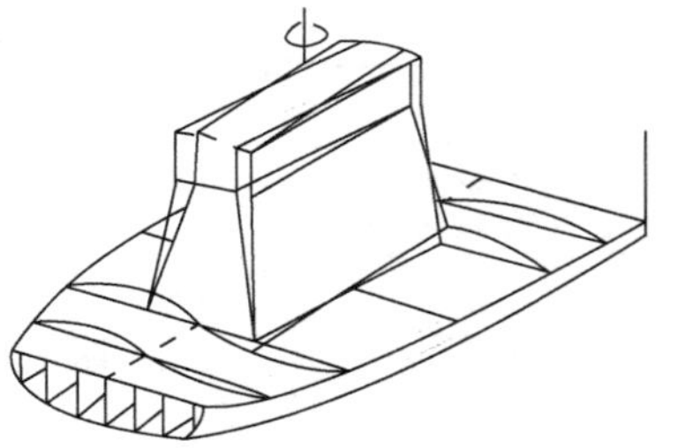

图 6.14　柴油机机体的 X 型（扭转）振动

应当在舰艇设计阶段较准确地预报出主机机架和机舱底结构系统的固有频率和固有振型，以避免机舱发生有害振动。采用板架模型及等效理论无法准确确定该系统的固有频率和固有振型，但采用基于机舱底结构仿真的结构有限元方法能较准确地预报出该系统的固有频率和固有振型。

对于单底船机舱，应将船底强骨架，即龙骨腹板和龙骨面板、肋板和肋板面板、基座面板和横隔板、船底板等用考虑中面力影响的板单元模拟。对于双层底机舱，应将机舱的内底板、外底板、肋板和纵桁划分成板单元；基座面板和腹板、横隔板也要划分成板单元。主机气缸部分也应采用考虑了中面力影响的板单元，其余机架部分也应采用板单元；主机机架与基座连接的贯穿螺栓可假定为刚性连接。

主机的质量按等效方法分配到机架相应的壳单元和板单元的节点上，机舱舱底上的辅机、设备、管子和接头等质量按等效方法分配到相邻的单元节点上，双层底机舱中的油水和附连水质量按等效方法分配到外底板的板单元节点上。

为了准确计算出主机机架和双层底系统的固有频率和振型，可将舷侧结构计入有限元模型，并假定舷侧肋骨上端与主甲板交点处为简支或固定边界条件。机舱双层底的前端和后端各向外伸出一个舱段后，延长的底部结构可假定为简支或固定的边界条件。

4. 频率储备

机舱底部板和板格的振动频率储备应满足如下要求之一：

$$1.3f_0 \leqslant f_w \leqslant 0.6f_{\max} \tag{6.32a}$$

$$f_w \geqslant 1.1f_{\max} \tag{6.32b}$$

机舱底部板架的振动频率储备应满足如下要求之一：

$$1.3f_0 \leqslant f_w \leqslant 0.6f_{\max} \tag{6.33a}$$

$$f_w \geqslant 1.3f_{\max} \tag{6.33b}$$

$$f_w \leqslant 0.6f_0 \tag{6.33c}$$

式中：f_w为机舱底部板和板格的首阶固有频率；f_0为柴油机或燃气轮机在额定转速时的低阶激励频率，柴油机指 1 阶和 2 阶不平衡力及力矩，燃气轮机指 1 阶离心力频率；$f_{\max}$为柴油机辅机（无减振器）在额定速度时的低阶激励频率或柴油机主机的横向倾覆力矩频率。

6.3.4　尾部振动

相对于整个主船体结构，舰艇尾部结构刚度较弱。舰艇尾部受螺旋桨激励力的直接作用，且一般离主机较近。舰艇尾部振动是一种常见和重要的局部振动，振动剧烈时将严重影响舰艇的性能。

舰艇尾部振动分析可分为三类：螺旋桨脉动压力直接作用区底部板和板格的振动分析、尾部底部板架结构的整体振动分析、尾部舱段整体振动分析。螺旋桨脉动压力直接作用区底部板和板格的振动可按 6.2.1 小节中的方法进行，尾部底部板架结构的整体振动分析可按等效板架法或有限元方法进行，参考 6.3.3 小节。尾部舱段整体振动分析则较为复杂，原则上应采用一维、三维混合模型进行计算，参考 5.2.3 小节。

尾部振动分析内容与前面几种专门结构的局部振动分析有所差别，除了要计算固有频率外，还要求进行响应计算，计算螺旋桨脉动压力直接作用区的振动应力。

螺旋桨脉动压力直接作用区的底部板中心和板边中点的最大振动应力分别按式（6.34a）和式（6.34b）进行计算：

$$\sigma_1 = 6\times10^{-3}k_0k_1P_{\max}\frac{b^2}{t^2}\frac{1}{1-\left(Zn_{\max}/60f^*\right)^2} \tag{6.34a}$$

$$\sigma_2 = 6\times10^{-3}k_0k_2P_{\max}\frac{b^2}{t^2}\frac{1}{1-\left(Zn_{\max}/60f^*\right)^2} \tag{6.34b}$$

式中：σ_1为底部板中心的最大振动应力（MPa）；σ_2为板边中点的最大振动正应力（MPa）；

k_0 为取决于螺旋桨叶片数的脉动压力安全系数，当 Z 小于 5 时取 1，当 Z 等于 5 时取 1.8～2.0； k_1 为取决于板长边 a 和短边长 b 之比的应力系数，取值见表 6.5； k_2 为取决于板长边 a 和短边长 b 之比的应力系数，取值见表 6.5； b 为板的短边长度(cm)； t 为板的厚度(cm)； f^* 为按四边自由支持边界条件计算出的板固有频率（Hz）； P_{max} 为螺旋桨脉动压力（kPa）； Z 为螺旋桨叶片数； n_{max} 为螺旋桨最高转速（r/min）。

表 6.5 四周简支板振动应力系数表

a/b	k_1	k_2	a/b	k_1	k_2
1.00	0.047 9	0.051 7	1.80	0.094 8	0.082 1
1.10	0.055 3	0.055 4	1.90	0.098 5	0.082 6
1.20	0.062 6	0.061 2	2.00	0.101 7	0.082 9
1.30	0.069 3	0.066 8	3.00	0.118 5	0.083 2
1.40	0.075 3	0.071 4	4.00	0.123 5	0.083 3
1.50	0.081 2	0.075 3	5.00	0.124 7	0.083 3
1.60	0.086 2	0.078 4	∞	0.125 0	0.083 3
1.70	0.090 8	0.080 7	—	—	—

螺旋桨脉动压力直接作用区底板加强筋固定端剖面内的最大振动应力按式（6.35）进行计算：

$$\sigma=\frac{k_0 ba^2 P_{max}}{12W_{min}}\frac{1}{1-\left(Zn_{max}\middle/60f_1^*\right)^2}\frac{1}{1-\left(Zn_{max}\middle/60f_2^*\right)^2} \tag{6.35}$$

式中： σ 为底部加强筋固定端剖面内的最大振动应力（MPa）； f_1^* 为两端自由支持加强筋的固有频率（Hz）； f_2^* 为四周自由支持底板的固有频率（Hz）； W_{min} 为纵骨最小剖面模数（cm^3）； a 为板的长边长度（cm）。

基本材料的振动许用应力取 $0.3\sigma_s$（ σ_s 为基材屈服强度），板与构架连接的填角焊缝处的振动许用应力取 29.4 MPa，板或构架对接焊缝处的振动许用应力取 58.86 MPa。

螺旋桨脉动压力直接作用区底部板、板格和舱壁的频率储备应满足式（6.36）的要求：

$$\begin{cases} f^* \geqslant Zn_{max}/20 & (Z<5) \\ f^* \geqslant Zn_{max}/24 & (Z=5) \end{cases} \tag{6.36}$$

螺旋桨脉动压力直接作用区板架的频率储备应满足式（6.37）的要求：

$$f^* \geqslant (13/600Zn_{max}) \tag{6.37}$$

1/8 船长区域内底板、板格和舱壁的频率储备应满足式（6.38）的要求：

$$\begin{cases} f^* \geqslant (11/300)Zn_{max} & (Z<5) \\ f^* \geqslant (35/1\,200)Zn_{max} & (Z=5) \end{cases} \tag{6.38}$$

1/4 船长区域内底板、板格和舱壁的频率储备应满足式（6.39）的要求：

$$f^* \geqslant Zn_{max}/40 \tag{6.39}$$

习　题　6

6.1　什么是舰艇局部振动？局部振动与舰艇总振动之间有什么关系？过量的局部振动有哪些危害？军舰通常关心哪些典型结构的局部振动？

6.2　什么原因使船体板产生振动？计算船体板振动的固有频率时是否需要考虑附连水质量？

6.3　试述四边简支矩形板湿模态固有频率的两种计算方法。

6.4　如何确定板架中梁的尺寸和剖面要素？

6.5　试述使用有限元法求解板架固有频率的计算步骤。

6.6　试述计算船舶上层建筑结构振动的有限元计算模型种类及各自的优缺点。

6.7　分析军舰桅杆振动的主要目的是什么？

6.8　机舱底部板、板格、板架的振动频率储备应满足什么要求？

6.9　舰艇尾部振动分析可分为哪几类？尾部振动分析有些特点？

6.10　螺旋桨脉动压力直接作用区、1/8 船长区域及 1/4 船长区域内底板、板格和舱壁的频率储备应满足什么要求？

6.11　试比较船体振动许用应力和强度许用应力，并分析哪些部位的振动许用应力与材料特性有关？哪些部位与之无关？

第 7 章　引起舰艇振动的主要激励

7.1　螺旋桨激励

依赖螺旋桨旋转产生的推力，舰艇具有在水中航行的能力。螺旋桨推进是当前舰艇的主要推进方式，螺旋桨工作时，会对船体产生激励力。船上出现的有害振动，大约有 70%是由螺旋桨激励引起的。螺旋桨激励力非常复杂，其影响因素较多，研究表明，螺旋桨激励力的主要能量集中在轴频率点、轴频率乘以桨叶数整数倍的频率点上，螺旋桨激励力中还含有宽频谱成分。按产生原因，可将螺旋桨产生的激励力分为两类：一类是由桨叶机械不平衡引起的激励力，其频率等于桨轴转速；另一类是由于螺旋桨在不均匀伴流场中运转而诱导出的激励力，其激励频率等于螺旋桨转速乘以桨叶数的整数倍，即叶频、倍叶频、3 倍叶频等。按作用于船体的方式，螺旋桨激励力还可分为轴承力和表面力。其中，通过轴系传递到船体上的激励力，称为轴承力；通过水传递而作用于船体表面上的激励力，称为表面力。当前分析螺旋桨激励力对振动的影响时，主要考虑激励力在主要离散频率点的分量对船体振动的影响，即轴频率、螺旋桨转速乘以桨叶数的整数倍的叶频、倍叶频、3 倍叶频等的影响，基本不考虑宽频谱成分的激励作用。轴承力有两种频率分量：轴频率和叶频分量，表面力分量是叶频、倍叶频、3 倍叶频等。

7.1.1　螺旋桨机械不平衡引起的轴频激励

螺旋桨机械不平衡可分为三种：静力不平衡、动力不平衡和水动力不平衡，三种不平衡现象均会产生作用于船体的激励力。

1. 静力不平衡

由于螺旋桨的制造误差（各桨叶间夹角不完全相等、叶宽和叶厚度也不尽相同），或者在使用过程中产生的桨叶空泡剥蚀、损伤等，都会使螺旋桨整体的质心偏离回转轴。若质心不在回转轴线上，当螺旋桨旋转时，就会产生垂直于桨轴的离心惯性力，该离心力作用于船体，形成引起船体振动的激励力，其频率等于螺旋桨转速。质心偏离回转轴产生的离心力为

$$F = m_p e\omega^2 = 11 m_p e n_p^2 \tag{7.1}$$

式中：n_p 为螺旋桨转速（r/min）；e 为质心偏心距（mm）；m_p 为螺旋桨质量（kg）。

由式（7.1）可知，当质心偏心距为 0 时，离心力为 0。但不可能制造出没有误差的螺旋桨，螺旋桨的质心与回转轴线总会存在偏心距。质心偏心距可通过静力平衡实验获得，一般对螺旋桨进行静力平衡校验，通过限制不平衡质量的大小来控制离心惯性力值。平衡

质量应满足式（7.2），由保留的不平衡质量可以求得静力不平衡造成的激励力。

$$m_i \leqslant \frac{18 m_p g}{\pi^2 R n_p^2} \tag{7.2}$$

式中：m_i 为允许保留的不平衡质量的最大值（kg）；g 为重力加速度（m/s^2）；R 为螺旋桨半径（m）。

2. 动力不平衡

由于螺旋桨的制造误差，或者在营运中遭到的碰撞，各桨叶在轴线方向有前后错位，各桨叶质心不在同一桨盘面内，在螺旋桨旋转时，各桨叶的离心力产生垂直于桨盘面的不平衡力矩，其频率等于桨轴转速。该力矩引起桨轴弯曲振动，并通过轴承传递给船体，进而引起船体振动。这种力矩对高转速螺旋桨的影响较显著，所以对于高转速螺旋桨，除了要进行静力平衡校验外，还需进行动力平衡校验，以此控制动力不平衡所造成的激励力矩。动力平衡校验与静力平衡校检一样，也允许保留一定的力矩，并按式（7.3）控制其允许保留的不平衡力矩大小。

$$M_i \leqslant 0.01 m_p g l_1 \tag{7.3}$$

式中：M_i 为允许保留的不平衡力矩（N·m）；l_1 为桨叶 0.7R 处的轴向投影长度（m）。

显然，保留的不平衡力矩即为动力不平衡所造成的激励力矩。

3. 水动力不平衡

螺旋桨的制造误差造成各桨叶的螺距不等、桨叶间的夹角不等或者各桨叶的几何要素（长度和宽度等）不等，作用在各桨叶上的阻力和推力出现差异，会导致水动力不平衡。该现象可描述如下：螺旋桨在“敞水”中转动时，因每一个桨叶上的旋转阻力和作用的推力不相等，桨的总推力合力作用线与桨轴线略有偏心，形成一个频率等于桨转速而使桨弯曲的力矩。同时，桨叶上旋转阻力合力的径向分量不等于 0，也将形成一个频率等于螺旋桨转速，且作用于螺旋桨轴的 1 阶周期激振力，它们都通过轴系和轴承传递给船体，从而引起船体的横向振动和扭转振动，如图 7.1 所示。使螺旋桨产生水动力不平衡的诸多因素中，各桨叶间的螺距差异影响最大。直接计算水动力不平衡引起的激励力矩是非常困难的，一般采用控制螺距的制造精度的方法来控制这种激励力的大小。制造螺旋桨时，螺旋桨的螺距应满足表 7.1 的要求。

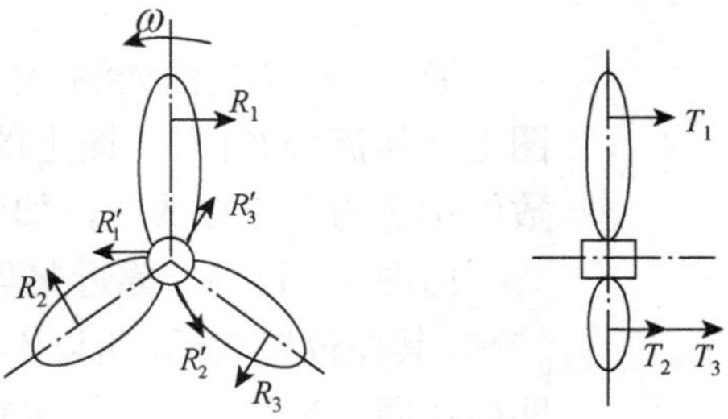

图 7.1 水动力不平衡示意图

表 7.1　螺距允许误差

名称	偏离图纸上名义值的允许误差		
	A 级	B 级	C 级
叶片螺距	±1.0%	±1.5%	±3.0%
总平均螺距	±0.75%	±1.0%	±2.5%

注：A 级表示航速大于 18 kn 的海船及其他特殊要求的船舶；B 级表示航速为 8～18 kn 的海船及大于 18 kn 的内河船；C 级表示不属于 A、B 级的一般船舶。

7.1.2　螺旋桨在尾部不均匀伴流中运转时诱导的激励

1. 激励产生的原因和种类

1）船尾不均匀伴流

当船在水中以某一速度 v_s 向前航行时，因船体向前运动后，尾部遗留空隙，船体表面上存在黏性附面层，以及兴波等的作用，使船体附近的水受到船体运动的影响而产生运动，其表现为船体周围伴随着一股水流运动，这股水流称为伴流。

船后伴流的速度场是很复杂的，伴流速度场可以用轴向速度、周向（切向）速度和径向速度三个分量来表示，这三个速度分量在桨盘各点上是不同的。测量结果表明，周向速度和径向速度与轴向速度相比是二阶小量，在研究船体对螺旋桨的影响时可以忽略不计。在本书中如无特别说明，伴流场均指轴向伴流场。

伴流场一般采用无量纲参数伴流分数表示，伴流分数是伴流速度与船速的比值。见式（7.4）。

$$w_T = \frac{u_a}{v_s} \tag{7.4}$$

式中：w_T 为伴流分数或泰勒伴流分数；u_a 为轴向伴流速度（m/s），按式（7.5）计算；v_s 为测得的船模速度（m/s）。

$$u_a = v_s - v_a \tag{7.5}$$

式中：v_a 为测得某点进入桨盘的水流速度（m/s）。

式（7.4）可改写为

$$w_T = 1 - \frac{v_a}{v_s} \tag{7.6}$$

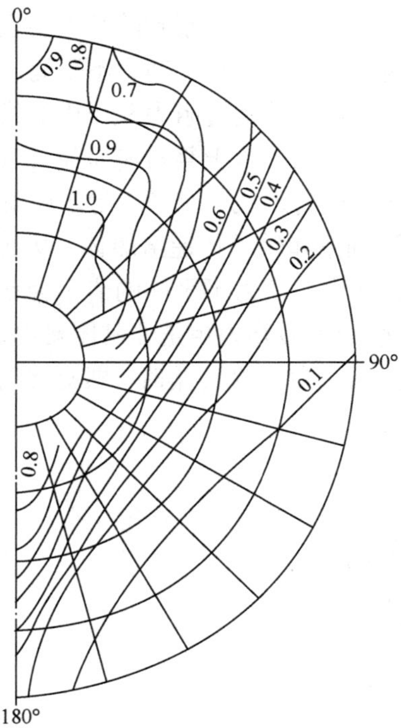

图 7.2　尾部桨盘伴流场

通常，将桨盘面处测得的各点伴流分数绘制在一张图上（伴流分布图），图上的各曲线是由桨盘处伴流分数值相等的点连接成的，如图 7.2 所示。

由图 7.2 可知，靠近桨毂和船壳位置的伴流分数值较高，其他位置较低，所以不同半径处的进速是不同的，即使在同一半径上，绕轴旋转一周的时间区间内，叶剖面也处在不同的进速状态下工作，因此每个桨叶剖面的来流攻角都会产生相应的变化，即处在大攻角、小攻角甚至负攻角下工作。每个桨叶产生的推力和扭矩也在相应变化，如图 7.3 所示，在 180°处有一个较大峰值出现，在 360°处又出现一个更大的峰值。如果是 4 叶桨，螺旋桨在 1 周内将出现 4 次大的波动，称为叶频率激励，这种变化的叶频率激励通过桨轴和轴系传递给船体。

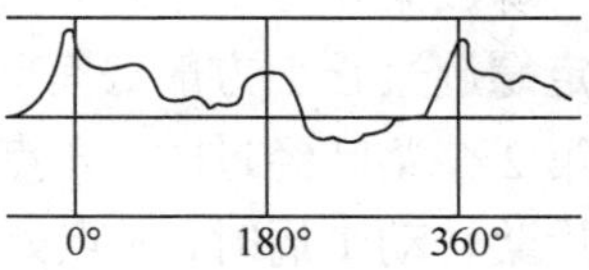

图 7.3　每个桨叶 1 周内的推力变化

2）螺旋桨叶梢涡旋和叶厚效应

螺旋桨在水中工作时，水流流过桨叶的流场发生了变化，使得螺旋桨叶面的压力比叶背的压力高，这个压力差又使水流在叶梢处形成螺旋涡系，如图 7.4（a）所示。涡旋扰动着周围的流场，使得螺旋桨附近水中各点的压力呈周期性的大小变化，这样便对压力场内的尾部壳板及舵叶等结构产生周期性脉动压力。其中，涡旋强度与螺旋桨的载荷（推力和扭矩）有关，所以这一部分脉动压力常称为载荷效应。螺旋桨叶具有变化的厚度，如图 7.4（b）所示，螺旋桨在流场中运动时，流场中某一点 P 处的压力将随着螺旋桨叶的接近与离开而发生周期性的变化，从而使该流场中各点受到脉动压力，这种现象称为叶厚效应。

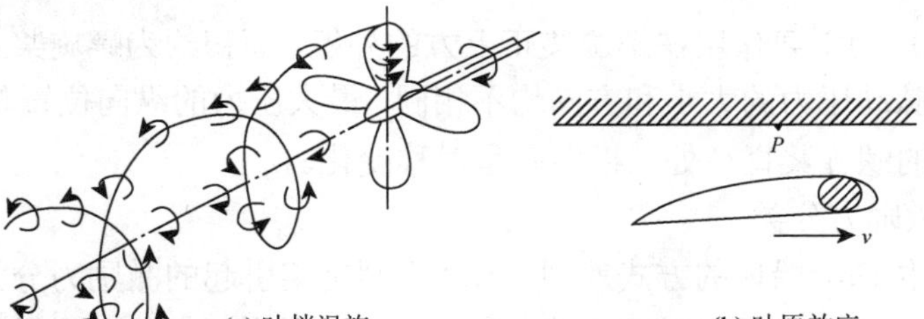

(a) 叶梢涡旋　　(b) 叶原效应

图 7.4　螺旋桨叶梢涡旋和叶背效应

影响这种周期性脉动压力的主要因素是螺旋桨叶梢与尾壳板的间隙大小（梢隙）和螺旋桨的叶数。增大梢隙，脉动压力会明显减小，但梢隙增大到一定程度时，脉动压力的变化会很小，如图 7.5 所示。增加螺旋桨的叶数，脉动压力也会下降，如图 7.6 所示。

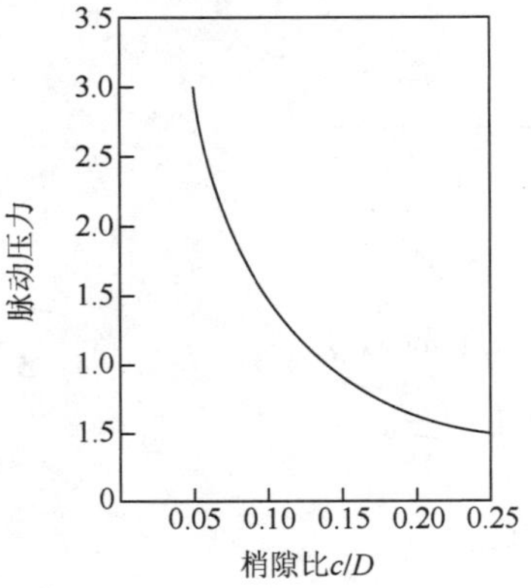

图 7.5　脉动压力与梢隙比的关系

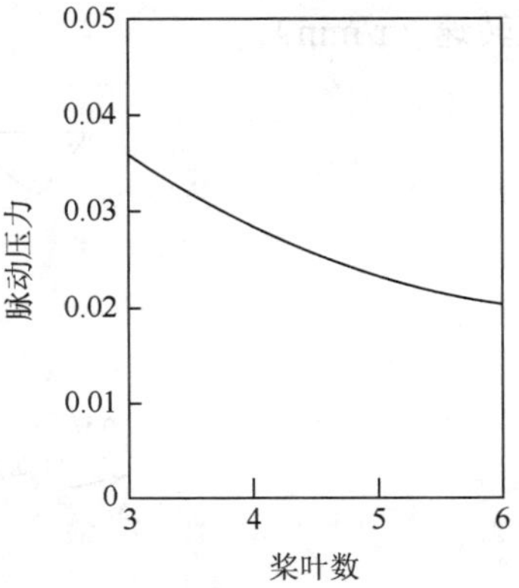

图 7.6　脉动压力与桨叶数的关系

螺旋桨在尾部不均匀伴流场中转动时，每一叶片都伴随着产生一个压力波向外传播，假定螺旋桨正上方船底有一点 A，当第 1 个桨叶经过时，A 点处产生一个压力作用在上面，当第 2 个桨叶经过时，A 点处又产生一个压力作用在上面，依次叠加。如果是 4 叶桨，在螺旋桨转动 1 周时，A 点处将受到 4 次压力的波动作用，脉动压力在 1 周内的波动频率等于桨叶数乘以螺旋桨转速，此压力称为螺旋桨诱导的叶频脉动压力。某船在螺旋桨上方尾壳底板上的实测的典型脉动压力信号见图 7.7，由图可知，在螺旋桨旋转 1 周的时间内，出现了 4 个脉动压力波峰值信号，由该数据测得的频率为叶频。

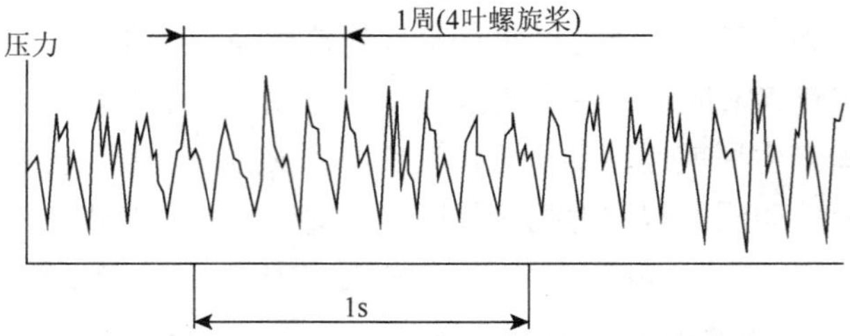

图 7.7　螺旋桨上方尾壳板实测的典型脉动压力信号

螺旋桨脉动压力主要作用在螺旋桨正上方的外板，面积约为螺旋桨直径的平方。在其上的不同部位，脉动压力的大小和方向均不相同，最大压力的纵向位置是螺旋桨盘面向船首偏离约 0.1 倍的螺旋桨直径处，横向则呈对称变化。

3）螺旋桨激励力分类

根据激励力传递给船体的方式差别，通常将螺旋桨引起的激励力分为两大类：表面力和轴承力。其中，螺旋桨转动时经水传至船体表面上的脉动压力，称为螺旋桨脉动压力，沿船体表面的积分的合力，称为表面力。螺旋桨转动时由轴承传递给船体的力称为轴承力。

由于作用在桨叶片上的推力和旋转阻力的变化，诱导出 3 个力、2 个力矩、1 个扭矩，统称为轴承力，见图 7.8。螺旋桨在不均匀伴流场中运转时产生的激励频率为

$$f_e = \frac{KZn_p}{60} \tag{7.7}$$

式中：f_e 为螺旋桨激励频率（Hz）；K 为激励阶数，$K = 1, 2, \cdots$；Z 为螺旋桨叶数；n_p 为螺旋桨转速（r/min）。

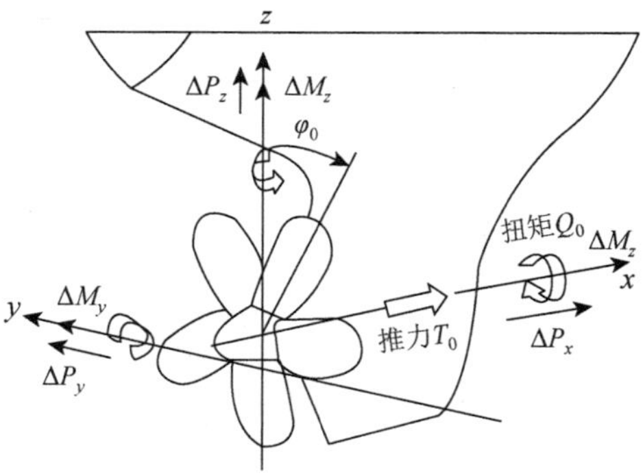

图 7.8　传递给桨轴的水动力和力矩

当 $K=1$ 时，f_e 称为叶频；当 $K=2$ 时，f_e 称为倍叶频；当 $K=3$ 时，f_e 称为 3 倍叶频，等等。

2. 轴承力及其计算

由于螺旋桨在尾部不均匀伴流中旋转，桨叶在 1 周内通过的是进速不同的伴流场，在任一瞬时，各桨叶的攻角不同，导致桨叶上的推力和旋转阻力产生变化。作用在各桨叶上的脉动推力 T_i 的合力的作用中心不通过桨轴，因此产生如图 7.9（a）所示的脉动推力、垂直力矩和水平力矩。作用在各桨叶上的脉动旋转阻力 R_i 的合力不等于 0，因此产生如图 7.9（b）所示的脉动分力和扭矩。因此，轴承力有 3 个脉动分力和 3 个脉动力矩。周期性变化推力 ΔP_x 会引起轴系、船体和上层建筑的纵向振动；扭矩 ΔM_x 会引起轴系的扭转振动；而垂直于桨轴的垂向力 ΔP_z、绕 y 轴的垂直力矩 ΔM_y 会引起轴系和船体的垂直振动；而垂直于桨轴的水平力 ΔP_y、绕桨轴的水平力矩 ΔM_z 会引起轴系和船体的水平振动。

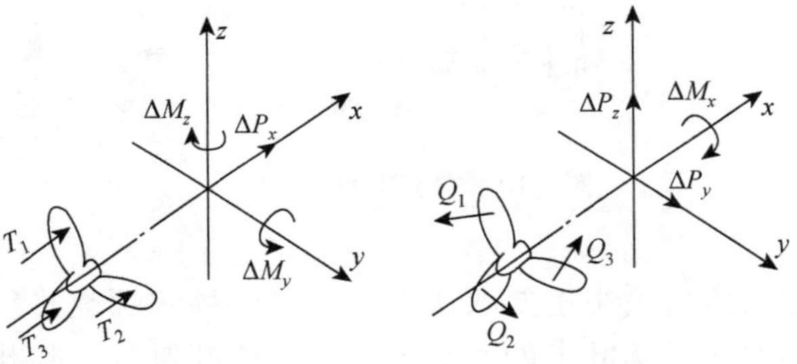

(a)　　(b)

图 7.9　轴承力

轴承力的大小取决于尾部伴流场、螺旋桨参数（侧斜度和桨叶数）、螺旋桨转速、船速。轴承力（叶频）估算方法按表 7.2 计算，变化频率为叶频。

表 7.2　叶频的轴承力数值

桨叶数	平均推力 T_0 的百分数/%			平均扭矩 Q_0 的百分数/%		
	推力 ΔP_x	垂直力 ΔP_z	水平力 ΔP_y	扭矩 ΔM_x	垂直力矩 ΔM_y	水平力矩 ΔM_z
3 叶	8 10 / —	—	—	—	—	—
4 叶	16 23 / 4 7	1 3 / 1	1 3 / 1	13 17 / 4 5	6 8 / 2 3	2 5 / 1
5 叶	4 6 / 1 2	5 8 / 1 3	2 7 / 1 2	3 5 / 1	40 60 / 12 18	15 25 / 6 7

注：表中每栏横线上的数字为单桨船，横线下为双桨船。

3. 表面力及其计算

螺旋桨处于非定常空泡下工作时产生的瞬时脉动压力比无空泡时产生的脉动压力大

很多，见图 7.10。空泡螺旋桨产生的脉动压力大致与传播距离 r 成反比，而无空泡螺旋桨产生的脉动压力则与传播距离 r 的 2.5 次方（$r^{2.5}$）成反比。空泡螺旋桨引起的脉动压力的各点相位基本相同，而无空泡螺旋桨的脉动压力的各点相位是不同的，因此沿船体表面积分后，空泡螺旋桨的表面力要比无空泡螺旋桨大很多。

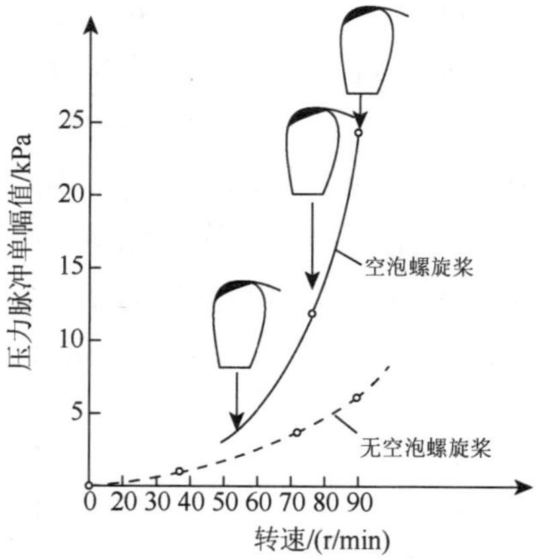

图 7.10　螺旋桨的脉动压力

螺旋桨产生的脉动压力大小主要取决于尾部件流场和螺旋桨参数，无空泡螺旋桨产生的脉动压力大小取决于桨叶上的水动力负荷、桨叶厚度、桨叶数和梢隙等。空泡螺旋桨产生的脉动压力大小取决于桨叶上的水动力负荷及桨叶负荷沿径向的分布、侧斜度和桨叶面积。

近年来，表面力的经验公式研究取得了一定发展，基于一定数量的实船实验和模型实验的测试数据，可在理论分析的基础上用统计方法获得近似计算公式，其中较实用的方法是霍尔顿（Holden）方法。此方法是在 72 艘船实船实验的基础上，用回归分析方法获得的空泡螺旋桨和无空泡螺旋桨诱导的船体表面上脉动压力的预测公式。

（1）无空泡螺旋桨诱导的叶频分量脉动压力 ΔP_0。

$$\Delta P_0 = 12.45\rho n_p^2 D^2 \frac{1}{Z^{1.53}}\left(\frac{t_h}{D}\right)^{1.33}\frac{1}{(d/R)^{K_0}} \tag{7.8}$$

式中：ΔP_0 为无空泡螺旋桨诱导的叶频分量脉动压力(Pa)；ρ 为水的密度，海水取 1 025 kg/m^3，淡水取 1 000 kg/m^3；n_p 为螺旋桨转速（r/s）；D 为螺旋桨直径（m）；t_h 为 0.7R 处叶切面的最大厚度（m）；Z 为螺旋桨叶数；d 为桨叶处在正上方（时钟 12 点位置），从叶片上 0.9R 处至船体表面上的计算点间的距离，见图 7.11；K_0 为与 d/R 有关的系数，当 $d/R \leqslant 2.0$ 时，$K_0 = 1.8 + 0.4(d/R)$，当 $d/R \geqslant 2.0$ 时，$K_0 = 2.8$。

（2）空泡螺旋桨诱导的叶频分量脉动压力幅值 ΔP_Z。

$$\Delta P_Z = \left[\Delta P_0^2 + \Delta P_c^2 - 2\Delta P_0\,\Delta P_c\cos(180^\circ - \varepsilon)\right]^{\frac{1}{2}} \tag{7.9}$$

式中：ΔP_Z 为空泡螺旋桨诱导的叶频分量脉动压力幅值（Pa）；ε 为相位角（°），按式（7.10）计算；ΔP_c 为空泡螺旋桨诱导的叶频分量脉动压力。

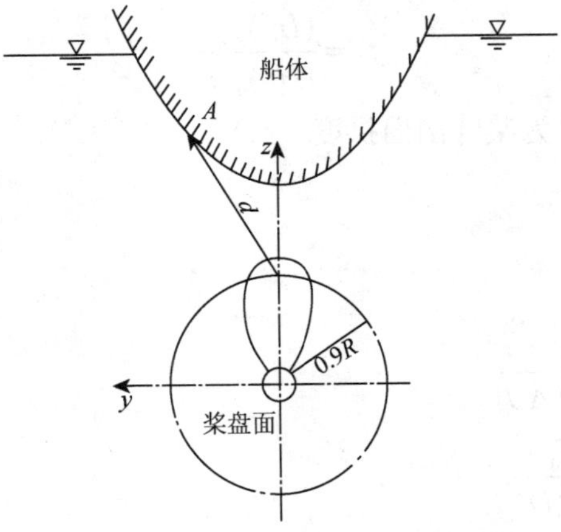

图 7.11　计算基准点至船体表面的距离

$$\varepsilon = \left[25^\circ - \arctan\left(1 - \frac{y}{z}\right)\right]Z \tag{7.10}$$

式中：z、y 为场点坐标，单桨船按图 7.12、双桨船按图 7.13 确定场点的坐标值；Z 为螺旋桨叶数。

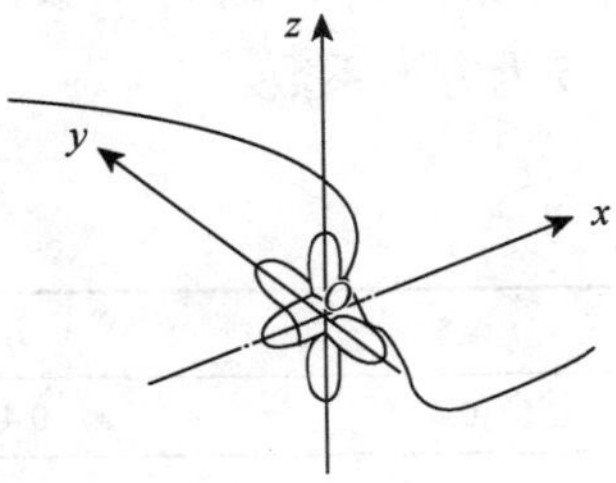

图 7.12　单桨船坐标系

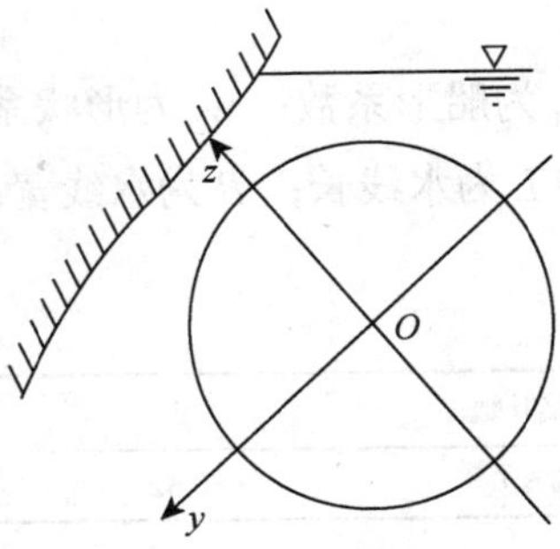

图 7.13　双桨船坐标系

（3）空泡螺旋桨诱导的叶频分量脉动压力 ΔP_c。

$$\Delta P_c = 0.098\rho n_p^2 D^2 (J_1 - J_M)\frac{f_2}{\sqrt{n_0}}\frac{1}{(d/R)^{K_1}} \tag{7.11}$$

式中：n_0 为空泡数，按式（7.12）计算；f_2 为与叶梢负荷有关的系数，按式（7.13）计算；J_1 为进速比，按式（7.14）计算；J_M 为相应于 $r/R = 0.9$～1.0 区域间桨盘上的最小进速比，按式（7.16）计算；K_1 为与 d/R 有关系数，当 $d/R < 1.0$ 时取 $K_1 = 1.7 - 0.7(d/R)$，当 $d/R \geqslant 1.0$ 时取 $K_1 = 1.0$。

$$n_0 = \frac{(h_a + 10.4)\times 10^3}{0.5\rho(0.7\pi n_p D)^2} \tag{7.12}$$

式中：h_a 为桨轴沉深（m）。

$$f_2 = \frac{(Hf)_{0.95R}}{(Hf)_{0.80R}} \tag{7.13}$$

式中：H 为螺距（m）；f 为桨叶剖面拱度（m）。

$$\begin{cases} J_1 = J_0 + \Delta J \\ J_0 = \dfrac{(1-w_e)v_s}{n_p D} \\ \Delta J = \Delta K_T \dfrac{1}{\Delta K_T / \Delta J} \\ \Delta K_T = \dfrac{f_1 - 1}{10 f_1}\dfrac{T_0}{\rho n_p^2 D^4} \\ f_1 = \dfrac{2.13D(A_e / A_0)_N}{C_{0.9R}Z} \\ (A_e / A_0)_N = \dfrac{T_0}{\dfrac{\pi D^2}{4}} \dfrac{1}{\dfrac{1}{2}\rho(0.7\pi n_p D)^2(0.235\sigma + 0.063)\left[1.067 - 0.23\left(\dfrac{H}{D}\right)_{0.8R}\right]} \end{cases} \tag{7.14}$$

式中：$\Delta K_T / \Delta J$ 按表 7.3 选取；w_e 为平均实效伴流分数，对单桨船按式（7.15）计算：v_s 为船速（m/s）；T_0 为螺旋桨推力（N）；$C_{0.9R}$ 为桨叶片 0.9 R 处剖面弦长（m）。

$$w_e = 0.7(w_1 + w_2 + w_3) \tag{7.15}$$

式中：w_1 为船形系数；w_2 为形状系数；w_3 为螺旋桨直径系数，w_1、w_2、w_3 按图 7.14 查取。图中 L 为水线长；B 为水线宽；D 为螺旋桨直径；δ 为方形系数。

表 7.3　$\Delta K_T/\Delta J$ 取值

螺旋桨叶数	3	4	5	6
$\Delta K_T/\Delta J$	0.32	0.36	0.42	0.48

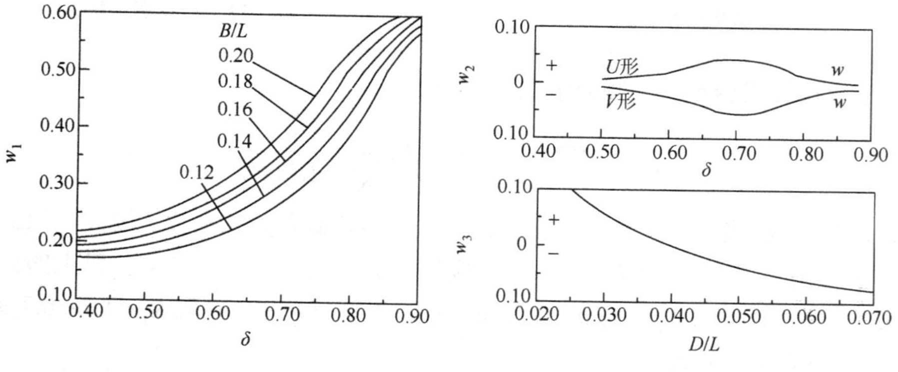

图 7.14　单桨船的尾流系数

$$J_M = \frac{(1 - w_{\mathrm{T\,max}})v_s}{n_p D} \tag{7.16}$$

式中：$w_{\mathrm{T\,max}}$ 为在桨盘上部（0.9～1.0）R 区域内的最大伴流分数，由船模伴流场实验数据获得，若无船模伴流场资料，可由图 7.15 和表 7.4 查取。表 7.4 中，U 形和球形趋向下限，V 形趋向上限。

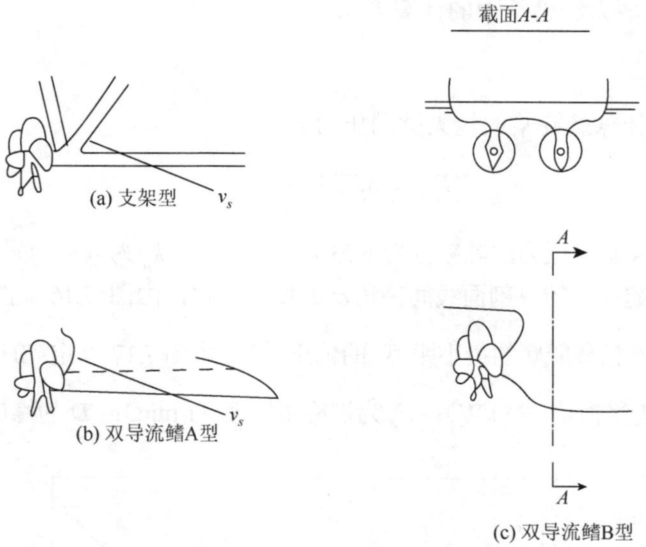

图 7.15　双桨船的螺旋桨示意图

表 7.4　最大伴流分数峰值

类型		取值
单桨船	油船 油、散、矿多用途散货船 液态石油气船 （液态天然气船）	$w_{T\max} = 0.6 \sim 0.8$
	干货船 集装箱船 滚装船	$w_{T\max} = 0.5 \sim 0.7$
	沿海货船 抛网渔船	$w_{T\max} = 0.5 \sim 0.8$
双桨船	带支架 双导流鳍 A 型 双导流鳍 B 型	$w_{T\max} = 0.2 \sim 0.35$ $w_{T\max} = 0.3 \sim 0.5$ $w_{T\max} = 0.4 \sim 0.7$

（4）空泡螺旋桨诱导的脉动压力倍叶频分量 ΔP_{2c}。

$$\Delta P_{2c} = 0.024 \rho n_p^2 D^2 (J_1 - J_M)^{0.85} \frac{1}{\sqrt{n_0}} \frac{1}{(d/R)^{K_1}} \tag{7.17}$$

（5）表面力。

作用在船壳外表面上的脉动压力沿其船体外表面积分，即可获得表面力。船体表面力的大小不仅与螺旋桨脉动压力大小有关，还与脉动压力作用在船体表面的范围、船体尾部浸水部分的线型及桨叶梢至船体表面的距离有关。

7.1.3　军用舰艇螺旋桨激励力的计算规定

对于军用舰艇螺旋桨激励力的计算，《水面舰艇结构设计计算方法》（GJB/Z 119—1999）中规定了表面力和轴承力的计算方法。

1. 表面力

按式（7.18）计算螺旋桨的最大脉动压力 $P_{\max}$：

$$P_{\max} = 5.733 k_a k_d \frac{\text{SHP}}{n_p D^3} \tag{7.18}$$

式中：$P_{\max}$ 为螺旋桨脉动压力的叶频分量的最大值（kPa）；k_a 为取决于螺旋桨轴与离螺旋桨桨叶最小距离的舰艇底处的纵剖面线间夹角 α 的修正系数，由图 7.16 确定；k_d 为取决于叶梢间隙比 $\frac{C}{D}$（C 为叶梢离船底的最小距离）的修正系数，由图 7.17 确定；SHP（shaft horsepower of propeller）为螺旋桨轴功率（kW）；n_p 为螺旋桨转速（r/min）；D 为螺旋桨直径（m）。

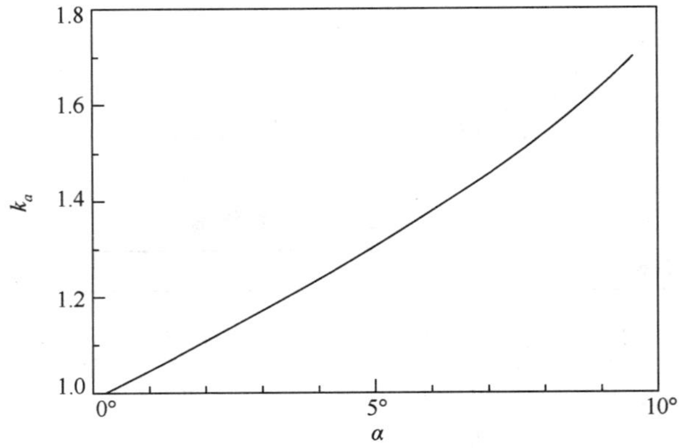

图 7.16　α 修正系数取值

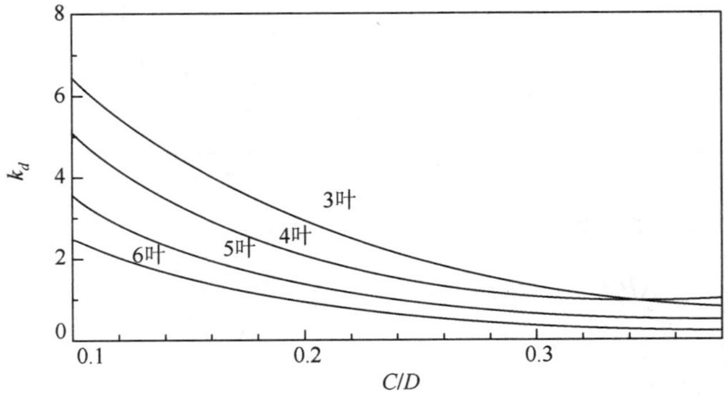

图 7.17　叶梢间隙比修正系数取值

按式（7.19）计算螺旋桨的总表面力 F：

$$F = 5.733kk_a k_d \frac{\text{SHP}}{n_p D} \tag{7.19}$$

$$\begin{cases} k = 0.69C/D + 0.077 & (3叶) \\ k = 0.40C/D + 0.04 & (4叶) \\ k = (0.12C/D + 0.021)k^* & (5叶) \end{cases} \tag{7.20}$$

式中：k^*为经验系数，取 2.25；其余符号的含义与式（7.18）中相同。

2. 轴承力

轴承力的两种推荐计算方法：似稳态计算法和经验公式法。似稳态计算法较为复杂，读者可参考有关书籍，这里不再列出，下面仅列出经验公式。计算垂向力 F_z、侧向力 F_y、垂直弯矩 M_y、水平弯矩 M_z 的经验公式分别如下：

$$F_z = K_{Bz}\text{SHP}/(10n_p D) \tag{7.21}$$

$$F_y = K_{By}\text{SHP}/(10n_p D) \tag{7.22}$$

$$M_y = K_{Mz}\text{SHP}D/(100v_s) \tag{7.23}$$

$$M_z = K_{My}\text{SHP}D/(100v_s) \tag{7.24}$$

式中：K_{Bz}、K_{By}、K_{Mz}、K_{My} 为取决于桨叶数的经验系数，具体取值见表 7.5。

表 7.5　轴承力经验系数

经验系数	4 叶桨	5 叶桨	6 叶桨
K_{Bz}	0.3	0.4	0
K_{By}	–0.31	1.63	–0.61
K_{Mz}	–0.083	0.44	–0.168
K_{My}	0.082	0.11	0

7.2　柴油机激励

舰艇动力装置的主要设备之一是柴油机，柴油机运转时会产生作用于船体的激励力，柴油机激励力是导致船体振动的主要激励源之一。柴油机激励力主要有两种：一种是由运动部件的惯性力形成的不平衡力和力矩，其激励幅值及频率取决于运动部件的质量、发火顺序、缸数、冲程数、活塞行程及转速；另一种是气缸内油气燃烧后产生气体压力和往复惯性力合成后导致的倾覆力矩，其激励幅值及频率取决于缸径、活塞行程、工作压力、缸数、冲程数和转速。

7.2.1　不平衡力和力矩

1. 单缸机的不平衡力和力矩

根据柴油机动力学原理，活塞-曲柄-连杆机构可简化成如图 7.18 所示的力学模型。柴油机运动部件为活塞、十字头、活塞梁、连杆、曲柄、曲柄臂、曲柄销等。其中，活塞组件做直线运动，曲柄组件做回转运动，连杆则做平面运动。为计算方便，假定连杆的小头部分部件质量（即连杆质心至活塞端这部分的连杆质量）集中于 A 点；连杆的大头部分部件质量（即连杆质心至曲柄销这部分的连杆质量）集中于 B 点。这样，A 点做往复运动的质量 m_a 由活塞组件、活塞梁、十字头、滑块和连杆小头部分组成；B 点做回转运动的质量 m_b 由曲柄销、曲柄腕和连杆的大头部分组成。

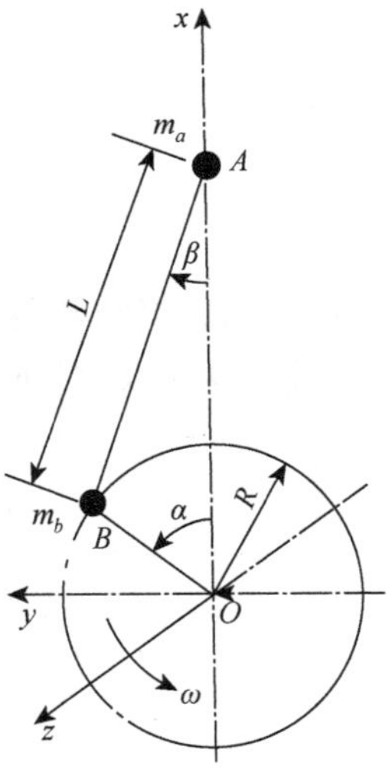

图 7.18　活塞-曲柄-连杆机构力学模型

如果需要计算柴油机的不平衡力和力矩，但又缺少活塞、连杆和曲柄的质量数据，则质量 m_a 和 m_b 按表 7.6 中提供的经验方法估算。

表 7.6　柴油机运动部分的质量估算

类型	转速/(r/min)	往复运动部分 $\dfrac{m_a}{\frac{\pi}{4}D_h^2}\Big/(\mathrm{kg/cm^2})$	回转运动部分 $\dfrac{m_b}{\frac{\pi}{4}D_h^2}\Big/(\mathrm{kg/cm^2})$
箱式 十字头式 双作用式	<300（低速）	0.25～0.60 0.70～1.20 1.20～1.50	0.70～1.20 0.70～1.20 0.90～1.40
铝活塞 薄壁钢活塞 厚壁铸铁活塞	300～1 000（中速）	0.10～0.20 0.10～0.20 0.15～0.20	0.15～0.25 0.15～0.25 0.15～0.25
箱式	>1 000（高速）	0.025～0.07	0.03～0.10

注：D_h 为活塞直径（cm）。

1）往复惯性力

为推导单缸机的往复惯性力计算公式，采用图 7.18 标明的坐标系，图中 R 为曲柄半径（m）；L 为连杆长度（m）；$\alpha=\omega t$，为曲柄角（rad）；ω 为曲柄回转角速度（rad/s）；t 为时间（s）。

质量 m_a 沿 Ox 轴做直线加速度运动时，产生惯性力 Q_a：

$$Q_a=-m_a\ddot{x}(t) \tag{7.25a}$$

根据图 7.18，A 点的位移可写为

$$x(t) = R\cos\alpha + L\cos\beta \tag{7.25b}$$

$$R\sin\alpha = L\sin\beta \tag{7.25c}$$

$$\sin\beta = \frac{R}{L}\sin\alpha = \lambda\sin\alpha \tag{7.25d}$$

式中：$\lambda = \dfrac{R}{L}$。

进而可以得出：

$$\cos\beta = \sqrt{1-\lambda^2\sin^2\alpha} \tag{7.25e}$$

按牛顿二项式定理展开成幂级数，再利用倍角公式可得

$$\begin{aligned} x(t) &= R\cos\alpha + L\sqrt{1-\lambda^2\sin^2\alpha} = R(\cos\alpha + \frac{1}{\lambda}\sqrt{1-\lambda^2\sin^2\alpha}) \\ &= R\left[\left(\frac{1}{\lambda}-\frac{1}{4}\lambda-\frac{3}{64}\lambda^3-\cdots\right)+\cos\alpha+\left(\frac{\lambda}{4}+\frac{\lambda^3}{16}+\frac{15}{512}\lambda^5+\cdots\right)\cos 2\alpha+\cdots\right] \\ &= R\left[\left(\frac{1}{\lambda}-\frac{1}{4}\lambda-\frac{3}{64}\lambda^3-\cdots\right)+\cos\omega t+\left(\frac{\lambda}{4}+\frac{\lambda^3}{16}+\frac{15}{512}\lambda^5+\cdots\right)\cos 2\omega t+\cdots\right] \end{aligned} \tag{7.25f}$$

将式（7.25f）代入式（7.25a）可得

$$Q_a = m_a R\omega^2\left[\cos\omega t + \left(\lambda+\frac{\lambda^3}{4}+\frac{15}{128}\lambda^5+\cdots\right)\cos 2\omega t+\cdots\right] \tag{7.25g}$$

对于高速机，$\lambda = \dfrac{1}{4.0} \sim \dfrac{1}{3.3}$；对于中速机，$\lambda = \dfrac{1}{4} \sim \dfrac{1}{5}$；对于低速机，$\lambda = \dfrac{1}{4.2} \sim \dfrac{1}{3.5}$；由于 $\lambda \leqslant \dfrac{1}{3}$，可略去 λ^3 以上各项，可得

$$\begin{aligned} Q_a &= m_a R\omega^2\cos\omega t + m_a\lambda R\omega^2\cos 2\omega t \\ &= Q_1\cos\omega t + Q_2\cos 2\omega t \\ &= \bar{Q}_1 + \bar{Q}_2 \end{aligned} \tag{7.26}$$

由式（7.26）可知：曲柄每转 1 周，往复惯性力的第 1 项就变化 1 次，称为 1 阶惯性力；曲柄每转 1 周，往复惯性力的第 2 项则变化两次，称为 2 阶惯性力。显然，1 阶往复惯性力的频率等于柴油机转速，2 阶往复惯性力的频率等于柴油机转速的 2 倍，这些往复惯性力始终往复作用在气缸中心线方向。

2）离心惯性力

质量 m_b 绕 O 点旋转，产生的离心惯性力为

$$Q_r = m_b R\omega^2 \tag{7.27}$$

此惯性力沿曲柄半径向外作用，其频率等于曲轴转速，即柴油机转速。

3）单缸机的惯性力在三个坐标轴上的分量

垂直（x 轴方向，即活塞运动方向）惯性力为

$$\begin{aligned} F_{1V} &= \bar{Q}_1 + Q_r \\ &= m_a R\omega^2\cos\omega t + m_b R\omega^2 \end{aligned} \tag{7.28}$$

式中：F_{1V} 为 1 阶垂向惯性力（N）。

$$F_{2V} = \bar{Q}_2 = m_a \lambda R\omega^2 \cos 2\omega t \tag{7.29}$$

式中：F_{2V} 为 2 阶垂向惯性力（N）。

水平（y 轴方向，垂直于活塞运动的方向）惯性力为

$$F_{1H} = Q_r \sin \omega t = m_b R\omega^2 \sin \omega t \tag{7.30}$$

式中：F_{1H} 为 1 阶水平惯性力（N）。

纵向（z 轴方向，曲轴的轴向）惯性力为

$$F_{1L} = F_{2L} = 0$$

式中：F_{1L} 为纵向 1 阶惯性力（N）；F_{2L} 为纵向 2 阶惯性力（N）。

2. 多缸机的不平衡力和力矩

船用柴油机多采用多缸机，除高速柴油机外，多缸柴油机的气缸一般采用直列式排列，若机体刚性很大，可将各缸中产生的惯性力合成，求得柴油机的整体不平衡力和力矩。一般情况下，柴油机曲柄间的夹角相等，且各缸的运动部件的质量相等，因此除少数两缸柴油机和四冲程四缸柴油机外，其余多缸柴油机各缸中产生的惯性力的合力为 0，即柴油机不平衡力（外力）为 0。但应指出，即使多缸柴油机的不平衡力为 0，但由于各缸中的惯性力的作用点处于曲轴轴向（z 轴方向）的不同位置，引起的力矩（外力矩）也不一定等于 0。多缸柴油机不平衡力矩是由柴油机的冲程数、缸数和气缸发火次序决定的，可按式（7.31）～式（7.33）计算。

$$M_{1V} = C_1(m_a + m_b)\omega^2 Ra \tag{7.31}$$

式中：M_{1V} 为柴油机 1 阶垂直力矩（N·m）；m_a 为往复运动质量（kg）；m_b 为回转运动质量（kg）；ω 为曲柄回转角速度（rad/s）；R 为曲柄半径（m）；a 为两缸间距（m）；C_1 为 1 阶不平衡力矩系数，二冲程柴油机查表 7.7，四冲程柴油机查表 7.8。

$$M_{1H} = C_1 m_a \omega^2 Ra \tag{7.32}$$

式中：M_{1H} 为柴油机 1 阶水平力矩（N·m）。

$$M_{2V} = C_2 m_a \lambda \omega^2 Ra \tag{7.33}$$

式中：M_{2V} 为柴油机 2 阶垂直不平衡力矩（N·m）；λ 为曲柄半径 R 与连杆长度 L 的比值；C_2 为 2 阶不平衡力矩系数，二冲程柴油机查表 7.7，四冲程柴油机查表 7.8。

表 7.7　二冲程柴油机未加平衡措施前的不平衡力矩系数

缸数	发火次序	C_1	C_2	缸数	发火次序	C_1	C_2
3	1-3-2	1.732	1.732	6	1-5-3-4-2-6	0	3.464
4	1-3-2-4	1.414	4.0		1-5-3-6-2-4	3.464	0
	1-3-4-2	3.162	0		1-6-3-5-2-4	3.0	1.732
	1-4-3-2	2.828	2.0		1-6-3-2-5-4	0	6.928
5	1-4-3-2-5	0.449	4.98		1-5-4-3-2-6	1.0	5.196
	1-3-5-4-2	4.98	0.449	7	1-7-2-5-4-3-6	0.267	1.006
	1-4-2-3-5	1.561	4.75		1-7-3-5-2-6-4	0.852	5.522

续表

缸数	发火次序	C_1	C_2	缸数	发火次序	C_1	C_2
7	1-7-4-2-6-3-5	0.852	5.522	9	1-3-5-7-9-8-6-4-2	16.33	0.194
	1-7-2-6-3-4-5	1.328	1.539	10	1-8-5-6-3-10-2-7-4-9	0.528	0.727
	1-6-2-4-5-3-7	2.194	0.822		1-9-4-6-3-10-2-7-5-6	0.898	0
	1-6-5-3-2-7-4	0.077	9.149		1-8-5-7-2-10-3-6-4-9	0.898	0
	1-3-5-7-6-4-2	9.845	0.267		1-8-6-5-3-10-4-2-9-7	0.056	1.625
8	1-8-2-6-4-5-3-7	0.448	0		1-9-3-7-5-6-4-8-2-10	0	0.898
	1-8-3-4-7-2-5-6	0.897	0		1-8-7-4-3-10-5-2-9-6	1.056	1.453
	1-8-4-3-7-2-6-5	0.897	2.828		1-9-5-6-2-10-4-3-8-6	0.326	0.277
	1-8-3-5-2-7-4-6	1.082	5.657		1-10-3-6-7-2-9-4-5-6	0	1.796
	1-6-3-8-2-5-4-7	1.082	5.657		1-6-9-3-7-10-5-2-8-4	8.144	0
	1-6-4-2-8-3-5-7	2.763	0		1-3-5-7-9-10-8-6-4-2	20.18	0
	1-7-4-3-8-2-5-6	1.406	0	11	1-9-5-7-3-112-8-6-4-10	0.813	0.367
	1-6-4-2-7-3-5-8	3.142	1.414		1-3-5-7-9-11-10-8-6-4-2	24.44	0.153
	1-8-2-5-6-3-4-7	0.131	1.414		1-10-3-8-5-6-7-4-9-2-11	0.153	0.382
	1-8-3-4-5-6-7-2	4.168	8.944	12	1-12-5-7-3-11-4-9-2-10-6-8	0	0
	1-3-5-7-8-6-4-2	12.89	0		1-11-6-7-2-12-4-8-3-10-5-9	0	0
9	1-6-7-3-4-9-2-5-8	0.922	1.131		1-8-6-10-3-7-5-11-2-9-4-12	0.464	1.732
	1-6-7-3-5-8-2-4-9	0.922	1.131		1-5-12-7-2-6-10-8-3-4-11-9	0	0
	1-9-4-3-7-5-2-8-6	0.922	1.113		1-11-9-4-2-12-7-5-3-10-8-6	0	0
	1-6-7-2-5-8-3-4-9	0.922	1.131		1-12-2-10-4-8-6-7-5-9-3-11	0.277	0
	1-8-3-6-5-4-7-2-9	0.194	0.548				

表 7.8　四冲程柴油机未加平衡措施前的不平衡力矩系数

缸数	发火次序	C_1	C_2	缸数	发火次序	C_1	C_2
3	1-3-2	1.732	1.732	8	1-3-7-5-8-6-2-4	0	0
4	1-3-4-2	0	0		1-3-2-5-8-6-7-4	0	0
	1-4-3-2	2.0	0		1-5-2-6-8-4-7-3	0	0
5	1-3-5-4-2	0.449	4.98		1-3-2-4-8-6-7-5	0	0
	1-4-3-2-5	4.98	0.449		1-6-2-5-8-3-7-4	0	0
6	1-3-5-6-4-2	0	0		1-6-2-4-8-3-7-5	0	0
	1-3-5-6-4-2	0	0		1-6-7-4-8-3-2-5	0	0
	1-5-3-6-2-4	0	0		1-2-4-6-8-7-5-3	0	0
	1-4-5-6-3-2	0	0		1-3-4-7-8-6-5-2	0	0
	1-2-5-6-4-3	1.732	1.732		1-2-3-5-8-7-6-4	0	0
	1-3-2-6-4-5	0	0		1-8-3-6-4-5-2-7	0	16.0
7	1-3-5-7-6-4-2	0.267	1.006		1-4-2-3-8-5-7-6	0	0
	1-6-3-4-5-2-7	1.006	9.845		1-8-2-6-4-5-3-7	0	16.0

续表

缸数	发火次序	C_1	C_2	缸数	发火次序	C_1	C_2
8	1-7-4-6-8-2-5-8	0	0	10	1-7-3-9-6-10-4-8-2-5	0	0
9	1-3-5-7-9-8-6-4-2	0.194	0.548	11	1-3-5-7-9-11-10-8-6-4-2	0.153	0.382
	1-8-3-6-5-4-7-2-9	0.548	16.33		1-10-3-8-5-6-7-4-9-2-11	0.382	2.636
10	1-6-9-3-7-10-5-2-8-4	0	0	12	1-3-5-7-9-11-12-10-8-6-4-2	0	0
	1-3-5-7-9-10-8-6-4-2	0	0		1-6-3-11-5-9-12-7-10-2-8-4	0	0
	1-7-3-9-5-10-4-8-2-6	0	0				

不平衡力矩的大小，是合理选择主机时考虑的重要因素之一，因此需要了解具体船用柴油机的不平衡力矩。但由于船用柴油机型号太多，限于篇幅，现仅介绍几种型号二冲程柴油机的不平衡力矩，详见表 7.9。由表 7.9 可知，长冲程（二冲程）少缸柴油机的不平衡力矩很大，但为了节省能源、减小机舱长度和方便维修，目前常采用四缸和五缸柴油主机。为了避免船上产生有害振动，挪威船级社根据经验提出如下建议：当大型低速二冲程柴油主机的 2 阶不平衡力矩大于 500 kN·m，并引起船体梁共振时，主机安装 2 阶平衡补偿器，以减小或者消除 2 阶不平衡力矩，但此建议不太合理。B&W 公司建议用不平衡力矩（N·m）与柴油机功率（kW）的比值来判断主机是否需要安装平衡补偿器，此建议是较为合理的。一般情况下，当比值小于 60 时，主机不必安装平衡补偿器；当比值大于 220 时，建议安装平衡补偿器；当比值大于 60 但小于 220 时，应进行船体振动响应计算，根据响应计算结果再决定是否安装平衡补偿器。

表 7.9　二冲程柴油机不平衡力矩

缸数	L80 MC/MCE 型		RLB90 型	
	$M_{1V}=M_{1H}/(\text{kN}\cdot\text{m})$	$M_{2V}/(\text{kN}\cdot\text{m})$	$M_{1V}=M_{1H}/(\text{kN}\cdot\text{m})$	$M_{2V}/(\text{kN}\cdot\text{m})$
4	1 230	2 900	1 940	3 225
5	391	3 612	617	4 020
6	0	2 512	0	2 795
7	236	731	686	568
8	390	0	363	0
9	802	820	696	1 343
10	782	0	274	980
11	491	470	—	—
12	0	0	0	0

注：表中 1 阶垂直和水平不平衡力矩为经过平衡计算的数据。

7.2.2　柴油机倾覆力矩

柴油机工作时，作用于活塞顶和气缸壁的燃气压力 P_G 会引起对柴油机的侧推力，并形成使柴油机具有倾覆趋势的倾覆力矩 M_D。倾覆力矩的作用方向和大小随时间变化，使柴油机产生振动，而且柴油机的振动大都是由其引起的。

1. 单缸机

气缸中，P_G 作用在活塞顶上，并使活塞产生往复惯性力 P_j，这两个力均是曲柄转角 α 的函数，且随时间呈周期性变化。

取连杆为受力研究对象，视连杆为二力杆，设连杆 A 点所受作用力的大小等于 P_T，则连杆 B 点所受的作用力也为 P_T。由作用力反作用力定理可知，连杆对 A 点（即对活塞）产生反作用力 P_T，对 B 点（即对曲柄端部）也产生反作用力 P_T。连杆对活塞的作用力可分解为沿活塞运动方向的分力和垂直于气缸壁的侧向压力 P_N。沿活塞运动方向的分力与 P_G 和 P_j 的合力 P 平衡，侧向压力 P_N 使柴油机产生倾倒趋势。在 B 点对曲柄端部的作用力 P_T 可分解为垂直于曲柄的切向力 T 和沿曲柄作用的法向力 N，切向力 T 对曲柄中心 O 点形成扭矩 $T\cdot R$，与曲轴上的负载相平衡。同时，切向力 T 对曲柄中心 O 点形成作用力 T'，其大小和方向与 T 相同，该力可分解为沿气缸中心线的垂向力和水平力。沿曲柄作用的法向力 N 通过曲柄作用在曲柄中心 O 点而传递到柴油机的机体上，并可分解为沿气缸中心线的垂向力和水平力。将曲柄中心 O 沿气缸中心线的垂向力合并为 P'，水平力合并为 P'_N，于是在机体上有三个作用力：P_N、P' 和 P'_N，见图 7.19。

1）倾覆力矩

P_N 和 P'_N 形成倾覆力矩，柴油机相对于曲柄中心的倾覆力矩 M_D 按式（7.34）计算：

$$
\begin{aligned}
M_D &= P_N\cdot H = P_N(L\cos\beta + R\cos\alpha)\\
&= P_T(L\sin\beta\cos\beta + R\sin\beta\cos\alpha)\\
&= P_T R(\sin\alpha\cos\beta + \cos\alpha\sin\beta)\\
&= P_T R\sin(\alpha+\beta) = T\cdot R
\end{aligned}
\tag{7.34}
$$

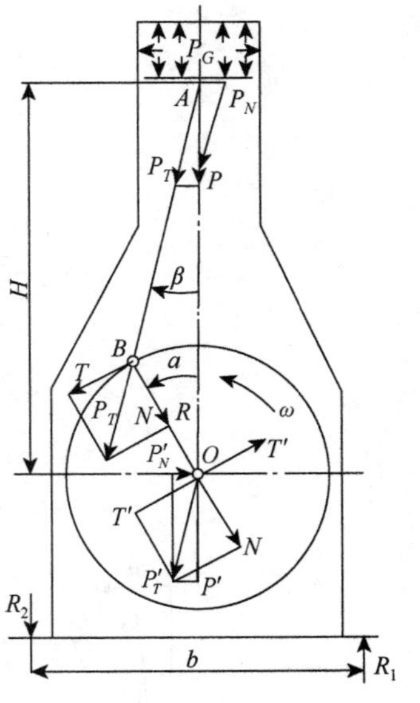

图 7.19　燃气压力引起的力和力矩

式中：M_D 为倾覆力矩（N·m）；H 为 A 点距曲柄中心距离（m）；$T\cdot R$ 为扭矩（N·m）。

由式（7.33）可知，倾覆力矩 M_D 在数值上与柴油机的扭矩是完全相同的。

2）扭矩

T 对曲柄中心 O 点形成扭矩 $T\cdot R$，即 M_T，按式(7.35)计算：

$$
M_T = T\cdot R = M_0 + \sum_{k=1}^{\infty} M_k\sin(k\omega t + \beta_k) \tag{7.35}
$$

式中：M_T 为扭矩（N·m）；M_0 为平均扭矩（N·m）；M_k 为扭矩的第 k 阶分量幅值（N·m）；β_k 为扭矩的第 k 阶分量相角；k 为阶次，对二冲程柴油机，$k=1, 2, \cdots$，对四冲程柴油机，$k=1/2, 1, 3/2, 2, \cdots$。

四冲程柴油机的扭矩曲线如图 7.20 所示。

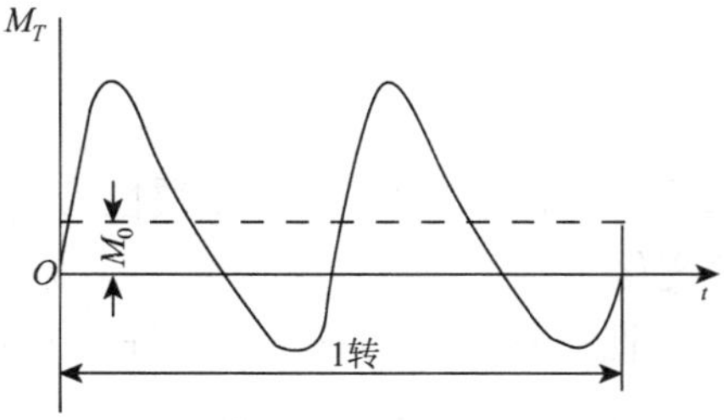

图 7.20　四冲程柴油机的扭矩曲线

式（7.35）中的平均扭矩 M_0，主要用于克服螺旋桨所受的外界阻力矩 M，使螺旋桨旋转，它使桨轴产生一定的扭转变形，所以又称为传动扭矩，如图 7.21 所示，M_0 作用在船体上，使船横倾，但横倾角很小，且水对船的横倾现象会产生一个恢复力矩，因此这种横倾角可以不予考虑。而 M_T 中的各简谐分量则使桨轴产生扭转振动，若扭转振动固有频率与轴系扭转固有频率相等，则会激起轴系扭转共振，不仅使桨轴强度受到影响，还会引起船体振动。

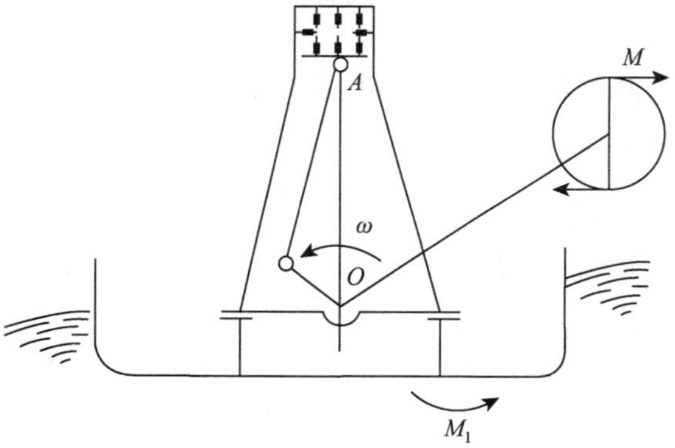

图 7.21　平均扭矩引起的船体横倾

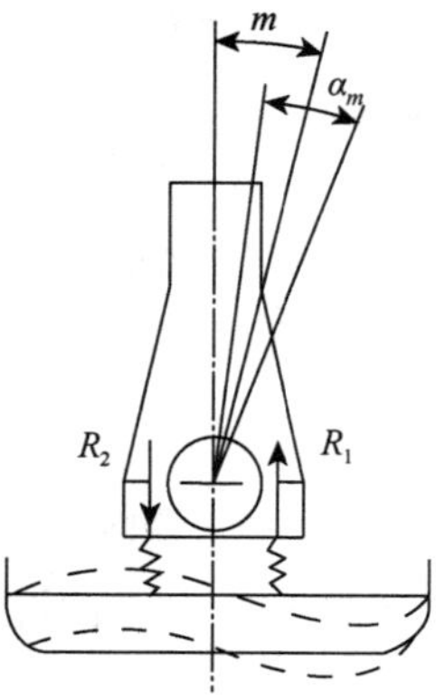

图 7.22　倾覆力矩引起的船体横倾振动

倾覆力矩 M_D 是引起舰艇横倾振动的主要原因，它同样可分为平均力矩和简谐分量两部分。其中，平均力矩部分作用在机体上，使机体倾斜一个角度 α_m，并被机座反力平衡。简谐分量使机体绕平衡位置产生横倾振动，并通过底脚螺栓在机座上产生简谐反作用力矩，而引起船体板架的强迫振动，如图 7.22 所示。

2. 直列式多缸柴油机

对于直列式多缸柴油机，可以根据冲程数、缸数、发火次序求得总倾覆力矩 $\sum M_D$ 和总扭矩 $\sum M_T$。

$\sum M_T$ 中的平均扭矩部分，即 $\sum M_0$，用于克服螺旋桨受到的水的阻力，是一种传动扭矩，不引起振动；$\sum M_{Tk}$ 中的各简谐分量则造成轴的扭转振动。

$\sum M_D$ 中的平均力矩部分，作用在机体上并使机架发生侧向倾倒，该力矩由机座上螺栓反力形成的力矩平衡，其中各简谐分量则使机体绕平衡位置做横向振动，并通过底脚螺栓在基座上产生简谐反力矩，从而引起船底板架、上层建筑结构甚至主船体振动。

多缸柴油机倾覆力矩和扭转力矩的简谐波阶次与气缸数目有如下关系：二冲程柴油机为 $n, 2n, 3n, \cdots$；四冲程柴油机为 $n/2, n, 3n/2, 2n$。这里，n 为气缸数目。

由于各缸产生的侧向力的相位不同，且作用于机架的长度位置和高度位置不同，多缸柴油机的简谐横向倾覆力矩可形成 H 型倾覆力矩、X 型倾覆力矩和 x 型倾覆力矩，分别引起机架产生 H 型振动、X 型振动和 x 型振动，见图 7.23。

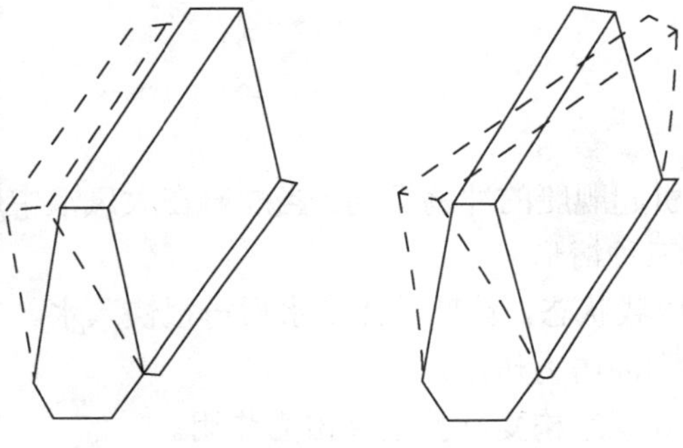

图 7.23 多缸机引起的机架横向振动

通过实船试验结果发现，4 缸和 5 缸柴油机容易产生 H 型倾覆力矩，导致机架产生 H 型振动；8 缸和 10 缸柴油机易产生 X 型倾覆力矩，导致机架产生 X 型振动。

7.3 波浪激励力

舰艇在波浪中航行时，由于波浪激励力的作用会产生振动。根据波浪激励力的特性，可将其分为两类：瞬态激励力和持续激励力。波浪激励力引起的船体振动可分为两类：一类是由于波浪冲击力（瞬态激励力）的作用而引起的船体瞬态强迫振动响应（自由衰减振动），称为砰击振动（或击振），有时也称为冲荡（whipping）振动，波浪冲击力一般作用在舰艇首部；另一类是舰艇在波浪上航行时，由简谐波浪激励力（持续激励力）作用引起的船体稳态强迫振动，称为波激（springing）振动。当船体梁的垂直二节点总振动固有频率与波浪遭遇的频率相等（或接近）或呈小的整倍数关系时，将出现波激共振现象。若波浪激励力幅值较大、船体刚度较弱，波激振动响应将产生较大的幅值，全船“类梁振型”明显，人们常称此时的船体结构出现了弹跳振动。典型波浪激励振动现象如图 7.24 所示。

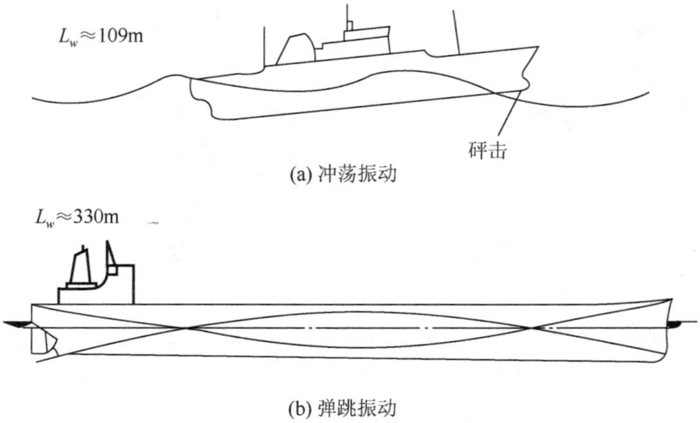

图 7.24　典型波浪激励振动

7.3.1　瞬态激励力

瞬态激励力作用于船体时，常引起舰艇的冲荡振动。当舰艇在大风浪中航行时，产生冲荡振动现象的瞬态激励力有下列三种情形。

（1）砰击。砰击即舰艇处于轻压载状态，首部船体出水后再很快入水，与水面产生较大的相对运动速度而使首部船底受到冲击力作用。

（2）拍击。拍击即船首外板的外飘结构受到波浪冲击力作用。

（3）甲板上浪。舰艇在大风浪中航行，波峰高出甲板平面，且大浪冲到甲板上面使船首甲板受到冲击力作用。

实船振动测量表明，冲击（瞬态激励力）引起的船体瞬态响应主要是船体梁二节点垂直振动响应，虽然伴随有多节点垂直振动响应，但它们衰减较快。船体响应的大小与冲击力的大小有关，即与风浪大小、船的航速和航向、首吃水有关。

冲荡振动有时会造成船体结构的损伤。例如，“郑州”号货船在压载工况下航行时，船首遭受到波浪拍击后，船体梁发生二节点和三节点垂直振动，船体横剖面处的动应力达到 69.0 MPa。而压载状态下无波浪拍击力作用时，船体横剖面处的静应力仅为 24.2 MPa，可见冲荡振动现象对船体强度的影响很大。

7.3.2　持续激励力

在波浪中航行的船舶始终受到波浪力的激励作用，这是一种持续激励力。当波浪为深水微幅规则波时，波浪的持续激励力是线性波浪力（即波浪力时间历程随波浪频率变化）。当波浪为有限幅规则波，以及波浪中航行的船体大幅摇荡或承受连续砰击时，波浪持续激励力是非线性波浪力，即有与波浪频率（基频）呈整数倍的显著高阶分量存在。相对于波浪激励力的持续动态变化，船体可以视为刚体，这种持续激励力作用引起的动态响应，仅是船舶的升沉、摇摆等运动响应；当船体的弹性不可忽略时，这种持续激励力作用引起的动态响应将含有船体结构的振动响应，这类振动响应称为波浪激励振动响应，这是一种波浪力激励下的船体共振响应。当前，人们主要关注平稳波浪持续激励力引起的船体二节点振动响应，习惯上称这类振动为波激振动。

船舶（尤其是海上巨型油船及肥大型油船）在风浪不大的海况中航行时，由于波浪持续激励力的作用，经常发生显著、持续的垂向二节点振动，造成尾部上层建筑出现低频剧烈的纵向振动，引起船员的不舒适反应。这种振动是由波浪的非冲击性准定常激励力，即持续激励力引起的，它是现代大型船舶面临的重要问题之一。

根据实船（大多数是肥大型油船）的振动测量结果，波激振动响应的量级在很大程度上取决于海况和船舶装载状态（表 7.10）。按理论方法预报波激振动响应是较难的事，主要因为波激振动的激励幅值和振动阻尼很难准确计算。为此，可按经验公式进行预报。

表 7.10　船舶波激振动实船测量结果

序号	船型	$L\times B\times H\times T$/m	载重量/t	浪级/m	频率/Hz	振幅/mm	加速度/(mm/s^2)	振动应力/MPa
1	散装货船	170×23×14.5×10.7	28 639	1.2	—	50.0	—	31.0
2	干货船	183×30×14.9×10	37 300	3 4 5 6	1.058 1.050 1.041 0.092	17.0 20.3 24.0 33.5	750 885 1 040 1 470	11.7 14.3 16.6 23.3
3	干货船	183×30×14.9×10.3	37 300	5	1.050	30.0	2 640	34.8
4	散装货船	213×30.6×17.1×11.4	53 000	9	1.000	20.0	1 580	11.5
5	散装货船	225×32.2×18.2×12.2	64 880	4 7	0.800 0.717	28.2 52.9	710 1 070	15.5 29.1
6	油船	232×34.8×20.8×14.40	80 000	7	—	—	1 880～2 830	—
7	散装货船	236.2×31.8×18.7×11.6	64 880	6	0.750	9.0	246	4.7
8	货-油船	277×42×22.6×15.9	129 570	4	0.667	45.0	790	20.8
9	油船	304×44×24.2×16.5	152 852	8	0.633	36.3	570	14.6
10	油船	—	200 000	—	—	19.7	346	14.3
11	油船	310×47.1×24.5×18.9	210 057	3 5～6 6	0.555 0.543 0.543	63.0 100.0 107.0	770 1 160 1 230	24.8 40.1 41.9
12	油船	310.2×48×27.1×19.2	214 120	3	0.605	15.50	220	6.7
13	油船	330×53.3×32×24.1	315 610	2 6	0.583 0.617	4.5 12.8	60 230	2.0 5.8

船与波浪的遭遇频率为

$$\omega_e=\frac{v_s\cos\theta+\sqrt{g\lambda/2\pi}}{\lambda} \tag{7.36}$$

式中：v_s 为船速（m/s）；θ 为船与波浪之间的夹角，迎浪为$0°$，顺浪为$180°$；λ 为波长（m）。

理论和实验证明，舰艇在规则波浪中航行时，作用于船舶的波浪激励力是周期性函数，其周期为$T=2\pi/\omega_e$。当波浪持续激励力是非线性波浪力时，波浪激励力的时间函数并不是标准的简谐形式，而是多种谐波分量的叠加。因此，波浪作用于船体的持续激励力不仅包含遭遇频率ω_e的 1 阶分量，而且也含有高阶分量。将波浪持续激励力的各阶分量（包括 1 阶分量和高阶分量）的幅值记为F_{wi}，$i=1,2,\cdots$。根据周期函数展开定理，波浪激励力F_w可记为

$$F_w=\sum_{i=1}^{\infty}F_{wi}\cos(i\omega_e t+\phi_i) \tag{7.37}$$

则船体在波浪中发生波激振动的判别条件为

$$\frac{\omega_{n1}}{\omega_e}=i \quad (i=1,2,\cdots) \tag{7.38}$$

式中：ω_e为船与波浪的遭遇频率（Hz）；ω_{n1}为船体梁的二节点垂直振动固有频率（Hz）；i为由波浪引起的波浪激励力阶数，$i=1,2,\cdots$。

小数值的i满足式（7.38），即表明船体总振动首阶固有总振频率与波浪持续激励力的第i阶分量的频率重合，波浪持续激励力会使船体发生两节点共振，产生较大的振动响应。波激振动应力响应均方根按式（7.39）进行计算：

$$\overline{S}=\frac{H_{1/3}}{\overline{T}^2}\cos^2(\theta/2)A(1+Bv_s^c) \tag{7.39}$$

式中：$\overline{S}$为波激振动应力响应均方根；$H_{1/3}$为有效波高（m）；$\overline{T}$为平均波浪周期（s）；θ为波浪头方向（°），0°时为迎浪；v_s为船速（kn）；c为指数，近似取 2；A、B为常数，主要取决于船体梁的固有频率、船体几何形状、吃水和阻尼，在大型油船的甲板和底部上，A和B的取值如式（7.40）所示。

$$A=17\ \text{MPa·s}^2/\text{m},\quad B=0.006\ \text{kn}^{-2} \tag{7.40}$$

在大型油船上常出现较大的波激振动应力，在总纵强度计算中，需有 10%的波激振动应力修正量。当产生剧烈的波激振动时，可采取降低航速或改变航向的办法使其减小。

7.4 其他激励

7.4.1 排气脉冲激励力

柴油机排气脉冲的作用，不仅会导致排烟管本身振动，而且还会激起相邻结构，如烟囱结构和相连接的甲板的振动。由于这部分结构相对刚度较弱，振动时常伴随有噪声产生，其脉冲频率为

$$f_m=mni_g/60 \tag{7.41}$$

式中：f_m为排气脉冲激励频率，Hz；m为与柴油机冲程数目有关的参数，对二冲程，m取 1.0，对四冲程，m取 1/2；i_g为柴油机转速（r/min）；n为柴油机气缸数。

7.4.2 舵激励力

在桨后尾流中工作的舵上，会产生脉动力和力矩，这些力和力矩称为舵激励力。舵激

励力通过舵轴作用于船体，引起船体结构，特别是尾部结构振动。舵激励频率与螺旋桨转速无关，主要取决于船速和舵的水动力特性，由涡释放所致。

7.4.3　继发性激励力

螺旋桨和主机的激励作用使轴系产生回旋振动、扭转振动、纵向振动，这些振动在共振态下会产生较大的激励力，产生的激励力再通过轴承、机架和烟囱传给船体，引起船体结构振动，这些激励力称为继发性激励力。

习　题　7

7.1　试述引起舰艇振动的激励，主要激励有哪些？

7.2　螺旋桨激励力的主要能量集中在哪些频率点上？

7.3　三种螺旋桨机械不平衡的产生原因分别是什么？

7.4　试述螺旋桨轴承力的传递路径。

7.5　试述螺旋桨表面力的传递路径和作用区域。

7.6　什么是螺旋桨的载荷效应和叶厚效应？

7.7　试述军用舰艇螺旋桨激励的计算规定。

7.8　柴油机工作时会产生哪几种激励力？

7.9　试述柴油机倾覆力矩的概念及产生的原因。多缸机倾覆力矩可分为哪几种？各引起什么类型的振动？

7.10　波浪主要产生哪两类激励力？这两类激励力激起的船体振动各有什么特点？

7.11　波浪对舰艇作用的瞬态激励力主要有哪几种？将使船体产生什么样的振动？

7.12　排气脉冲激励力是如何产生的？什么是舵激励力？什么是继发性激励力？

第 8 章　舰艇振动评价、防振与减振

8.1　舰艇振动评价及控制标准

舰艇是弹性体，在航行过程中因受到各种激励力作用，始终会有振动现象伴随，所以轻微的振动应是允许的。为了评价与控制舰艇的振动性能，需要有一种使设计方、建造方、检验方和使用方都能接受的一个较为统一的标准，对舰艇振动响应的水平进行评定，这个标准称为振动衡准。

最早的船舶振动标准是由泰勒（Taylor）于 1930 年提出的，自此之后，各国的相关科研人员、研究机构与船级社等相继提出了不同的标准。现有的船体振动衡准基本上是以如下两个方面为参考基准而制定的：①以人体舒适性限界为参考基准；②以船体结构强度限界为参考基准。舰船设计规范中对结构的许用振动应力和疲劳强度的规定实际上就是一种振动衡准，以船体结构强度限界为参考基准。

用于评价船体振动响应水平的物理量，称为振动衡准的特征参数。船体振动衡准中所使用的特征参数一般是位移、速度、加速度和应力，其表达及取值主要有两种方法：①使用单个简谐激振频率的单幅峰值；②使用单个简谐激振频率的均方根（root mean square，RMS）值。单幅峰值是将船体振动响应时间历程进行谐波分析后所获得的各简谐波分量的最大值。例如，简谐波的分量为$x(t) = A\sin\omega t$，则其对应的单幅峰值如式（8.1a）～式（8.1c）所示。

$$X = A \quad (\text{位移}) \tag{8.1a}$$

$$\dot{X} = A\omega \quad (\text{速度}) \tag{8.1b}$$

$$\ddot{X} = A\omega^2 \quad (\text{加速度}) \tag{8.1c}$$

相应的均方根值为

$$X_{\text{RMS}} = \sqrt{\frac{1}{T}\int_0^T x^2(t)\mathrm{d}t} = \frac{A}{\sqrt{2}} \quad (\text{位移均方根值}) \tag{8.2a}$$

$$\dot{X}_{\text{RMS}} = \frac{A}{\sqrt{2}}\omega \quad (\text{速度均方根值}) \tag{8.2b}$$

$$\ddot{X}_{\text{RMS}} = \frac{A}{\sqrt{2}}\omega^2 \quad (\text{加速度均方根值}) \tag{8.2c}$$

船舶振动评价基准一般以多个特征参数联合图形的形式示出，即一幅图中除传统的纵、横坐标线外，还有斜向坐标线，且坐标刻度采用对数坐标规则。

8.1.1　民用船舶振动评价及控制标准

国际标准化组织（International Organization for Standardization，ISO）给出了一种船

舶振动评价基准，即《机械振动和冲击——商船振动的综合评价基准》(ISO6954)，该基准兼顾了人员舒适性与设备环境等综合因素，在 1～100 Hz 范围内将特征参数与结构振动频率的对应关系界定，特征参数包括位移、速度与加速度，且均以单幅峰值表述，该标准得到了国际上大多数国家的认可。

该评价基准采用三特征参数联合图形的形式，图中的水平坐标线表示速度参数，图中左下、右上的斜向坐标线表示位移参数，图中的右下、左上的斜向坐标线表示加速度参数，坐标刻度采用对数坐标规则。图 8.1 即 1984 年公布的《机械振动和冲击——商船振动的综合评价基准》(ISO6954）图形，它适用于两柱间长度大于 100 m 的商船。该标准以两条综合评价曲线将图形分为三个区域：不可能有害评价区、尚可接收区（图中阴影区）、可能有害评价区。在 1～100 Hz 的范围内，选用振动速度峰值作为主要测试量进行评价，也可采用振动加速度峰值和振动位移响应值作为测试量进行评价。在新船设计阶段，针对若干重要部位（如上层建筑与机舱等）的防振设计，许多设计部门常以该基准作为响应控制的指标体系。

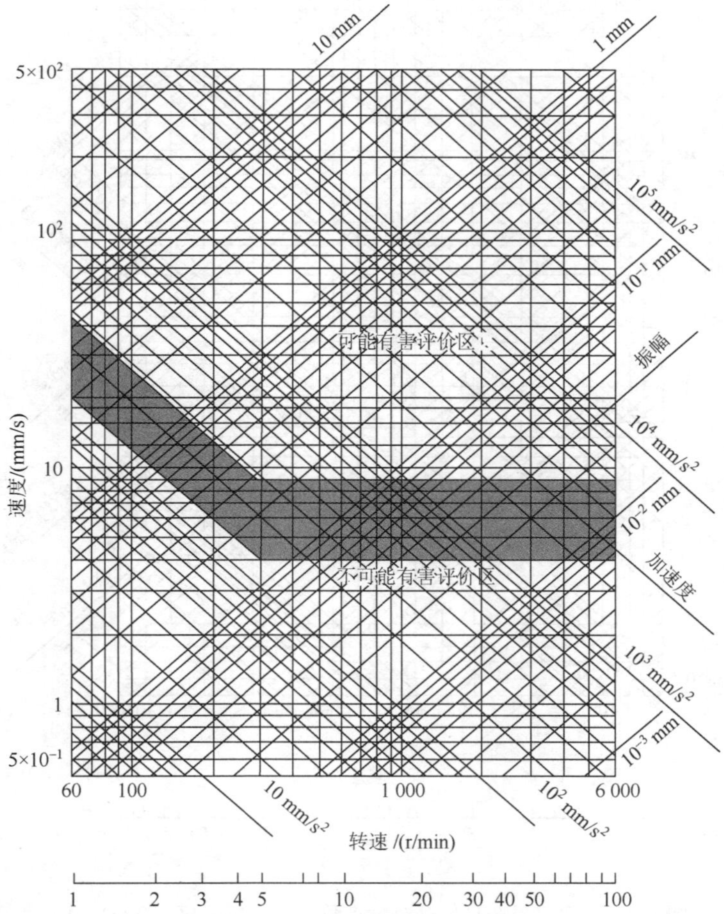

图 8.1　商船垂直振动和水平振动的综合评价基准（ISO6954）

随后，国际标准化组织又给出了另一种船体振动评价基准，即《人体暴露于整体振动环境下的评价基准》(ISO2631)，其评价基准图绘制方法与ISO6954的方法相同。该基准主要以人体试验为基础，考虑了振动强烈程度、振动频率、振动方向和人体暴露于振动环境的持续时间等诸多因素对人体对船体振动响应忍受极限的影响。在卧室区时，人体忍受全身振动时的评价基准如图8.2所示，用1条忍受极限线将图形分为两个区域，该忍受极限线适用 *X*、*Y*、*Z* 三个方向。在生活区和通常工作区时，人体忍受全身振动时的评价基准如图8.3所示，该基准分别对 *Z* 方向和 *X*、*Y* 方向各规定了1条限制线，广泛用于评价船体、上层建筑等正常工作与生活场所的振动，一般不作为船舶验收或检验机器和设备的振动标准，但业主一旦在合同中确定以此基准验收，便具有法定效力。在许多新型或高性能要求的船舶防振设计阶段，常以此为标准进行预报与设计，这种设计称为响应设计。这两个基准中所用的特征参数的取值都是均方根值。

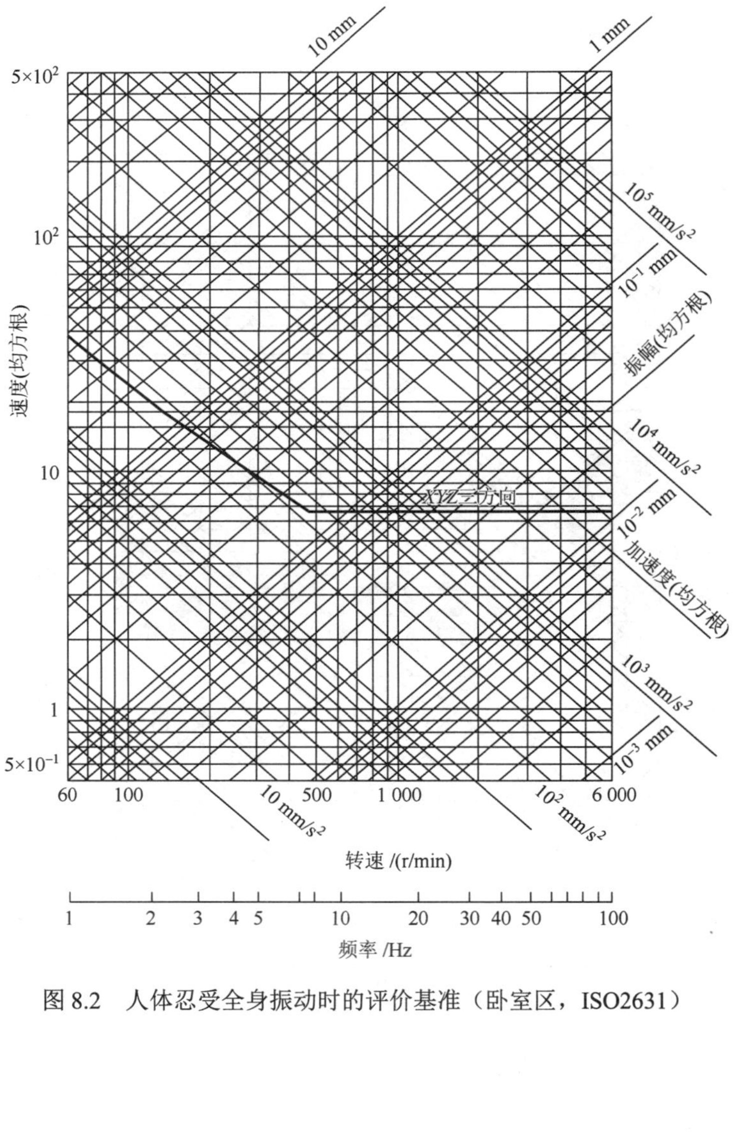

图8.2　人体忍受全身振动时的评价基准（卧室区，ISO2631）

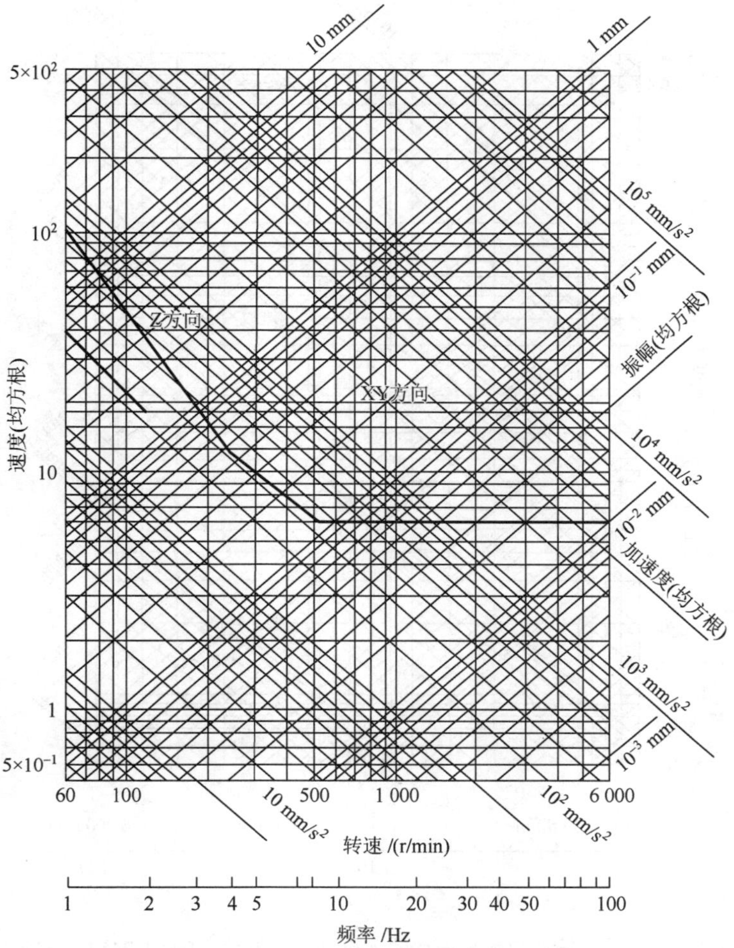

图 8.3　人体忍受全身振动时的评价基准（生活区和通常工作区，ISO2631）

自 20 世纪 70 年代以来，我国也制定了适合国情的船体振动衡准，主要有《海船船体振动衡准》（CB/Z 310—1979）、《内河船船体振动衡准》（CB/Z 314—1980）、《船体振动评价基准》（GB/T 7452—1987）、《商船振动综合评价基准》（GB/T 7452.1—1996）（图 8.4）、《船长小于 100 m 商船振动综合评价基准》（GB/T 7452.2—1996）（图 8.5）。这些衡准是一种法定要求，在设计或建造舰艇时必须满足，但现已作废，图 8.4 对应的峰值加速度和峰值速度见表 8.1。

《船长小于 100 m 商船振动综合评价基准》中要求：垂线间长大于或等于 30 m 但小于 60 m 的船舶按图 8.5 进行评价，图 8.5 对应的峰值加速度和峰值速度见表 8.2。垂线间长度大于或等于 60 m 但小于 90 m 的船舶按图 8.4 进行评价，垂线间长度大于或等于 90 m 的船舶按图 8.4 进行评价。

目前，对民用船舶振动特性的评判，总的趋势是向 ISO 靠拢，或直接采用。目前我国一些主要的造船厂的国际订单比例大幅度上升，针对这类出口船舶所采用的评判船舶振动性能的标准主要是 ISO6954。

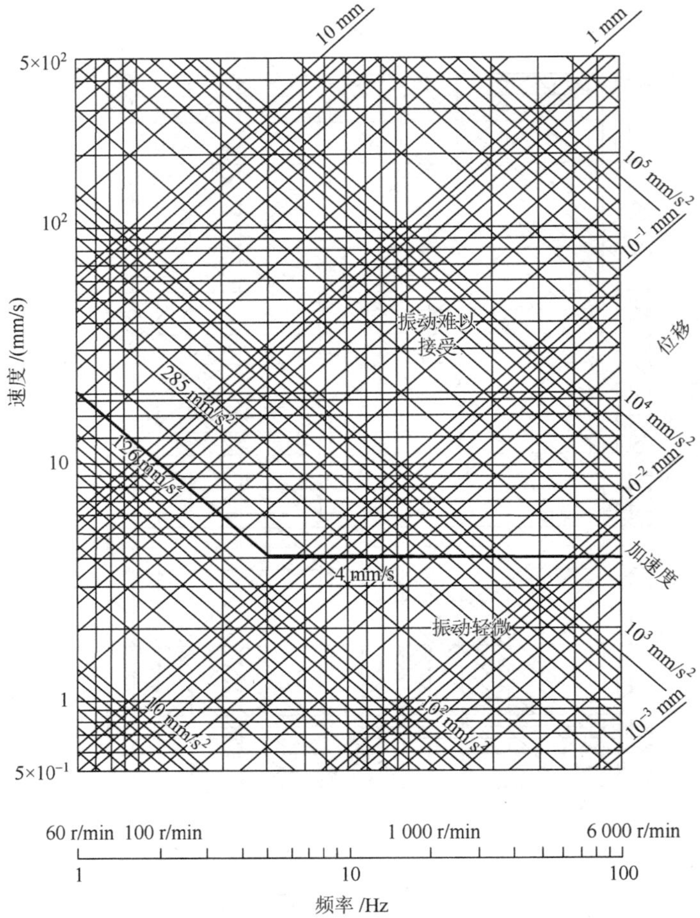

图 8.4　商船垂直振动和水平振动的评价基准（峰值，GB/T 7452.1—1996）

表 8.1　图 8.4 对应的峰值加速度和峰值速度

曲线	频率范围	
	1～5 Hz	5～100 Hz
上限	峰值加速度为 285 mm/s²	峰值速度为 9 mm/s
下限	峰值加速度为 126 mm/s²	峰值速度为 4 mm/s

8.1.2　军用舰艇振动评价及控制标准

在海军舰艇装备部门和检验机关的组织下，相关科研院所对各类军用舰艇、沿海和远洋船舶、内河船舶进行了大量的实测分析与研究，并在此基础上，结合我国船舶建造和设计的实际情况，制定了《舰艇船体振动评价基准》（GJB 1045.1—1990）、《舰艇船体振动评价基准 快艇》（GJB 1045.2—1990）、《舰艇船体振动评价基准 潜艇》（GJB 1045.3—1990）。

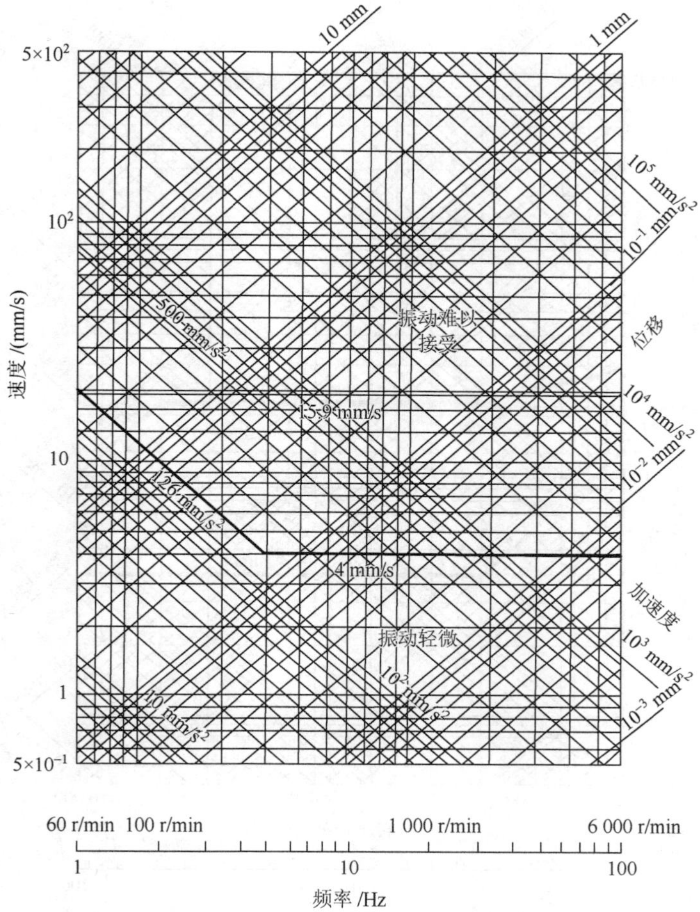

图 8.5　商船垂直振动和水平振动的评价基准（峰值，GB/T 7452.2—1996）

表 8.2　图 8.5 对应的峰值加速度和峰值速度

曲线	频率范围	
	1～5 Hz	5～100 Hz
上限	峰值加速度为 500 mm/s^2	峰值速度为 15.9 mm/s
下限	峰值加速度为 126 mm/s^2	峰值速度为 4 mm/s

上述三种船舶振动评价基准图绘制方法与 ISO6954 的方法相同，在这些标准中，均以两条综合评价曲线将图形分为三个区域：良好区、可接受区、建议改进区，分别如图 8.6～图 8.9 所示。

对于水面舰艇，将船体分成三个区域进行评价：首、尾部区域和中部区域。首、尾部区域使用图 8.6 所示基准，中部区域使用图 8.7 所示基准。图 8.5 和图 8.6 中的良好区限制线标准相同，图 8.6 中的建议改进区的限制线比图 8.5 中的规定更加严格。在 1～3.33 Hz 范围内，选用振动加速度峰值作为主要测试量进行评价较为方便，也可采用振动速度峰值

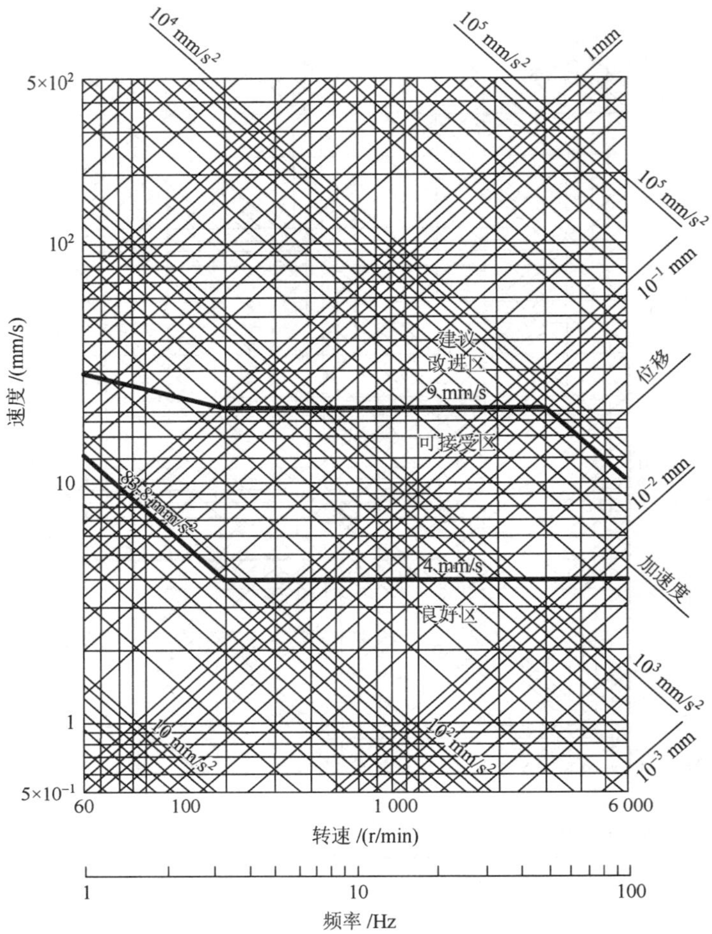

图 8.6　水面舰艇首、尾部振动评价基准（峰值，GJB 1045.1—1990）

和振动位移响应值作为测试量进行评价。在 3.33～100 Hz 范围内，选用振动速度峰值作为主要测试量进行评价，也可采用振动加速度峰值和振动位移响应值作为测试量进行评价。水面舰艇振动评价基准的覆盖范围为 1～100 Hz。

对于快艇，评价的参照点是尾端（尾封板顶部上甲板与纵中剖面的交点）。快艇的振动评价基准的覆盖范围为 10～200 Hz，从限界值来看，快艇的振动限制基准较水面舰艇宽松。在 10～50 Hz 范围内，选用振动速度峰值作为主要测试量进行评价较为方便，也可采用振动速度峰值和振动位移响应值作为测试量进行评价。在 50～200 Hz 范围内，选用振动加速度峰值作为主要测试量进行评价较为方便，也可采用振动速度峰值和振动位移响应值作为测试量进行评价。

对于潜艇，评价的参照点是艇体耐压壳体首、尾部的强结构点。潜艇振动评价基准限制线较为复杂，由三条直线构成，可称为“两点三线谱”。其中，低频段为等速度限制线，中间频段为等位移限制线，高频段为等加速度限制线，振动评价基准的覆盖范围为 1～100 Hz。

对舰艇振动性能进行评价的步骤如下：①测量舰艇振动响应时间历程曲线；②对振动

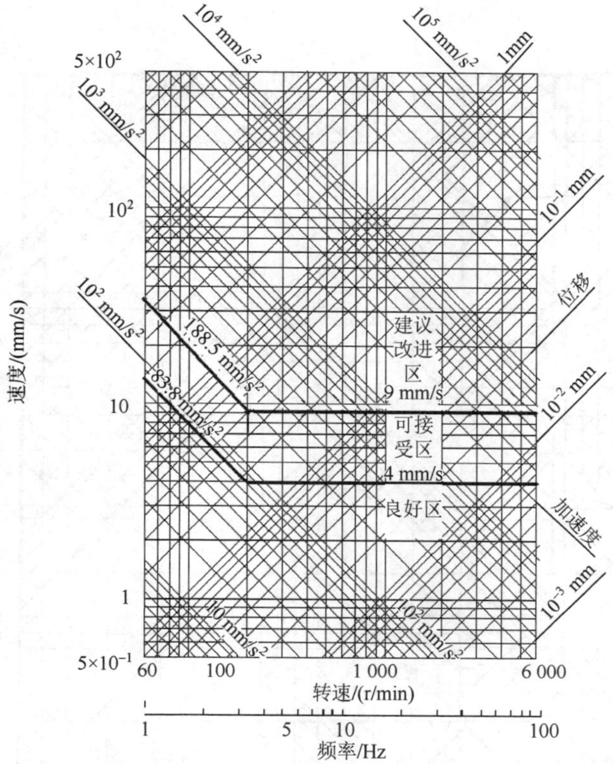

图 8.7　水面舰艇中部振动评价基准（峰值，GJB 1045.1—1990）

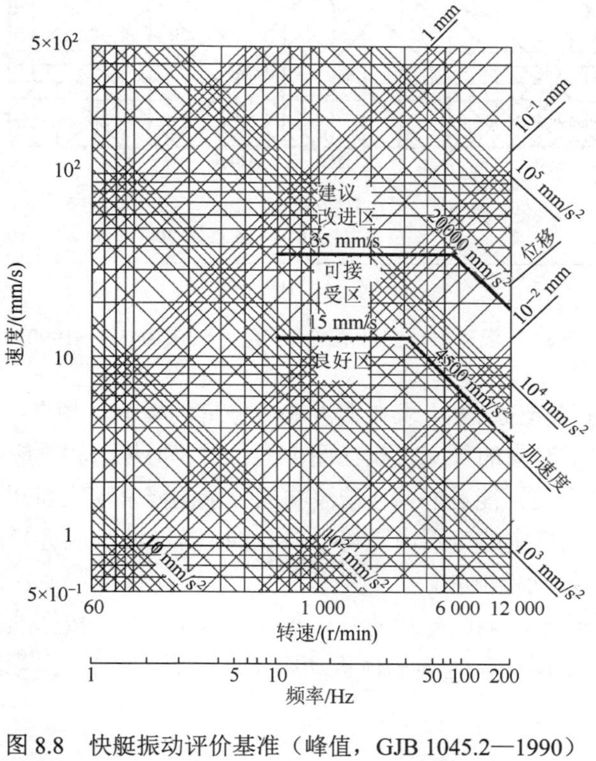

图 8.8　快艇振动评价基准（峰值，GJB 1045.2—1990）

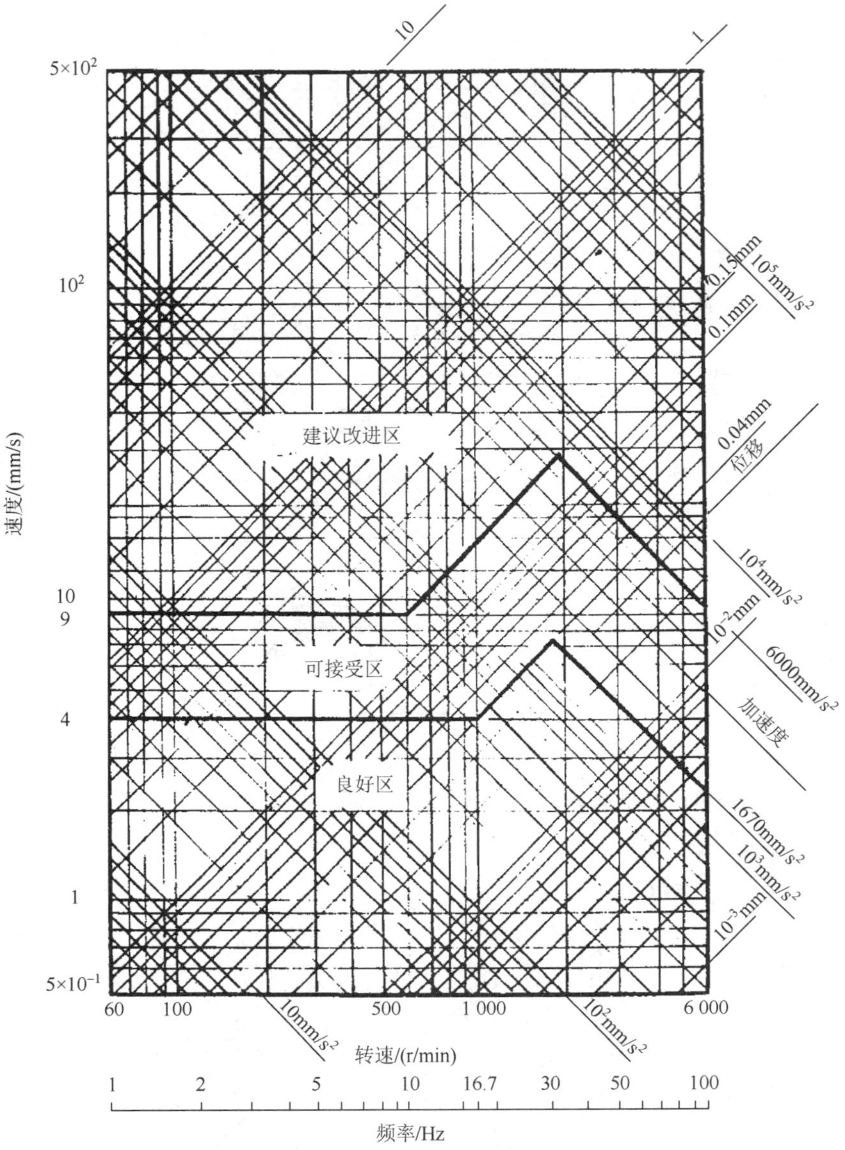

图 8.9　潜艇振动评价基准（峰值，GJB 1045.3—1990）

响应时间历程曲线进行谐波分析，求取谐波响应分量的峰值及频率；③将所求得的谐波响应分量的峰值，按其所对应的频率查找在图中的位置；④若谐波响应分量的峰值落在良好区，则表示船体结构振动性能良好；若谐波响应分量的峰值落在可以接受区，则表示船体结构振动性能一般，在规定的范围内是可以接收的；若谐波响应分量的峰值落在建议改进区，则表示船体结构振动性能差。

造船实践证明，若谐波响应分量的峰值落在可以接受区，按标准来说虽然是可以接受的，但舰员均会从自身感受认为该船体振动剧烈。

8.2　舰艇振动测量

舰艇振动是一种不可避免的现象，为评价舰艇的振动性能或查找振动过大的原因，需要进行舰艇振动测试。新设计型号或新建船舶及正在服役（或营运）的船舶都有进行振动测试的必要，振动测试的主要目的如下：①确定振动烈度，并与基准比较，判断其是否满足基准要求；②找出主要振源，分析其传递途径和方式，并制定相应的减振措施。对于新设计型号的舰艇，特别是对性能要求较高的船舶，其建成后的振动测试中，除以上目的外往往还有如下测试目的：确定船体及其局部结构的振动特性参数，如固有频率、阻尼和固有振型等；进行特殊要求的测量，如船体结构动刚度测试、螺旋桨脉动压力测量及其他设备激振力的测量；检验船体结构振动的预报方法或检验减振措施效果；为修订基准积累资料。

根据舰艇振动的激励力的来源，可将舰艇振动测试分为两类：航行振动试验测试和人工激振试验测试。前者是在舰艇正常航行试验工况中实施的一种测试，后者则是通过将某种特殊激励力（正常航行以外的激励力）作用于船体使舰艇产生预期振动而进行的一种测试。根据测量的范围，可将舰艇振动测试分为总振动测试与局部振动测试两类。本节介绍舰艇总振动测试与局部振动测试方面的知识。

8.2.1　舰艇振动测量的基本概念

狭义地说，舰艇振动测试在于通过传感器、放大仪器及显示或记录仪表来测量工程结构重要部位在外界激励或运行工况中的位移、速度、加速度等运动量，从而了解机械或结构的工作状态。广义地说，通过运动量的测量，我们希望了解机械或结构的动特性，如固有频率、固有振型、阻尼及动刚度等特性参数，为机械或工程结构的动力设计服务。因此，舰艇振动测试包括运动量的测量和动特性试验两个方面，后者通常用动特性参数来表达，因而动特性试验归结为动特性参数的试验。

振动测量和振动试验分析在机械工程和工程结构有着广泛的应用，它综合传感器、电子学、信号分析及现代结构振动理论等多方面的学术成果，形成了自身的理论、方法、实践技术和学科体系。特别是在 20 世纪 60 年代，快速傅里叶变换得到广泛应用，电子技术和计算机技术飞速发展，对振动测量和振动试验分析起到了相当大的推动作用。从这个意义上说，振动测量和振动试验分析不仅是一门应用性学科，而且应属于与当代新技术紧密相连的高技术学科范畴。

1. 振动测量方法

振动传感器是将结构振动的机械量转换为测量系统能处理的与之成比例的机械量、电量或光学量等物理量的转换装置。按照传感器输出信号的类型，可将振动测量方法分为机械法、电测法和光测法三类。

（1）机械法是利用杠杆传动或惯性原理接收并记录振动的一种测量方法。机械式振动仪虽然有使用简便、不需要电源和光源、不受电磁干扰等优点，但其体积大、灵敏度低、使用频率范围窄、部件易受腐蚀、后续数据处理困难，已逐渐被电测法和光测法所取代。

（2）电测法是通过传感器测量系统将机械振动变换为电信号进行测量的方法，是目前应用最广的一种机械振动和冲击的测量方法。电测法具有测量范围大、频率范围宽、传感器型号和规格多、体积小、重量轻等优点，便于现场测量使用。国内外许多著名的传感器制造商都以提供电测仪器为主。

（3）光测法是将机械振动转变为光信号进行测量的方法。激光干涉仪和激光光纤传感器具有极高的测振精度和灵敏度，通常情况下，其位移的最小度量为 1/4 波长，可测量微米级以下的振动。光测法适合精确测量小量级振动，因此对测试环境要求很严，对传感器的安装位置和振动要求较高，非接触式的测量一般要求对安装点隔振，早期主要限于实验室内使用。近年来，随着仪器隔振性能和光纤技术的发展，光测法已经广泛应用于工程实际测量。光测法可实现远距离非接触测量，对温度和环境腐蚀的要求较低，但需要电源和光源激励，而且体积较大、价格较为昂贵。

2. 振动传感器的原理及分类

1）振动传感器的原理

振动传感器首先通过机械接收环节将结构的实际振动机械量 X_e 转换为中间机械振动量 X_r；然后再通过中间变换环节，将中间的机械振动量 X_r 变换为机械量、电量或光学量等输出量 E；如果输出量 E 信号太弱，不足以驱动测量系统，则应对其进行测量放大得到信号记录 U。伺服式传感器在中间变换环节和机械接收环节间还设置有反馈环节，振动传感器的原理如图 8.10 所示，它的中间变换环节为机电变换环节。

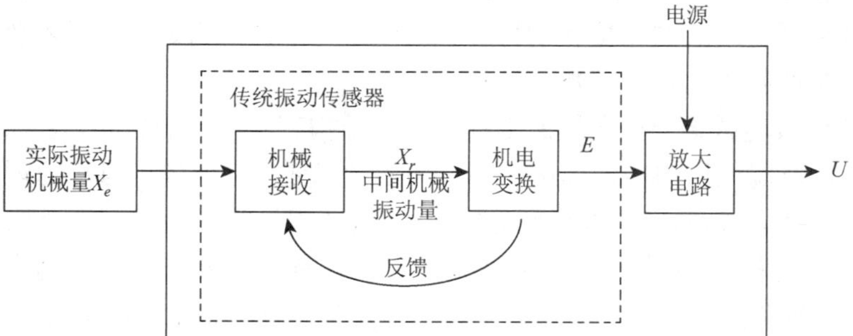

图 8.10　振动传感器的原理框图

传统的振动传感器包含机械接收环节和机电变换环节，伺服式传感器还包含反馈环节，这种传感器一般都必须和匹配的放大器共同使用，如压电式传感器匹配电荷放大器或电压放大器，电涡流传感器匹配前置放大器等。随着电子技术的进步，特别是超大规模集成电路技术的发展，通过将外置的测量放大电路集成化封装成很小的芯片直接装入传感器中，制造了内装放大电路的新型振动传感器。由于省去了体积较大的外置放大器，这种传感器携带十分方便，适合于现场测量使用。

2）电测法振动传感器的分类

电测法振动传感器可以有多种分类方法，表 8.3 给出了 4 种分类方法。

表 8.3　电测法振动传感器分类

<table>
<tr><th>分类依据</th><th>类型</th><th>细分类型</th><th>分类依据</th><th>类型</th><th>细分类型</th></tr>
<tr><td rowspan="3">机械接收原理</td><td rowspan="2">相对式</td><td>顶杆式</td><td rowspan="3">机械接收和机电变换环节是否有反馈环节</td><td rowspan="2">非伺服式</td><td rowspan="2"></td></tr>
<tr><td>非接触式</td></tr>
<tr><td>惯性式（绝对式）</td><td></td><td>伺服式</td><td></td></tr>
<tr><td rowspan="7">机电变换原理</td><td rowspan="2">发电式</td><td>电动式</td><td rowspan="7">测量物理量</td><td>位移计</td><td></td></tr>
<tr><td>压电式</td><td>速度计</td><td></td></tr>
<tr><td rowspan="5">参量式</td><td>电阻式</td><td>加速度计</td><td></td></tr>
<tr><td>电容式</td><td>力传感器</td><td></td></tr>
<tr><td>电感式</td><td rowspan="3">应变计</td><td rowspan="3"></td></tr>
<tr><td>压阻式</td></tr>
<tr><td>电涡流式</td></tr>
</table>

（1）按机械接收的原理分类。按机械接收原理，电测法振动传感器可分为相对式和惯性式（绝对式）两种。前者又可细分为顶杆式和非接触式。相对式传感器以振动传感器外壳作为参考坐标，借助顶杆或间距变化（非接触式）直接接收机械振动。因此，被测机械量与中间机械量为与频率无关的正比关系，即零阶系统。采用相对式接收原理的振动传感器，所测得的振动是以振动传感器外壳为参考坐标的相对振动，所以称为相对式振动传感器。惯性式接收原理即通过振动传感器内部由惯性质量、弹簧和阻尼构成的单自由度振动系统接收振动，被测机械量与中间机械量通过二阶微分方程联系，故称为二阶系统。惯性式振动传感器所测得的是相对于惯性坐标系的绝对振动，因此也称为绝对式振动传感器。

（2）按机电变换原理分类。按机电变换原理，电测法振动传感器可分为发电式和参量式两类，前者经变换后输出电动势、电荷等具有电能的电量，分别称为电动式振动传感器和压电式振动传感器；后者则将机械量的变化转换为电阻、电容或电感等电参量的变化，有电阻式、电容式、电感式、压阻式和电涡流式。

（3）按是否有反馈环节分类。按机械接收和机电变换环节是否有反馈环节分为伺服式传感器和非伺服式传感器。伺服式传感器的机电变换环节会反过来影响机械接收环节的工作，其目的是改善接收特性。

（4）按测量物理量分类。还可按测量的物理量分类，并以所测量的物理量来命名，如位移计、速度计、加速度计等。

3. 振动测量的若干术语

1）振动试验系统

振动试验系统通常包括以下三个部分：①激振系统，激振系统是用来激发被测结构或机械振动的系统，激振系统中所用的设备称为激振设备，如在实验室中常用的振动台、现场激振时常用的偏心激振器等；②测量系统，测量系统是将振动量加以转换、放大、显示或记录的系统；③分析系统，分析系统可将测量的结果加以处理和分析，根据研究目的求得各种参数或绘制出图表。随着电子技术的发展，计算机已成为分析系统的核心硬件设备。

2）拾振器

拾振器是在振动测量中对传感器的习惯称呼，它将振动运动量按正比例关系转换成光学量或机械量（更多的情况是转换成电信号）。根据被转换运动量的不同而分为加速度拾振器（简称加速度计）、速度拾振器（简称速度计）和位移拾振器（简称位移计）。

3）相对式拾振和绝对式拾振

从原理上说，振动的运动量应相对于惯性坐标系来测量。在实际测量中，某些拾振器（如杠杆式测振仪）总要有一端固定在被测振动体外的一个参考点上，所以测出的结果是相对于参考点而言的，这样的拾振方式一律称为相对式拾振，常见的光学式测振都属于相对式拾振。绝对式拾振采用惯性式传感器，拾振器必须固定到被测点上跟随振动体一起振动，不需要相对固定端。

4）拾振器的跟随条件

对于必须通过与被测物相接触来拾振的拾振器（接触式拾振器），在测量过程中必须保证它与触点不会产生脱离，满足这一要求的条件称为跟随条件。

4. 振动测量仪器的主要性能指标

1）灵敏度

对于不同类型的振动测量仪器，其灵敏度的表达方式也不同。机械式（杠杆放大）测振仪的灵敏度表示为输出机械量与输入机械量之比，这种仪器通过顶杆的接触将振动体的运动量转变为顶杆的运动量，经过杠杆系统放大后加以显示或记录。如果输出机械量和输入机械量属于同一机械量，二者的比值称为放大倍数。

动圈式的电磁式传感器，如速度传感器，是利用发电原理将振动量转化为电量的。这类仪器的灵敏度为输出电压量与输入机械量之比。如图 8.11 所示的相对式速度拾振器，它的灵敏度为

$$S_v = \frac{U_m}{V_m} \tag{8.3}$$

式中：V_m 为测点振动速度 $v = V_m \sin(\omega t)$ 的幅值；U_m 为仪器输出电压信号 $u = U_m \sin(\omega t)$ 的幅值。

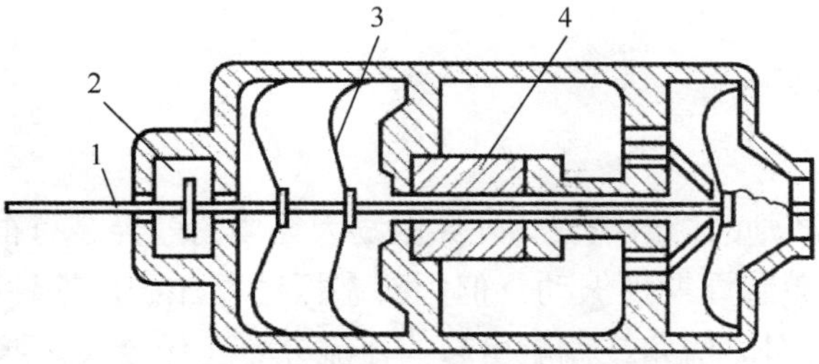

1-顶杆；2-限幅箱；3-拱形弹簧；4-磁钢

图 8.11　相对式速度拾振器

振动测量中的多数传感器，都采用机械量-电量变换形式，简称机电变换形式，因此其灵敏度表达式类似于式（8.3）。对于理想的传感器，其输出波形应当与输入波形完全成比例，在这种条件下，使用式（8.3）的形式来表达灵敏度是完全合适的。假如与其相连的二次仪表（放大显示仪表）及线路也具有理想的变换性能，则整个测量系统灵敏度可表示为

$$S = \frac{\text{最后输出量}}{\text{最初输出量}} = S_1 S_2 S_3 \cdots$$

式中：S_1 为拾振器的灵敏度；S_2、S_3 等为后接各级仪表的灵敏度。

值得注意的是，由于线路结构的原因，一些显示仪表（主要是指针式显示仪表）的显示值是峰值、有效值和平均值中的一种，它的灵敏度应为同种度量值之比。

2）分辨率

能够引起输出量发生的可以分辨变化的最小输入量的大小，称为分辨率。如果一台仪器的输出量由电表读出，那么该表可读出的最小增量便是这台仪器的分辨率。

分辨率往往受仪器或系统的噪声电平限制，只有当信号电平高于噪声电平一定倍数时，才不致被噪声所湮没。

3）线性度

线性度也称幅值线性度，当一个仪器的灵敏度随振动幅值变化但不超过某一给定限度时，把这一限度称为该仪器的线性度，线性度实际上就是在正常情况下的灵敏度误差范围。

4）频率范围

频率范围一般是指在仪器灵敏度的变化不超过某一规定百分比的条件下，仪器的使用频率范围，包括频率下限和频率上限。如果传感器频率下限可扩展至 0，称该测量系统具有零频率响应特性或静态响应特性，具有零频率响应特性的测量系统可以用来测量静位移、静应变、恒定加速度和常力等静态机械量。

有的仪器还要求输入的正弦波和输出的正弦波之间的相位差不超过某一限度，则仪器

的使用频率范围也应符合这一要求。一台仪器的频率范围可能取决于传感器本身的电气性能或机械性能，也可能取决于附加线路或配合仪表的性能。此外，传感器的安装条件也会影响频率上限。

8.2.2　舰艇总振动测量

舰艇振动是外界激励的综合响应，外界激励因环境的差异会有很大的不同，例如，船上的推进装置一般会激起周期性振动，但因瞬态振动叠加到周期性振动会使信号发生畸变，如波浪拍击等。此外，舵角或偏航引起的伴流分布变化会大大增加激励力，从而使响应增大。螺旋桨的出水（无论是连续还是间歇性的出水）也会使激振力大大增加，浅水航行还会使船体的振动特性产生相当大的变化。为了确保舰艇振动测试数据具有可比性并能正确地反映舰艇的客观实际，需要对试验条件进行统一的若干规定。

振动试验的方法及环境条件一般由有关标准进行规定，我国的《机械振动 船舶振动测量 第 2 部：结构振动测量》（GB/T 28784.2—2014）、《水面舰艇结构振动测量方法》（GJB 154—1986）等都对舰艇总振动的测试方法及条件进行了相关规定，具体如下。

（1）试验时应具备的条件。试验时应满足以下条件：①试验时的水深不小于 5 倍的吃水，以消除浅水影响；②海面应保持平静（三级海情），风力一般不超过 3～4 级，中浪以下；③舰艇压载应尽可能接近正常排水量，尾部吃水应保证螺旋桨全部浸入水中；④进行自由航迹试验时，舰艇保持一定的航速和航向，且操舵角控制在 ± 2°以内。若不满足上述条件，应在试验记录中说明或进行适当修正。

（2）船体总振动的测量点。对于船体垂向弯曲振动，测点应布置在主甲板或强力甲板上邻近中纵剖面的强刚性构件处（如纵舱壁、横舱壁或甲板纵桁等）的部位上，以免与甲板板架或其他局部构件的振动相混淆。若有困难，也可置于甲板平面上的舷侧处，但应注意与扭转振动信号区分。

船体梁的垂向振动、水平振动和纵向振动的尾部测点应尽可能靠近尾部尾垂线位置的中心线处。由于该测点位于各种振型的波腹处，对测定振动特性有利，是船体振动的主要参考点。对于水平振动，测点应置于中纵剖面的甲板或船底处，并将传感器放置为水平方向。对于扭转振动，应在甲板两侧放置一对垂直方向的传感器，或在甲板与船底处放置一对水平方向的传感器，利用相位信息，将垂向振动、水平振动与扭转振动加以区分，见图 8.12（a）。

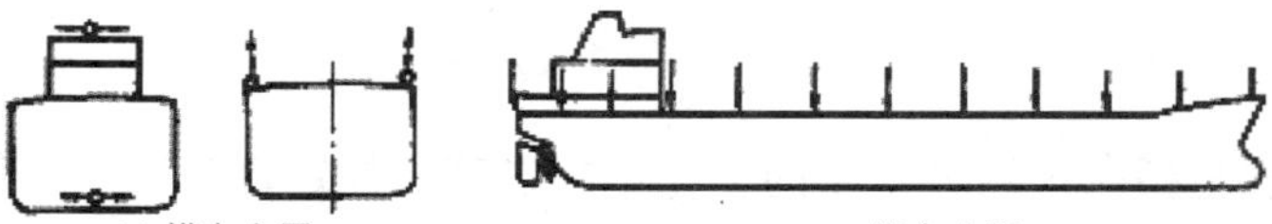

(a) 横向布置　(b) 纵向布置

图 8.12　总振动测点及布置图

当需要测定船体梁振动的振型时，应沿船长方向布置足够多的测点，同步获得振动信号，以确定其振型。也可以在船尾测点处固定一个传感器，其他传感器沿船长方向移动若干次以获得船体梁的振型，见图 8.12（b）。当出现振动节点时，通过振动节点附近的记录信号及节点前后相位的变化来判别节点数和节点位置。

（3）船体总振动的激振和试验方法。为了获得舰艇振动的特性，常用激振机激振。激振机是由电动机驱动的偏心块式机械，激振力大小取决于偏心块重量、偏心距和电机转速。为了激起船体的各阶主振动，机械式激振机可放在尾部的露天甲板上或舱室内，并应在甲板结构上固定良好。激振机应安装在甲板的强纵桁部位，这样不会引起过度的局部振动。甲板下方可有支柱，并注意使激振机对称于中纵剖面，以免中纵桁扭曲。若想激起水平振动，则激振机应横向固定。激振机安装在上甲板上时，常同时激出水平振动和扭转振动。通过激振机安装位置和方向的变化，并改变激振力的频率和大小，可激起各种形式的船体总振动。

激振机的激振力能精确计算并易于控制，因此常用这种激振方法来测定螺旋桨（或主机）的激励力大小。此时，激振机应与螺旋桨安装在同一横剖面处，使激振机频率等于螺旋桨激励频率，通过响应的对比试验便可确定螺旋桨的激励力大小。

在高频激振时，激振机的固定偏心距会造成激励力过大，这时应调小偏心距以降低激励力，以免造成结构损坏。

抛锚激振试验是一种较简单易行的方法，试验时，突然打开锚链制动器，使锚自由下落，在其触及水底前用制动器迅速制动。锚链下落距离越大、制动越快，对船体形成的冲击力也就越大。但要注意，锚自由下落时造成的冲击力不能超过规定的范围。从松锚到不再觉察到振动为止的这段时间内要连续记录，以捕捉舰艇冲击后的自由衰减振动波形。对记录的数据进行分析，一般可得到船体梁的第 1 阶或第 1～2 阶的船体总振动固有频率、固有振型和阻尼。

（4）航行振动的测量。航行振动测量的激励力主要来源于螺旋桨工作时的激励力，测试前应制定有效的测试方案，航行振动测量试验包括以下的项目：①以小于 5 r/min（0.083 3Hz）的螺旋桨转速稳定加速或减速，来进行扫描激振，以确定可能存在的临界转速；②在进行自由航迹试验时，在最高转速的 1/2 到最高转速之间，按 3～10 r/min 的间隔增加，在常用转速工况或临界转速附近，转速变化的间隔应更小些；③在最大航速时进行急左转与急右转（选择性项目）；④从全功率前进到全功率后退或急速倒车（选择性项目）。

进行稳速自由航迹试验时，要求舰艇在足够长的时间内航速保持稳定，并记录最大和最小振动烈度。对于多桨船，所有螺旋桨应尽可能保持相同转速。若在航行转速范围内存在船体的共振频率，则可按激振机试验等类似方法测量振型，为了确定振型，在一定情况下可进行单机运转。

在进行操纵性试验时，开动节流阀或舵轮即开始做记录，直到应急倒车时或满舵转弯而产生最剧烈的船体振动后，才可终止记录。

（5）数据纪录与测试报告。测试完毕后应撰写测试报告，测试报告应包括被测量舰艇的主要参数、测量条件和测量仪器、振动测量结果，分别按表 8.4～表 8.6 的格式进行填写。

表 8.4　被测量舰艇的主要参数

船名		类别		航区	
制造厂		所属单位		出厂年月	
船舶主尺度			主机		
垂线间长 L_{pp}/m			型号×台数		
型宽 B/m			额定功率/kW		
型深 D/m			额定转速/(r/min)		
满载吃水 d/m			发电机组原动机		
满载排水量 Δ/t			型号×台数		
载重量 D_w/t			额定功率/kW		
载客数			额定转速/(r/min)		
螺旋桨			备注		
类型					
桨数×叶数					
直径×螺距/m					
额定转速/(r/min)					

表 8.5　测量条件和测量仪器

环境条件				测量仪器型号	
测量水域				传感器	
水深/m				放大器	
风力		浪级		记录器	
船舶状态				分析仪器	
吃水/m	首尾平均			系统标定日期	
测量时排水量/t				测量日期	
主机工况				年　月　日	
转速/(r/min)				其他	

表 8.6　振动测量结果

测点编号	测点位置	主机转速/(r/min)	垂向振动				水平振动				纵向振动			
			频率/Hz	振动幅值	阶次	备注	频率/Hz	振动幅值	阶次	备注	频率/Hz	振动幅值	阶次	备注

注：振动幅值可以是位移（mm）、速度（mm/s）或加速度（mm/s^2）。

8.2.3　舰艇局部振动测量

舰艇局部振动测量可分为局部结构单元和专门结构部件的振动测量。其中，局部结构单元有板、梁等，专门结构部件有桅杆、上层建筑、尾轴架等。舰艇局部振动测量一般根据舰载设备和舰艇的特殊性能需求进行，一般没有针对性的标准或方法。实际进行测量时，常采用引用标准并结合测试原理的方法来决定试验条件和具体实施方案。局部振动的常规性测量一般只针对上层建筑结构、板结构的振动。

1. 上层建筑结构

对上层建筑结构振动的测量，一般要使用激振技术使其产生振动，测量内容包括响应和固有频率。对于响应测量，在 90%～100%的正常航行转速范围内，为方便确定其整体性的振动，在下列位置测量三轴方向（垂向、水平和纵向）振动：驾驶室的桥楼前沿中心线处和甲板室前主甲板的中心线处。当需要测量扭振时，应在上层建筑增加两个传感器，上层建筑振动测点布置示意图如图 8.13 所示。

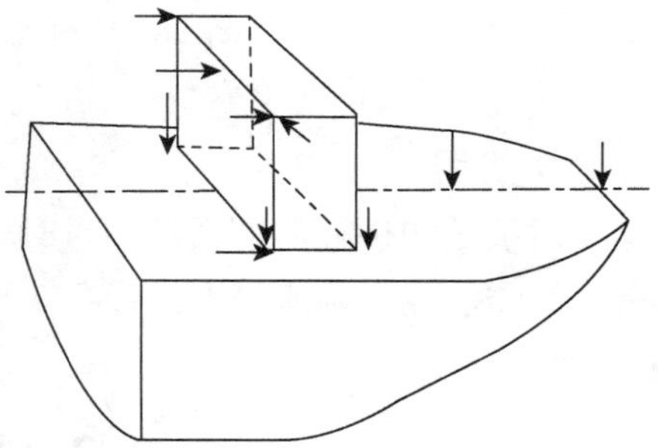

图 8.13　上层建筑结构振动的测点布置

对一艘 13 万吨油船的上层建筑结构进行局部振动测量，试验方案及结果如图 8.14 所示，其中 1 m/KPS = 0.224 8 m/kN，$1(\mathrm{KPS})^2 = 19.8(\mathrm{kN})^2$。进行了两种方法的激振试验：一种方法是激振机激振试验，将激振机焊于船体主甲板尾部中心线处，在 5～20 Hz 范围内扫频激振；另一种方法是用 40 kg 的锤子对其进行冲击激励，并记录其响应。结果表明，两种方法的测试结果符合良好。

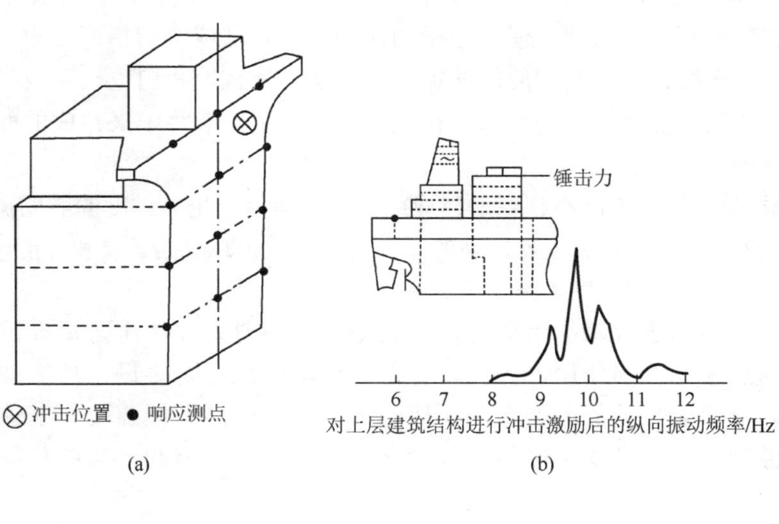

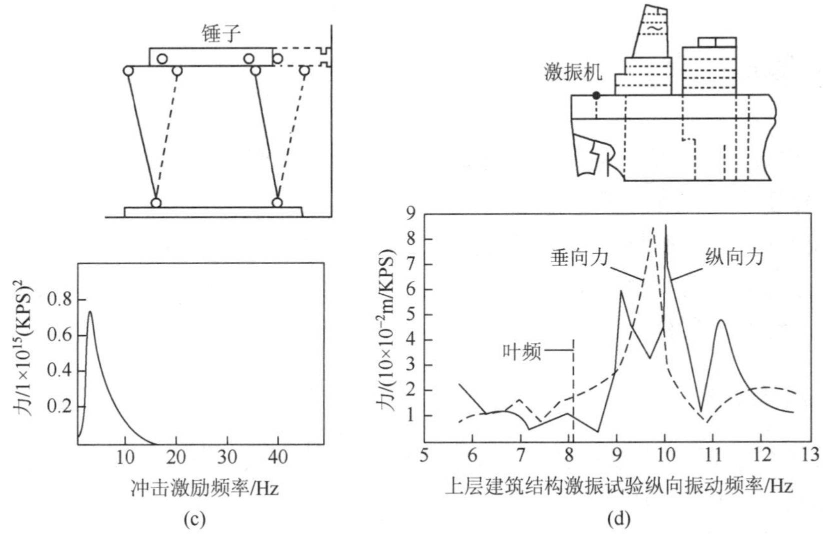

图 8.14　上层建筑结构激振试验及局部振动测量

2. 板结构

对板结构进行局部振动测量时较为简单，直接将传感器布置在研究对象板上即可，可采用锤击法或借用舰艇上的设备工作时产生的激励（如火炮射击、主机运转等）。

8.3　舰艇的防振与减振

8.3.1　防振与减振的原理与方法

防振是指在船舶设计阶段致力于将船舶振动控制在规定的目标内所采取的措施，包括对船体的频率特性和振动响应进行预报，根据预报结果调整设备有关参数和结构设计，也可以加装减振降噪装置，使船舶振动性能满足基准或合同指标要求。在船舶制造业发达的国家，一般都有一套相应的防振设计方法与流程，我国也已形成了一套较完整的方法。通过船舶的防振设计与预报，在大多数情况下，能将未来建成的船舶振动控制在预定的目标内。

所谓减振，是指消除或减小在船舶建成或投入营运后产生的过度的船舶振动而采取的措施和方法。这时需要对引起剧烈振动的原因进行分析，并根据必要和可能（主要是减振治理的费用）制定减振措施和方案。

对建成后的船舶进行减振治理时，需要的人力和财力往往比防振设计更多，并且会耽误船舰的正常运行与使用。因此，应在设计阶段就对防振设计与振动预报予以更大的重视。影响船舶振动的因素很多，船舶振动的烈度涉及螺旋桨与主辅机的激励、船舶的总体性能、尾部型线及船体结构设计等诸多方面。因此，船舶防振与减振设计是一个复杂的综合过程。

防振与减振的主要差别是：前者是在设计阶段进行，后者大多是在建造完毕并投入使用以后进行。防振与减振的基本原理其实是相同的：①使激励频率与船体结构固有频率有效错开以避免共振；②降低激励力幅值或减少激励力传递到船体结构的程度以降低强迫振动响应幅值；③增大结构刚度以改变结构振动特性和减小静力变形；④增大振动过程中的阻尼损耗。基于防振与减振基本原理进行的船舶防振与减振设计及分析的一般流程如图 8.15 所示。

一般来说，针对投入使用后的船舶的减振措施可考虑在设计中的船舶中采用，而设计阶段的一些方法与措施，在建成后的船舶减振工程中，往往会因受到经济或技术方面的限制而无法完全采用。

8.3.2　常用的防振与减振措施

1. 避免或避开共振

1）设计阶段

一般不允许船舶总体处于共振状态下运行，特别是低阶船体梁共振状态。当船舶处于低阶船体梁共振状态时，若外界激励力较大、船体刚度相对较小，船舶在水面上航行时会出现明显的大挠度振动，一般是两节点振动，会对船舶总强度造成危险，并对上层建筑和桅等高耸结构造成较大的支座位移激励。因此，避免低阶共振是船舶设计工程师的首要任务。通过设计，应使船体梁的固有频率与船舶上的主要激励源频率有足够的错开率（总振动频率储备）。

与螺旋桨激励频率错开的设计方法如下：①计算最低 5 阶船体的总振动固有频率；②以水平轴表示螺旋桨转速，垂直轴表示船体总振动固有频率和螺旋桨激励频率，将计算所得的固有频率和螺旋桨激励频率线绘制成如图 8.16 所示的图谱；③考虑到参与船舶总振动的质量随装载条件变化而且固有频率的计算存在误差，需要确定每一阶固有频率值的频带宽度（即变化范围，图 8.16 中的阴影区），同时在图上标明轴频线、2 阶轴频线和叶频线；④螺旋桨激励频率线与阴影区的非交叠区是该船的非共振区，由图谱选择适当的桨轴转数和桨叶数，使其具有一定的总振动频率储备。

一般船舶的低阶振动阻尼较小，激励频率与固有频率有少许错开，便可大幅度减小船体总振动。《舰艇通用规范》（GJB 4000—2000）中规定的军用舰艇总振动频率储备为：500 t 以上的排水型水面舰艇船体的第 1 阶和第 2 阶固有频率分别错开 8%～10%和 10%～15%，第 3～5 阶则没有规定；滑行艇及 500 t 以下的排水型水面舰艇船体的第 1～3 阶固有频率分别错开 3%～5%、5%～7%、7%～10%，第 4 阶和第 5 阶则没有规定；潜艇船体的第 1～3 阶固有频率分别错开 8%、10%、15%，第 4 阶和第 5 阶则没有规定。

若固有频率储备达不到要求，可以采取如下设计措施。

（1）适当改变船上载荷的分布以调整固有频率。例如，将货物移近船体梁振动节点，使固有频率有所提高。若将压载布置在振动腹点，船体梁的固有频率将有所下降。

（2）调整结构设计，改变船体梁的剖面惯性矩。船体梁剖面惯性矩每增加 10%，固有频率约上升 5%。

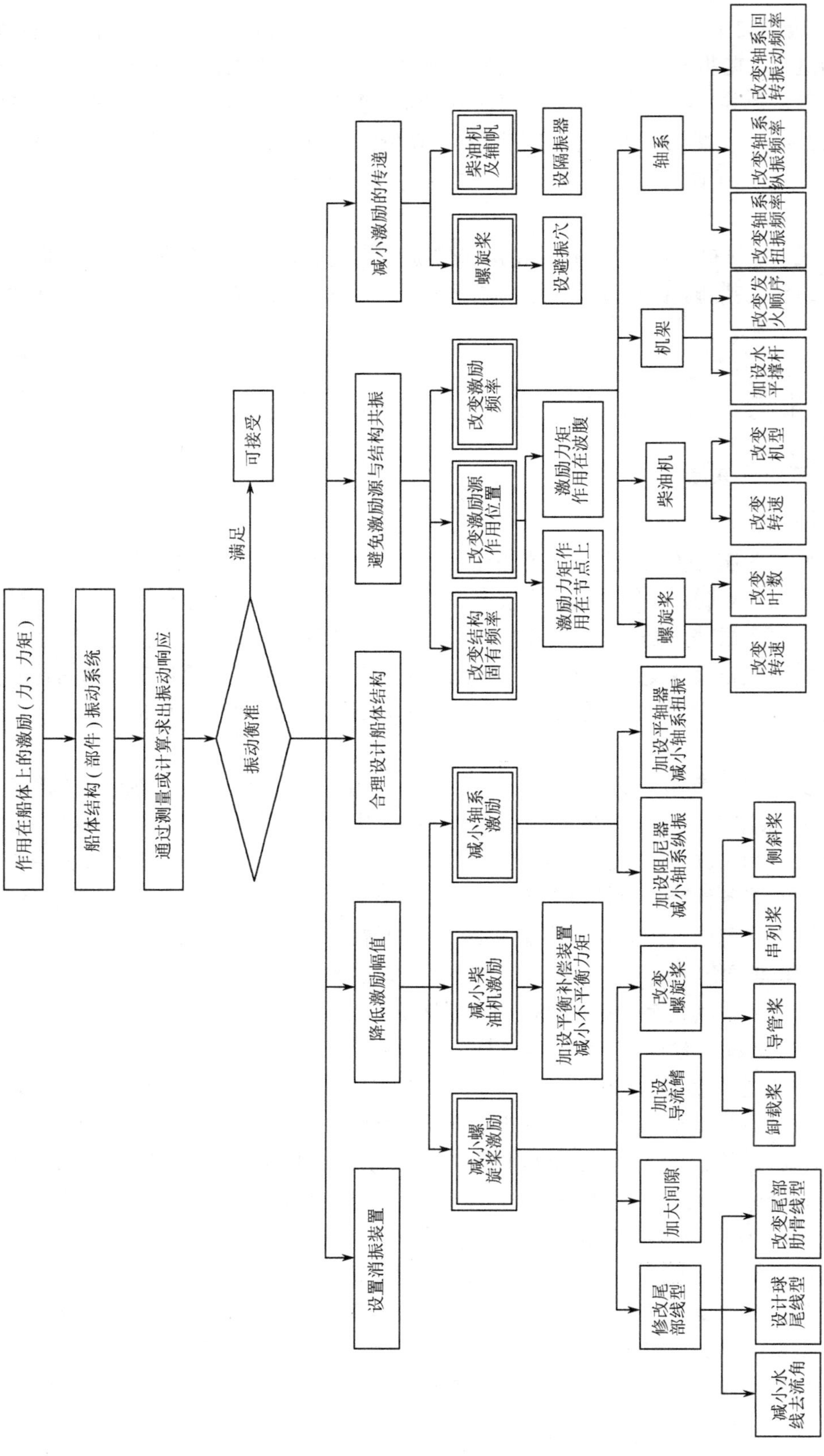

图 8.15　船舶防振与减振设计及分析的一般流程

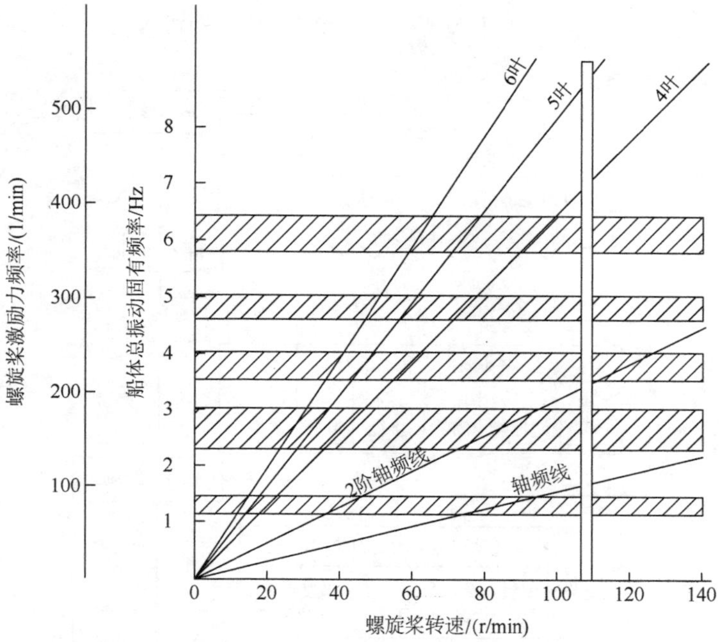

图 8.16　船体总振动固有频率与螺旋桨转速的关系

（3）合理设计上层建筑以改变船体梁刚度。例如，将甲板室改为桥楼可增加刚性，采用弹性接头可降低上层建筑参与总振动的程度并减低船体梁刚度。

（4）改变激励频率。可以通过改变螺旋桨的叶片数或调整螺旋桨转速来实现。

2）船舶建成后

若船舶建成后发生全船性共振，最简便的方法是调整工况转速。对于局部结构共振，常采用改变局部结构（如板格、架板、舱壁等）刚度的方法，如在发生共振的板格中部加设平行于长边方向的扶强材等。

2. 减小螺旋桨的激励

1）设计阶段

螺旋桨激励是船舶振动的主要原因之一，减小它的激励力，并控制它向船体的传递途径是一个至关重要的问题。

减小螺旋桨激励的设计流程如图 8.17 所示，主要从三方面进行：改进伴流分布，使之尽可能均匀；改进螺旋桨设计，减小脉动载荷分量；合理设计传动结构，改进传递特性。

一般而言，第一类措施最有效，应优先采用。在伴流分布已不可能进一步改善的情况下，可采取第二类措施或第三类措施。

（1）船尾形状设计。在船舶设计初始阶段决定线型时，应对振动问题和阻力、推进性能进行综合权衡考虑，尤其要注意其伴流分布，一般而言，双桨船伴流场比单桨船要均匀。

首先，合理选择单桨船尾部肋骨线型以改善伴流场的不均匀程度。船尾通常分为 U 形和 V 形两大类，是由尾柱线前 0.1 L（L 为船长）处的横剖面剖面形状参数 τ 的大小定的，τ 的定义见图 8.18，大致的区分方法如下：$\tau<0.2$ 时，为极 U 形；$0.2\leqslant\tau\leqslant0.5$ 时，

为中 U 形；$0.5<\tau<0.75$ 时，为中 V 形；$\tau\geqslant0.75$ 时，为极 V 形。

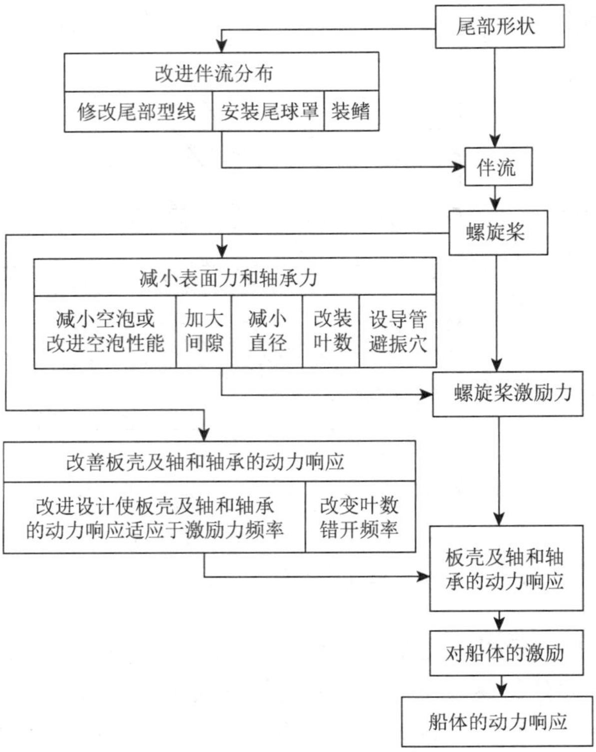

图 8.17　减小螺旋桨激励的设计流程

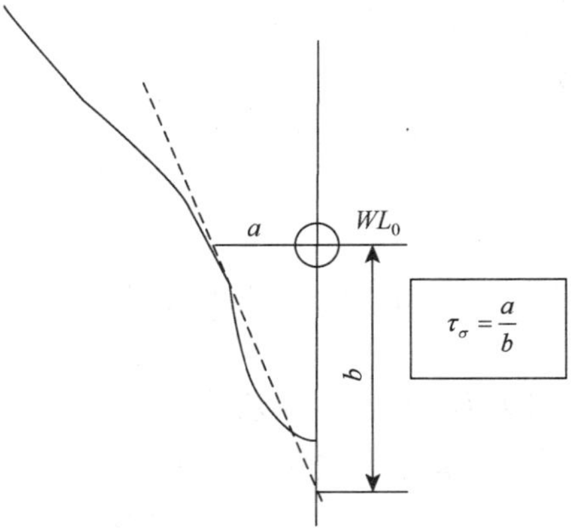

图 8.18　τ 的定义

剖面 U、V 度（即丰满瘦削程度）不仅会影响阻力和推进性能，还会影响桨盘面内的伴流分布。采用 U 形或球形船尾可明显改善伴流场的不均匀程度，因而有利于减小激振力。同一条船模采用不同 U、V 度船尾时所测得的伴流分布示例如图 8.19 所示。

然后，修改螺旋桨前方的横剖面形状，产生合适的舭部涡。根据伴流分布峰值在桨盘面内所处的位置对横剖面进行不同的修改，以便控制艉部涡的中心位置。

某船尾垂线前 0.1 *L* 处的横剖面如图 8.20（a）所示，图中实线是原型横剖面形状，其相应的伴流分布见图 8.20（b），由图可见，在桨轴上方存在一个大于 1.0 的伴流峰，且上部的伴流分布也不佳。将原型做细小改动，如虚线所示，引入艉涡，得到改进后的伴流分布如图 8.20（c）所示，伴流得到很大的改善。

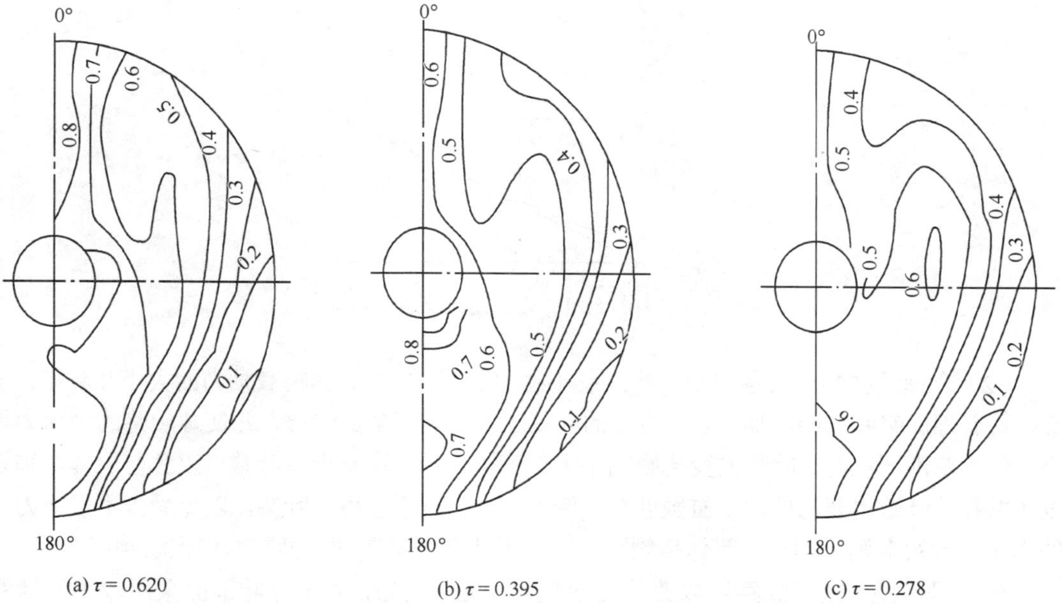

图 8.19　采用不同 U 、V 度船尾时测得的伴流分布

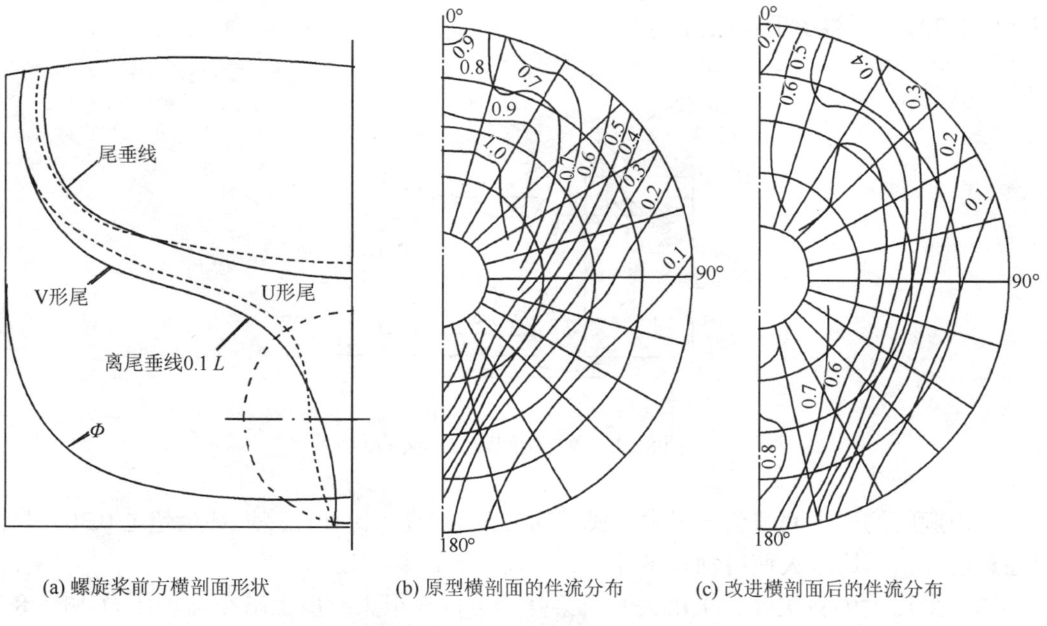

图 8.20　螺旋桨前方横剖面形状与相应伴流分布

最后，设计合适的去流角，使螺旋桨的来流和去流顺畅。这要求尾部尖端应有足够长度，0.875 R（R 为螺旋桨半径）的上层水线 WL_1 的去流角 φ_m（图 8.21）不得大于18°。具有隧道的内河浅水船宜用闭式隧道，来流角和去流角不大于 15°～18°。

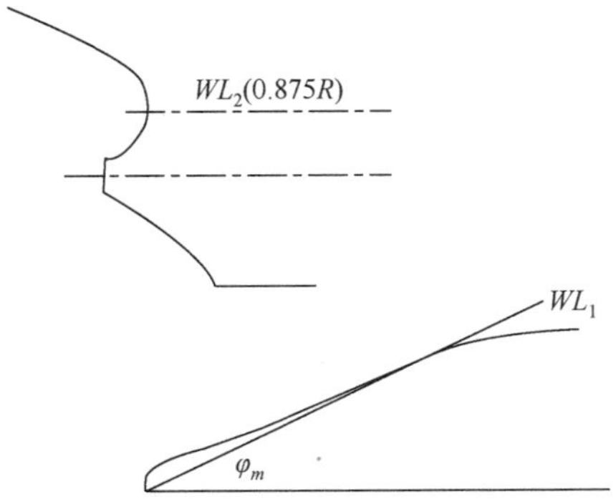

图 8.21　去流角定义

（2）合理选择螺旋桨各要素。首先是叶数，叶数的多少会影响激励力的大小和频率。一般，随着螺旋桨叶数的增加，它所诱导的脉动压力呈现下降的趋势，并使螺旋桨的轴承力减小。但当空泡严重时，叶数的变化影响不大。应结合轴转速来选择叶数，以免与船体、轴系发生共振。叶数也要与柴油机缸数匹配，例如，六缸机不宜用三叶桨，以免受到不平衡力矩的影响。叶数多则叶频高，船体高频阻尼大，因此多叶桨有利于抑制船体振动响应。

然后是螺距，改变螺距可以改善径向载荷分布。例如，外半径叶剖面采用较小的螺距和拱度，可卸掉叶梢载荷，有时效果较好。

最后是间隙，螺旋桨与船体的间隙会直接影响螺旋桨激励力的大小，因此必须控制间隙（图 8.22），不得小于最低值。

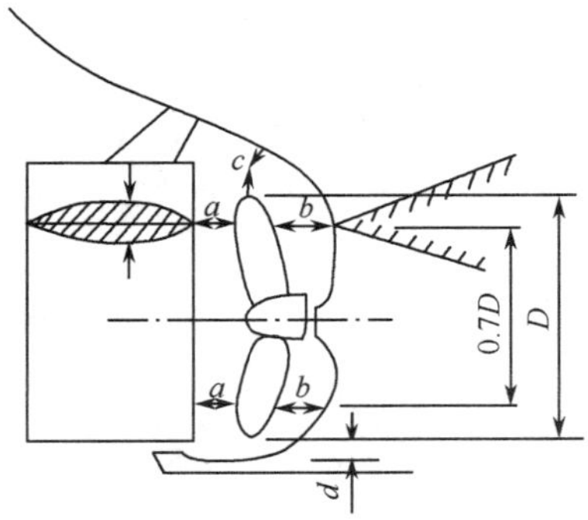

图 8.22　螺旋桨间隙（单桨船）

军用舰艇的最小间隙值一般大于民用船舶，间隙直径比往往接近甚至超过 0.30。另外，应注意避免梢隙比过大使得轴系悬伸端过长而引起的新问题。

（3）采用大侧斜桨叶。采用大侧斜桨叶，可以在很大程度上减小脉动压力。图 8.23

是一个典型的四叶桨的侧斜角及相应脉动压力的变化情况。

2）船舶建成后

改善螺旋桨激励力有两条途径：改变螺旋桨参数和改装尾部结构。切去部分叶梢是改变螺旋桨参数的一种方法，改装尾部结构的方法主要有增大螺旋桨梢隙和安装导流鳍。

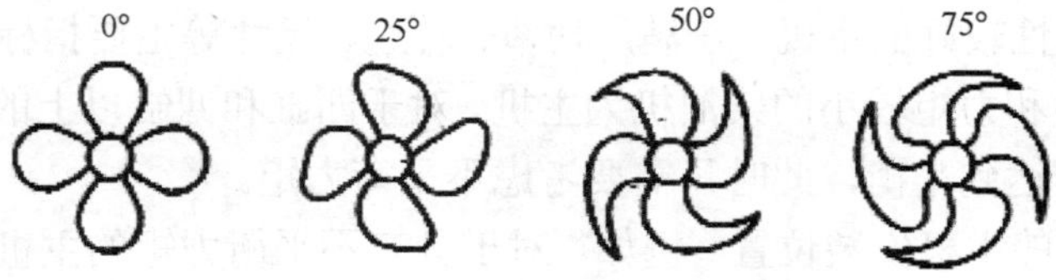

(a) 不同侧斜角的螺旋桨

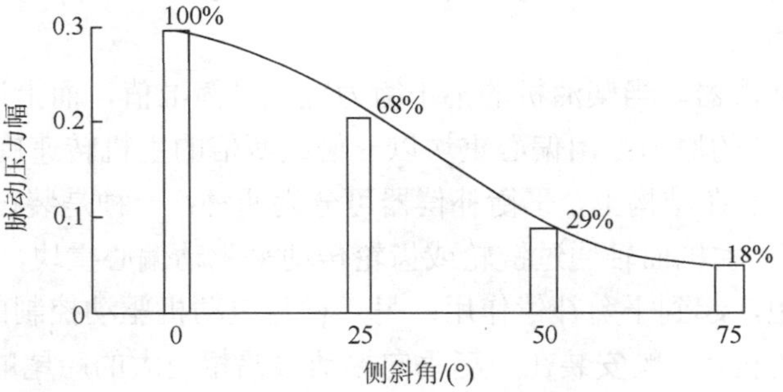

(b) 螺旋桨侧斜角与脉动压力幅值的关系

图 8.23　大侧斜桨侧斜角及相应脉动压力变化

例如，“江峡”轮新建成时，尾部振动剧烈，经测试发现螺旋桨上方壳板振幅最大，脱桨空车时，振动基本消失。经分析，断定振源是螺旋桨，主要原因是梢隙过小（四叶双桨，直径为 1 900 mm，梢隙为 280 mm），换上直径为 1 700 mm 的五叶螺旋桨后，脉动压力大大降低，尾部振动基本解决。同时，由于螺旋桨负载降低，转速略有上升，激励频率也提高，有利于一些结构脱离共振状态。

某船载重为 12 000 t，螺旋桨功率为 11 040 kW（15 000 马力），桨叶切去 1.5%直径的叶梢，转速升高 1.0%～2.0%，激励力减小 8%；切去 10%直径的叶梢，转速升高 8.5%，而激励力减小 30%～40%。当然，使螺旋桨转速升高时，必须考虑轴系的扭振及动力装置的效率和可靠性是否允许。

在船尾安装导流鳍相当于设置外整流穴，可改善伴流的均匀性，例如，某 1 600 t 的沿海客货轮，V 形尾，主机转速高，螺旋桨负荷大，故空泡严重，导致结构振裂、货物污损等。如图 8.24 所示，安装上下导流鳍后，振动情况显著好转，特别在浅水区效果尤为明显。

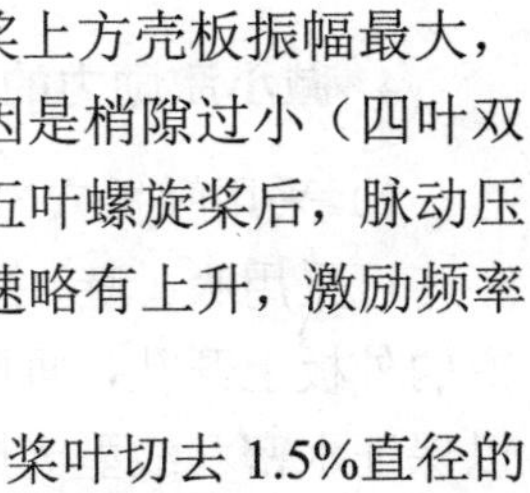

图 8.24　安装上下导流鳍

螺旋桨上方安装导流鳍后，梢隙略有减小，但整个尾部的表面力减小，一般可减小 1/3 以上，但理论计算表明，尾鳍对轴承力的影响不大。实践表明，下导流鳍对改善伴流贡献不大，安装导流鳍后，阻力可能增加。

对某轮进行装鳍改进，根据船模试验和实船换算，该轮失速 0.2 kn，虽然有失速现象，但对定期营运影响不大，所以也可在设计阶段考虑安装导流鳍。

3. 减小主机激励

1）设计阶段

（1）选择平衡性较好的主机。在满足功率、转速、尺寸等主要指标要求的同时，应当尽量选择不平衡力和力矩较小的柴油机为主机。对于四缸和四缸以上的二冲程柴油机，其不平衡力可以完全达到平衡，此时只需要考虑不平衡力矩。

（2）选择合适的主机安装位置。例如，对于具有不平衡力矩的主机，应将其尽可能放置在振型的波腹处。但是，随着尾机型船日益增多，主机位置与船体梁垂向振动三节点、四节点振型曲线上的节点靠近的可能性增加了，因此可能会增大不平衡力矩的激励和船体响应，这点应予以注意。

（3）安装平衡补偿器。当柴油机的不平衡力矩超过衡准值，而上述措施难以奏效时，应安装平衡补偿器，它的原理是用偏心重块以一倍或两倍的主机转速旋转以抵消主机的一次或二次不平衡力矩。在结构上，平衡补偿器可分为两种：一种是装在主机上，由曲轴驱动的“兰氏平衡器”，主机曲轴通过链轮或齿轮传动来驱动偏心重块，产生与主机不平衡力矩方向相反的力矩，起到平衡补偿作用；另一种是电动机驱动控制的“电动平衡器”，这种平衡器独立于主机，一般安装在舰艇垂向振动振幅相当大的船尾舵甲板上，产生一个反向的激励力，适当地抵消不平衡力矩激起的舰艇垂向振动，起到平衡补偿作用。

2）舰艇建成后

前述平衡补偿方法也可用于舰艇建成后的主机减振。

4. 减小激励力的传递

1）采用吸振穴、避振穴设计

可采用吸（避）振穴以减小螺旋桨向船体传递的表面力和激励，其方法是在螺旋桨上方的外板上开孔，面积约为 $D \times D$，开孔中心在桨盘面前约 0.1 D 处，开孔处盖以橡皮膜，以保证水密和线型光顺，橡皮膜周围及上方为围井及盖板，形成具有吸振作用的封闭气室，见图 8.25。也可以不在螺旋桨上方的开孔处设置围井，仅覆盖厚橡皮模以吸收表面力的能量，或只开孔而不覆盖橡皮膜，这样便形成如图 8.26 所示的钟形避振穴，这样就不必定期更换橡皮膜，但缺点是易形成涡流、增加阻力。

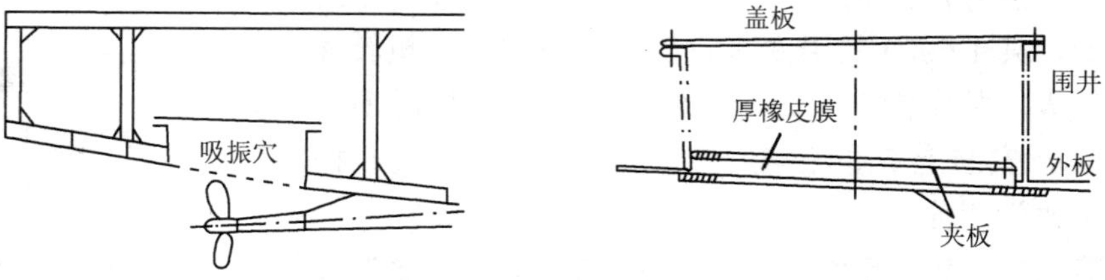

(a) 吸振穴位置　　(b) 吸振穴结构

图 8.25　吸振穴示例

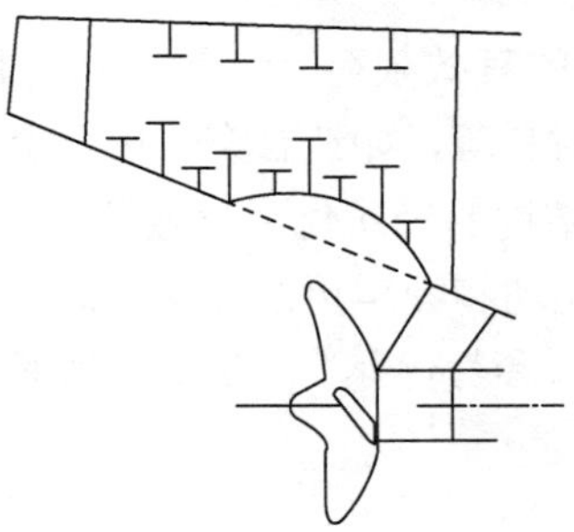

图 8.26　钟形避振穴示例

2）采用阻尼水舱设计

在螺旋桨上方的船底壳板上开许多一定直径的小孔，内设水密的围井（或称为阻尼舱），利用舱内的空气层和小孔阻尼起到减振作用，如图 8.27 所示。水舱的水与船外的水域相通，但小孔对船的快速性无明显影响。海上汽车渡轮的实船试验表明，该装置可使叶频表面力减小 35%，倍叶频表面力减小 45%，具有良好的减振效果。

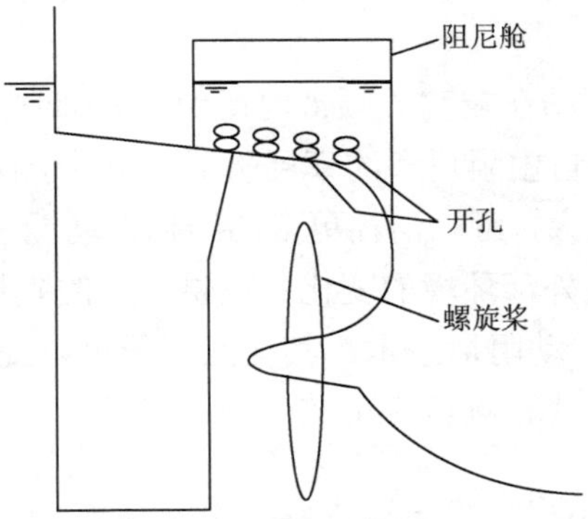

图 8.27　阻尼水舱示意图

3）主机隔振

对于内燃机、电动机等机器，可装设橡皮膜或金属弹簧隔振器，以减弱机器激励力对船体的传递激励，但激励频率大于系统固有频率的 $\sqrt{2}$ 倍以上时才会有隔振效果。此方法主要适用于高速内燃机，对于转速不变的辅机最为有效。近年来，已有低频隔振器用于低速内燃机。机器安装隔振器后，其传动轴承及进、排气管等必须采用弹性接头，以适应机器与它们之间的相对移动，例如，应用高弹性橡胶摩擦离合器来连接主动轴与从动轴。

8.3.3　关于结构防振与减振的几个研究前沿领域

1. 壳板结构防振和减振

工业与国防装备的发展要求大量使用轻质材料和结构，以实现更低的能耗、更远的航程/射程、更高的机动性、更大的有效载荷等。为了实现材料的轻质化，通常要选用高比强、高比模的合金材料和复合材料等，如钛合金、铝合金、玻璃纤维增强复合材料、碳纤维增强复合材料等。为了实现结构的轻质化，一般要采用加筋、点阵或夹层等结构构型。对于这样的薄壁结构，其结构振动和噪声更加显著，迫切需要有效的减振降噪技术。目前常见的措施主要包括结构设计与参数优化、附加动力吸振器、附加阻尼材料、增加阻振质量，以及主动控制等。

1）结构设计与参数优化

在深入了解不同结构设计对结构振动和声学特性影响的基础上，通过调整、优化关键结构参数或者改变结构形式，可以使结构的声振特性在一定情况下得到有效改善。研究者利用结构拓扑优化、遗传算法等优化设计方法，对梁、薄板等结构的质量和刚度特性进行优化，可以使结构的固有频率避开外激励频率。

2）附加动力吸振器

动力吸振器是一种传统的减振装置，具有结构简单、安装方便、作用频段易于调节等优点，可对特定频率范围内的振动取得显著的控制效果。近些年，一些学者开展了关于分布式动力吸振器、声毯等的研究，并关注低频振动、声辐射、声透射抑制等问题。

3）附加阻尼材料

阻尼处理可以使结构振动在较宽的频带内得到有效抑制，在结构减振降噪设计中具有广泛应用。阻尼结构可分为自由阻尼和约束层阻尼，相对于自由阻尼，约束层阻尼有约束层限制，阻尼层剪切变形增大，可以消耗更多的结构振动能量，减振效果更为显著。为了更好地适应系统动态特性及外部环境的变化并提供更大的阻尼损耗，近年来，越来越多的研究人员开始关注主动/半主动阻尼技术，其优点在于可以提供较大的、可随环境变化的阻尼，且附加质量小、响应快、频带宽可控。

4）增加阻振质量

在弹性波传递过程中，当传递途径中存在声学条件变化时，会出现结构阻抗不匹配的情况（如材料或结构形式的改变导致质量、刚度等的突变等），弹性波在这些不连续处会发生反射，这在一定程度上会对结构的声传递产生阻抑作用，阻振质量就是根据这一思路，在结构的声传递路径上人为地敷设障碍，以隔离结构的声传递。研究者对板结构加平衡、偏心、多级等不同阻振质量的模型进行了分析，探讨了阻振质量块结构参数对板振动的影响规律和对振动传递的抑制特性。在舰艇振动和噪声抑制的研究应用中，增加阻振质量这一方法受到了广泛关注，尤其对于不允许采用弹性连接来减少振动传递的情况，该方法具有重要意义。

5）主动控制

目前，基于电、磁等物理量实现控制的主动控制技术在声振控制中的应用趋于广泛。大量的理论研究与工程实践证实了有源消声技术（又称为主动噪声控制技术）、结构声主动控制技术、结构振动主动控制技术在降低管道等封闭空间的噪声及结构振动水平方面的有效性，研究人员对模态抑制、声振耦合调节、多物理场耦合等控制机理进行了深入的研究。其中，主动控制技术在应用中表现出环境适应性强、附加质量小、对低频和宽带随机振动的抑制效果明显等优势，因此受到了广泛的关注。

总体来看，基于结构设计与参数优化、附加动力吸振器、附加阻尼材料、增加阻振质量、主动控制等传统技术手段开展的减振降噪措施，经过多年的发展，其基本理论、作用机理等都得到了大量的研究，有效性已被大量的应用实践证实。然而，这些方法在应用中也存在一些问题或者遇到一定的瓶颈，尤其是在低频段和需要在较宽的频带内实现大幅度声振抑制的场合。例如，传统单自由度动力吸振器作用频段较窄，并且对于复杂弹性结构，其并不一定能有效降低结构的整体振动；自由阻尼工艺简单、实施方便，但效果较弱，约束阻尼又增加了结构质量；虽然近些年主动控制也有了很大的发展，但也存在一些问题，包括需要引入外界能源、设计要求高、中高频控制比较困难等，尤其是系统的稳定性、安全性、可靠性问题等尚未得到很好解决。

针对这些问题，一方面可以通过发展技术本身来改善或解决，另一方面需要探索和研究新的振动和噪声抑制方法，基于亚波长结构进行振动和噪声抑制的声学超材料为此提供了有效的解决途径。

2. 声子晶体带隙隔振

声学超材料的特殊物理效应为减振降噪提供了多种新的技术途径，大大提高了设计的灵活性，而且其基于亚波长结构控制弹性波的特点有利于突破传统减振降噪技术的局域性，可以利用更小的质量和体积来实现更有效的减振降噪。因此，发展基于声学超材料的声振抑制技术对声学超材料的工程应用探索具有重要意义。诸多学者结合声学超材料的低频带隙、低频反常吸收等特殊物理效应，在轻质结构低频减振、低频空气声和水声隔声及充液管路减振降噪等方面进行了大量的研究工作，提出了多种新型的减振降噪方法与结构。

声子晶体是一种人工制造的结构或材料，可对其周期性结构或几何属性进行设计，以此影响机械波的传播特性。设计制造声子晶体时，人们能够在特定的频率范围内隔离振动。在特定频率范围（也称为带隙）内，带隙内的振动会因受到结构内周期性波干涉的影响而衰减。这一行为与一种更广为人知的纳米结构相似，这一纳米结构便是半导体应用中的光子晶体。优化声子晶体带隙是一项具有挑战性的任务，目前研究人员多采用 COMSOL Multiphysics 进行声子带隙分析。使用由坚硬的内核材料与柔软的外部基体材料构成的晶胞在周期性结构中创建带隙，其构型示意图如图 8.28 所示。

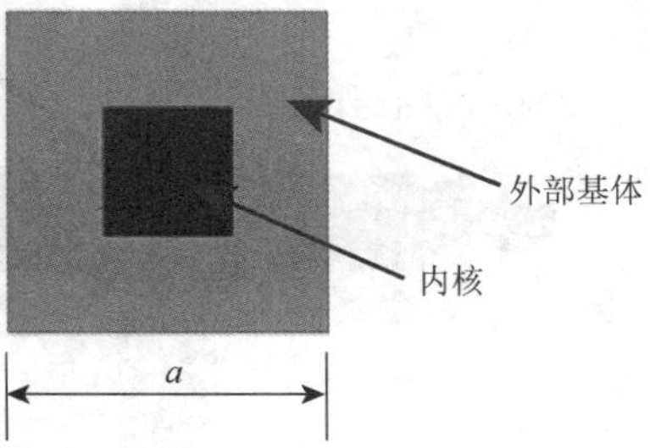

图 8.28　晶胞构型示意图

对声子晶体的频率响应进行计算，仅仅需要对周期性晶胞进行分析，并利用覆盖一定波矢范围的布洛赫周期性边界条件。相对较小范围的波矢即可覆盖不可约布里渊区域（irreducible Brillouin zone，IBZ）的边缘。在二维正方形周期性结构中，IBZ（图 8.29）从 Γ 沿 X、M 回到 Γ。

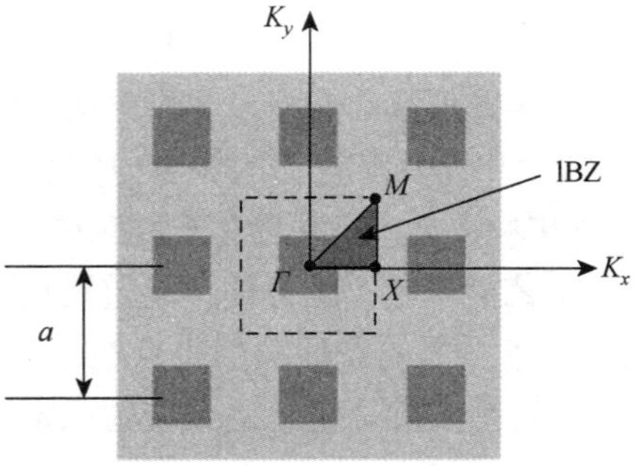

图 8.29　二维正方形周期性结构中的不可约布里渊区域

布洛赫周期性边界条件可约束周期性结构的边界位移，源端和目标端分别在晶胞的左右边缘和上下边缘各应用一次。图 8.29 中周期性结构的晶胞尺寸为 1 cm×1 cm；内核材料尺寸为 4 mm×4 mm，弹性模量为 200 GPa，密度为 8 000 kg/m^3；外部基体材料的弹性模量为 2 GPa，密度为 1 000 kg/m^3。60～72 kHz 之间禁止波传播的频率范围如图 8.30 所示（灰色部分）。

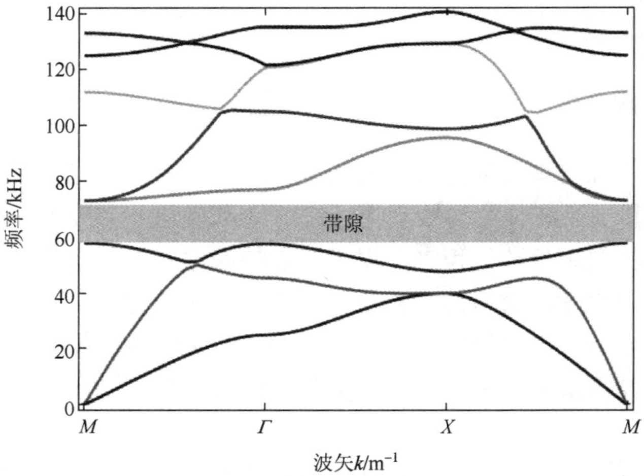

图 8.30　选定晶胞参数的能带结构

将上述周期性结构中的晶胞组成“11×11”的晶格结构，这些晶胞承受的来自左侧的激励频率为 67.5 kHz，如图 8.31 所示。

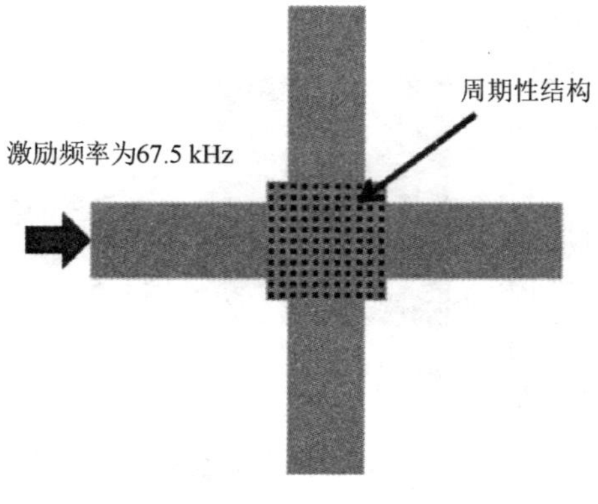

图 8.31　声子晶体带隙针对施加频率的隔振

图 8.32　激励频率为 67.5 kHz 时晶胞结构的振动响应

激励频率为 67.5 kHz 时晶胞结构的振动响应如图 8.32 所示，由图可见，周期性结构能够十分有效地将施加的振动与剩余结构隔离开。即使减少周期性晶胞的使用数量，仍然可以产生有效的隔振效果。需要注意的是，当激励频率在带隙之外时，周期性结构不会隔振，此时的响应情况参考图 8.33。

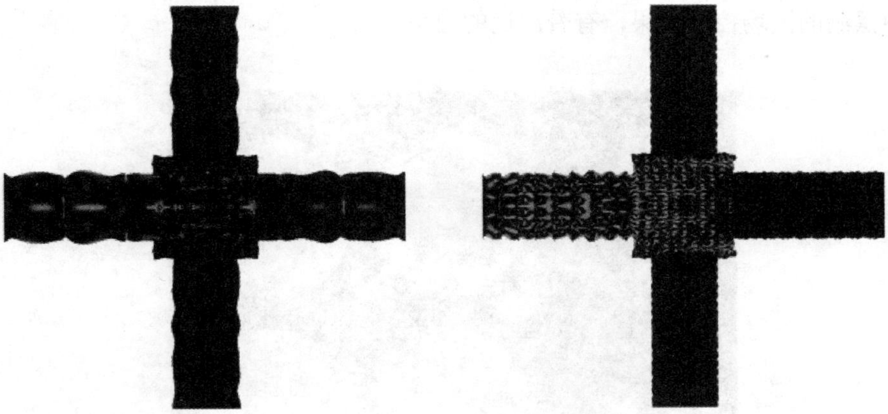

(a) 27 kHz　　(b) 88 kHz

图 8.33　带隙之外频率的晶胞结构振动响应

3. 声学黑洞

声学黑洞（acoustic black hole）是 Krylov 于 2001 年提出的控制板中的弹性波在特定位置聚集的结构设计新思路。当弹性薄板结构的厚度在选定方向上按一定的幂函数规律减小到 0 时，板中弯曲波的相速度和群速度也相应减小到 0，达到波的零反射，这将使沿该方向传播的弹性波能量集中在结构的尖端位置，通过附加阻尼材料，能够达到吸收弹性波能量或减振降噪的目的，如图 8.34 所示。

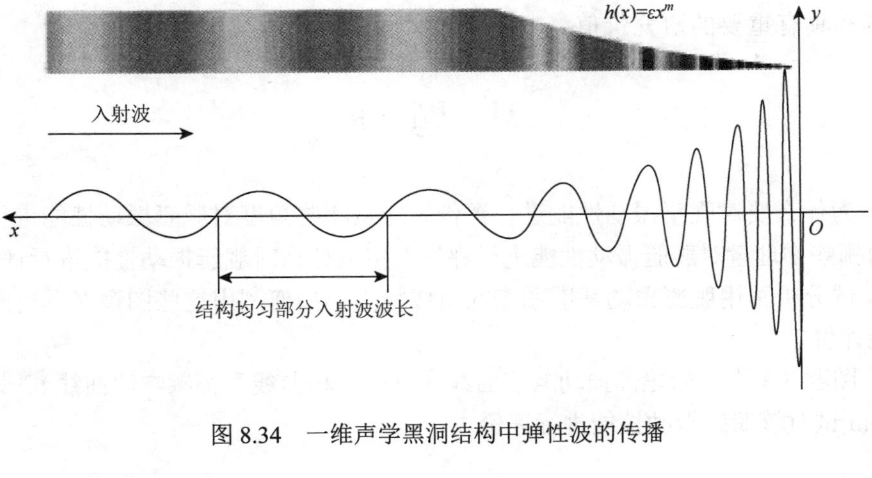

图 8.34　一维声学黑洞结构中弹性波的传播

2011 年，Boy 等进一步提出了二维声学黑洞的设计模型，如图 8.35 所示。在薄板上设计圆柱形单元，其厚度按一定规律沿半径方向减小，在圆心位置最薄，厚度的变化使弯曲波速度逐渐减小，同时保持阻抗匹配，弹性波能量向黑洞单元的中心聚集，这种结构有望应用于结构的振动与噪声控制。声学黑洞的核心思想是通过结构的阻抗渐变调节实现弹性波的无反射聚集，例如，引入适当的阻尼，可实现“有进无出”的吸收效果，其类似于物理学中黑洞的波场控制效果，有着深远的应用前景。

图 8.35　含有 6 个二维声学黑洞的薄板结构模型

声学黑洞结构利用厚度或阻抗的变化来操纵弹性波，并最终捕获弹性波传递的能量。与变换声学相比，它可以用简单的设计使弹性波沿特定路径弯曲，显著提高设计灵活性。与局域共振结构相比，声学黑洞结构属于非谐振结构，且在耗散能量时需要的阻尼材料相对较少，有利于在轻质结构中实现宽频的声波与振动控制。能带结构分析表明，这样的单元结构可以在较宽的频率范围内大幅度地调节周期阵列的整体等效参数，具有结构简单、调节灵活的特点。无论在理论研究还是在工程应用探索方面，声学黑洞都具有重要的研究价值。

习　题　8

8.1　为什么要对舰艇振动性能进行评价？应从哪些角度对舰艇振动性能进行评价？一般使用哪些物理量对舰艇振动性能进行评价？依据什么对舰艇振动性能进行评价？

8.2　试分析军用舰艇振动基准图谱的组成特点，如何利用这些图谱对军用舰艇进行振动性能评价？

8.3　图题 8.3 为某船尾部振动响应曲线（时间历程曲线和幅频响应曲线），其中转速为 84 r/min 试对该船的振动性能进行评价。

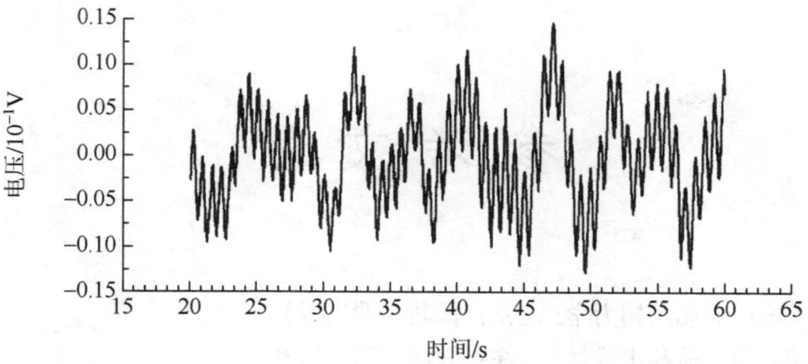

(a) 时间历程曲线

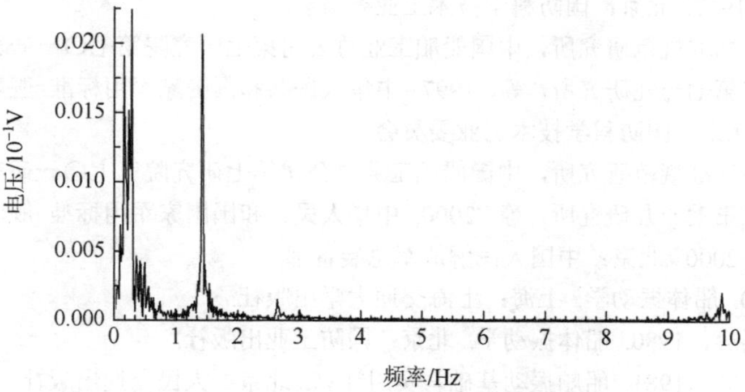

(b) 幅频响应曲线

图题 8.3

8.4　对舰艇进行振动性能评价时，应取船上哪些位置的振动响应数据进行评价？为什么？

8.5　船体振动测量的主要目的是什么？简述舰艇振动测量的分类方法及各类振动测试的特点。

8.6　如何测量舰艇总振动固有频率？试述使用激振机激振测量舰艇总振动固有频率的原理和方法。

8.7　抛锚激振法激起的船体总振动是一种什么形态的振动？为什么用该方法可以测得舰艇总振动固有频率？试述用该方法测试舰艇总振动的原理。

8.8　通过航行振动试验能否测得舰艇总振动固有频率？为什么？

8.9　什么时候需进行典型结构的局部振动测试？试举例说明。局部振动的常规性测试一般进行哪些项目？

8.10　试述减振和防振的振动学原理和途径。

参 考 文 献

陈铁云，陈伯真，1980. 船舶结构力学. 北京：国防工业出版社.

董艳秋，1991. 船舶波浪外荷和水弹性. 天津：天津大学出版社.

海军装备论证研究中心标准规范研究所，中国船舶工业总公司第七研究院第七〇一研究所，中国船舶工业总公司第七研究院第七〇二研究所，等，1997. 中华人民共和国国家军用标准 舰船船体规范 水面舰艇：GJB 64. 1A—1997. 北京：国防科学技术工业委员会.

海军装备论证研究中心标准规范研究所，中国船舶工业总公司第七研究院第七〇一研究所，中国船舶工业总公司第七研究院第七一九研究所，等，1997. 中华人民共和国国家军用标准 舰船船体规范 潜艇：GJB 64. 2A—1997. 北京：国防科学技术工业委员会.

海军装备论证研究中心标准规范研究所，中国船舶工业总公司第七研究院第七〇一研究所，中国船舶工业总公司第七研究院第七一九研究所，等，2000. 中华人民共和国国家军用标准 舰船通用规范 1 组船体结构：GJB 4000—2000. 北京：中国人民解放军总装备部.

金咸定，赵德有，2000. 船体振动学. 上海：上海交通大学出版社.

陆鑫森，金咸定，刘涌康，1980. 船体振动学. 北京：国防工业出版社.

马广宗，蔡承德，虞铣辉，1981. 船舶振动基础与实用计算. 北京：人民交通出版社.

陆秋海，李德葆，2015. 工程振动试验分析. 北京：清华大学出版社.

邵开文，马运义， 2005. 舰艇技术与设计概论. 北京：国防工业出版社.

温激鸿，蔡力，郁殿龙，2018. 声学超材料基础理论与应用. 北京：科学出版社.

文圣常，余宙文，1985. 海浪理论与计算原理. 北京：科学出版社.

翁长俭，张保玉，1985. 船体振动学. 北京：人民交通出版社.

谢官模，2007. 振动力学. 北京：国防工业出版社.

徐芝纶，2016. 弹性力学. 北京：高等教育出版社.

姚熊亮，2004. 船体振动. 哈尔滨：哈尔滨工程大学出版社.

张相庭，王志培，黄本才，等，2005. 结构振动力学. 2 版. 上海：同济大学出版社.

中国船舶工业总公司第七研究院第七〇二研究所，中国船舶工业总公司第七研究院第七〇一研究所，海军装备论证研究中心标准规范研究所，等，1999. 中华人民共和国国家军用标准 水面舰艇结构设计计算方法：GJB/Z 119—1999. 北京：中国人民解放军总装备部.

中国船舶工业总公司第七研究院第七〇二研究所，中国船舶工业总公司第七研究院第七〇一研究所，中国船舶工业总公司第七研究院第七一九研究所，等，2001. 中华人民共和国国家军用标准 潜艇结构设计计算方法：GJB/Z 21A—2001. 北京：国防科学技术工业委员会.

CLOUGH R W， PENZIEN J，1975.Dynamics of structures .New York：McGraw-Hill Inc.

部分习题参考答案

习　题　2

2.1　（a）$\omega_n=\sqrt{\dfrac{2k}{m}}$；（b）$\omega_n=\sqrt{\dfrac{k_1k_2}{m(k_1+k_2)}}$；（c）$\omega_n=\sqrt{\dfrac{2k_1k_2}{m(2k_1+k_2)}}$。

2.2　（a）$\omega_n=\sqrt{\dfrac{3EI}{ma^2(l+a)}}$；（b）$\omega_n=\sqrt{\dfrac{3EIk}{m(3EI+kl^3)}}$；（c）$\omega_n=\sqrt{\dfrac{3EI+Kl^3}{ml^3}}$。

2.3　（a）$\omega_n=\sqrt{\dfrac{k_1k_2(a+b)^2}{m\left(a^2k_1+b^2k_2\right)}}$；（b）$\omega_n=\sqrt{\dfrac{192EI(l_1+2l_2)}{ml_1^3(l_1+8l_2)}}$。

2.4　$\omega_n=\sqrt{\dfrac{kb^2}{J_c+\dfrac{m}{4}(a^2+b^2)}}$。

2.5　$\omega_n=\sqrt{\dfrac{4kl_1^2}{m\left[l_1^3+(l-l_1)^3\right]}}$，$l_1=\dfrac{2}{3}l$ 时，固有频率最高。

2.6　$\omega_n=\sqrt{\dfrac{k_\varphi+mgs\cos\alpha}{ms^2+J}}$，$\alpha=90^\circ$ 时，固有频率最小；$\alpha=0^\circ$ 时，固有频率最大。

2.7　$\omega_n=\sqrt{\dfrac{k_1b^2+k_2a^2}{ml^2}}$；$\omega_n'=\sqrt{\dfrac{k_1b^2+k_2a^2}{ml^2+J_0}}$。

2.8　$\omega_n=62.6\ \text{rad/s}$，$T=0.1\ \text{s}$。

2.9　$\delta=\ln\dfrac{x_{mi}}{x_{m(i+1)}}=\ln 2\approx 0.693$，$\zeta=\dfrac{\delta}{2\pi}\approx 0.11$，$c=2\zeta\sqrt{km}\approx 98.387\ \text{N}\cdot\text{s/m}$。

2.10　$\delta=\dfrac{1}{23}\ln\dfrac{5}{2}\approx 0.04$。

2.11　$\omega_n=281.1\ \text{rad/s}$，$A=0.36\ \text{mm}$，$\beta=0.894\ \text{rad}$。

2.12　（1）运动方程：$(m'+m)\ddot{x}+c\dot{x}+kx=m\omega^2e\sin\omega t$，稳态解：$x_p=A\sin(\omega t-\theta)$。其中，

$$A=\frac{m\omega^2e}{\sqrt{k-2k\omega^2(m'+m)+\omega^4(m'+m)+\omega^2C^2}}，\quad \theta=\arctan\frac{C\omega}{k-\omega^2(m'+m)}。$$

（2）空载时，最大振幅 $B\approx 3.3\ \text{mm}$；加装 5 kg 质量时，最大振幅 $B\approx 2.45\ \text{mm}$。

2.13　$m\ddot{x}+\dfrac{k_1k_2}{k_1+k_2}x=\dfrac{k_2P}{k_1+k_2}\sin\omega t$。

2.14　$\dfrac{\omega}{\omega_n}\geqslant 6$。

2.15　$\omega_n=6\ \text{rad/s}$，$m=20.68\ \text{kg}$，$k=744.57\ \text{N/m}$。

2.16　$\sigma_{\max}=82.69\ \text{MPa}<[\sigma]=170\ \text{MPa}$；$w_{\max}=5\ \text{mm}<[f]=\dfrac{l}{500}=8\ \text{mm}$。

2.17 $A = 0.4\ \mu\text{m}$。

2.18 （1）$x(t)=\begin{cases} x_{st}(1-\cos\omega_n t) & (0\leqslant t<t_1) \\ x_{st}\left[2\cos\omega_n(t-t_1)-\cos\omega_n t-1\right] & (t_1\leqslant t<t_2) \\ x_{st}\left[2\cos\omega_n(t_2-t_1)-\cos\omega_n t_2-1\right]\cos\omega_n(t-t_2) \\ \quad +x_{st}\left[-2\sin\omega_n(t_2-t_1)+\sin\omega_n t_2\right]\sin\omega_n(t-t_2) & (t>t_2) \end{cases}$；

（2）$x(t)=\begin{cases} -\dfrac{P_0}{k\omega_n t_1}\sin\omega_n t+\dfrac{P_0}{kt_1}t & (0\leqslant t<t_1) \\ A_1\cos\omega_n(t-t_1)+A_2\sin\omega_n(t-t_1)+\dfrac{P_0}{k}\dfrac{t-t_1}{t_1-t_2} & (t_1\leqslant t<t_2) \\ \tilde{A}_1\cos\omega_n(t-t_2)+\tilde{A}_2\sin\omega_n(t-t_2) & (t\geqslant t_2) \end{cases}$。

2.19 （1）$x(t)=\dfrac{v}{\omega_n}\sin\omega_n t-\dfrac{mg}{k}\cos\omega_n t$；（2）$t=2\sqrt{\dfrac{m}{k}}\cdot\arctan\left(-\dfrac{v}{g}\sqrt{\dfrac{k}{m}}\right)$。

2.20 $F=\mathrm{e}^{-2.475t}(110.7\cos 49.4t-2703.4\sin 49.4t)$。

习 题 3

3.1 $\begin{bmatrix} 3m & -2ml \\ -2ml & 4ml^2 \end{bmatrix}\begin{Bmatrix} \ddot{x} \\ \ddot{\theta} \end{Bmatrix}+\begin{bmatrix} 2k & 0 \\ 0 & 2kl^2 \end{bmatrix}\begin{Bmatrix} x \\ \theta \end{Bmatrix}=\begin{Bmatrix} P \\ -2Pl \end{Bmatrix}$。

3.2 $\begin{bmatrix} m & -em \\ -em & J_a+e^2m \end{bmatrix}\begin{Bmatrix} \ddot{x} \\ \ddot{\theta} \end{Bmatrix}+\begin{bmatrix} k_u & 0 \\ 0 & k_\theta \end{bmatrix}\begin{Bmatrix} x \\ \theta \end{Bmatrix}=\begin{Bmatrix} 0 \\ 0 \end{Bmatrix}$。

3.3 （a）$\begin{bmatrix} ml^2 & 0 \\ 0 & ml^2 \end{bmatrix}\begin{Bmatrix} \ddot{\theta}_1 \\ \ddot{\theta}_2 \end{Bmatrix}+\begin{bmatrix} mgl+ka^2 & -ka^2 \\ -ka^2 & mgl+ka^2 \end{bmatrix}\begin{Bmatrix} \theta_1 \\ \theta_2 \end{Bmatrix}=\begin{Bmatrix} 0 \\ 0 \end{Bmatrix}$；

（b）$\begin{bmatrix} m & 0 & 0 \\ 0 & m & 0 \\ 0 & 0 & m \end{bmatrix}\begin{Bmatrix} \ddot{x}_1 \\ \ddot{x}_2 \\ \ddot{x}_3 \end{Bmatrix}+\begin{bmatrix} 3k & -k & -k \\ -k & 3k & -k \\ -k & -k & 3k \end{bmatrix}\begin{Bmatrix} x_1 \\ x_2 \\ x_3 \end{Bmatrix}=\begin{Bmatrix} 0 \\ 0 \\ 0 \end{Bmatrix}$；

（c）$\begin{bmatrix} m_1+m_2 & m_1l \\ m_1l & m_1l^2 \end{bmatrix}\begin{Bmatrix} \ddot{x} \\ \ddot{\theta} \end{Bmatrix}+\begin{bmatrix} k & 0 \\ 0 & m_1gL \end{bmatrix}\begin{Bmatrix} x \\ \theta \end{Bmatrix}=\begin{Bmatrix} 0 \\ 0 \end{Bmatrix}$。

3.4 $\begin{bmatrix} m_1+2m_2 & 2m_2 \\ 2m_2l & 2m_2l^2 \end{bmatrix}\begin{Bmatrix} \ddot{y} \\ \ddot{\theta} \end{Bmatrix}+\begin{bmatrix} 0 & 0 \\ 0 & 2k_\theta \end{bmatrix}\begin{Bmatrix} y \\ \theta \end{Bmatrix}=\begin{Bmatrix} -m_1g \\ -2m_2gl \end{Bmatrix}$。

3.5 $\begin{bmatrix} m & 0 & 0 \\ 0 & m & 0 \\ 0 & 0 & J_G \end{bmatrix}\begin{Bmatrix} \ddot{q}_1 \\ \ddot{q}_2 \\ \ddot{q}_3 \end{Bmatrix}+\begin{bmatrix} 2k_1 & 0 & -k_1(d-b) \\ 0 & 2k_2 & -2ak_2 \\ -k_1(d-b) & -2ak_2 & 2a^2k_2+d^2k_2+b^2k_2 \end{bmatrix}\begin{Bmatrix} q_1 \\ q_2 \\ q_3 \end{Bmatrix}=\begin{Bmatrix} -mg \\ 0 \\ 0 \end{Bmatrix}$。

3.6 $\begin{bmatrix} m & 0 \\ 0 & \dfrac{ml^4}{1024} \end{bmatrix}\begin{Bmatrix} \ddot{x} \\ \ddot{\theta} \end{Bmatrix}+\dfrac{EI}{l^3}\begin{bmatrix} 12 & -6l \\ -6l & 4l^2 \end{bmatrix}\begin{Bmatrix} x \\ \theta \end{Bmatrix}=\begin{Bmatrix} 0 \\ 0 \end{Bmatrix}$。

3.7 $\dfrac{l}{81EI}\begin{bmatrix} \dfrac{4}{3}l^2 & 2l \\ 2l & 5 \end{bmatrix}\begin{Bmatrix} \ddot{x} \\ \ddot{\theta} \end{Bmatrix}+\dfrac{243EI}{8l^3}\begin{bmatrix} 5 & -2l \\ -2l & \dfrac{4}{3}l^2 \end{bmatrix}\begin{Bmatrix} x \\ \theta \end{Bmatrix}=\begin{Bmatrix} 0 \\ 0 \end{Bmatrix}$。

3.8 $\begin{cases}\omega_{n1}=\sqrt{\dfrac{2k}{m}}\\ \omega_{n2}=\sqrt{\dfrac{2kl^2}{I_c}}\end{cases}$，$[\rho]=\begin{bmatrix}1&0\\0&1\end{bmatrix}$。

3.9 $\begin{cases}\omega_{n1}=\sqrt{\dfrac{9+\sqrt{65}}{8}\dfrac{k}{m}}\\ \omega_{n2}=\sqrt{\dfrac{9-\sqrt{65}}{8}\dfrac{k}{m}}\end{cases}$，$[\rho]=\begin{bmatrix}1&0\\-\dfrac{1+\sqrt{65}}{16l}&\dfrac{\sqrt{65}-1}{16l}\end{bmatrix}$。

3.10 $\begin{cases}\omega_{n1}=0\\ \omega_{n2}=19.365\end{cases}$，$[\rho]=\begin{bmatrix}1&1\\1&-4\end{bmatrix}$。

3.11 $\begin{cases}\omega_{n1}=\dfrac{3EI}{20a^3m}\\ \omega_{n2}=15\dfrac{3EI}{20a^3m}\\ \omega_{n3}=40\dfrac{3EI}{20a^3m}\end{cases}$，$[\rho]=\begin{bmatrix}1&1&1\\2&0&-1\\1&-1&1\end{bmatrix}$。

3.12 $\begin{cases}\omega_{n1}=\sqrt{\dfrac{k}{m}}\\ \omega_{n2}=\sqrt{\dfrac{5k}{2m}}\end{cases}$，$[\rho]=\begin{bmatrix}1&1\\1&-\dfrac{1}{2}\end{bmatrix}$，$[k_r]=\begin{Bmatrix}3K\\3.75K\end{Bmatrix}$，$[m_r]=\begin{Bmatrix}3M\\1.5M\end{Bmatrix}$，$[\varphi]=\dfrac{1}{\sqrt{m}}\begin{bmatrix}\dfrac{1}{\sqrt{3}}&\sqrt{\dfrac{2}{3}}\\ \dfrac{1}{\sqrt{3}}&-\sqrt{\dfrac{1}{6}}\end{bmatrix}$。

3.13 $\begin{cases}x_1(t)=\dfrac{x_0}{2}\cos\sqrt{\dfrac{k}{m}}t-\dfrac{x_0}{2}\cos\sqrt{\dfrac{3k}{m}}t\\ x_2(t)=\dfrac{x_0}{2}\cos\sqrt{\dfrac{k}{m}}t+\dfrac{x_0}{2}\cos\sqrt{\dfrac{3k}{m}}t\end{cases}$。

3.14 证明略。

3.15 （1）$[\rho]=\begin{bmatrix}1&1\\2&-2\end{bmatrix}$，$[\varphi]=\begin{bmatrix}\dfrac{\sqrt{2}}{4}&\dfrac{\sqrt{2}}{4}\\ \dfrac{\sqrt{2}}{2}&-\dfrac{\sqrt{2}}{2}\end{bmatrix}$；

（2）$\begin{bmatrix}8&0\\0&8\end{bmatrix}\begin{Bmatrix}\ddot{p}_1\\ \ddot{p}_2\end{Bmatrix}+\begin{bmatrix}32&0\\0&64\end{bmatrix}\begin{Bmatrix}p_1\\p_2\end{Bmatrix}=\begin{Bmatrix}8\\8\end{Bmatrix}$；

（3）$\begin{bmatrix}1&0\\0&1\end{bmatrix}\begin{Bmatrix}\ddot{p}_1\\ \ddot{p}_2\end{Bmatrix}+\begin{bmatrix}4&0\\0&8\end{bmatrix}\begin{Bmatrix}p_1\\p_2\end{Bmatrix}=\begin{Bmatrix}2\sqrt{2}\\2\sqrt{2}\end{Bmatrix}$。

3.16 $\begin{cases}\omega_{n1}=2\sqrt{\dfrac{k}{m}}\\ \omega_{n2}=\sqrt{\left(2+\sqrt{2}\right)\dfrac{k}{m}}\\ \omega_{n3}=\sqrt{\left(2-\sqrt{2}\right)\dfrac{4k}{m}}\end{cases}$，$[\rho]=\begin{bmatrix}1&1&1\\0&-\sqrt{2}&\sqrt{2}\\-1&1&1\end{bmatrix}$。

3.17 （1）瑞利法：$\omega_{n1}^2=0.081\dfrac{k}{m}$，$\rho^{(1)}=\{1\quad 1.919\quad 2.683\quad 3.23\quad 3.515\}^{\mathrm{T}}$。

（2）里茨法：$\omega_{n1}^2=0.081\dfrac{k}{m}$，$\omega_{n2}^2=0.763\dfrac{k}{m}$，$\rho^{(1)}=\{1\quad 1.85\quad 2.55\quad 3.10\quad 3.50\}^{\mathrm{T}}$。

$\rho^{(2)}=\{1\quad 1.326\quad 0.978\quad -0.043\quad -1.739\}^{\mathrm{T}}$。

3.18　取$\psi'=\{3\quad 4\quad 3\}^{\mathrm{T}}$，$\omega_{n1}=9.871\sqrt{\dfrac{EI}{ml^3}}$。

3.19　取近似振型为：$\Phi=\begin{bmatrix}3 & 3\\ 4 & 4\\ 3 & 2\end{bmatrix}$，$\omega_{n1}=9.964\sqrt{\dfrac{EI}{ml^3}}$，$\omega_{n2}=57.12\sqrt{\dfrac{EI}{ml^3}}$。

3.20　反型式迭代法计算第 1 阶：$\omega_{n1}=9.867\sqrt{\dfrac{EI}{ml^3}}$，$\rho^{(1)}=\{1\quad 1.414\quad 1\}^{\mathrm{T}}$；

正型式迭代法计算第 3 阶：$\omega_{n3}=83.3\sqrt{\dfrac{EI}{ml^3}}$，$\rho^{(3)}=\{1\quad -1.414\quad 1\}^{\mathrm{T}}$。

3.21　$0\leqslant t\leqslant t_0$ 时，$\begin{cases}x_1(t)=\dfrac{0.448F_0}{m}\left(\dfrac{1-\cos\omega_{n1}t}{\omega_{n1}^2}-\dfrac{1-\cos\omega_{n2}t}{\omega_{n2}^2}\right)\\ x_2(t)=\dfrac{F_0}{m}\left(0.724\dfrac{1-\cos\omega_{n1}t}{\omega_{n1}^2}-0.277\dfrac{1-\cos\omega_{n2}t}{\omega_{n2}^2}\right)\end{cases}$。

$t>t_0$ 时，$\begin{cases}x_1(t)=\dfrac{0.896F_0}{m}\left[\dfrac{1}{\omega_{n1}^2}\sin\dfrac{\omega_{n1}t_0}{2}\sin\omega_{n1}\left(t-\dfrac{t_0}{2}\right)-\dfrac{1}{\omega_{n2}^2}\sin\dfrac{\omega_{n2}t_0}{2}\sin\omega_{n2}\left(t-\dfrac{t_0}{2}\right)\right]\\ x_2(t)=\dfrac{F_0}{m}\left[\dfrac{1.448}{\omega_{n1}^2}\sin\dfrac{\omega_{n1}t_0}{2}\sin\omega_{n1}\left(t-\dfrac{t_0}{2}\right)-\dfrac{0.554}{\omega_{n2}^2}\sin\dfrac{\omega_{n2}t_0}{2}\sin\omega_{n2}\left(t-\dfrac{t_0}{2}\right)\right]\end{cases}$。

3.22　动载荷：$F(t)=1\,353\sin 36.74t-451\sin 132.28t+344.4\sin 100\pi t$；隔振效率：$\eta$=82.8%。

3.23　$[M]=\begin{bmatrix}m & 0\\ 0 & 2m\end{bmatrix}$，$[K]=\begin{bmatrix}2k & -k\\ -k & k\end{bmatrix}$；

$$H_{11}(\omega)=\frac{0.62}{k}\frac{1}{1-\omega^2\Big/\left(0.22\dfrac{k}{m}\right)^2}+\frac{0.38}{k}\frac{1}{1-\omega^2\Big/\left(2.28\dfrac{k}{m}\right)^2};$$

$$H_{21}(\omega)=H_{12}(\omega)=\frac{1.1}{k}\frac{1}{1-\omega^2\Big/\left(0.22\dfrac{k}{m}\right)^2}+\frac{0.11}{k}\frac{1}{1-\omega^2\Big/\left(2.28\dfrac{k}{m}\right)^2};$$

$$H_{22}(\omega)=\frac{1.966}{k}\frac{1}{1-\omega^2\Big/\left(0.22\dfrac{k}{m}\right)^2}+\frac{0.067\,6}{k}\frac{1}{1-\omega^2\Big/\left(2.28\dfrac{k}{m}\right)^2}。$$

位移最大幅值比：0.55、0.8、3。

3.24　（1）$\begin{bmatrix}m & 0 & 0\\ 0 & m & 0\\ 0 & 0 & m\end{bmatrix}\begin{Bmatrix}\ddot{\theta}_1\\ \ddot{\theta}_2\\ \ddot{\theta}_3\end{Bmatrix}+\begin{bmatrix}ak & -ak & 0\\ -ak & 2ak & -ak\\ 0 & -ak & ak\end{bmatrix}\begin{Bmatrix}\theta_1\\ \theta_2\\ \theta_3\end{Bmatrix}=\begin{Bmatrix}0\\ 0\\ 0\end{Bmatrix}$；

（2）$\omega_{n1}=0$，$\omega_{n2}=\sqrt{\dfrac{ak}{m}}$，$\omega_{n3}=\sqrt{\dfrac{3ak}{m}}$，$[\rho]=\begin{bmatrix}1 & 1 & 1\\ 1 & 0 & -2\\ 1 & -1 & 1\end{bmatrix}$。

习 题 4

4.1 $k=0$ 时，$w_i = \sqrt{\frac{E}{\rho}}\frac{2i-1}{2l}\pi$，$U_i(x) = D_i\sin\left(\frac{2i-1}{2l}\pi x\right), i = 1,2,3\cdots$；

$k\to\infty$ 时，$w_i = \frac{E}{\rho}\frac{i}{l}\pi$，$U_i(x) = D_i\sin\left(\frac{i}{l}\pi x\right), i = 1,2,3\cdots$。

4.2 $\mu\tan\mu l = \frac{EA}{m}$。

4.3 $\rho A(1+\cos\mu l\cdot \mathrm{ch}\mu l)=\mu m(\mathrm{sh}\mu l\cdot\mathrm{ch}\mu l - \cos\mu l\,\mathrm{sh}\mu l)$。

4.4 证明略。

4.5 若简支梁以第1阶固有频率振动，则初始条件为：梁的中间点作用一个垂直力，然后释放。若简支梁以第2阶固有频率振动，则初始条件为：距离梁两端 $l/4$ 处作用一对大小相等方向相反的集中力，然后释放，梁中部有一垂向约束。

4.6 （1）$\beta^2 + \beta\mathrm{ch}\mu l(2\mu l\sin\mu l - \beta\cos\mu l)=2\mu l\mathrm{sh}\mu l(\beta\cos\mu l - \mu l\sin\mu l)$；

（2）质量分布的正交条件为：$\int_0^l \rho A W_s(x)W_r(x)\mathrm{d}x = 0$；

刚度分布的正交条件为：$\int_0^L EIW_s''(x)W_r''(x)\mathrm{d}x = -k_\theta W_s'(l)W_r'(l) - k_\theta W_s'(0)W_r'(0)$。

4.7 $w(x,t) = \sum_{j=1,3,5\cdots}^{\infty}\frac{4F_0\sin\frac{n\pi}{l}}{j\pi\rho Al(\omega_j^2-\omega^2)}\sin\frac{j\pi x}{l}\sin\omega t,\quad \omega_j = \left(\frac{j\pi}{l}\right)^2\sqrt{\frac{EI}{\rho A}}$。

4.8 $w(x,t) = \sum_{j=1}^{\infty}\frac{2F_0}{\rho Al}\sin\frac{j\pi x_1}{l}\frac{\sin\frac{j\pi x}{l}\sin(\omega t)}{\omega_j^2-\omega^2}$，$x=\frac{l}{2}$ 时只能激起奇数阶的主振动。

4.9 $w(x,t) = \sum_{j=1,3,5\cdots}^{\infty}(-1)^{\frac{j-1}{2}}\frac{2Pl^3}{(j\pi)^4 EI}(1-\cos\omega_{nj}t)\sin\frac{j\pi x}{l}$。

4.10 $\bar{\omega}_1 = 24.506\,1\ \mathrm{rad/s}$，$\bar{\omega}_2 = 62.475\,1\ \mathrm{rad/s}$。

4.11 （1）$\omega_{n1} = 3.53\sqrt{\frac{EI}{\rho Al^4}}$；（2）$\omega_{n1} = 3.664\sqrt{\frac{EI}{\rho Al^4}}$；（3）$\omega_{n1} = 4.472\sqrt{\frac{EI}{\rho Al^4}}$。

4.12 瑞利法：$\omega_{n1}=\frac{\pi^2}{l^2}\sqrt{\frac{EI}{2\rho A}}$；

里茨法：$\omega_{n1}=\frac{\pi^2}{l^2}\sqrt{\frac{EI}{2\rho A}}$，$\omega_{n2}=\frac{4\pi^2}{l^2}\sqrt{\frac{EI}{3\rho A}}$。

4.13 （a）$\int_0^l \rho A\varphi_j^2(x)\mathrm{d}x\ddot{q}_j(t) + EI\int_0^l \varphi_j''^2(x)\mathrm{d}x q_j(t) + k\varphi_j^2(x_1)q_j(t) = 0$，$m_j = \int_0^l \rho A\varphi_j^2(x)\mathrm{d}x$，

$k_j = \int_0^l EI\varphi_j''^2(x)\mathrm{d}x + k\varphi_j^2(x_1)$，$F_j(t) = \int_0^l F(x,t)\varphi_j(x)\mathrm{d}x$；

（b）$\int_0^l \rho A\varphi_j^2(x)\mathrm{d}x\ddot{q}_j(t) + EI\int_0^l \varphi_j''^2(x)\mathrm{d}x q_j(t) + k\varphi_j'^2(x_2)q_j(t) = 0$，$m_j = \int_0^l \rho A\varphi_j^2(x)\mathrm{d}x$，

$k_j = \int_0^l EI\varphi_j''^2(x)\mathrm{d}x + k\varphi_j'^2(x_2)$，$F_j(t) = \int_0^l F(x,t)\varphi_j(x)\mathrm{d}x$；

（c）$\int_0^l \rho A\varphi_j^2(x)\mathrm{d}x\ddot{q}_j(t)+m\varphi_j^2(x_3)\ddot{q}_j(t)+EI\int_0^l \varphi_j''^2(x)\mathrm{d}xq_j(t)=0$，$m_j=\int_0^l \rho A\varphi_j^2(x)\mathrm{d}x+m\varphi_j^2(x_3)$，

$k_j=\int_0^l EI\varphi_j''^2(x)\mathrm{d}x$，$F_j(t)=\int_0^l F(x,t)\varphi_j(x)\mathrm{d}x$。

4.14　（a）$\int_0^l \varphi_i(x)\varphi_j(x)\mathrm{d}x=0$，$m_{ij}=\begin{cases}\int_0^l \rho A\varphi_j^2(x)\mathrm{d}x & (i=j)\\ 0 & (i\neq j)\end{cases}$，$k_{ij}=\begin{cases}\int_0^l EI\varphi_j''^2(x)\mathrm{d}x+k\varphi_j^2(x_1) & (i=j)\\ k\varphi_i(x_1)\varphi_j(x_1) & (i\neq j)\end{cases}$；

（b）$\int_0^l \varphi_i(x)\varphi_j(x)\mathrm{d}x=0$，$m_{ij}=\begin{cases}\int_0^l \rho A\varphi_j^2(x)\mathrm{d}x & (i=j)\\ 0 & (i\neq j)\end{cases}$，$k_{ij}=\begin{cases}\int_0^l EI\varphi_j''^2(x)\mathrm{d}x+k\dot{\varphi}_j^{\,2}(x_2) & (i=j)\\ k\dot{\varphi}_i(x_2)\dot{\varphi}_j(x_2) & (i\neq j)\end{cases}$；

（c）$\int_0^l \varphi_i(x)\varphi_j(x)\mathrm{d}x=0$，$m_{ij}=\begin{cases}\int_0^l \rho A\varphi_j^2(x)\mathrm{d}x+m\varphi_j^{\,2}(x_3) & (i=j)\\ m\varphi_i(x_3)\varphi_j(x_3) & (i\neq j)\end{cases}$，$k_{ij}=\begin{cases}\int_0^l EI\varphi_j''^2(x)\mathrm{d}x & (i=j)\\ 0 & (i\neq j)\end{cases}$。

4.15　$\omega_n=\sqrt{\dfrac{kl^3+EI\pi^4\pm\sqrt{(kl^3-EI\pi^4)^2+32kEIl^3\pi^2}}{2\left(1-\dfrac{8}{\pi^2}\right)\rho Al^4}}$，

$w_i(x)=1+\dfrac{\pi(k-\rho Al\omega_{ni}^2)}{2\rho Al\omega_{ni}^2}\sin\dfrac{\pi x}{l}$ 或 $w_i(x)=1+\dfrac{4/\pi}{\dfrac{EI\pi^4}{\rho Al^4\omega_{ni}^2}-1}\sin\dfrac{\pi x}{l}$。

4.16　欧拉临界载荷为 2 898.3 N。